Bien vivre
l'allaitement

Bien vivre l'allaitement

Madeleine Allard
Annie Desrochers

Préfaces de Micheline Lanctôt
et Pascale Bussières

à

Victor Éloi Ulysse Rosanna Achille Albert Léopold Blanche

Catalogage avant publication de Bibliothèque et Archives nationales du Québec et Bibliothèque et Archives Canada

Desrochers, Annie, 1972-

Bien vivre l'allaitement

ISBN 978-2-89647-272-7

1. Allaitement maternel – Ouvrages de vulgarisation. I. Allard, Madeleine, 1975-   . II. Titre.

RJ216.D47 2010   649'.33   C2009-942620-X

◩ Hurtubise

Bien vivre l'allaitement

Les Éditions Hurtubise bénéficient du soutien financier des institutions suivantes pour leurs activités d'édition :

• Gouvernement du Canada par l'entremise du Programme d'aide au développement de l'industrie de l'édition (PADIÉ) ;
• Société de développement des entreprises culturelles du Québec (SODEC) ;
• Gouvernement du Québec par l'entremise du programme de crédit d'impôt pour l'édition de livres.

Édition : Annie Filion
Révision éditoriale : Christine Ouin
Révision technique : Odile Lapointe, IBCLC, consultante en lactation diplômée
Photo de la couverture : Blend Images ; First Light
Conception graphique et maquette : Philippe Brochard
Illustrations intérieures : Michel Rouleau

ISBN : 978-2-89647-272-7

Dépôt légal : 2ᵉ trimestre 2010
Bibliothèque et Archives nationales du Québec
Bibliothèque et Archives du Canada

Diffusion-distribution au Canada :
Distribution HMH
1815, avenue De Lorimier
Montréal (Québec) H2K 3W6
www.distributionhmh.com

Mise en garde
Cet ouvrage ne remplace nullement une visite médicale. Si vous avez le moindre doute, demandez l'avis d'un médecin. Ni l'éditeur ni les auteurs ne peuvent être tenus responsables des éventuels problèmes résultant de l'utilisation de cet ouvrage.

Imprimé au Canada

www.editionshurtubise.com

Table des matières

Préfaces

« Enfin, que je me suis dit, sur le point d'accoucher, ça va servir ! » Je faisais référence, bien évidemment, à ces deux mamelles, parfois encombrantes, surtout dans les derniers mois de grossesse. En fait, il ne m'était jamais passé par l'esprit de faire autre chose que d'allaiter. Non pas parce que c'était *la chose à faire*, ou parce qu'on disait que ça immunisait les enfants et que ça les rendait plus intelligents, que ça évitait les allergies précoces, que ça renforçait le lien avec son enfant. Non. Tout cela était peut-être démontré mais n'a pas influencé ma décision.

À vrai dire, il n'y a jamais eu de décision. Je ne me suis jamais posé de question. Il s'agissait de quelque chose de beaucoup plus fondamental : « Il faut bien que ça serve à quelque chose ! »

Quand on a déposé ma fille dans mes bras, elle a tourné la tête, et vlan ! la tétée a commencé sans que je m'en rende tout à fait compte. Et puis ça a continué parce que ça m'apparaissait tellement facile, simple et naturel. Les seins, ces apanages des mammifères que nous sommes toujours, les nénés, les roberts, les nichons, les tétons, les jos et que les hommes ont toujours considérés comme de puissants monticules érotiques, les seins, dis-je, ont une fonction autre que celle de titiller le mâle. Et voilà que ce noble emploi s'exprimait dans toute sa splendeur animale.

Il faut dire que j'avais entendu ma mère maintes et maintes fois dire qu'elle aurait pu allaiter une armée, raconter comment elle avait dû couper le bustier de sa robe lors d'une montée de lait particulièrement forte, répéter que c'était moins compliqué que de stériliser les biberons, elle qui a eu et allaité quatre enfants et qui n'a commencé à porter un soutien-gorge qu'à l'âge de 50 ans.

Ainsi, l'allaitement allait de soi pour moi. Et je n'ai jamais considéré d'autre option. Le travail a fait que je n'ai pu allaiter mes enfants que trois mois. J'aurais voulu continuer. J'adorais ces moments d'une précieuse intimité, comparables seulement aux chatouilles de l'intérieur du ventre lorsque le fœtus fait la culbute. J'avais l'impression d'être comme la mère ourse lovée dans la torpeur douillette de sa tanière d'hiver, recroquevillée sur un petit corps chaud dont la bouche goulue trouve spontanément le tétin.

Et ces sons qu'ils produisent ! Cet incroyable répertoire de succions, de respirations, de frottage, de bruits mouillés, le petit œil au regard stone qui se ferme doucement sur la sensation de satiété, souvenirs impérissables qui me font parfois contempler mes deux jeunes adultes d'aujourd'hui avec le coin de l'œil humide.

Allaiter a été pour moi une expérience d'une grande sensualité, malgré les mastites et les engorgements. L'allaitement s'est toujours fait de manière instinctive. Je n'en voyais pas l'utilité. S'il existe un instinct maternel, c'est là qu'il s'exprime dans son impérieuse splendeur, dans sa souveraineté.

Micheline Lanctôt, mars 2010

Je ne me suis pas posé la question de l'allaitement, moi non plus. Ça me paraissait évident, naturel, primitif, voire au-delà de la raison. Mais les choses, en apparence si simples, ne se passent pas toujours sans heurts. La naissance de mes deux enfants n'a ressemblé en rien à ce que j'avais visualisé.

Mon premier a préféré garder la tête bien haute, il a donc fallu le sortir par césarienne. Ce n'était pas du tout dans mes plans. Je me suis résignée, mais je me suis dit que j'allais rattraper la nature avec l'allaitement.

Eh bien, la nature m'a fait des pieds de nez! Il a fallu au moins trois semaines avant que mes orteils ne se retroussent pas chaque fois qu'Antoine approchait d'un de mes mamelons.

Disons que ça n'allait pas de soi. Je me trouvais nulle de ne pas pouvoir effectuer cette noble tâche dans la plénitude et l'allégresse.

Ça faisait mal, ça pissait le sang et ça coulait à moitié! J'ai tout essayé: la téterelle, la tirette, les compresses, la crème antigerçures. Tout. Pas le biberon. Pas tout de suite. Je me suis accrochée parce que je suis comme ça, j'ai la tête dure. J'avais fait un pacte avec la nature.

De fait, au bout d'un mois, graduellement, c'est devenu le nirvana, la symbiose totale. Cette rare intimité dont tu parles, qui nourrit le corps et nourrit surtout le lien. Les corps chauds, les yeux dans le beurre, l'abandon absolu et le début de la confiance mutuelle. La nature avait repris son œuvre et accordé nos instruments.

Le travail a raccourci pour moi aussi le temps que j'aurais voulu consacrer à la première phase de la maternité. Quatre mois. Je me souviens qu'à l'époque,

tu me disais: «Donne-toi du temps, si tu recommences trop tôt, tu vas prendre cinq ans à t'en remettre!» Tu n'as pas eu tout à fait tort.

Le deuxième est arrivé dix-huit mois plus tard. Je voulais cette fois ressentir tout le «travail» de l'accouchement, que la nature opère d'elle-même. Après trente heures de contractions, une deuxième césarienne d'urgence nous a sauvé la vie, à Raoul et moi.

À la suite de l'opération, je me suis retrouvée dans ma chambre, un peu comateuse. Une infirmière a déposé le petit dans mes bras et il a cherché le sein tout de suite. L'obstétricienne est passée plus tard et voyant que Raoul tétait goulûment, elle m'a rassurée: «S'il a le réflexe de boire, c'est que tout est normal.» Je ne réalisais pas encore qu'il venait de frôler la mort.

Deux jours plus tard, on est rentrés à la maison. En prenant ma douche, j'ai senti que j'avais mal au corps. J'avais ma première montée de lait qui giclait sous la chaleur de l'eau, les cuisses couvertes d'ecchymoses, une épaisse cicatrice au bas du ventre. La sensation qu'un bulldozer venait de me passer dessus. Ma seule certitude que tout était normal, c'était de sentir les petites lèvres de mon fils contre mon sein gonflé. Je m'y suis abandonnée totalement. Pour lui montrer que le monde n'était pas tout à fait hostile, qu'il existait un lieu paisible et rassurant. On revenait de loin, lui et moi. Au bout de cinq mois, je n'avais presque plus rien à lui offrir. Mais j'avais le sentiment de nous avoir ressuscités tous les deux.

Bien que les contextes soient très différents, j'ai allaité mes deux garçons pour la même raison finalement. Parce que ça me rendait heureuse. Parce que ce temps en dehors du temps inscrit la première sensation du bonheur. Parce que la nature fait assez bien les choses, au bout du compte.

Pascale Bussières, mars 2010

Avant-propos

Ce livre est tissé autour d'une amitié.

En 2001, nous avons fait connaissance alors que nous étions enceintes de nos aînés. Nous avons rapidement échangé avec plaisir sur la naissance et la maternité et ensuite, deux petits garçons se sont joints à nous.

En changeant nos vies, Victor et Éloi ont aussi solidifié notre amitié. Nos échanges nous sont devenus indispensables. Souvent, l'allaitement était au cœur de nos conversations. Et pour cause! Non seulement passions-nous beaucoup de temps à allaiter nos nouveaunés, mais nulle part ne trouvions-nous de réponses à nos questionnements. Comment deux femmes éduquées pouvaient-elles se sentir aussi dépassées?

Poussées par notre désir de vivre à fond notre maternité, nous avons commencé à faire des recherches. Au départ, celles-ci n'étaient destinées qu'à nous, mais nous nous sommes rapidement aperçus qu'elles intéressaient d'autres mères. Chaque fois, la réaction était la même: pourquoi n'entendons-nous jamais parler d'allaitement ainsi?

Depuis 1997, l'allaitement fait partie des Priorités nationales de santé publique du Québec et de nombreuses initiatives pour en faire la promotion ont vu le jour. Les spécialistes s'entendent pour dire qu'il est ce qu'il y a de mieux et plus de 80 % des Québécoises mettent leur bébé au sein à la naissance. Pourtant, l'expérience maternelle n'est pas toujours heureuse. Des mères vivent des difficultés dès les premières heures, certaines ne trouvent pas le soutien qu'il leur faut, d'autres se font décourager d'allaiter pour toutes sortes de raisons injustifiées. Et il y a les femmes qui choisissent de ne pas allaiter, ou de ne pas allaiter très longtemps, qui sentent les regards de désapprobation.

Il n'est pas si simple de parler d'allaitement. Il ne suffit pas d'énoncer qu'il représente le meilleur choix. Allaiter est avant tout un geste intime qui demande ouverture et engagement. Pour cette raison, il faut en parler avec empathie et délicatesse. Il faut s'adresser au cœur des femmes qui nourrissent encore et encore ces bébés qu'elles aiment; faire preuve de respect et d'intelligence en tenant compte de là où elles sont rendues dans leur parcours.

Ni militantes ni professionnelles de la santé, nous avons mis cinq ans à écrire le livre que nous aurions aimé lire lorsque nous avons donné naissance à nos aînés. Un livre suffisamment étoffé pour qu'il nous ait intéressées, lors de l'allaitement de nos deuxièmes, troisièmes et quatrièmes enfants. Un livre savant mais accessible. Sensible mais franc.

Prenez ce livre comme un phare. Il saura vous éclairer de la première tétée au sevrage, lors de votre première expérience d'allaitement et de toutes celles qui suivront. Nous souhaitons qu'il vous permette de vivre une expérience harmonieuse, à l'image de la relation unique que vous construisez jour après jour avec votre enfant.

Certains des textes qu'il regroupe donnent l'heure juste sur des données techniques essentielles à connaître. D'autres ont été écrits dans le but d'élargir la réflexion sur l'allaitement. Certains chapitres ne s'adresseront peut-être pas à vous directement mais pourraient vous aider à épauler d'autres mères qui vivent des situations particulières. Vous retrouverez également dans ce livre des témoignages de femmes qui ont accepté avec générosité de partager leurs expériences d'allaitement heureuses ou moins heureuses.

Au même titre que l'amitié, la prise de parole des mères et le partage d'expériences sont des richesses précieuses à cultiver.

Madeleine Allard

Annie Desrochers

Partie 1 Avant l'allaitement

La plupart des femmes qui envisagent l'allaitement se demandent ce qu'elles doivent faire pour s'y préparer. C'est une bonne chose d'y réfléchir avant la naissance. Vous trouverez dans cette partie plusieurs renseignements et pistes de réflexion qui vous aideront à donner des bases solides à votre allaitement.

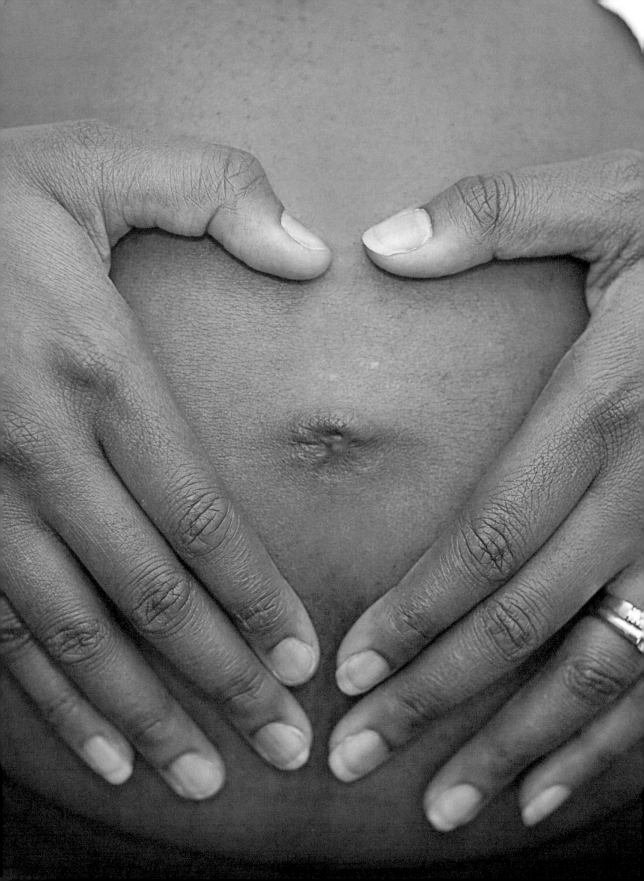

Chapitre 1

Se préparer

Préparation physique

Il n'y a pas si longtemps, on suggérait aux femmes de préparer leurs seins à l'allaitement. On proposait, par exemple, de manipuler les mamelons ou même de tenter de tirer du lait pendant la grossesse comme si l'on croyait qu'il serait possible de prendre un peu d'avance. Cela est inutile : l'allaitement débute à l'accouchement. Ni supplément, ni crème, ni manipulation pendant la grossesse ne peuvent préparer votre corps à produire du lait, même dans le cas de mamelons plats (voir p. 60). Certaines femmes ont des écoulements de lait vers la fin de leur grossesse. Cependant, une absence d'écoulement ne signifie aucunement que vous n'aurez pas de lait le moment venu. L'allaitement est un phénomène hormonal qui débute réellement avec l'accouchement.

Préparation psychologique

S'il n'est pas possible de se préparer physiquement à allaiter avant la naissance, il est certainement possible de chercher à s'y préparer psychologiquement et émotivement. Au fond, cette préparation consiste surtout en réflexions à faire et à partager.

Désir et motivation

La première question à vous poser est probablement celle-ci : Pourquoi est-ce que je désire allaiter ? Quelles sont mes motivations ? Il n'y a aucune bonne ou mauvaise réponse à cette question et il peut y avoir une seule ou plusieurs réponses. Ce qui compte, c'est de trouver la ou les vôtres. Peut-être désirez-vous allaiter parce que cela vous semble plaisant ou pratique ; parce que votre mère vous a allaitée ou que vos amies allaitent ; parce que vous trouvez cela économique ou que vous refusez d'encourager les multinationales du lait ; ou encore parce que cela vous semble le meilleur choix pour votre santé et celle de votre bébé.

Savoir pourquoi vous désirez allaiter et mieux connaître vos motivations vous aidera à traverser les périodes plus difficiles. Cela vous permettra de vous recentrer lors des moments de découragement, lorsque vous aurez envie de tout remettre en question, mais aussi de bien choisir le meilleur moment du sevrage : quand le désir et la motivation ne seront plus au rendez-vous, vous saurez qu'il est temps de passer à autre chose et vous pourrez le faire avec assurance.

De nos jours, on insiste beaucoup sur les raisons pour lesquelles vous devez allaiter. Ce faisant, on semble aborder l'allaitement du seul point de vue du bébé

> **Vouloir allaiter, c'est accepter de faire des gestes pour y parvenir. C'est exercer un pouvoir, celui qu'ont les femmes de nourrir leurs enfants.**

et en s'intéressant peu à la mère : « Le lait le meilleur pour le bébé » ; « le lait qui donne le moins de maladies au bébé » ; « le lait qui rend le bébé plus intelligent », etc. Ce lait est pourtant bel et bien fabriqué et donné par quelqu'un !

Allaitez pour votre bébé, d'accord, mais allaitez aussi pour vous, pour l'expérience que cela va vous apporter. Peu importe la façon dont vous le vivez, l'allaitement est un geste qui doit avoir un sens pour vous qui produisez du lait pour ce bébé.

Faire des gestes

Il n'est pas suffisant de se questionner sur son désir et sur ses motivations. C'est ici qu'entre en scène la volonté. Vouloir allaiter, c'est accepter de faire des gestes pour y parvenir. La volonté vous permettra de devenir responsable de votre allaitement. Elle vous demandera également d'aller chercher les outils nécessaires : la volonté se nourrit d'information et de soutien.

S'informer

L'information est comme la lumière dans les ténèbres : elle aide à trouver son chemin. Par exemple, il est très déstabilisant d'être aux prises avec un bébé de trois jours qui pleure et demande sans cesse à téter. Mais savoir que cela correspond au rythme normal du nouveau-né permet de vivre plus sereinement cet événement.

Vous trouverez dans ce livre les précieuses informations dont vous aurez besoin. Être informée ne signifie pourtant pas retenir tous ces renseignements par cœur, encore moins avoir réponse à tout. Il s'agit d'être en mesure de trouver des explications au moment où l'on en a besoin. Vous aurez parfois l'impression d'être submergée de conseils contradictoires. Ce que vous lirez dans ce livre ne correspondra peut-être pas à ce que vous diront un médecin, des amis, des parents ou une bénévole d'un organisme de soutien à l'allaitement. Vous devrez vous interroger sur l'information que l'on vous soumet : Est-ce que la personne qui vous donne cette information a allaité ? Combien de temps et dans quelles circonstances ? A-t-elle votre confiance ? Quelle est sa formation ? Quelles sont ses sources ? D'où vient ce texte que vous lisez ? Quand a-t-il été écrit ? Par qui et pourquoi ? Voilà autant de questions qui aident à analyser une information.

Informer ses proches

L'information est quelque chose que l'on reçoit, mais c'est également quelque chose que l'on donne. Pensez à informer vos proches de votre décision d'allaiter. Parlez à votre conjoint. Expliquez-lui pourquoi l'allaitement est important pour vous. Explorez ensemble le rôle qu'il aura à jouer et écoutez ce qu'il a à dire.

Si vous le souhaitez, vous pouvez également informer votre mère. Cela vous donnera l'occasion d'un échange avec elle sur ses propres allaitements. Comment a-t-elle vécu cette expérience ? Vous encourage-t-elle ? Comprend-elle votre désir ?

Informer les professionnels de la santé

Puisque l'allaitement débute avec la naissance, il est important d'informer votre médecin ou sage-femme que vous voulez allaiter. Faites-le avant l'accouchement.

Vous pouvez faire un plan de naissance dans lequel vous indiquerez que vous souhaitez allaiter votre bébé dès sa naissance et qu'il ne reçoive rien d'autre que votre lait. Avec un plan de naissance, si votre médecin ou votre sage-femme n'est pas là lors de l'accouchement, vous n'aurez pas à réitérer toutes ces demandes au moment où vous aurez bien d'autres chats à fouetter! Renseignez-vous sur les plans de naissance sur Internet.

Chercher du soutien

Si nous vivions dans une société où toutes les femmes allaitent systématiquement, la question du soutien ne se poserait pas. Depuis la naissance, vous auriez autour de vous des femmes qui nourrissent leur petit au sein. Une fois mère à votre tour, vous n'auriez qu'à reproduire ce que vous avez vu toute votre vie.

Nous ne vivons pas dans un monde comme celui-là. Un grand nombre de femmes qui vous entourent n'ont pas été allaitées et n'ont pas allaité lorsqu'elles sont devenues mères. De plus, la formation des professionnels de la santé qui côtoient la nouvelle mère est malheureusement limitée à ce sujet et les conseils sont parfois malhabiles. Dans ces conditions, il est difficile d'obtenir l'information juste. Rencontrer d'autres femmes qui allaitent ou parler avec des personnes averties devient une richesse.

Allaiter abîme-t-il les seins?

Ce mythe circule encore. Il existe mille et une formes de seins et il est normal que ceux-ci changent au cours de la vie d'une femme, allaitement ou non. Nous savons aujourd'hui que ce sont les variations de volume très brusques qui fragilisent le plus les fibres qui contribuent au galbe des seins. L'allaitement et un sevrage progressif permettent au contraire à la poitrine de reprendre graduellement sa taille d'origine.

Le père

Inutile de chercher midi à quatorze heures, la meilleure personne pour vous soutenir est celle qui partage votre vie. Les femmes pouvant compter sur un homme qui les encourage sont plus nombreuses à allaiter et le font plus longtemps que celles que le conjoint n'appuie pas.

Comment réagit votre partenaire à votre désir d'allaiter? Comment avez-vous abordé la question avec lui? Inutile de le bombarder d'information, à moins qu'il ne le demande. Enceinte, vous vivez déjà avec ce bébé, mais votre compagnon ne va pas toujours au même rythme. Ne confondez pas cela avec un manque d'appui. Exprimez-lui votre désir d'allaitement sans lui demander tout de suite ce qu'il en pense. Il n'a pas à se métamorphoser en marraine d'allaitement! Il s'agit d'ouvrir son esprit à son tour et de lui faire comprendre pourquoi cela vous tient à cœur.

Expérience maternelle

L'allaitement est un geste accompli par les femmes, et n'est pas une technique réservée aux spécialistes. Les vraies expertes de l'allaitement sont celles qui ont allaité et cet art doit pouvoir se transmettre de femme à femme, de mère à fille, d'amie à amie.

Trouvez parmi vos proches les femmes qui ont allaité leurs enfants avec bonheur, elles seront d'un soutien précieux, elles vous encourageront, répondront à vos questions et partageront avec vous l'expérience que vous vivez. Ce sont des femmes qui vous connaissent, parfois depuis longtemps, et qui vous aiment. Vous ne trouverez pas de soutien plus personnalisé. Ou alors faites comme nous. Être enceinte en même temps qu'une amie permet de partager apprentissages et expériences.

Allaiter, c'est bien plus que nourrir un bébé, c'est un geste social partagé avec d'autres. Bientôt, ce sera à vous de guider une amie ou une sœur et demain, déjà, vous le ferez avec votre fille.

Lorsqu'il n'y a personne

Il arrive que des femmes n'aient personne dans leur entourage qui les encourage à allaiter. Si c'est votre cas, vous pouvez vous sentir seule avec ce désir. Cela ne veut pas dire que vous n'aurez aucun soutien. Diverses initiatives existent afin de vous épauler dans votre allaitement.

Différents

Virtuel: Internet est un outil formidable pour trouver de l'information. Sur notre site Internet, bienvivrelallaitement.com, vous trouverez de nombreuses ressources et mises à jour complémentaires à ce livre. Il existe également des communautés virtuelles qui mettent en contact des femmes qui allaitent. Mentionnons le site Dans le ventre de maman et son forum « L'allaitement tout en douceur ». Ces communautés vous donnent accès à un bassin d'expériences diverses et sont une belle occasion de partage et d'entraide.

Marraine d'allaitement: La marraine est une femme qui a allaité et qui aide bénévolement d'autres mères à le faire. Elle reçoit une formation de base de trois à six heures qui se poursuit ensuite par des rencontres mensuelles ou des formations spécifiques. Ses services sont gratuits. La Fondation québécoise Nourri-Source offre, entre autres, ce type d'aide. Cette fondation compte près de 700 marraines qui œuvrent dans sept régions du Québec. Habituellement, les femmes sont jumelées à leur marraine pendant la grossesse, mais elles peuvent aussi l'être après la naissance. Les contacts se font par téléphone. La marraine appelle une première fois et ensemble vous définissez vos besoins. Si vous vivez une situation particulière, si vous attendez des jumeaux ou êtes chef de famille monoparentale par exemple, les groupes d'entraide feront l'impossible pour vous jumeler avec une femme qui a vécu la même chose. La marraine vous guide à partir des informations que vous lui donnez. Elle ne tente pas d'orienter vos décisions. Gardez tout de même en tête que ces femmes sont bénévoles et qu'elles ne peuvent pas avoir réponse à tout, ni être disponibles en tout temps.

La Ligue La Leche (prononcez *létché*, qui veut dire « lait » en espagnol): Cette organisation internationale est une autorité incontournable en allaitement. Elle n'offre pas de services de jumelage à proprement parler. Par contre, les mères peuvent joindre des monitrices de la Ligue La Leche par un service téléphonique disponible sept jours sur sept de 9 h à 21 h. Les

Formation des professionnels de la santé

Médecins Au Québec, les médecins qui côtoient les femmes enceintes et les nouvelles mères reçoivent une formation limitée sur l'allaitement. En conséquence, leurs conseils peuvent être maladroits, voire erronés.

La plupart des médecins entendent peu parler d'allaitement pendant la durée de leurs études. Un étudiant qui termine sa formation en pédiatrie à l'Université Laval, par exemple, a reçu moins de dix heures de formation sur le sujet. Six médecins québécois seulement sont accrédités par l'IBLCE (voir p. 21).

Infirmières Les étudiantes infirmières, pour leur part, reçoivent environ une dizaine d'heures de cours sur l'allaitement pendant leurs études collégiales. Cette formation se résume à des connaissances théoriques de base et aux aspects médicaux de la lactation. Au Québec en 2009, on comptait environ 80 infirmières diplômées de l'IBLCE.

Celles qui intègrent l'unité mère/enfant reçoivent une formation générale qui inclut l'allaitement. Cependant, cette formation n'est pas uniformisée et dépend du niveau de formation de l'infirmière formatrice.

Dans un contexte budgétaire difficile, la formation à l'allaitement ne fait pas toujours partie des priorités des institutions de santé. Il peut se passer plusieurs années sans que les professionnels d'un CLSC ou d'un hôpital ne reçoivent de formation d'appoint, même dans les unités mère/enfant.

Sages-femmes Les sages-femmes reçoivent plus de 27 heures de cours théoriques sur l'allaitement. De plus, elles bénéficient d'une formation sur le terrain lors de leurs stages et d'une formation continue tout au long de leur pratique.

types de soutien

monitrices bénévoles sont des femmes qui ont allaité un bébé de 12 mois. Elles reçoivent une formation d'une centaine d'heures sur l'allaitement mais aussi sur une vision particulière du maternage des bébés. Elles offrent également des rencontres mensuelles sur différents thèmes. La Ligue La Leche publie entre autres le journal *La Voie lactée* et son site Internet est très bien documenté.

Les ateliers d'allaitement: Il s'agit de moments réservés par différents CLSC ou groupes communautaires afin que les femmes qui allaitent se retrouvent entre elles. Les ateliers sont un moyen de briser l'isolement. La plupart du temps, des infirmières, des marraines ou des monitrices de la Ligue La Leche répondent sur place à vos questions. Certains ateliers proposent des discussions sur différents sujets liés à l'allaitement. Il est possible d'y peser son bébé et, souvent, un léger goûter est offert ou encore une halte-garderie pour les enfants plus âgés.

La consultante en lactation IBCLC (International Board Certified Lactation Consultant): Elle possède une formation pointue en allaitement. Elle est diplômée de l'IBLCE, l'International Board of Lactation Consultant Examiners, et doit renouveler son diplôme tous les cinq ans. C'est une spécialiste de l'allaitement. Certaines travaillent en milieu hospitalier alors que d'autres offrent des consultations privées, il faut alors payer leurs honoraires. Quelques-unes font des visites à domicile. La consultation avec une consultante IBCLC est particulièrement indiquée quand tout le reste a échoué. Au moment d'écrire ces lignes, on compte environ 200 IBCLC au Québec. Elles sont surtout présentes dans la grande région de Montréal, mais la profession est en plein développement.

Si vous souffrez d'un problème de santé, particulièrement du système endocrinien, si vous prenez des médicaments ou avez subi une chirurgie mammaire, prenez un rendez-vous avec une consultante en lactation IBCLC pendant votre grossesse puisque ces situations peuvent compliquer l'allaitement.

Initiative amis des bébés

L'initiative amis des bébés est un programme international de promotion de l'allaitement mis sur pied par l'UNICEF et l'Organisation mondiale de la santé (OMS). L'appellation amis des bébés est donnée aux CLSC, aux maisons de naissance et aux hôpitaux qui en font la demande et qui respectent des conditions précises.

Les deux premières conditions pour obtenir la désignation amis des bébés sont: se doter d'une politique d'allaitement écrite et portée à l'attention de tout le personnel soignant; donner à tout le personnel soignant les compétences nécessaires pour mettre en œuvre cette politique.

Au Canada, l'organisme responsable de cette accréditation est le Comité canadien pour l'allaitement. Au Québec à ce jour, 43 établissements sont reconnus amis des bébés.

Produits d'allaitement

Il existe une foule de produits destinés spécifiquement à l'allaitement. Aucun n'est indispensable, mais plusieurs sont pratiques. Par souci de prudence, et pour éviter de dépenser inutilement votre argent, allez-y petit à petit. Vous aurez tout le temps nécessaire pour vous procurer les produits dont vous aurez vraiment besoin une fois que votre bébé sera né.

Le soutien-gorge d'allaitement

Le soutien-gorge d'allaitement est conçu précisément pour faciliter l'accès au sein. Le bonnet s'attache à la bretelle au moyen d'un bouton pression ou d'un autre type d'attache. Il offre un bon support. Attendez-vous à développer une relation passionnelle avec votre soutien-gorge! Au départ, vous serez heureuse de l'acheter et de le porter. Puis, au fil des jours (et des nuits), il y a des moments où vous allez vouloir le jeter par la fenêtre!

Assurez-vous de bien le choisir: votre soutien-gorge doit être simple à utiliser (par exemple, le bonnet devrait se détacher facilement d'une main) et confortable. Il faut surtout vous procurer la taille adéquate. On conseille habituellement d'attendre la 36ᵉ semaine de grossesse avant de faire l'achat d'un soutien-gorge d'allaitement.

Un soutien-gorge d'allaitement porté pendant la grossesse pourra convenir plus tard, vers le sixième mois d'allaitement, lorsque vos seins auront perdu un peu de volume. Ne prévoyez pas un soutien-gorge trop grand en vue de la montée de lait: celle-ci ne dure que quelques jours. Si vous n'en êtes pas à votre premier allaitement, vos anciens soutiens-gorge ne vous vont peut-être plus, selon les variations de poids entre deux grossesses. Essayez-les vers la 36ᵉ semaine afin de le vérifier.

Lorsqu'on vérifie l'ajustement, si le sein bombe hors du sous-vêtement, cela indique un bonnet trop petit. Au contraire, si l'on peut pincer le tissu du soutien-gorge à la hauteur du mamelon, le bonnet est trop grand. Dans

---

Sur notre site bienvivrelallaitement.com, vous trouverez une liste de boutiques québécoises spécialisées en allaitement.

Choisir la bonne taille

Mesure du périmètre thoracique.
Cette mesure doit être prise juste sous les bras. Tenez-vous droite et respirez normalement. Ajoutez 1 si vous obtenez un nombre impair.

Mesure du tour de poitrine.
Cette mesure est prise horizontalement à la pointe des seins.
Soustraire la mesure du tour de poitrine de celle du périmètre thoracique pour obtenir la taille de bonnet.

Différence entre votre périmètre thoracique et votre tour de poitrine	Taille de bonnet
Jusqu'à 1" de plus (2,5 cm)	A
Jusqu'à 2" de plus (5,1 cm)	B
Jusqu'à 3" de plus (7,6 cm)	C
Jusqu'à 4" de plus (10,2 cm)	D
Jusqu'à 5" de plus (12,7 cm)	DD
Jusqu'à 6" de plus (15,2 cm)	F
Jusqu'à 7" de plus (17,8 cm)	G
Jusqu'à 8" de plus (20,3 cm)	H

Exemple:

39"	Mesure du périmètre thoracique
+ 1"	plus 1 si le chiffre est impair
40"	**Largeur de soutien-gorge**

43"	Tour de poitrine
− 40"	moins périmètre thoracique
3"	Taille du bonnet: C

Taille de soutien-gorge: 40 C

Il n'y a pas de règle absolue convenant à toutes les femmes quant au moment à privilégier pour l'achat d'un soutien-gorge: chez certaines femmes, les seins ne changent pas de volume pendant la grossesse; chez d'autres, ils grossissent encore après le début de la lactation. C'est une bonne idée d'acheter un ou deux soutiens-gorge avant la naissance, quitte à en acheter d'autres quelques semaines après.

le dos, le soutien-gorge doit pouvoir s'attacher à l'agrafe du centre et laisser passer facilement un doigt sous le soutien-gorge. Il est possible d'opter pour un modèle à armatures, mais uniquement si l'ajustement est parfait. Toutefois, ce modèle ne pourra pas être porté pour dormir à cause de la pression de l'armature sur le sein qui risque de bloquer un canal lactifère.

Il existe plusieurs modèles de soutiens-gorge d'allaitement proposés par diverses marques (Wonderbra, Playtex, Vogue, etc.) dans les grands magasins. D'autres marques, comme Bravado ou Hot Milk, sont en vente dans des boutiques spécialisées. Certains fabricants offrent des modèles conçus exclusivement pour les petites tailles, comme le Lifestyle de Bravado ou le Seamless de Medela (bonnets A à DD), ou alors conçus exclusivement pour les grandes tailles (bonnet DD à H), comme le Supreme de Bravado ou le FullFit de Medela.

Même s'il y a plus de choix aujourd'hui, les options restent limitées. Malgré tout, les fabricants cherchent à allier confort et élégance, voire coquetterie, avec des couleurs variant du rose bonbon au caramel (qui se porte bien sous du blanc) en passant par les motifs fleuris ou léopard.

Il faut s'attendre à débourser de 35 à 90 dollars pour un bon soutien-gorge d'allaitement. Habituellement, les femmes en possèdent au moins deux. Certaines femmes se sentent à l'aise avec quatre, entre autres celles qui dorment avec leur soutien-gorge. N'hésitez pas à comparer puisque plusieurs boutiques offrent des prix spéciaux à l'achat de deux soutiens-gorge ou plus.

Pour éviter toutes ces dépenses, vous pouvez décider de porter un soutien-gorge normal. Cela est certes moins pratique lorsqu'un nouveau-né tète dix fois par jour, mais par ailleurs tout à fait faisable lorsqu'une mère est expérimentée et son bébé plus grand. Vous pouvez aussi choisir de ne rien porter, la nuit, par exemple. Ou alors, vous pouvez adapter vous-mêmes vos soutiens-gorge à l'allaitement, une solution intéressante pour les tailles difficiles à se procurer. On trouve sur Internet différentes façons de le faire.

Compresses d'allaitement

Les compresses d'allaitement absorbent les fuites de lait qui s'écoulent des seins. Elles sont très utiles, mais toutes les femmes n'ont pas d'écoulements et certaines n'utiliseront jamais de compresses. Il existe

Dans votre valise en vue de la naissance, en plus des couches et des pyjamas, pensez à apporter de la crème à la lanoline, votre coussin d'allaitement, un oreiller supplémentaire, le numéro de téléphone de votre marraine d'allaitement et... ce livre.

sur le marché des compresses jetables (usage unique) et des compresses lavables en coton ou en bambou.

Évitez les compresses d'allaitement doublées de matière plastique. Elles conservent trop l'humidité. Certaines compresses jetables comportent une bande adhésive pour les garder en place. Selon les marques et les modèles, il faut compter environ 7 dollars pour une trentaine de compresses jetables et de 20 à 30 dollars pour des compresses lavables.

Se trouvent aussi des compresses d'allaitement en silicone (LilyPadz). Contrairement aux compresses ordinaires, elles n'absorbent pas le lait, mais l'empêchent de couler. Elles adhèrent au sein et n'ont pas besoin de soutien-gorge pour tenir. Comme elles sont lavables, une paire peut durer au moins deux mois. Leur prix est autour de 30 dollars la paire.

Coussin d'allaitement

Le coussin d'allaitement existe pour faciliter la mise au sein et rendre l'allaitement plus confortable. Il permet à la mère de tenir son dos droit et de garder une bonne position. Il ne glisse pas, reste bien en place et est assez gros pour être utilisé seul.

Il faut faire attention de choisir un coussin assez épais pour soutenir le bébé, mais assez souple pour être confortable. Certains modèles sont si minces qu'ils ne remplissent pas leur fonction. Une housse amovible facilite le lavage. Certains coussins sont munis d'une fermeture à glissière sur le côté ou sont remplis d'écales de sarrasin, ce qui permet d'ajouter ou d'enlever de la bourre. Vous pouvez choisir un coussin à motifs

agréables pour le recycler en oreiller de corps ou en coussin de salon. Ils se vendent entre 40 et 60 dollars.

L'option de rechange ? N'importe quel autre coussin ou oreiller. Attendez-vous à en utiliser plus d'un. Il est certainement utile, voire indispensable, d'avoir des oreillers ou des coussins (d'allaitement ou non) au début, mais plus le temps passera, moins vous en aurez besoin : votre bébé sera plus gros, se tiendra mieux et vous serez plus expérimentée.

Crème pour les mamelons

Une crème pour les seins peut être utile lorsque vous accoucherez. La crème pour mamelons la plus populaire est faite de lanoline pure. Elle se vend sous les marques Lansinoh ou Purelan. Elle sert à soulager les irritations et à s'en protéger.

Un petit tube suffit puisque vous en utiliserez une toute petite quantité à la fois. Ces crèmes, autour de 7 dollars le tube, s'achètent en pharmacie ou dans les boutiques spécialisées. Une fois l'allaitement terminé, vous pouvez utiliser la lanoline pure sur des lèvres gercées ou une peau irritée.

Ces crèmes ne vont pas à elles seules prévenir ou guérir les blessures. De plus, elles peuvent provoquer des réactions allergiques chez certaines personnes. À ce sujet, il est prudent de prêter attention à la liste des ingrédients de toute crème appliquée sur les seins. Certains produits contiennent de l'huile de sésame ou sont à base de noix, comme le karité.

L'autre option ? Une goutte de votre lait appliquée sur vos mamelons après chaque tétée.

Vêtements d'allaitement

Il existe sur le marché des vêtements d'allaitement, mais peu de femmes les utilisent puisqu'il est facile d'allaiter avec ses propres vêtements. Un coup de cœur : le haut d'allaitement de type camisole avec soutien-gorge intégré (Glamourmom et Bravado entre autres).

Les vêtements qui permettent un accès facile au sein évitent d'avoir l'impression de se déshabiller chaque fois que votre bébé a faim. Les robes et robes de nuit sont à oublier pendant quelque temps, quoiqu'il soit possible d'allaiter avec une robe à bretelles. Les chandails sont plus pratiques que les chemisiers. Vous pouvez aussi choisir de porter plusieurs épaisseurs, une camisole sous un chemisier par exemple.

Pas de taxe

Au Québec, les articles comme les tire-lait et leurs composants, ainsi que les compresses, les téterelles, les soutiens-gorge et les autres objets conçus pour l'allaitement sont exemptés de la TVQ (cela exclut les vêtements).

Si vous aimez la baignade, un maillot style « tankini » fera l'affaire. À moins de chercher sur Internet, il n'existe pas vraiment de maillots conçus spécifiquement pour l'allaitement au Canada. Vous pouvez aussi vous tourner vers un costume de bain qui croise à l'avant ou qui s'étire bien sans qu'il faille baisser une bretelle. Certains modèles avec fermeture à glissière à l'avant facilitent également l'allaitement.

Une préparation à votre image

La meilleure stratégie à adopter lorsque vous vous préparez à allaiter est d'agir selon vos besoins. Certaines femmes ont besoin de beaucoup de soutien, que leur allaitement se passe bien ou non. Certaines choisissent de se procurer plusieurs produits spécifiques, alors que d'autres préfèrent s'arranger autrement. Il existe des mères qui veulent partager, rencontrer des gens et qui cherchent à être rassurées, tandis que d'autres, plus autonomes ou réservées, préfèrent parler de l'allaitement de façon informelle et apprendre au fil de leurs expériences et lectures. Il est bon de savoir que toutes ces possibilités existent pour ensuite faire les choix qui vous conviennent.

Chapitre 2

Qu'est-ce que le lait ?

Dans la grande famille des mammifères, l'être humain est le seul qui ait choisi de boire le lait d'une autre espèce, une fois sevré du sein de sa mère. Le lait de vache est à ce point présent dans nos vies qu'on précise rarement « de vache » quand on utilise le mot « lait ». Du lait, cela va de soi que c'est du lait de vache ! Parallèlement, on utilise partout l'expression « lait maternel » quand il s'agit d'allaitement. N'est-ce pas étrange ?

Premier aliment

Le lait occupe une place à part dans l'univers de la nutrition. Cet aliment définit notre espèce, car c'est notre première nourriture. Le lait est la boisson originelle qui n'a pas d'autres fonctions que celle de nourrir. Il ne vient pas de la chasse, ni de la cueillette, ni de l'agriculture. Il ramène plutôt l'être humain à l'origine de son histoire ainsi qu'à ses origines personnelles.

Liquide biologique

Le lait renvoie au corps de la femme. Comme le sang, la salive ou la sueur, il est aussi un liquide corporel. Un corps qui sue, bave ou saigne peut provoquer des

Dans l'histoire, la relation entre la mère nourricière et son bébé est présentée comme sacrée puisque celle qui produit du lait le donne sans compter. Elle le fait sans contrepartie pour permettre la survie de son enfant et, au-delà, de sa propre espèce.

réactions de dégoût, voire de peur. Qu'en est-il d'un corps qui produit du lait ?

On imagine mal un adulte accompagner un gâteau au chocolat d'un bon verre de lait de femme ! De votre côté, envisageriez-vous que votre bébé boive le lait d'une autre ? Pourtant, nous n'avons aucun problème avec ce même adulte et ce même bébé qui boivent du lait de vache.

Lait et mythologie

Le lait est à ce point central dans l'histoire de l'humanité qu'il marque la mythologie de plusieurs civilisations.

Par exemple, chez les Scandinaves, le monde est né de la rencontre entre la glace et le feu. Le géant Ymir a été formé par le froid et réveillé par la chaleur. Lorsque la glace s'est mise à fondre, les gouttes forgèrent une autre créature, la vache géante Audhumla. Ymir s'est nourri de son lait.

La mythologie hindoue raconte que Brahma a créé sept mers, dont une de lait.

Chez les Grecs, la Voie lactée provient du lait giclant du sein de la déesse Héra qui a allaité Héraclès, le fils de Zeus.

Dans l'Ancien Testament, Yahvé décrit à Moïse la Terre promise en lui disant : « C'est pourquoi j'ai décidé de vous conduire hors de l'Égypte et de sa misère… dans un pays où coulent le lait et le miel. » (Exode III, 8.)

Le mythe fondateur de Rome, pour sa part, représente la louve qui allaite les frères Romulus et Rémus, deux nouveau-nés abandonnés.

Lait maternel

Le lait que fabrique le « mammifère humain » est produit par la femme qui vient de mettre son petit au monde. En ce sens, il est vrai que c'est bien de « lait maternel » qu'il s'agit. Voilà qui explique en partie le malaise qu'on pourrait ressentir en voyant un adulte se verser un grand verre de ce « lait maternel » : il n'a pas été créé pour lui. De leur côté, les vaches de l'étable ont bel et bien été élevées uniquement pour les besoins de consommation des personnes qui boivent du lait de vache.

Le lait humain renvoie inévitablement à cette image forte de la mère qui allaite son petit. Cet aliment comporte un aspect affectif puissant. Aucun autre aliment, même le blé, le maïs ou le riz, qui sont pourtant des fondateurs de civilisations, n'a une portée symbolique plus « sacrée » que le lait maternel.

De quoi est fait le lait maternel

Le colostrum

Les premiers jours après la naissance, vous produirez du colostrum, un liquide bien différent du lait avec des propriétés protectrices spécifiques : il va tapisser les parois du tube digestif et prévenir l'adhérence des pathogènes. Le colostrum est épais, de couleur jaunâtre, voire orangée. Il se transforme rapidement pour devenir du lait dit mature à la montée laiteuse.

Vous aurez l'impression de produire peu de colostrum. En effet, les premières heures après la naissance, par exemple, votre nouveau-né en prendra à peine une cuillère à soupe, mais cette quantité augmentera rapidement au fil des jours.

Même s'il y en a peu, le colostrum répond parfaitement aux demandes du nouveau-né qui n'a besoin d'aucun autre liquide ou aliment. Après tout, son estomac est à peine gros comme une cerise !

Le jour de sa naissance, votre bébé prendra 50 à 100 ml de colostrum, à peu près la quantité d'une petite coupe de vin. Vers le quatrième jour, avec l'arrivée de la montée de lait, vous produirez un demi-litre de lait !

Le colostrum est riche en protéines (23 grammes par litre) mais faible en gras, en hydrates de carbone et en certains types de sucres, il est donc très facile à digérer. De plus, il produit peu de déchets. En fait, votre bébé n'a pratiquement pas d'efforts à faire pour l'assimiler et l'éliminer.

Le colostrum est riche en sels minéraux : il retient l'eau dans l'organisme du bébé et lui permet d'être bien hydraté. Il aide à éliminer le méconium, les selles des premiers jours, cet effet laxatif prévient la jaunisse. On y trouve également des cellules qui favorisent la croissance de la flore intestinale.

Le colostrum est riche en anticorps. Votre nouveau-né recevra jusqu'à cinq grammes par jour d'IgA (immuno-globulines A). Les immunoglobulines sont des protéines qui fournissent des défenses immunitaires. Elles tapissent le système digestif, ce qui empêche les bactéries de s'y fixer. Les microbes sont « capturés » par les IgA, stoppant ainsi la prolifération des virus.

Le colostrum est riche en globules blancs, cent à mille fois plus que le sang. Ces derniers participent également aux défenses immunitaires. Pourquoi le colostrum est à ce point destiné à défendre l'organisme ? Parce que, dès sa naissance, votre bébé est confronté à une grande quantité de bactéries et que son système immunitaire est encore immature.

Le colostrum est pauvre en lactose, qui est le sucre du lait. Pourtant, c'est un liquide sucré. En fait, il contient

> Les laits des mammifères sont tous différents et répondent à des besoins ciblés pour la croissance des petits de l'espèce. Le lait de vache contient 3,25 % de gras, le lait de bufflonne 6,8 %, celui de chamelle 4,5 %, celui de jument 2 % et celui de brebis 7,1 %. Chacun de ces laits est consommé par des humains à un endroit ou un autre de la planète.

une quantité importante d'oligosaccharides. Ces sucres rares se trouvent dans le lait de très peu de mammifères. Ils jouent un rôle dans la croissance et la formation du système digestif et intestinal.

À partir du deuxième ou du troisième jour, le colostrum se modifie. Il devient plus liquide et plus abondant. Sa composition change graduellement pour devenir le lait mature. Les protéines et certains minéraux sont présents en moins grande quantité, tandis qu'augmente la quantité de lactose et d'autres nutriments.

Notre cerveau dépend des sucres et non des graisses pour se procurer de l'énergie. Comme le cerveau du petit humain est exceptionnellement gros, il nécessite plus de glucose que celui des autres animaux.

Un lait
qui se laisse dévoiler

Aucun autre lait ne vaut le vôtre. C'est beaucoup plus qu'un produit alimentaire que l'on pourrait fabriquer et mettre en boîte. L'allaitement est une façon interactive de nourrir son bébé. La composition du lait maternel diffère d'une femme à l'autre. Pour la même femme, il change aussi d'un jour à l'autre et se modifie même au cours de la journée, au gré des circonstances propres au duo mère-bébé.

Votre lait se modifiera donc avec le temps. Le colostrum que votre nouveau-né reçoit le premier jour n'est pas celui qu'il recevra le lendemain, pas plus qu'il n'est du lait mature. Et le lait que vous produirez pour votre bébé de six semaines ne sera pas tout à fait le même que celui que vous produirez lorsqu'il aura six mois.

Lait mature

Lors de la montée laiteuse, votre lait sera plus liquide, de couleur blanc bleu, presque transparent. Au bout de trois semaines, la production de lait mature sera bien installée et la couleur variera du blanc pur au blanc jaunâtre en passant par un ton plus crème.

Votre lait contient environ 87 % d'eau. L'hydratation est parfaite puisque cette eau est liée à d'autres molécules qui évitent les trop grandes pertes urinaires.

Les glucides comptent pour environ 7 % de la composition du lait. Le principal sucre de votre lait, le lactose, compte pour 85 % de sa teneur en glucides. C'est le taux le plus élevé de tous les mammifères et il procure 40 % des calories de votre lait. D'autres glucides plus rares jouent aussi un rôle dans la construction du cerveau et de la flore intestinale.

Les lipides, ou les gras, constituent environ 4 % du lait humain, ce taux variant d'une femme à l'autre. Votre lait contient surtout des triglycérides, des graisses polyinsaturées qui jouent un rôle dans l'efficacité du système nerveux, de la vision et de la synthèse d'hormones. Le lait humain contient également du « bon cholestérol », utile pour le système cardiovasculaire et cérébral. Plus de 150 acides gras ont été identifiés dans le lait maternel. Ils jouent un rôle important dans le développement du cerveau.

Les protéines composent environ 1 % du lait maternel, soit l'équivalent de 9 à 12 grammes par litre. Le lactosérum représente la moitié des protéines de votre lait. Il aide, entre autres, à la construction du cerveau et à l'absorption du fer. C'est aussi un antibactérien et un anti-inflammatoire.

La caséine compte pour le tiers des protéines de votre lait. Pour comprendre son rôle, il faut la voir un peu comme de la colle. Le lait de vache en contient beaucoup, c'est elle qui fait « prendre » le fromage. Dans le lait humain, sa présence en petite quantité ne fait pas coaguler en masse compacte les protéines du lait. Elles forment plutôt de petits flocons beaucoup plus faciles à digérer.

Les immunoglobulines, présentes dans le colostrum, le sont aussi dans le lait. Vous en produisez de 1 à 2 grammes par litre.

Les enzymes sont importantes puisqu'elles permettent, entre autres, l'absorption des graisses par le bébé, la destruction de certaines bactéries et la division du lactose, indispensable à sa digestion.

Les acides aminés jouent un rôle dans l'assimilation des lipides et dans la construction du cerveau. La taurine, un de ces acides aminés, est dix fois plus présente dans le lait maternel que dans le lait de vache. Elle intervient dans les fonctions cardiaques et musculaires.

Enfin, votre lait contient différents micronutriments (environ 0,5 %). Les sels minéraux et les oligoéléments, comme le fer, le calcium ou le potassium, s'y trouvent en faibles quantités, car les petits reins du bébé auraient de la difficulté à en absorber davantage. Par contre, par leur composition unique, ils sont facilement assimilables par l'organisme. Le lait maternel renferme aussi des vitamines comme celles du complexe B, les vitamines C, D, E, PP et K.

Votre lait est un produit vivant fabriqué par votre corps, correspondant à votre bébé et à son milieu de vie.

Vous trouverez dans cette partie tout ce qu'il vous faut pour bien commencer l'allaitement : des explications sur la montée laiteuse, les rythmes du nouveau-né et la bonne prise du sein. Vous verrez que si vous avez certaines choses à apprendre, d'autres se mettront en place d'elles-mêmes.

Vous apprendrez également à évaluer vous-même si l'allaitement se passe bien ou non.

Avec toutes ces données en main, vous serez bien outillée pour entreprendre l'allaitement avec confiance.

Chapitre 3

La première tétée

La première tétée peut préoccuper la nouvelle mère qui se demande s'il y aura autour d'elle des gens pour l'aider et surtout si elle saura comment faire. Elle retourne tout ça dans sa tête longtemps avant d'accoucher et en oublie le principal : son bébé sait quoi faire, à condition qu'on lui en donne la chance.

La majorité des bébés qui ne sont pas affectés par une analgésie vont, de façon instinctive, chercher activement le sein moins de cinquante minutes après leur naissance. C'est ce qu'on appelle le réflexe de fouissement.

Il est fascinant d'observer ce réflexe chez un bébé d'à peine quelques minutes. On sent alors que le besoin d'être allaité est inné. Le nouveau-né n'aura cet instinct que pendant un tout petit laps de temps dont il faut savoir profiter.

Contact précoce

Permettre au nouveau-né d'être immédiatement en contact avec sa mère facilite les débuts de l'allaitement. Cela aide à la sécrétion d'hormones qui assurent une pleine production de lait. De plus, une première tétée qui se passe bien installe chez la mère une confiance en sa compétence.

Impact de la naissance sur l'allaitement

L'accouchement physiologique, sans intervention ni médicamentation, favorise un bon départ de l'allaitement puisqu'il permet à votre organisme et à celui du bébé de mettre en place, plus rapidement et sans interférence, les mécanismes de la lactation.

Pendant l'accouchement, toute une série d'hormones interviennent pour déclencher la lactation (voir p. 51). Pour votre bébé, la naissance représente un changement d'état qui lui demande de réaliser toute une série d'adaptations en très peu de temps. Outre la naissance, seule la mort entraîne une modification aussi soudaine et définitive du métabolisme de l'être humain.

À sa naissance et durant les deux heures suivantes, le bébé est lui aussi envahi d'hormones. Dans son cas, ce sont les catécholamines, appelées «hormones de stress», qui sont déterminantes. Elles lui permettent de faire la transition entre la vie utérine et le monde extérieur. Ces hormones facilitent entre autres sa respiration et le maintien de sa température corporelle. Si l'accouchement a été stressant, le bébé pourra avoir un taux élevé de catécholamines et présenter un comportement quelque peu désorganisé. Le calme et l'intimité seront d'autant plus importants.

Généralement, dans l'heure qui suit sa venue au monde, le nouveau-né est paisible, mais tonique et alerte. De son côté, sa mère est dans un état de conscience et d'éveil bien particulier, encore pleine de l'énergie et de l'émotion de l'accouchement.

Lorsqu'elle n'est pas dérangée par des interventions extérieures, cette chimie si bien organisée de la naissance vient tout naturellement créer le moment propice pour la première tétée.

Manquer ce premier moment et séparer la mère de son petit risque de déranger le réflexe de fouissement. Les premiers instants après la naissance doivent être vécus en paix, dans le calme et l'intimité. Toute intervention non nécessaire à la survie immédiate devrait être remise à plus tard.

La tétée précoce a un autre impact important sur la mère. Puisque la tétée libère de l'ocytocine, l'hormone aussi responsable des contractions utérines, l'expulsion du placenta se fait plus rapidement. Elle prévient ainsi les pertes de sang importantes et permet à l'utérus de reprendre sa forme plus vite.

Comment faire

Tout de suite après la naissance, vous n'avez qu'à garder le bébé contre votre peau et l'observer tranquillement. Après quelque temps vient un moment où il tourne la tête, ouvre la bouche et semble plus fébrile. Parfois, cela se fait rapidement ; d'autres fois, cela prend plus d'une heure.

Vous pouvez chatouiller ses lèvres avec votre mamelon et vous verrez qu'il ouvrira grand la bouche : il sait quoi faire. Vous le rapprocherez de vous et il prendra le sein pour se mettre à téter. Peut-être qu'il le prendra facilement, ou peut-être que vous aurez à recommencer plus d'une fois parce qu'il sera somnolent ou au contraire très fébrile. Attendez que sa bouche soit bien ouverte.

Certains bébés souhaitent plutôt s'attarder sur le son de la voix de leurs parents, qu'ils connaissent depuis longtemps déjà. Si c'est le cas, suivez son rythme. S'il ne veut pas téter, gardez-le contre vous, il le fera un peu plus tard. Dites-vous que le contact est établi.

Le père peut aussi être celui qui observe le moment où son bébé sera prêt à prendre le sein. Pendant qu'on vous aide à vous laver et à vous installer plus confortablement, votre conjoint peut prendre le bébé contre lui et surveiller ses signes. Il en tirera beaucoup d'émotions. Dès que le bébé sera prêt, votre compagnon n'aura qu'à le déposer dans vos bras.

Pendant tout votre séjour à l'hôpital, n'hésitez pas à demander ou à refuser l'aide du personnel qui vous entoure. Certaines femmes ont besoin d'être épaulées tandis que d'autres se sentiront mieux si on les laisse vivre ce moment en toute intimité.

Si ça ne se passe pas comme ça

L'accouchement naturel et la mise au sein précoce ne représentent pas un idéal mystique à atteindre, pas plus qu'ils ne sont la seule façon de commencer un allaitement. Ce ne sont que des conditions, parmi d'autres, qui le facilitent.

Aujourd'hui, une majorité de femmes choisissent de donner naissance sous épidurale, d'autres accouchent par césarienne et, dans bien des endroits, les pratiques néonatales ne favorisent pas la mise au sein précoce. Peu importe la façon dont se passe un accouchement, l'allaitement reste tout à fait possible. Après une nais-

Peau contre peau

Le contact peau contre peau avec votre bébé comporte de nombreux avantages pour son bien-être global et pour votre production de lait. Il aidera votre bébé à passer calmement de la vie intra-utérine à la vie extérieure. La proximité de votre corps et le colostrum qu'il reçoit le protègent d'un environnement trop sec. Bien au chaud et à l'aise, le bébé est paisible et ne dépense pas d'énergie inutilement. Sa perte de poids est sous contrôle et sa glycémie, plus stable. Tout contre vous, sa température corporelle est optimale et sa respiration, calme. Le colostrum le nourrit et le protège en respectant son système encore immature. Le contact précoce peau contre peau renforce les interactions entre la mère et son nouveau-né. Se sentir près de son bébé et communiquer avec lui si tôt après sa naissance donne un sentiment de confiance précieux pour l'allaitement.

Si vous n'avez pas pu mettre votre bébé contre votre peau aussitôt après sa naissance, n'hésitez pas à le faire plus tard, et pendant plusieurs semaines. Les bienfaits restent importants.

Rien ne prouve que l'allaitement soit compromis si la mise au sein ne se fait pas immédiatement après la naissance.

sance difficile, il arrive même que cela permette de ressouder les liens entre la mère et son bébé, et apporte à tous les deux paix et sérénité.

Une femme qui souhaite allaiter, qui est informée et soutenue, arrivera à le faire quel que soit l'accouchement qu'elle aura vécu. De leur côté, les bébés adoptent toute une variété de comportements après la naissance et tous ne sont pas prêts à téter au même moment. Forcer un bébé à téter alors qu'il n'est pas prêt, simplement pour atteindre l'«idéal» du contact précoce, nuira à son équilibre. Si la première tétée ne se passe pas comme vous l'aviez imaginée, concentrez-vous sur celles à venir.

Épidurale

Cette analgésie peut retarder le réflexe de succion et compliquer la première mise au sein. En 2006, une étude australienne a de plus montré que les femmes qui avaient accouché sous épidurale étaient deux fois plus susceptibles de cesser complètement l'allaitement pendant les 24 premières semaines suivant la naissance que celles qui n'avaient pas eu recours à une méthode pharmacologique pour soulager la douleur pendant le travail.

Les femmes savent que l'épidurale procure un grand soulagement des douleurs ressenties pendant l'accouchement, toutefois il est moins connu qu'un de ses effets secondaires est de compliquer la mise en route de l'allaitement. Chaque femme doit pouvoir obtenir l'information dont elle a besoin sur la naissance afin d'exercer son libre choix.

Césarienne

Les femmes qui accouchent par césarienne semblent moins nombreuses à allaiter que celles qui accouchent par voie naturelle. Ce n'est pas parce que l'allaitement est physiologiquement impossible après une césarienne, au contraire, beaucoup de femmes y parviennent. Par contre, différents facteurs comme la douleur, l'anxiété, l'utilisation de médicaments ou encore l'état général du bébé et de sa mère peuvent être des obstacles à l'allaitement. Raison de plus pour favoriser un contact intime entre la mère et son bébé.

Après une césarienne, il est possible d'allaiter le bébé directement dans la salle d'opération peu de temps après sa naissance. La mère sera alerte, moins souffrante parce que l'anesthésie se fera encore sentir, et excitée par l'arrivée de son bébé.

Il est de votre responsabilité d'informer votre médecin et le personnel médical de votre désir d'allaiter malgré la césarienne. Votre compagnon pourra vous aider à vous placer confortablement et vous arriverez ainsi à créer cette bulle unique si propice à la première tétée.

Au-delà de la première fois

La première tétée est importante parce que découlent d'elle toutes celles qui suivront. Après avoir «tricoté» un petit humain pendant neuf mois, vous voici maintenant en train de le faire grandir. Cette première tétée reste marquante, car elle est vécue dans une sorte d'acuité de conscience rare.

En même temps, il arrive souvent qu'une mère ne se rappelle plus aucun détail de cette première mise au sein. Était-ce 30 ou 50 minutes après la naissance? L'ai-je allaité longtemps ou pas?

Certaines conditions favorisent le déroulement de la première tétée, mais elle ne se passe jamais de la même façon. Il n'y a pas un seul modèle d'allaitement. À votre manière, déjà avec cette première tétée, vous et votre bébé êtes en train de créer le vôtre.

La réussite ou l'échec d'un allaitement dépend beaucoup plus du soutien global qui entoure la mère et son bébé que de la manière dont elle a accouché.

Hypoglycémie néo

L'hypoglycémie est une des raisons pour lesquelles le nouveau-né reçoit des compléments de préparation pour nourrissons à la naissance même si la mère désire allaiter exclusivement. On peut prévenir et contrer l'hypoglycémie autrement.

La glycémie indique le taux de glucose dans le sang. Ce sucre est un peu le carburant de votre organisme. Il provient de votre alimentation et est une énergie essentielle, notamment pour le cerveau. Dans l'utérus, le fœtus absorbe le glucose à travers le placenta. Une partie de ce sucre est utilisée immédiatement comme source d'énergie et une autre est stockée en prévision de la naissance. Une fois né, et pendant les premiers jours de vie, le bébé fabrique du glucose à partir de ses réserves. Il n'a pas besoin de grands apports alimentaires pour trouver son énergie.

Lorsque la lactation est bien établie, le lait devient la principale source de sucre du nourrisson. Le lactose est alors transformé en glucose par le bébé qui l'utilise pour sa croissance et fait ses réserves afin d'éviter une glycémie trop faible entre les tétées.

Causes de l'hypoglycémie

L'hypoglycémie néonatale signifie que le taux de glucose sanguin est au-dessous de la normale. Le cerveau et le système nerveux central doivent absolument recevoir du glucose pour fonctionner. Une carence prolongée peut causer des lésions au cerveau et même la mort. Les bébés nés à terme et en bonne santé présentent des risques d'hypoglycémie pendant leurs deux premiers jours.

- **Le refroidissement** est la principale cause d'hypoglycémie. Un bébé qui a froid doit mobiliser de l'énergie pour se réchauffer.
- **Le stress** est une autre cause d'hypoglycémie pour les bébés, nés à terme ou non. Ceux qui ont subi une naissance difficile, une souffrance fœtale ou une longue période de pleurs, y sont sensibles. Lors d'un stress important, l'organisme

Controverse sur les chiffres

La glycémie se mesure en millimole par litre (mmol/L). Chez les adultes, elle varie de 3,9 à 6,1 mmol/L. Ce taux a été calculé statistiquement à partir d'un échantillonnage important d'adultes en bonne santé. Le problème est que les scientifiques ne s'entendent pas sur un taux précis pour les nouveau-nés. Il y a quelques années, les recherches qui portaient sur l'hypoglycémie néonatale ne tenaient pas compte de la façon dont étaient alimentés les nourrissons. De plus, les bébés prématurés et malades étaient inclus dans le même échantillonnage que les bébés en bonne santé. Pire encore, certaines études se basaient sur les résultats obtenus auprès de bébés malades pour les étendre à tous les bébés !

La Société canadienne de pédiatrie reconnaît que la glycémie normale d'un nouveau-né à terme et en bonne santé se situe juste sous les 2 mmol/L. Pour les bébés vulnérables, elle suggère un taux supérieur à 2,5 mmol/L. Elle ne recommande pas le dépistage systématique chez les nourrissons à terme et en bonne santé. Chez les nouveau-nés vulnérables, elle recommande un suivi serré. La glycémie est vérifiée à l'aide de quelques gouttes de sang prélevées sur le talon du nourrisson.

Pour le bébé à terme, une hypoglycémie sans autre symptôme ne laisse pas de séquelles. Un taux de glucose sanguin peu élevé pendant quelques heures aussitôt après la naissance semble être un phénomène physiologique normal.

natale

dépense plus d'énergie. Il y a ainsi une grande perte de sucre puis, dans les heures qui suivent, une chute brutale de la glycémie.

- Enfin, il existe un troisième type de risque qui concerne **les bébés vulnérables**. Il s'agit de nouveau-nés dont le mécanisme qui régule le sucre dans le sang est absent. La prématurité, le retard de croissance intra-utérin, le diabète maternel mal contrôlé, l'alcoolisme et la postmaturité sont autant de facteurs de risque d'avoir un bébé vulnérable. Dans les deux premières situations, l'hypoglycémie est souvent causée par des pratiques néonatales et peut être prévenue. Le dernier cas concerne des bébés qui méritent une surveillance accrue.

La prévention: une arrivée au monde en douceur

Les premiers jours, il est essentiel de prévenir le refroidissement de votre bébé afin de maintenir un niveau adéquat de glycémie: il faut éviter toute perte non essentielle d'énergie. Pour ce faire, il suffit de garder le nouveau-né à une température optimale en favorisant la proximité avec ses parents.

Il faut aussi surveiller la prise alimentaire de votre bébé. Le colostrum est facilement digestible et évite de trop grandes pertes d'énergie. Des tétées précoces et efficaces de colostrum préviennent et traitent l'hypoglycémie en stabilisant le taux de sucre dans le sang. Lorsque le bébé a de la difficulté à téter, vous pouvez tirer votre colostrum et le lui offrir à la cuillère ou encore en enduire sur ses lèvres, comme on utiliserait un rouge à lèvres, par exemple.

Facteurs qui augmentent la perte de chaleur

- **Nudité** ou toute surface de peau exposée à l'air: Un bébé tête nue expose le quart de sa surface corporelle. Dans une pièce dont la température ambiante est de 20 degrés, le bébé nu perd un dixième de degré par minute. Cette perte est trois à quatre fois plus importante si le bébé est nu et mouillé.

- **Sécheresse de l'air:** Plus l'air est sec, plus le bébé perd de l'eau et de la chaleur.

- **Courants d'air:** Le simple déplacement d'un adulte autour d'un bébé nu augmente le refroidissement.

- **Suppression des protections naturelles:** Le vernix et l'huile de la peau du bébé constituent des protections naturelles qui évitent une transpiration exagérée. Frotter et savonner un bébé tous les jours le prive de cette protection.

Eau glucosée

Les suppléments d'eau glucosée comme mesure de prévention sont inutiles, voire nuisibles. Ils apportent peu de calories et aucun nutriment. De plus, ils enclenchent une décharge d'insuline qui déstabilise la glycémie. Ils nuisent à la prise de colostrum et à l'installation de l'allaitement.

Dans les cas les plus graves et urgents d'hypoglycémie, les bébés reçoivent généralement une solution intraveineuse de dextrose, un glucose chimiquement pur.

Chapitre 4

Les tout premiers jours

Allaitement à l'éveil

C'est l'état d'éveil qui déclenche la capacité du nouveau-né à bien prendre le sein et non un horaire prédéterminé d'allaitement toutes les trois ou quatre heures. Votre nourrisson ignore ce que sont la sensation et les « horaires » de la faim. Par contre, il vient au monde avec des compétences qui lui permettent d'adopter des comportements adaptés à ses besoins. Par exemple, s'il prend le sein à la naissance, ce n'est pas parce qu'il a faim, puisqu'il est nourri par le cordon ombilical jusqu'au dernier moment, c'est plutôt parce que cela correspond à sa capacité d'éveil neurologique.

Respecter ses compétences

Allaiter un bébé chaque fois qu'il s'éveille permet de combler ses besoins énergétiques. Réveiller un bébé « parce qu'il est temps qu'il tète » revient à aller contre ses compétences et ses besoins. De la même façon, refuser de faire téter un bébé naissant simplement « parce qu'il vient de boire il n'y a pas une heure » équivaut à l'empêcher d'exercer sa compétence. Ainsi, il peut renoncer à téter, sembler somnolent ou mal prendre le sein.

Signes d'éveil

Phase de sommeil léger: Les yeux du bébé bougent sous ses paupières fermées, il fait des petits mouvements de succion, des légères mimiques, des mouvements des bras et des jambes. Le nouveau-né somnolent ou prenant du poids lentement tirera avantage à être mis au sein dès ces premiers signes.

Phase d'éveil calme: Le bébé observe le monde autour de lui, est éveillé mais n'a pas l'air de chercher particulièrement le sein. Le nourrisson, calme et attentif, est dans de bonnes conditions pour téter.

Phase d'éveil agité: Le bébé porte ses mains à la bouche, tourne la tête à la recherche du sein. Le nouveau-né montre activement qu'il a faim et sa demande est facile à percevoir.

Le respect des signes d'éveil du nouveau-né facilite la mise en route de l'allaitement et simplifie votre vie. Il est inutile de vous demander si le bébé a réellement faim et si vous n'êtes pas en train de le « gâter ». Avec l'allaitement à l'éveil, la prise du sein est plus facile parce qu'elle survient au moment où le bébé est le plus apte à le prendre.

Il n'y a aucune raison de réveiller à heures fixes un bébé né à terme et en bonne santé pour le faire téter. Il suffit de le mettre au sein chaque fois qu'il s'éveille.

Rythmes du nouveau-né

De deux à quarante-huit heures

Environ deux heures après sa naissance, votre bébé a besoin de se remettre des émotions qu'il vient de vivre. Il entre dans une phase de sommeil profond qui peut durer plusieurs heures. Ses éveils sont rares et courts.

Même s'il n'a pas pris le sein à la naissance, inutile de le réveiller durant cette période, il sera difficile de le faire de toute façon. Laissez-le dormir. Il peut se passer de nombreuses semaines avant qu'il ne dorme aussi longtemps… Par contre, placez-le au sein dès son éveil : il sera prêt à téter.

Certains bébés ne connaîtront pas cette phase de sommeil profond et vont vouloir être au sein souvent. Dans un cas comme dans l'autre, laissez-vous guider par le rythme de votre bébé, sans vous inquiéter.

De votre côté

Vous avez besoin de récupérer, mais vous êtes en même temps dans un état d'hyperstimulation. Votre esprit est en train d'assimiler le fait que vous êtes maintenant mère. Vous avez une faim de louve ! C'est le moment de prendre un bon repas qui vous soutiendra. Peut-être aussi de prendre une douche ou un bain ? Votre compagnon doit veiller à votre tranquillité et à celle de votre bébé. Autrement, vous risquez une accumulation de fatigue et un stress inutile pour votre nourrisson.

Vous aurez de la difficulté à dormir, mais reposez-vous tout près de votre bébé. Si vous n'avez pas eu de médication pendant l'accouchement et si vous le souhaitez, pourquoi ne pas le prendre dans votre lit ? Si c'est possible, demandez à votre conjoint de le coucher avec vous. Sinon, placez le lit du bébé collé au vôtre. Profitez-en pour le toucher, imprégnez-vous de son odeur qui, déjà demain, sera différente.

Les tétées

Faites téter votre bébé dès les premiers signes d'éveil : n'attendez pas qu'il pleure ! Il reçoit maintenant votre colostrum. Votre lait arrivera d'ici 30 à 40 heures. Vous trouvez qu'il n'en reçoit pas beaucoup ? Rassurez-vous, le colostrum est suffisant, votre bébé n'a besoin de rien d'autre. En le gardant au chaud près de vous, vous facilitez son adaptation à notre monde.

Pour protéger la peau de vos seins, appliquez une goutte de lait sur vos mamelons après la tétée. Si vous ressentez beaucoup de douleur, demandez à ce qu'on vous rassure sur sa prise du sein.

Si l'on se laisse guider par son rythme, on s'aperçoit que le bébé possède des outils pour s'adapter en douceur à sa nouvelle vie.

Survivre aux tout premiers jours

Mon bébé pleure: Pourquoi un bébé pleure-t-il? Parce qu'il communique, tout simplement. Contrairement à bien d'autres mammifères, trois jours après sa naissance, il ne peut toujours pas se déplacer seul. Il a besoin de quelqu'un, sinon il ne survit pas. Les pleurs sont sa façon d'interpeller l'autre.

Peut-être que la véritable question est: «Pourquoi est-ce que les pleurs de mon bébé me remuent à ce point?» Si pleurer est un mécanisme de survie normal, pourquoi y voir à tout prix un signe de détresse? Probablement parce que, dans notre société, on est peu habitué à côtoyer des nouveau-nés. Les publicités nous montrent des poupons roses qui ne pleurent pas. Que signifie le fait de pleurer pour vous? Vous le permettez-vous? Pleurez-vous seulement en situation de détresse?

Nous sommes prêtes à jurer que votre bébé qui pleure tout à côté de vos oreilles n'est pas en danger de mort, pas plus qu'il ne souhaite la vôtre en pleurant de la sorte. Il cherche simplement à exprimer quelque chose.

Il doit avoir faim: Votre bébé a l'estomac à peine plus gros qu'un pruneau! De quoi craignez-vous qu'il manque à ce point? Quelle quantité de nourriture devrait-il prendre pour vous rassurer? La faim est un signal que le corps envoie pour nous dire qu'il serait temps d'aller nous nourrir. Ce n'est pas un signal qui nous indique que nous sommes en train de mourir! Pourquoi est-ce qu'un bébé qui pleure le ferait nécessairement parce qu'il «meurt de faim»? Au contraire, un bébé en réelle détresse alimentaire ne serait jamais capable de dépenser tant d'énergie à pleurer.

Votre bébé a besoin qu'on lui rappelle sa première référence, sa vie utérine. Le contact peau contre peau vous rendra de bons services. Votre conjoint peut prendre le relais maintenant. Il sera heureux de sentir son petit contre sa peau.

Si votre bébé tète bien et qu'il est né à terme et en bonne santé, ne vous inquiétez pas de sa perte de poids.

Vous êtes en période d'apprentissage, prenez les choses comme elles viennent, une à la fois. Laissez-vous emporter par ces premiers moments avec votre bébé. Donnez-vous la chance de vous concentrer sur ce nouveau rôle. La *superwoman* attendra bien un peu...

Il perd du poids: En effet, le poids de votre bébé est moins élevé que lorsqu'il est sorti de votre ventre, mais, sauf problèmes de santé précis, il ne perd pas de graisses, de muscles, ni de tissus. Les pertes qu'il connaît correspondent à une adaptation normale à son nouvel état (voir p. 85).

Je n'ai pas de lait, je n'arrive pas à le satisfaire: Vous avez du colostrum et c'est l'aliment le mieux adapté à votre bébé. Soyez sans crainte, votre lait va venir d'ici quelques heures. Peut-être avez-vous déjà remarqué en pressant votre sein que le colostrum a changé: moins jaunâtre, un peu moins épais...

Soyez positive, les hormones qui font le lait seront mieux sécrétées. Mais laissez couler vos larmes si vous en sentez le besoin, elles annoncent souvent le lait qui monte. Vous êtes loin d'être démunie. Si vous êtes en train de lire ces lignes, c'est que vous êtes outillée et informée. Rappelez-vous pourquoi vous avez choisi d'allaiter, pourquoi c'est important pour vous.

Même si elle est essentielle, la nourriture n'est qu'un des outils satisfaisants pour combler les besoins du bébé. Vous avez de nombreux autres moyens affectifs et sensoriels pour calmer votre nouveau-né qui pleure, et votre lait est un des éléments qui composeront désormais votre maternage.

La fameuse troisième journée (ou nuit)

Dès le troisième jour, le rythme de votre bébé change du tout au tout. Un peu plus et on croirait qu'on vous l'a changé derrière votre dos! Ses éveils sont beaucoup plus agités. Il pleure avec plus de vigueur. Ses phases de sommeil sont rares et courtes. Il ne semble bien que dans vos bras à téter.

De votre côté

Le taux de prolactine dans votre corps continue d'augmenter. À cause de la tétée, il est déjà un peu plus élevé que chez la femme qui n'allaite pas, mais après le troisième jour, il augmente de façon importante en vue de fabriquer le lait. Vos seins vont probablement commencer à durcir, c'est votre lait qui arrive.

La troisième journée (ou nuit) est souvent difficile et certaines femmes connaissent une période de découragement. L'énergie de la naissance est retombée. Si vous avez accouché à l'hôpital, vous êtes de retour à la maison ou sur le point d'y retourner. Le niveau de stress est plus élevé. La fatigue s'accumule, vos seins sont douloureux, votre bébé semble inconsolable. Peut-être souffrez-vous des suites de l'accouchement. Ajoutez à cela des visiteurs qui veulent voir le nouveau bébé.

Pour aider à passer cette fameuse troisième journée, il faut un peu d'humour, de la patience et beaucoup d'amour. Vous aurez à allaiter très souvent. Assurez-vous d'être à l'aise, de boire à votre soif et de manger à votre faim. Ces tétées fréquentes faciliteront votre montée laiteuse et préviendront l'engorgement.

Bébés plus fragiles

Certains nouveau-nés présentent une maturité neurologique moins avancée qui fait en sorte que leur réflexe de succion n'est pas optimal. Dans certains cas, il s'agit de problèmes de santé, dans d'autres, c'est l'accouchement qui a été trop brutal. Parfois, il s'agit des effets des analgésiques reçus pendant le travail. Ces bébés profiteront grandement de l'allaitement, mais la mise en route risque d'être moins spontanée.

Le bébé vulnérable doit être nourri dès les premiers signes d'éveil. On peut essayer de stimuler doucement ses lèvres et sa langue pour augmenter sa concentration. On peut aussi presser les seins pour récolter un peu de colostrum que l'on déposera sur ses lèvres ou sa langue. Le contact peau contre peau est important. Il permet un accès fréquent au sein et lui procure du confort. Le bébé vulnérable doit rester près de sa mère le plus possible, il faut éviter les manipulations inutiles.

N'hésitez pas à insister auprès du personnel hospitalier sur votre désir d'allaiter. Demandez à voir quelqu'un de compétent pour vous épauler. Même si votre nouveau-né connaît un départ moins facile, l'allaitement est le mode d'alimentation tout indiqué pour subvenir à ses besoins alimentaires et affectifs.

À surveiller

Bonne prise du sein

Ne quittez jamais l'hôpital ou la maison de naissance sans avoir été rassurée sur la qualité de la mise au sein de votre bébé.

Soulager la douleur

Si vous avez subi une césarienne ou êtes souffrante, n'hésitez pas à demander qu'on soulage votre douleur. L'acétaminophène (Tylénol) et l'ibuprofène (Advil) sont deux analgésiques compatibles avec l'allaitement.

Tranchées

Ce sont les contractions ressenties pendant quelques jours après l'accouchement chaque fois que vous mettez votre bébé au sein. Elles sont souvent suivies d'écoulements sanguins. Les tranchées risquent d'être plus douloureuses chez les femmes qui ont déjà donné naissance. Bien qu'inconfortables, elles indiquent que votre utérus reprend sa forme.

Il existe des façons simples de les soulager :

• Appliquez une bouillotte ou mieux, une bouteille d'eau chaude, sur votre bas-ventre ;

• Couchez-vous sur le ventre avec un oreiller au niveau de l'utérus afin de créer une pression sur celui-ci (au départ, cette position peut augmenter l'inconfort pendant quelques minutes pour le soulager rapidement ensuite) ;

• Augmentez l'apport en produits laitiers ou prenez un supplément de calcium ;

• Prenez de l'acétaminophène.

Bébé somnolent

Certains bébés dorment beaucoup dès la naissance et prennent pourtant tout le lait dont ils ont besoin. D'autres par contre sont à ce point endormis que le transfert de lait se fait mal.

Si votre nouveau-né est somnolent et qu'il ne mouille pas un nombre suffisant de couches (voir p. 62), si sa croissance n'est pas optimale ou que vous n'avez pas eu votre montée laiteuse après quatre ou cinq jours, il faut le stimuler pour l'encourager à téter. Certains bébés **ne se réveillent pas pour téter** et d'autres **s'endorment sans arrêt** au sein. Pour les premiers, il faut être attentive à leurs cycles de sommeil et repérer à quels moments ils sont le plus aptes à être réveillés. Pour les autres, il faut veiller à ce qu'ils tètent de façon efficace (voir p. 61).

Ce n'est pas le temps qu'un bébé passe au sein qui indique s'il prend assez de lait mais plutôt la qualité de sa succion. Un bébé qui « tétouille » en lâchant le sein sans arrêt pendant une heure risque de boire moins de lait que celui qui tète avec frénésie pendant dix minutes.

Comment aider un bébé endormi à bien prendre le sein

• **Observez les signes qu'il vous envoie** pendant son sommeil. Il est plus facile de réveiller votre bébé dans un cycle de sommeil léger.
• **Découvrez votre bébé.** Ne lui laissez que sa couche et portez-le tout contre votre peau avant et après la tétée.
• **Essayez de l'allaiter dans un bon bain chaud.**
• **Tamisez les lumières.** Un bébé a tendance à fermer les yeux si la lumière est trop forte. Réduisez le bruit et évitez les manipulations inutiles, par exemple celles des visiteurs qui « s'échangent le bébé ».
• **Parlez-lui.** Regardez-le dans les yeux, cherchez à capter son regard.
• **Ne stimulez pas trop le bébé.** Il sera en crise et refusera de téter. L'important est plutôt de l'amener à un état d'éveil qui lui permet de bien téter. Un bébé en confiance et en sécurité tète toujours mieux qu'un bébé stressé.
• **Caressez-le.** Vous pouvez masser son dos entre les omoplates, faire marcher vos doigts le long de sa colonne vertébrale ou encore masser le dessus de sa tête. Vous ou votre partenaire pouvez appliquer une pression avec votre pouce sur ses mains ou ses pieds pendant qu'il tète. Faites des mouvements circulaires autour de sa bouche.
• Si votre bébé s'endort rapidement au sein, **changez sa couche** ou faites-lui faire un rot avant de lui offrir l'autre sein.

• **Pratiquez l'allaitement en alternance** : gardez votre bébé au sein aussi longtemps qu'il est éveillé et que vous l'entendez avaler. Dès qu'il s'assoupit ou aussitôt que vous remarquez qu'il avale moins souvent, offrez-lui l'autre sein et laissez-le téter aussi longtemps qu'il avale régulièrement. Après avoir changé deux ou trois fois, laissez-le s'endormir s'il le désire.
• **Essayez de changer de position** (voir p. 292-293). Un bébé blotti tout contre vous en position de la madone est très confortable pour s'endormir ! Assurez-vous de le tenir bien droit contre vous.
• **Faites attention de ne pas faire reposer tout le poids de votre sein sur son menton.** Si votre poitrine est volumineuse, soutenez-la (voir p. 295) : elle peut être trop lourde et le gêner pour bien téter.
• **Comprimez votre sein** (voir p. 294) afin que votre bébé ait toujours un bon débit de lait. C'est parfois suffisant pour l'inciter à téter ou pour maintenir son intérêt pendant qu'il le fait.

« Pourquoi mon bébé est-il endormi ? »

Les médications pendant l'accouchement, comme l'épidurale, ou les médicaments antidouleur à la suite d'une césarienne, par exemple, peuvent provoquer une somnolence chez le bébé pendant plusieurs heures, voire plusieurs jours. Certaines maladies, comme la jaunisse ou une infection, feront en sorte qu'il dormira davantage.

Un bébé peut aussi se retirer dans le sommeil si son environnement est trop stimulant : trop de bruits, trop de lumière, trop de manipulations. Si votre nourrisson somnole après la montée laiteuse, peut-être a-t-il du mal à s'adapter au débit du lait. Enfin, un bébé qui ne reçoit pas assez de lait peut être plus « amorphe » et endormi.

Une tétée après l'autre

Il existe plusieurs procédés pour stimuler un bébé somnolent et vous allez finir par trouver celui qui fonctionne le mieux pour vous. Vous pouvez ressentir une certaine frustration si votre bébé est endormi et ne veut pas téter, mais restez calme : si ça ne fonctionne pas cette fois-ci, essayez un peu plus tard, simplement.

Il n'est pas essentiel que toutes les tétées se passent parfaitement. Il faut considérer l'ensemble de la journée : comment chaque tétée s'est-elle déroulée, combien de tétées ont été efficaces, qu'est-ce qui a fonctionné, à quels moments tète-t-il le mieux ? Si cela vous aide, notez ces renseignements.

Jaunisse

Aussi appelée ictère, la jaunisse se manifeste par la coloration jaune de la peau, du blanc de l'œil et des muqueuses. Elle est due à l'accumulation de la bilirubine dans le sang, un pigment qui provient de la destruction des globules rouges. La bilirubine est habituellement assimilée par le foie puis éliminée dans les selles et les urines.

Plus de la moitié des bébés développent une jaunisse lors de leur première semaine. Le foie encore immature n'arrive pas à éliminer toute la bilirubine qui vient se fixer ailleurs dans l'organisme et donne au bébé un teint jaunâtre. Dans la grande majorité des cas, la situation se résorbe d'elle-même et ne nécessite aucun traitement.

Il arrive parfois que le taux de bilirubine soit si élevé qu'il devient toxique pour certaines cellules du cerveau, surtout chez les bébés prématurés ou malades. Un traitement est alors nécessaire. Pendant longtemps, ce traitement exigeait des femmes qu'elles cessent d'allaiter. On sait aujourd'hui que cela n'est pas nécessaire ni même souhaitable.

L'allaitement ne devrait pas être arrêté chez les bébés qui ont la jaunisse. Au contraire ! Des tétées fréquentes augmentent l'apport calorique et favorisent l'élimination de la bilirubine.

Différencier les types d'ictère

▪ Ictère physiologique : Il apparaît entre le deuxième et le cinquième jour, puis décroît ensuite rapidement pour se résorber totalement vers le dixième jour. Les enfants d'origine asiatique, sud-américaine et autochtone tendent à être plus affectés que les autres, de même que ceux qui vivent à de hautes altitudes. Cette jaunisse est considérée comme étant normale et ne laisse pas de séquelles.

Deux types de jaunisse physiologique sont liés à l'allaitement : l'ictère précoce et l'ictère tardif.

Ictère précoce : Il apparaît entre le troisième et le cinquième jour. Il est dû à une insuffisance d'apport calorique, ce qui signifie que les tétées ne sont pas assez efficaces. Le fait de ne pas recevoir assez de colostrum, puis de lait, provoque un retard dans l'évacuation du méconium, dans lequel se trouve la bilirubine. Plus le nouveau-né reçoit de colostrum, plus il élimine rapidement le méconium et moins la bilirubine a le temps d'être entraînée dans la circulation sanguine.

Ce type d'ictère ne laisse aucune séquelle. Cependant, il est important de revoir la façon d'allaiter afin d'augmenter l'efficacité des tétées le cas échéant. Parfois, la jaunisse rend le bébé somnolent et il devra être stimulé pour téter (voir p. 45).

On peut prévenir cette jaunisse en instaurant des tétées précoces et en respectant le rythme du bébé. Les compléments, comme les biberons d'eau glucosée, nuisent à l'installation de la montée laiteuse et retardent l'élimination du méconium. Ils augmentent alors les risques d'ictère.

Ictère tardif: Ce cas est rare, il apparaît vers le cinquième jour, ou un peu plus tard, pour culminer vers le dixième ou le vingt et unième jour. Il peut durer plusieurs semaines, voire quelques mois. Cet ictère est bénin chez les bébés nés à terme et en bonne santé, mais il faut parfois écarter la présence d'autres maladies rares qui présentent les mêmes signes cliniques. On surnomme cet ictère la jaunisse du lait maternel (ou jaunisse due à l'allaitement) puisque les symptômes disparaissent si on suspend l'allaitement. On ne sait pas encore précisément ce qui le cause, mais il semble que l'anomalie du métabolisme de la bilirubine soit liée à la consommation de lait maternel. Par contre, rien ne prouve qu'elle puisse causer des problèmes ou laisser des séquelles au bébé. Par conséquent, cet ictère ne justifie pas l'arrêt de l'allaitement si le bébé allaité exclusivement se porte bien.

▪ Ictère pathologique: Il apparaît en général dans les 24 heures suivant la naissance et peut s'accompagner de signes cliniques, comme un foie hypertrophié. Les principaux facteurs qui causent ce type d'ictère sont l'infection, la prématurité, l'incompatibilité sanguine et l'hématome (à la suite de l'utilisation de ventouses pendant l'accouchement, par exemple). La jaunisse pathologique atteint moins de 3 % des nouveau-nés à terme. Le bébé a besoin d'un traitement médical immédiat.

Jaunisse: un phénomène normal?

Depuis quelques années, les chercheurs s'interrogent: si les bébés allaités ont tendance à avoir des taux de bilirubine et de jaunisse physiologique plus élevés que ceux qui ne le sont pas, ne serait-ce pas parce que ce type de jaunisse est bénéfique? La bilirubine a des propriétés antioxydantes utiles au nouveau-né. Il semble même qu'un taux plus élevé de bilirubine soit associé à une diminution de certaines maladies chez les bébés nés à terme et prématurés. N'est-ce pas alors l'absence de jaunisse chez les bébés nourris aux préparations pour nourrissons qui devrait inquiéter?

Photothérapie

Évidemment, face à une jaunisse pathologique ou lorsqu'un bébé présente un taux de bilirubine si élevé qu'il risque d'être toxique, un traitement doit être envisagé. On expose alors le bébé à la lumière du soleil ou à la lumière artificielle (photothérapie). La photothérapie donne soif. Elle augmente les besoins alimentaires du bébé et peut le déshydrater. Parfois, il faut recourir à un supplément alimentaire, mais la plupart du temps, il est suffisant d'augmenter l'efficacité des tétées.

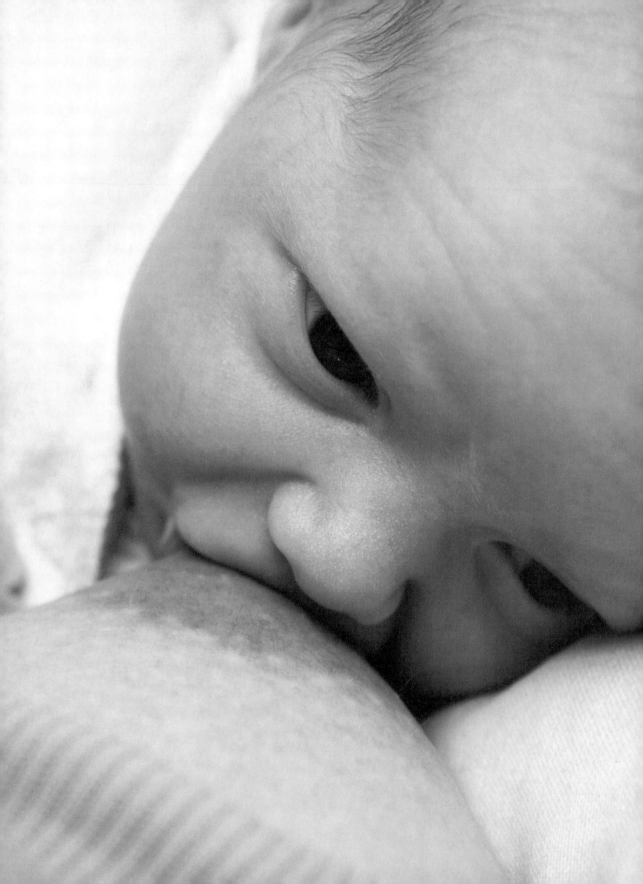

Chapitre 5

La montée laiteuse

La montée laiteuse, que l'on appelle aussi engorgement physiologique, se produit deux à cinq jours après la naissance. Vous qui produisiez l'équivalent d'une petite coupe de vin de colostrum par jour, voilà que vous remplissez un contenant d'un demi-litre! Vous entrez dans une nouvelle phase de la lactation.

Ce phénomène hormonal dure de 12 à 48 heures. Pour certaines femmes, la montée laiteuse est assez difficile à vivre tandis que pour d'autres, elle se passe plus en douceur (voir p. 189). Si vous avez pu mettre votre bébé au sein rapidement après la naissance et l'avez allaité en respectant son rythme, la montée laiteuse sera plus facile à traverser. L'engorgement douloureux survient généralement lorsque les tétées sont trop espacées et minutées.

Retour à la maison

Au Québec, l'arrivée du lait correspond souvent au moment où la femme quitte l'hôpital avec son bébé pour retourner à la maison. À l'inconfort de l'engorgement s'ajoutent alors le stress et la fatigue causés par la nouvelle vie familiale. De son côté, votre bébé est stimulé par l'arrivée de tout ce bon lait et veut probablement prendre le sein fréquemment.

Vous avez besoin d'amour et d'encouragement. Laissez les autres prendre soin de vous de façon à pouvoir prendre soin de votre bébé. Isolez-vous des énergies négatives. Tous les jours du reste de votre vie ne seront pas comme celui-ci! Gardez en tête que l'inconfort de l'engorgement est temporaire et sera vite passé. Réjouissez-vous à l'idée que votre lait est enfin arrivé pour faire grandir votre nourrisson. Regardez comme il tète goulûment. Écoutez les petits bruits pleins de vie qu'il émet. Profitez du moment où son petit corps chaud et lourd s'endort au sein comme si rien ne pouvait venir le déranger. Ce temps plein d'amour va vous suivre toute votre vie tandis que la fatigue et la douleur seront vite oubliées.

Période normale d'adaptation

Pendant les débuts d'un allaitement, il est normal de sentir un réel inconfort lorsque le bébé tète. Malgré tout, cela vous surprendra peut-être : « Est-ce donc ça, l'allaitement ? » penserez-vous, un peu déçue de ne pas vous sentir en symbiose avec votre bébé.

Lorsqu'elles commencent à allaiter, de nombreuses femmes se sentent bien loin de l'allaitement fusionnel qu'elles avaient imaginé. En ce sens, l'attente d'un « allaitement parfait » ne correspond pas tout à fait à la

Les gerçures et les crevasses ne sont pas obligatoires ! N'acceptez aucune blessure ni aucune douleur insupportable. L'allaitement ne doit pas être pénible.

réalité de la femme qui vient d'accoucher, ni à celle de toute autre femme qui allaite, d'ailleurs. Vos sentiments sont normaux, donnez-vous le temps de vous adapter.

Geste vivant

Allaiter n'est pas censé faire mal, mais cela reste un acte physique que l'on ressent. Vous n'allaitez pas votre bébé avec un objet inerte et dépourvu de sensations. Vous l'allaitez avec vos seins, une partie sensible de votre corps. Les premiers jours, la sensation d'avoir une petite bouche qui tète votre mamelon vous paraîtra peut-être désagréable. Permettez-vous de vivre cette ambivalence tout en la distinguant bien de la souffrance.

L'allaitement est un geste vivant et, à moins de vous endormir avec votre bébé qui tète, vous n'oublierez jamais totalement que vous avez un bébé au sein. Sans avoir les yeux fixés sur lui, vous savez quand il commence à téter et avez tout de suite conscience du moment où il arrête. Allaiter, comme être enceinte ou faire l'amour, c'est accepter de partager son corps avec l'autre. Les premiers jours, vous devez apprendre à vous ouvrir et à reconnaître les sensations de l'allaitement dans votre corps.

Vos seins n'ont jamais été aussi sollicités, ils sont sensibles et ont besoin de temps pour s'adapter. Toutefois, si la tétée vous fait « friser les orteils », si vous craignez la prochaine, si vos seins sont à vif, en sang, si l'inconfort perdure au-delà d'une dizaine de jours ou si vous allaitez en pleurant de douleur, il faut revoir votre mise au sein (voir p. 59) et guérir vos blessures s'il y a lieu (voir p. 187).

Pas de montée laiteuse ?

Certaines femmes attendent cinq ou six jours avant d'avoir du lait. Dans la grande majorité des cas, le jeu hormonal est bien en place, mais l'arrivée du lait est retardée par un mauvais démarrage de l'allaitement. Cela se corrige souvent facilement.

Laissez votre bébé téter aussi longtemps qu'il le souhaite et ne minutez pas son temps au sein. Assurez-vous de bien reconnaître ses signes d'éveil (voir p. 41) et, s'il vous donne peu d'indices, présentez-lui le sein toutes les heures (voir p. 45 si votre bébé est somnolent).

Portez votre bébé contre votre peau. Assurez-vous qu'il prenne bien le sein (voir p. 59) et n'hésitez pas à corriger la position de votre bébé au besoin.

L'arrivée du lait peut être retardée par l'utilisation du biberon ou d'une suce, ces derniers pouvant nuire à la succion du bébé et à l'installation de la production de lait.

Le stress et la douleur à la suite de l'accouchement peuvent empêcher la venue du lait. Si vous avez eu une césarienne et que vous trouvez l'allaitement particulièrement douloureux, n'hésitez pas à demander au personnel hospitalier des moyens de calmer la douleur (suite p. 53)

Ankyloglossie

Certains bébés peuvent avoir le frein de la langue trop court (petite peau sous la langue qui la rattache à la mâchoire inférieure), ce qui peut les empêcher de bien téter. Dans les cas les plus graves, la tétée sera très douloureuse et la mère présentera une blessure au sein particulière, comme si le bébé en avait arraché un bout à force de téter. Ces bébés peuvent avoir de la difficulté à rester au sein et à bien le prendre. Ils produisent des « claquements » de langue puisqu'ils n'arrivent pas à maintenir la succion.

Une aide pour placer le bébé différemment ou, dans certains cas, une intervention mineure pour couper le frein réglera ce problème. Une consultante en lactation peut vous conseiller.

Il est impossible de mettre trop souvent un bébé au sein, mais il est fort possible de ne pas l'y mettre assez fréquemment.

Hormones de la lactation

La montée laiteuse se produit quelques jours après la naissance du bébé. Il en est ainsi parce que le placenta, essentiel au développement du fœtus, est une source très importante d'œstrogène et de progestérone qui bloquent la production de lait. La chute de la quantité de ces deux hormones, et par conséquent la production de lait, ne peut commencer qu'après l'expulsion du placenta, donc une fois le bébé né.

Deux hormones jouent un rôle primordial dans la lactation. Il s'agit de la prolactine et de l'ocytocine.

Le point de départ de la lactation n'est pas la tétée. Une mère qui choisit de ne pas allaiter connaîtra elle aussi les variations hormonales qui mènent à la montée laiteuse. La lactation est un phénomène propre à notre espèce.

Prolactine : C'est la principale hormone de la lactation. Elle permet la fabrication du lait et maintient la sécrétion lactée. Cette hormone a un effet relaxant et apaisant sur la mère. Lors des premières semaines d'allaitement, vous pouvez vous sentir somnolente pendant la tétée. Vous êtes envahie de prolactine !

Au tout début de l'allaitement, le taux de prolactine doit rester élevé pour produire le lait. Ce taux est très élevé lors de la montée laiteuse. Quand la femme n'allaite pas, il redescend rapidement pour retourner à son niveau d'avant grossesse dans les deux semaines suivant l'accouchement. Chez celle qui allaite, le taux de prolactine descend au cours des mois, mais restera plus élevé que la normale pendant toute la durée de l'allaitement, même s'il se poursuit pendant des années.

La prolactine est sécrétée par l'hypophyse qui se trouve à la base du cerveau. Sa sécrétion est réglée par la *dopamine*, une hormone qui empêche la prolactine d'être émise. Lorsque le bébé tète, sa succion stimule les terminaisons nerveuses du sein qui envoient au cerveau le message de cesser la sécrétion de la dopamine. La prolactine peut alors être émise et déclencher la fabrication du lait.

Ocytocine : L'ocytocine est l'hormone qui permet au lait de sortir du sein. Comme elle est aussi responsable de la contraction de l'utérus pendant l'accouchement, son taux est naturellement élevé à la naissance. Dès que l'on met le bébé au sein, le niveau d'ocytocine de la mère augmente à cause de la succion. Celle-ci produit des impulsions auxquelles réagit l'hypophyse qui se met alors à sécréter l'ocytocine. L'hormone voyage par le sang pour se rendre à la glande mammaire où elle permet l'éjection du lait, c'est le réflexe d'éjection.

Le réflexe d'éjection survient lorsque vous mettez votre bébé au sein et que vous ressentez les « picotements » du lait qui arrive. Notez que près de 20 % des femmes ne ressentent pas leur réflexe d'éjection. C'est un phénomène normal qui ne signifie pas qu'il est absent. D'ailleurs, bien des femmes ont plus d'un réflexe d'éjection pendant la tétée, mais elles ne les ressentent pas toujours. Apparemment, si la mère a plusieurs réflexes d'éjection pendant une tétée, son bébé recevra plus de lait.

L'ocytocine est essentielle à la lactation. Des expériences avec des souris auxquelles on avait infligé une déficience en ocytocine ont montré qu'elles avaient de sérieuses difficultés à nourrir leurs petits.

Nourriture du cœur : On surnomme l'ocytocine l'« hormone de l'amour » entre autres parce que, parfois, le réflexe d'éjection survient lorsque la mère pense à son bébé ou l'entend pleurer. Certaines femmes verront même leur lait couler dès qu'un autre bébé pleure.

L'ocytocine semble également jouer un rôle dans l'attachement et le comportement maternel. Des brebis et des rates qui venaient d'accoucher et à qui on avait donné des inhibiteurs d'ocytocine n'ont pas démontré les comportements maternels habituels, comme celui de lécher leurs nouveau-nés. L'allaitement est plus qu'un aliment pour votre bébé, c'est un moyen privilégié d'entrer en contact avec lui.

Ainsi, le jeu hormonal permet à bien des choses de se mettre en place d'elles-mêmes sans que vous ayez à lever le petit doigt. Bien sûr, vous avez aussi à développer des habiletés, mais prenez conscience que votre corps est bien fait. Il a tout ce qu'il faut pour faire grandir la petite vie que vous venez de mettre au monde.

Votre état psychologique a une influence sur la sécrétion d'ocytocine. Plus vous êtes calme, détendue et confiante, plus vous sécrétez cette « hormone de l'amour ».

Chirurgie des seins

Les opérations aux seins peuvent abîmer la glande mammaire et compliquer l'allaitement. Elles peuvent sectionner des canaux lactifères ou induire une perte de sensibilité, supprimant le réflexe d'éjection et la sécrétion des hormones de la lactation. On peut toutefois pallier ces différentes situations en utilisant un dispositif d'aide à l'allaitement (voir p. 274).

Cependant, le corps dispose d'une bonne capacité d'autoréparation. Avec le temps, les tissus peuvent se reconstituer. De plus, chaque nouvelle grossesse permet un développement important de la glande mammaire en vue de l'allaitement, ce qui fait qu'une mère peut avoir éprouvé des difficultés à allaiter son premier bébé et y parvenir plus facilement pour un deuxième.

Si vous avez subi une chirurgie des seins, vos attentes doivent être réalistes. **Le meilleur moyen de savoir si vous allez produire assez de lait pour votre bébé est d'essayer d'allaiter.** Une rencontre avec une consultante en lactation et des échanges avec des mères allaitantes qui ont eu la même chirurgie que vous sont de bonnes initiatives à prendre pendant la grossesse.

Augmentation mammaire Si l'incision pour installer l'implant s'est faite sous le bras ou le sein, l'implant est probablement derrière les canaux lactifères et l'allaitement peut ne pas être compromis. Toutefois, si l'incision est périaréolaire, le risque de canaux endommagés augmente. Une femme qui a subi ce type d'incision a cinq fois plus de risque de ne pas avoir suffisamment de lait qu'une femme qui n'a pas eu de chirurgie.

Bien que dans le passé on se soit inquiété de l'impact que pouvait avoir la silicone sur les enfants allaités par des mères ayant des implants mammaires, les recherches démontrent que ceux-ci sont sans danger pour le bébé. La quantité de silicone dans le lait sera moindre que celle contenue dans les préparations pour nourrissons (plus de 100 fois plus élevée).

Réduction mammaire Moins il y a de tissus enlevés lors de la réduction mammaire, plus une femme aura de chances de pouvoir allaiter exclusivement son bébé. Les chances s'améliorent avec le temps écoulé depuis la chirurgie et avec le nombre de grossesses survenues depuis l'opération. Par contre, le taux d'allaitement exclusif après une réduction mammaire est significativement plus bas. Toutes les femmes arrivent à avoir du lait, mais certaines n'en produisent pas assez.

Biopsies, ablation de tumeurs, mammectomie Les biopsies et les ablations de tumeurs touchent la glande mammaire, mais elles se limitent généralement à un seul sein. Ces interventions peuvent isoler une partie de la glande, qui ne pourra plus se vider correctement, et engorger le sein localement. Souvent, l'engorgement se résorbe et l'allaitement se poursuit, mais parfois la zone continue de produire du lait et les inflammations sont persistantes. Il est alors possible de poursuivre l'allaitement uniquement avec l'autre sein.

Il y a plusieurs exemples de femmes qui ont allaité après irradiation mammaire pour un cancer du sein. Il arrive que le sein traité produise moins ou peu de lait et que le bébé finisse par le refuser. L'allaitement peut alors se poursuivre avec un seul sein. Moins la dose de radiations a été élevée, moins la quantité de lait produite est affectée. Il n'y a aucune raison de déconseiller l'allaitement aux mères qui ont subi ce type de traitement.

Une femme peut avoir eu une mammectomie à la suite d'un cancer ou d'un accident. L'allaitement reste cependant possible avec l'autre sein.

Syndrome des ovaires polykystiques (SOPK)

Environ 5% à 10% des femmes souffriraient du syndrome des ovaires polykystiques (SOPK), une des causes importantes d'infertilité. Certaines femmes atteintes éprouveraient des difficultés à produire suffisamment de lait pour nourrir leur bébé.

Le SOPK affecte plusieurs hormones de reproduction chez la femme et il ne serait pas étonnant qu'il affecte aussi la lactation. Par exemple, l'insuline, la progestérone et l'œstrogène sont tous essentiels au développement de la glande mammaire et, incidemment, ces hormones sont déséquilibrées chez les femmes atteintes du SOPK.

Les femmes atteintes ne manquent pas toutes de lait. Néanmoins, une recherche menée auprès de 39 femmes souffrant du SOPK a démontré qu'un tiers d'entre elles étaient dans ce cas – un chiffre beaucoup plus élevé que pour les femmes non atteintes. Des recherches plus poussées doivent encore être menées afin de mieux comprendre le phénomène, mais il semble que si le SOPK s'accompagne d'une insuffisance glandulaire (hypoplasie) ou s'il apparaît tôt (pendant la puberté), la femme a moins de chances de produire assez de lait pour son bébé. Si vous souffrez du SOPK, parlez-en avec votre médecin, votre sage-femme ou avec une consultante en lactation. Généralement, c'est en allaitant que vous saurez si vous produisez assez de lait.

compatibles avec l'allaitement. Faites-vous aider pour trouver une position confortable. De retour à la maison, n'hésitez pas à prendre tout le repos possible.

Il arrive qu'une femme ne se sente pas à l'aise à l'hôpital. Dans ce cas, demandez votre congé et retournez chez vous rapidement. Être calme dans un milieu connu peut favoriser la venue du lait.

Si vos seins sont meurtris, prenez les moyens de guérir vos blessures (voir p. 187).

Si vous avez suivi tous ces conseils et que vous n'avez toujours pas de lait plus de six jours après votre accouchement, consultez sans tarder une spécialiste en allaitement. Cela ne veut pas dire que vous ne pourrez pas allaiter, simplement que vous avez besoin d'un petit coup de pouce supplémentaire.

Ne pas avoir de lait

Dans la grande famille des mammifères, l'impossibilité de produire du lait ou d'en produire en quantité suffisante (l'hypogalactie physiologique) est un phénomène très rare, sinon absent. Chez les êtres humains, cette incapacité toucherait moins de 5 % des femmes.

Différents problèmes hormonaux ou du système endocrinien peuvent affecter le développement de la glande mammaire et donc la capacité à produire du lait. Certains problèmes de santé ont parfois un impact sur la lactation, comme le syndrome des ovaires polykystiques, le syndrome de Sheehan, un diabète non traité ou certaines maladies mentales. Les rétentions placentaires (voir p. 89), l'anémie sévère, un grave traumatisme, une sous-alimentation chronique et certains médicaments peuvent aussi avoir des répercussions sur l'allaitement. Enfin, les chirurgies modifiant la structure de la glande mammaire peuvent empêcher l'allaitement exclusif.

Ces cas restent très rares et continuent d'être la source de questionnements pour les spécialistes. Pourtant, le manque de lait est présenté comme une des premières causes de l'arrêt de l'allaitement. En effet, bien des femmes éprouvent des difficultés à amorcer ou à maintenir leur production de lait même si elles ne présentent aucun signe d'hypogalactie physiologique. Un bébé qui tète mal, un sein moins facile à prendre, une position qui ne va pas, des tétées qui ne sont pas efficaces, sont des facteurs qui jouent sur la qualité de la production de lait.

Il peut être très difficile pour une femme de s'apercevoir qu'elle ne produit pas assez de lait pour son bébé (voir p. 260).

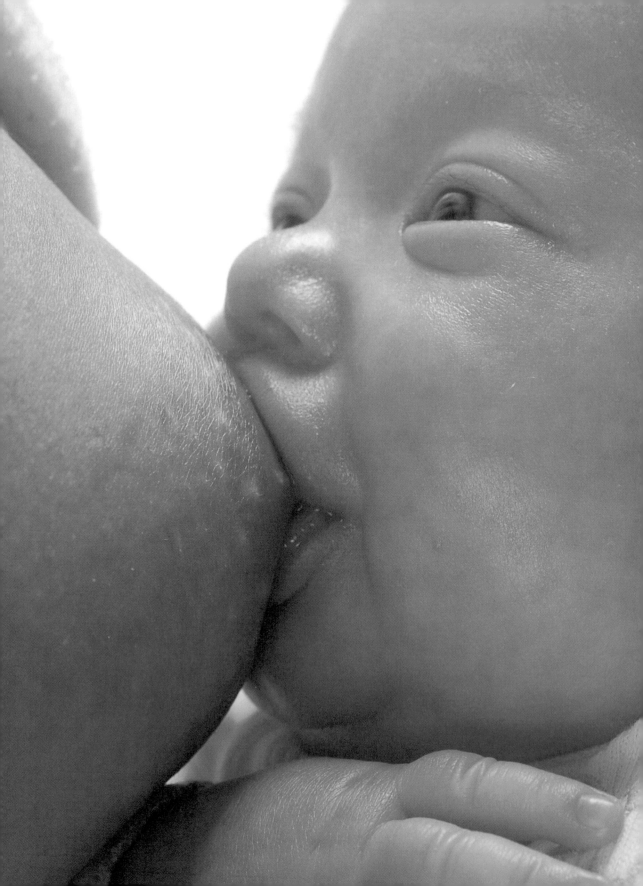

Chapitre 6

La prise du sein

L'allaitement est une danse. Un duo corps à corps, cœur à cœur, où chacun donne et reçoit de l'amour, de la sécurité et, bien sûr, de la nourriture. Cependant, la façon dont on met un bébé au sein et la manière dont celui-ci le prend ne relèvent pas nécessairement de l'instinct. Il s'agit d'un apprentissage pour la mère comme pour le bébé.

Les premiers jours, peu importe si c'est le premier ou le quatrième allaitement, on s'applique, on s'apprivoise, on rate parfois son coup et on recommence encore et encore. Puis un jour, on se connaît par cœur et on finit par danser sans plus s'inquiéter d'écraser les pieds de l'autre.

Se laisser guider

La position d'allaitement et la prise du sein ne sont pas des techniques universelles que l'on peut appliquer froidement, ni de la même façon, d'une femme à l'autre et d'un bébé à l'autre. Chaque duo mère/bébé crée sa propre expérience d'allaitement. Trop insister sur une « technique » nie le caractère unique de chaque allaitement et des personnes qui le composent. Il est essentiel de savoir se laisser guider par ce qu'on ressent et d'être à l'écoute de la personnalité de son bébé.

Une bonne position d'allaitement et une prise du sein adéquate sont les piliers d'un allaitement réussi. Non seulement elles garantissent à la mère un allaitement sans douleur, mais elles permettent au bébé de recevoir tout le lait nécessaire à sa croissance.

Par exemple, l'une d'entre nous a allaité son fils assis à califourchon sur ses cuisses pour soulager ses coliques, tandis que l'autre a souvent donné le sein à sa fille en marchant vivement, car c'était la seule façon d'apaiser ses pleurs. Soyez créatives et ne vous limitez pas à ce qui est décrit dans les livres.

Positions d'allaitement

En feuilletant certains livres spécialisés, on se croirait parfois devant un Kama Sutra de l'allaitement tellement on y suggère de positions : la louve, à quatre pattes, la madone inversée. Mille et une façons de varier le plaisir !

La majorité des femmes vont adopter une, voire deux positions. Il n'est pas important de maîtriser 56 façons d'allaiter votre bébé, il suffit de trouver la ou les positions dans lesquelles vous êtes tous les deux le plus à l'aise. Il est cependant bon de savoir que d'autres positions existent afin de remédier à des situations bien précises.

Confort

Peu importe la position choisie, votre dos, vos bras et vos pieds doivent être détendus. Vous pouvez vous aider d'oreillers, de coussins ou d'un coussin d'allaitement. Vous ne devez ressentir aucune tension pendant la tétée, encore moins de douleur, et votre bébé ne doit pas vous sembler lourd. Une position confortable permet à la mère de faire autre chose en allaitant : lire un livre, regarder la télévision, manger, parler au téléphone, etc.

Au début, vous vous sentirez peu adroite et souhaiterez tellement voir votre bébé téter que vous aurez tendance à supporter un certain inconfort, et même à finir par croire qu'il fait partie de l'allaitement. Après tout, l'important, c'est que le bébé reçoive du lait, non ? Pourtant, quiconque a déjà allaité dans une position franchement inconfortable sait que cela n'a pas été la meilleure tétée pour son bébé. Il ressent votre malaise et cela se répercute sur sa façon de téter. Les bébés ne sont pas différents de nous, au fond : le meilleur repas du monde servi dans un essuie-tout et mangé assis sur une bûche mal équarrie finira par avoir un goût de cendres. Un bébé qui se sent bien soutenu, à l'aise et en sécurité peut se concentrer sur la tétée plutôt que sur la façon dont il est (mal) tenu.

Positions d'allaitement communes

• **Madone** (figure 1) : Voici la position universelle, celle que l'on voit sur les tableaux des grands maîtres et la plupart des photos d'allaitement. Le bébé repose sur l'avant-bras de la mère, du côté du sein offert, sa tête juste en face du sein. La main de la mère entoure ses fesses ou ses jambes. La tête du bébé est légèrement inclinée vers l'arrière de façon à ce que ce soit le menton et non le nez qui touche le sein. Idéalement, la tête, l'épaule et les fesses du bébé doivent être bien alignés.

• **Couchée** (figure 2) : La mère est couchée sur le côté avec des oreillers pour la soutenir selon ce qui est le plus confortable pour elle. Habituellement, il est essentiel d'avoir un ou deux oreillers sous la tête. La mère forme un angle presque droit avec le lit, son corps légèrement vers l'arrière, appuyé sur un oreiller placé dans son dos pour bien se détendre. Il faut éviter d'arquer le dos vers le bébé et plutôt approcher ce dernier du mamelon. Certaines femmes aiment avoir un oreiller entre les jambes, cela leur permet de se relaxer complètement. Le bébé est lui aussi sur le côté, placé face au sein de sa mère. Pour maintenir le nourrisson en place, on peut installer une petite couverture roulée dans son dos. Nous vous encourageons à essayer d'allaiter couchée. N'hésitez pas à prendre le temps d'expérimenter cette position, parfois difficile à maîtriser au départ, tant pour la mère que pour le bébé. Certaines femmes y arrivent en plaçant d'abord le bébé au sein lorsqu'elles sont assises puis en se couchant progressivement pendant qu'il tète. Une fois que vous aurez trouvé ce qui vous convient, cette position permet de vous reposer tout en allaitant et épargne bien des nuits trop courtes !

• **Positions pour les jumeaux** (figure 3) : Les mères de jumeaux qui souhaitent allaiter leurs deux bébés en même temps peuvent essayer différentes positions, inspirées des positions les plus courantes et de celles illustrées en page 292. Avec un peu d'expérimentation, elles réussissent très bien et trouvent cela tout à fait pratique !

S'adapter

Les femmes de petite taille apprécieront un support sous les pieds lorsqu'elles allaitent assises. Celles qui ont une grosse poitrine éprouvent parfois des difficultés à mettre le bébé au sein. Elles peuvent soutenir leurs seins en plaçant une petite couverture roulée (suite p. 59)

Toute la lactation repose sur une prise efficace du sein. Un bébé qui prend le sein de façon adéquate stimule la production de lait de sa mère, donne à celle-ci un allaitement confortable et s'assure d'avoir toute la nourriture dont il a besoin.

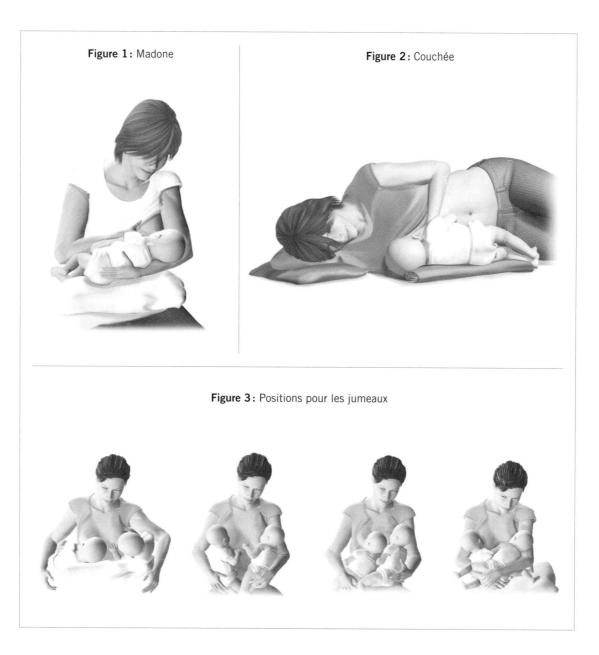

Figure 1 : Madone

Figure 2 : Couchée

Figure 3 : Positions pour les jumeaux

Optimiser la prise du sein

• Mettez le bébé au sein dès les premiers signes d'éveil.

• Tenez le bébé à la hauteur des seins. Lorsqu'il s'apprête à téter, sa tête doit être au niveau du mamelon ou légèrement plus bas. Le bébé ne doit pas avoir à tourner la tête pour prendre le sein. Tout son corps doit vous faire face et être placé tout contre vous. L'oreille, l'épaule et la hanche du bébé forment une ligne droite.

• Chatouillez la lèvre supérieure du bébé avec le bout du mamelon ou encore, passez le bébé devant votre sein. Cela stimulera son réflexe de fouissement.

• Attendez qu'il ait la bouche grande ouverte, comme s'il bâillait, pour le mettre au sein. Il prend alors une bonne « bouchée de sein ».

Faut-il toujours corriger la prise du sein?

Lorsqu'un bébé prend mal le sein, on suggère de briser la succion et de recommencer jusqu'à ce qu'il le fasse comme il faut.

Si vos seins sont déjà blessés et que vous êtes souffrante, vous risquez toutefois d'aggraver vos blessures. Essayez de laisser le bébé téter de la « mauvaise façon », surtout lorsque la douleur s'atténue au fil de la tétée, puis placez-le dans la bonne position la prochaine fois.

À vous de voir laquelle de ces approches vous convient le mieux.

• Aidez un bébé qui éprouve des difficultés à ouvrir grand la bouche en appuyant doucement mais fermement sur son menton au moment où il ouvre les lèvres. Un bébé qui n'ouvre pas suffisamment la bouche risque de seulement « tirer » sur le mamelon et de le blesser. De plus, il stimule mal toutes les parties du sein qui permettent au lait de s'écouler.

• Amenez doucement mais fermement le bébé vers le sein une fois sa bouche bien ouverte. C'est au bébé de venir vers vous. Vous ne devez pas avoir l'impression qu'il « tire » le mamelon vers lui. Le menton du bébé touche le sein en premier et non son nez.

• Répétez après nous : « un bébé qui arrive à téter est un bébé qui respire ». Les premiers jours, certaines mères ont tendance à appuyer sur leur sein afin de dégager le nez de leur bébé pensant qu'il peine à respirer. N'en faites rien. Si votre bébé respire mal, il lâchera le sein. Le fait d'appuyer sur votre sein risque de bloquer des canaux lactifères et de provoquer des blessures.

Retirer un bébé du sein pendant la succion

• Appuyez sur votre sein en ayant le doigt près de la bouche du bébé.

• Appuyez sur son menton vers le bas.

• Insérez un de vos doigts dans le coin de la bouche du bébé.

• En présence de blessure au mamelon, posez le doigt entre les gencives du bébé et faites un crochet autour du mamelon afin de le protéger davantage au cas où le bébé serre les mâchoires.

sous la poitrine ou encore en déposant leur bébé sur la table de la cuisine. Ces techniques permettent au bébé de prendre le sein plus facilement et à la mère de le voir faire (pour les positions spécialisées, voir p. 292).

La prise du sein

La prise du sein est l'élément central de l'allaitement, elle permet au bébé de téter efficacement. S'il « s'arrime » bien au sein, il tétera de façon naturelle. Sans prise du sein, il n'y a pas de transfert de lait possible.

Le sein comme un sandwich

Pour comprendre l'importance d'une bonne prise du sein, on peut la comparer au fait de manger un hamburger. Imaginez que vous mangez un grand burger très épais. Quand vous vous apprêtez à y mordre, vos mains vont l'écraser de façon à ce que l'ovale du sandwich vienne épouser la forme de votre bouche.

Lorsque vous le croquerez, vous allez le faire du bas vers le haut, avec votre mâchoire inférieure. Vous ne pouvez pas mordre votre sandwich en l'approchant par le haut, car votre nez entrerait en contact avec le pain et votre mâchoire supérieure est moins flexible que votre mâchoire inférieure. Cela ne vous donnerait qu'une toute petite bouchée. Si vous décidez de le croquer de face, de façon symétrique, la bouchée ne sera pas beaucoup plus importante puisque vos lèvres risquent d'être pressées contre le pain au lieu d'être retroussées vers l'extérieur.

La solution pour enfin profiter de ce hamburger est de croquer de bas en haut en ayant la bouche bien ouverte. Votre mâchoire inférieure sera ainsi plantée loin dans le sandwich pour en prendre le plus possible. Ensuite, vous relèverez le burger pour l'approcher de la mâchoire supérieure, plus passive. Enfin, pour prendre une grosse bouchée, vous devez poser le hamburger sur la langue et non pas le pousser contre celle-ci.

Tous ces mouvements sont un peu ceux que votre bébé doit reproduire lors de la tétée (voir figure 1).

À l'écoute de l'intuition

La prise du sein est parfois analysée dans de multiples détails, présentée étape par étape comme une technique figée à suivre. Ne vous y trompez pas : la plupart du temps, tout cela se fait naturellement. Si la position

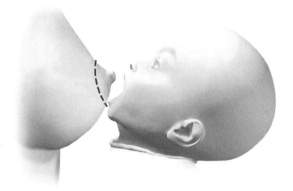

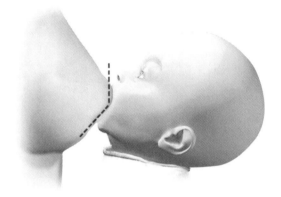

Figure 1 : Prise du sein

d'allaitement est bonne, la prise du sein appropriée se fait souvent automatiquement. Parfois, cela demande plus d'entraînement, de patience et de soutien, voire de gestes peu orthodoxes, analysés et décrits nulle part.

Si la mère est à l'aise, ne ressent pas de douleur et que le bébé reçoit tout le lait dont il a besoin, inutile de s'en faire parce que la prise du sein ne serait pas « comme dans les livres ». Soyez à l'écoute de votre intuition et des comportements de votre bébé : ce sont les meilleurs conseillers !

Soutenir le sein

Vous n'êtes pas obligée de soutenir votre sein, cependant certaines femmes trouvent que cela facilite la tétée. Le soutien peut être utile aux bébés qui éprouvent des difficultés à prendre le sein, lorsque les mamelons sont plats ou si la poitrine est volumineuse.

Mamelons plats ou invaginés

Un mamelon plat ne saillit pas lorsqu'il est stimulé tandis qu'un mamelon invaginé, plus rare, donne l'impression d'être entré à l'intérieur du sein. Les deux cas ne sont pas une contre-indication à l'allaitement : avec un bon démarrage, les mamelons finissent par saillir ou alors le bébé réussit à bien prendre le sein.

Il arrive que les mamelons plats ou invaginés provoquent des difficultés chez certaines femmes. Pour qu'un bébé tète efficacement, il doit prendre le mamelon et l'amener loin dans la bouche, vers son palais mou. Si la prise du sein est mauvaise, le bébé risque de blesser sa mère et de recevoir moins de lait.

Bien démarrer l'allaitement si vous avez des mamelons plats

• Massez l'aréole du sein avant la tétée.

• Au besoin, appliquez une goutte de votre lait ou de la crème à la lanoline après la tétée.

• Compressez le sein de façon à bien présenter le mamelon et l'aréole.

• Vous pouvez porter un bouclier d'allaitement une trentaine de minutes avant la tétée ; ne dormez pas avec un bouclier et nettoyez-le toujours en profondeur après usage.

• Stimulez les mamelons avec un tire-lait électrique avant les tétées (habituellement, un ou deux jours de ce traitement suffisent lorsque le bébé a une succion vigoureuse).

• Utilisez une téterelle. Elle est parfois d'un bon secours.

Le bébé ne tète pas seulement le mamelon mais aussi une partie de l'aréole du sein. Lorsque le bébé parvient à prendre une bonne « bouchée de sein », un mamelon plat ou invaginé est rarement problématique.

Si vous décidez de soutenir votre sein, pensez à le faire en ayant le pouce d'un côté du sein et les quatre doigts de l'autre et non seulement deux doigts, comme on prendrait une cigarette. Tout le sein doit être supporté. Votre main doit être loin de l'aréole pour permettre au bébé de prendre une bonne « bouchée de sein » et éviter de vous blesser en comprimant trop les canaux lactifères (voir p. 295).

Succion du bébé

Pendant qu'il tète, un bébé utilise différentes parties de sa bouche : sa langue, sa mâchoire, ses lèvres et son palais. S'il n'utilise pas correctement ces « outils », il risque de blesser les seins de sa mère et de ne pas recevoir assez de lait.

Lorsqu'un bébé tète correctement, ses mâchoires et sa langue sont coordonnées. Sa langue prend la forme d'une gouttière. Elle est placée sous le sein et appuie en le pressant contre son palais. La chair de l'aréole s'aplatit et s'allonge, et le lait coule du mamelon dans la « gouttière » formée par la langue. Ensuite, le bébé avale et respire. Les lèvres du bébé sont retroussées et pressées contre le sein de façon à empêcher le lait de couler hors de la bouche.

Reconnaître une succion efficace

Généralement, les bébés commencent à boire en tétant frénétiquement afin de stimuler le réflexe d'éjection. Par la suite, on les entend avaler de façon plus rythmique. Ils tètent une, deux ou trois fois puis avalent et recommencent.

On entend avaler certains bébés sans aucune difficulté. D'autres se font plus discrets. Quoi qu'il en soit, la cadence de succion des bébés allaités est bien particulière : ils ouvrent grand la bouche, font une pause puis referment la bouche.

Comparez la tétée au fait de boire avec une paille. Lorsque vous aspirez le liquide à travers la paille, votre menton s'abaisse et reste en bas : c'est la « pause ». Quand vous cessez pour avaler, votre menton remonte. Chacune des « pauses » du bébé correspond donc à la prise d'une gorgée de lait. Plus la pause est longue, plus le bébé boit de lait. En plus d'essayer d'entendre votre bébé avaler, surveillez cette pause et regardez le menton de votre nourrisson. Selon la position du bébé, il arrive que le conjoint ait une meilleure vue sur le bébé, n'hésitez pas à le mettre à contribution. Si votre bébé ne fait pas de pause, si son menton ne bouge pas et si vous n'entendez rien, même en restant deux heures au sein, il ne recevra pas beaucoup de lait.

Si votre bébé tète efficacement, vous sentez vos seins devenir plus souples au fur et à mesure de la tétée. Ils vous semblent moins pleins. Vous pouvez aussi ressentir un ou plusieurs réflexes d'éjection («ça picote»), éprouver un sentiment de relaxation ou encore de soif. Ces quelques signes indiquent que votre bébé a une bonne succion et qu'il prend le lait qu'il lui faut.

Aller chercher de l'aide

L'immense majorité des bébés nés à terme et en bonne santé savent téter et avaler correctement dès la naissance. Par contre, il existe des situations particulières où un bébé peut rencontrer de grandes difficultés à téter. Parfois, certains duos mère-bébé ont plus de mal à se mettre en harmonie. Cela ne veut pas dire que l'allaitement est impossible, au contraire. Si vous êtes inquiète ou si vos tentatives de corriger la situation ne fonctionnent pas, n'hésitez pas à voir une consultante en lactation ou quelqu'un de compétent en allaitement. Une rééducation peut être entreprise et donne de bons résultats la plupart du temps.

Remédier à une succion inefficace

■ **Comprimez votre sein :** Cela permet au lait de s'écouler plus rapidement dans la bouche du bébé et avec moins d'efforts, ce qui maintient son intérêt pour le sein et stimule sa succion (voir p. 294).

■ **Alternez d'un sein à l'autre** (voir p. 45).

■ **Mettez un peu de lait sur votre mamelon ou sur les lèvres du bébé :** Juste avant de mettre le bébé au sein, cela peut encourager sa succion.

■ **Utilisez un dispositif d'aide à l'allaitement (DAL)** (voir p. 274).

■ **Recourez à une téterelle d'allaitement :** Quand toutes les autres méthodes ont échoué, la téterelle peut s'avérer utile. Elle se présente sous la forme d'une coupelle en silicone en forme de demi-sphère. Au centre, elle comporte un orifice arrondi et perforé que l'on place sur le mamelon. Celui-ci est alors comprimé dans l'orifice, ce qui le fait mieux saillir.

Bien qu'elles soient utilisées depuis le XVIe siècle, on a longtemps déconseillé l'utilisation des téterelles. Elles avaient la réputation de causer plus de problèmes qu'elles n'en réglaient. Le matériau avec lequel on les fabriquait diminuait la production de lait, ce qui n'est plus vraiment le cas avec les téterelles de silicone d'aujourd'hui. Par contre, l'utilisation d'une téterelle peut créer une préférence chez le bébé qui aura du mal à s'en passer. Bien utilisées, les téterelles peuvent néanmoins aider certains bébés à téter plus efficacement.

Bien la choisir. Assurez-vous de choisir un modèle approprié à votre bébé. Pour cela, faites-lui téter votre doigt propre et sans ongle long. Laissez votre nourrisson amener votre doigt bien au creux de sa bouche, là où il y a jonction entre le palais dur et mou. Une fois que le bébé tète activement, faites une marque au crayon sur votre doigt tout près des lèvres de votre bébé. Vous mesurez ensuite l'espace du bout de votre doigt à la marque. Elle indique la longueur de la téterelle que vous devrez acheter. Dans le commerce, la longueur des téterelles varie de 1,9 à 6,4 cm. Il faut aussi considérer le diamètre du mamelon et concilier cette donnée avec la longueur de la téterelle afin de s'adapter à ce que l'on trouve sur le marché. La téterelle choisie doit vous sembler confortable.

L'usage de la téterelle devrait être temporaire et le bébé en être sevré dès que sa succion est efficace.

Évaluer si votre allaitement
va bien

Couches souillées

Urine: Avant la montée laiteuse, votre bébé peut passer plusieurs heures au sec sans que cela soit alarmant. Il mouille une ou deux couches par jour et son urine est pâle. Il arrive que l'urine des nouveau-nés soit rosée ou rouge, on parle alors de « cristaux ». Cela ne doit pas vous inquiéter si votre bébé prend bien le sein et qu'il y a accès à volonté.

Après la montée laiteuse, vers quatre ou cinq jours, votre bébé allaité exclusivement devrait mouiller au moins six couches par jour. Son urine est pâle et inodore.

Il est plus facile de percevoir l'humidité de la couche si elle est en tissu. Les couches jetables ne vous sembleront pas mouillées, mais si elles sont pleines d'urine, elles seront plus lourdes. Astuce : prenez une couche et versez 30 ou 60 ml d'eau afin de ressentir l'effet d'une couche mouillée.

Selles : **Les premiers jours** après la naissance, les selles de votre bébé sont foncées et collantes. On dirait de la mélasse très épaisse, noir verdâtre. C'est le méconium qui s'est accumulé dans son système digestif pendant la gestation. **Après le troisième ou le quatrième jour,** lorsque vous avez du lait, ses selles pâlissent, sont plus molles et beaucoup plus faciles à nettoyer.

Les selles de votre bébé sont importantes puisqu'elles indiquent qu'il reçoit du lait en quantité suffisante pour sa croissance.

Les selles normales d'un bébé allaité exclusivement sont généralement de couleur ocre et elles ont la consistance d'un gruau plus ou moins liquide. Il n'y a pas de modèle unique, certaines sont plutôt orangées, jaunes, brun pâle ou même verdâtres de façon occasionnelle. Elles peuvent être mousseuses ou avoir la consistance de la crème à raser. Toutefois, elles ne sont ni sèches ni dures, pas plus qu'elles ne dégagent de fortes odeurs. **À la fin de la première semaine**, votre bébé devrait idéalement faire au moins deux ou trois selles par jour. Certains en font plus sans que cela ne soit inquiétant. Là encore, il peut y avoir des variations, mais retenez qu'un bébé de cinq à vingt et un jours fait généralement trois grosses selles molles et granuleuses par période de vingt-quatre heures. Un bébé de cet âge qui ne fait pas une bonne selle par jour au minimum ou dont les selles sont petites ne reçoit peut-être pas assez de lait. Il serait bon de vérifier rapidement avec quelqu'un de compétent le déroulement de votre allaitement.

■ **Un bébé qui fait encore du méconium à cinq jours doit être vu par un spécialiste le jour même.**

Vers trois, quatre ou cinq semaines, le rythme d'élimination tend à s'allonger. Les selles de votre bébé sont probablement moins fréquentes ou moins régulières. Il peut en faire trois le même jour puis rien pendant vingt-quatre heures. Des bébés allaités exclusivement peuvent passer 15 jours ou plus sans faire de selles. Tant que votre bébé va bien et que les selles qu'il fait sont d'apparence normale, il ne s'agit pas de constipation pathologique et aucun traitement ne devrait être envisagé.

Déroulement des tétées

Faites appel à vos sens. Vous voyez votre bébé plus agité au début de la tétée. Il tète, arrête puis avale, vous pouvez même l'entendre. Ses mâchoires travaillent jusqu'aux tempes. Vous ressentez un ou plusieurs réflexes d'éjection (notez que certaines femmes ne ressentent pas leur réflexe d'éjection, cela est normal et ne signifie pas qu'il soit absent). Vous êtes en mesure de percevoir le rythme de succion de votre bébé changer en cours de tétée. Il tète plus vite au début puis vient un moment où la succion ralentit, se stabilise. Il ouvre la bouche, puis fait une pause et enfin avale. Vers la fin de la tétée, le bébé est satisfait, apaisé, parfois même endormi. Si vous ne percevez pas un de ces signes ou si votre bébé ne semble pas téter efficacement, revoyez la prise du sein (voir p. 59).

État général

Votre bébé est vif, tonique, éveillé, sa peau est saine. Il vous semble aller bien et être en bonne santé. Surtout : un nouveau-né qui pleure est un bébé absolument normal !

■ **Un bébé amorphe, léthargique, somnolent au point de ne jamais se réveiller pour téter, qui fait de la fièvre ou dont les pleurs sont plus faibles qu'à l'habitude requiert une attention immédiate.**

Accès au sein

Votre bébé est au sein à volonté. Il est difficile de savoir combien de fois par jour un bébé va boire. Cependant, pour vous donner une idée, on peut estimer qu'un bébé est au sein de 8 à 12 fois par période de 24 heures (voir

L'intervalle entre les tétées se calcule du début d'une tétée au début de la suivante. Par exemple, si votre bébé a bu de 10 h à 10 h 20 et qu'il redemande le sein à 11 h 30, il s'est écoulé une heure et demie entre les tétées, ce qui correspond à un rythme normal pour un bébé allaité.

p. 74). Sachez quand même que la demande varie d'un bébé à l'autre et chez le même bébé, d'une journée à l'autre.

De la même façon, il est impossible de prédire avec exactitude l'intervalle entre les tétées. Cela dépend des bébés. Certains boivent toutes les deux ou trois heures, le jour comme la nuit avec tellement de précision qu'on se demande s'ils n'ont pas une montre suisse au poignet ! D'autres peuvent demander le sein toutes les vingt ou trente minutes pendant trois, quatre ou cinq heures pour ensuite sombrer dans un sommeil profond pendant quelques heures. Enfin, certains bébés semblent mieux téter la nuit entre 21 h et 3 h pour ensuite être plus somnolents le jour. Chacun de ces comportements est normal.

Si votre bébé est si somnolent qu'il n'arrive pas à boire efficacement, voir la page 45. Si vous espacez les tétées parce que vous craignez la douleur, voir la page 187.

Évaluer si votre allaitement
va bien

Durée de la tétée

La tétée ne doit pas être minutée et le bébé doit pouvoir rester au sein aussi longtemps qu'il le désire. Un bébé rassasié sera « soûl » de lait et, apaisé, lâchera le mamelon de lui-même. Il est impossible de dire avec précision combien de temps devrait durer une « tétée normale », c'est une variable propre à chaque duo mère/bébé. Certains bébés prennent leur repas en moins de dix minutes alors que d'autres tètent langoureusement pendant une heure. La durée de la tétée varie aussi d'une fois à l'autre pour un même bébé. Parfois, il tète rapidement le jour et plus lentement le soir ou inversement, au gré des circonstances.

Si votre bébé souille régulièrement ses couches, que son état général est bon et que sa croissance est normale, ne vous inquiétez pas de la durée de la tétée.

Signes trompeurs qui ne permettent pas de savoir si l'allaitement va bien ou non

▪ **« Mon bébé dort (ou ne dort pas) toute la nuit »:** Un nouveau-né qui dort de longues heures ou qui est impossible à réveiller peut fort bien ne pas recevoir assez de lait. De la même façon, un bébé qui se réveille la nuit n'indique pas du tout que vous n'avez pas assez de lait pour le soutenir. Les tétées fréquentes de jour comme de nuit assurent une bonne production de lait. Le système digestif des bébés est fait pour des prises alimentaires courtes et fréquentes, et votre lait se digère facilement.

▪ **« Mon bébé est toujours au sein »:** Un nouveau-né a besoin de nourriture, mais aussi de chaleur et de réconfort qu'il trouve facilement au sein. Un bébé qui demande souvent le sein est normal. Les prises alimentaires fréquentes sont aussi un moyen de faire augmenter votre production de lait : plus il tète, plus vous en aurez. Assurez-vous malgré tout que votre bébé tète efficacement (voir p. 60). Revoyez sa position (voir p. 59).

▪ **« Mon bébé est (ou n'est pas) au sein de huit à douze fois par jour »:** Bien plus que le nombre de fois qu'un bébé va au sein, c'est la qualité de la tétée qui est importante. Un bébé qui tétouille et s'endort après trois minutes risque bien de ne pas recevoir assez de lait même s'il répète ce manège dix fois par jour. Par contre, le bébé qui souille régulièrement ses couches, qui tète de façon efficace chaque fois qu'il le demande et aussi longtemps qu'il le désire, et dont l'état général est bon, peut fort bien n'avoir besoin que de six tétées par jour.

▪ **« Mon bébé pleure »:** Les pleurs sont une façon pour le bébé de communiquer ses besoins. Certains bébés ont une période dans la journée où ils sont particulièrement maussades. Lors de ces moments, rien n'y fait, même le sein. Il faut les réconforter. À eux seuls, les pleurs ne sont pas un signe que vous n'avez pas assez de lait. Au contraire, les bébés qui ne reçoivent pas assez de lait risquent fort de ne pas avoir assez d'énergie pour pleurer.

▪ **« Je n'ai même pas réussi à tirer 10 ml de lait ! »:** Le lait que vous arrivez à tirer ne correspond en rien à la quantité que votre bébé prend. Tirer son lait est un art qui s'apprend et il est normal de ne pas y arriver les premières fois, quelle que soit la durée de l'allaitement. En ce sens, il est inutile de tirer votre lait « juste pour voir » combien vous en avez. Votre bébé est le plus efficace pour prendre votre lait.

▪ **« Mon bébé a vidé un biberon de 100 ml après la tétée ! »:** Bien des bébés vont prendre un biberon même s'ils ont assez bu au sein. Ils ont besoin de téter et ce n'est pas un signe qu'ils ne reçoivent pas assez de lait au sein. Donner un biberon pour voir si le bébé a encore faim après la tétée risque de nuire à votre allaitement. Non seulement il empêche votre production de lait de s'établir selon ses besoins, mais il peut aussi nuire à la succion de votre nourrisson qui est en plein apprentissage lui aussi.

▪ **« Mes seins sont mous » :** Après une semaine ou deux, votre corps est mieux adapté à la lactation. Vos seins seront de moins en moins « pleins ». Des seins engorgés ne sont pas un signe que vous avez assez de lait et il ne faut pas attendre qu'ils le soient avant de nourrir votre bébé.

▪ **« Je n'ai pas de lait le soir » :** La production de lait varie au cours d'une même journée. C'est un phénomène qui correspond à des variations hormonales, mais aussi biologiques, propres à notre espèce. Bien des femmes sentent qu'elles ont plus de lait au petit matin et un peu moins en soirée. C'est peut-être pour cette raison que les bébés sont plus exigeants en fin de journée. Ils peuvent faire des tétées groupées (voir p. 76). C'est bien qu'ils le fassent. La demande de votre bébé vous fera produire plus de lait.

▪ **« Mes seins ne coulent pas entre les tétées » :** L'écoulement des seins entre les tétées n'a rien à voir avec la quantité de lait que vous produisez. L'écoulement est dû à un processus hormonal d'adaptation à la lactation et, généralement, le lait s'arrête de couler lorsque la production est bien établie. Certaines femmes utilisent des compresses d'allaitement pendant quatre mois alors que d'autres n'en mouillent jamais une !

Tout va bien !

- ▪ Mon bébé mouille au moins 6 couches et, de 5 à 21 jours, il fait au moins 3 bonnes selles par jour.
- ▪ Je l'entends, le vois et le sens téter, puis avaler.
- ▪ Il est tonique, vif, éveillé.
- ▪ Il est au sein à volonté, aussi longtemps qu'il le désire.

Le bébé allaité partie 3

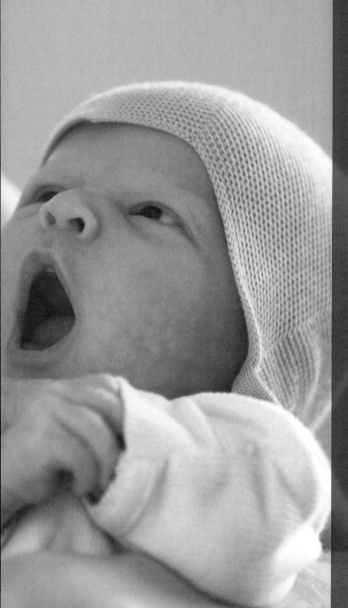

Le bébé allaité et sa mère forment une équipe unique qui fonctionne selon sa propre logique.

Dans cette partie, vous verrez à quel point il est important de comprendre les rythmes et demandes du bébé afin de produire tout le lait dont votre nourrisson a besoin pour s'épanouir. Pour cela, il est essentiel de saisir certaines données biologiques souvent mal comprises afin d'éviter toutes sortes d'erreurs d'interprétation qui peuvent avoir des conséquences malheureuses sur l'allaitement.

Vous apprendrez aussi à évaluer vous-même sa croissance et à l'accompagner le mieux possible lors des différentes étapes de son développement, qu'il s'agisse de son sommeil ou de la diversification de son alimentation.

Chapitre 7

Rythmes et demandes

Combien de fois doit téter un bébé allaité ? D'un côté, vous entendez parler d'horaires et, de l'autre, de l'allaitement à la demande. Qu'en est-il vraiment ?

Allaiter un bébé à la demande signifie l'allaiter aussitôt qu'il envoie certains signaux. À la naissance, ces signes se reconnaissent facilement avec l'allaitement à l'éveil *(voir p. 41)*.

Après quelques semaines toutefois, les périodes d'éveil s'allongent et dépassent le temps d'une tétée. Les rythmes du bébé évoluent et ses besoins changent. L'allaitement à l'éveil devient moins adapté et vous devez maintenant reconnaître les demandes du bébé à travers différents signes qu'il envoie.

Connaître son bébé

Les bébés ont les compétences pour communiquer leurs besoins. C'est leur comportement, plus que toute autre chose, qui indique à quel moment ils doivent être mis au sein.

À moins d'un problème de croissance ou s'il ne souille pas assez ses couches, laissez-vous guider par l'appétit de votre bébé. L'allaitement à la demande implique que vous lui fassiez confiance. Il n'est pas approprié de définir, encore moins d'imposer, des normes quant au nombre de tétées ou à leur durée. Il faut plutôt apprendre à répondre aux signaux de votre bébé.

Savoir reconnaître la demande

« J'ai faim. »	• Se lèche les lèvres, claque la langue • Ouvre et ferme la bouche • Tète ses lèvres, sa langue, ses mains, ses doigts ou tout autre objet
« J'ai très faim. »	• Fouissements sur la poitrine ou l'épaule de la personne qui le porte • Se met en position pour téter, en se couchant ou en tirant vos vêtements • Agitation, tortillements • Coups sur vos bras ou sur la poitrine • Respiration rapide
« Faites quelque chose et vite ! »	• Bouge la tête frénétiquement d'un côté et de l'autre • Pleurs francs

La succion du bébé enclenche le réflexe d'éjection qui vide l'alvéole pour transporter le lait jusqu'au bébé. Lorsque les alvéoles sont vides, elles recommencent à produire du lait.

Sein plein = fabrication du lait ralentie.
Sein vide = fabrication du lait accélérée.

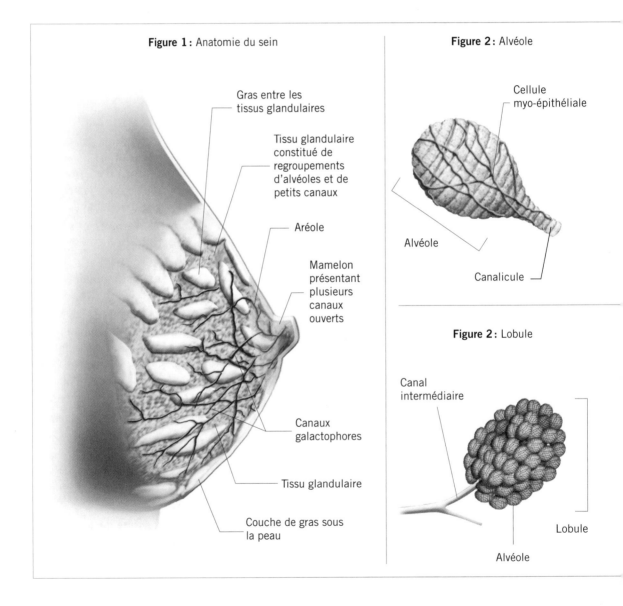

Figure 1 : Anatomie du sein

Gras entre les tissus glandulaires

Tissu glandulaire constitué de regroupements d'alvéoles et de petits canaux

Aréole

Mamelon présentant plusieurs canaux ouverts

Canaux galactophores

Tissu glandulaire

Couche de gras sous la peau

Figure 2 : Alvéole

Cellule myo-épithéliale

Alvéole

Canalicule

Figure 2 : Lobule

Canal intermédiaire

Lobule

Alvéole

Pourquoi l'allaitement à la demande?

Un bébé doit avoir accès au sein sans restriction pour la simple et bonne raison que c'est l'unique façon de répondre à ses besoins et de vous assurer de produire assez de lait pour le nourrir. Allaiter un nourrisson selon un horaire prédéterminé lui fait courir des risques. L'allaitement à la demande n'est pas une mode ou un style d'allaitement : c'est plutôt la façon dont le corps gère la production de lait tout en s'adaptant aux besoins déterminés par le bébé. Pour bien comprendre l'allaitement à la demande, il faut connaître le fonctionnement du sein. La production de lait est un processus biologique qui répond à ses propres règles.

Anatomie du sein

Le sein allaitant est essentiellement composé : de tissu glandulaire, qui sert à fabriquer et à transporter le lait ; de sang, duquel proviennent les ingrédients du lait ; de terminaisons nerveuses, qui envoient différents messages au cerveau, et de graisses, qui sont utiles à sa protection (voir figure 1).

Le tissu glandulaire représente environ 62 % du volume du sein et il s'entremêle aux graisses du sein. C'est dans le tissu glandulaire que l'on trouve les alvéoles (voir figure 2), là où se fabrique le lait. Chaque sein en contient des milliers. L'alvéole se présente comme une poire. Elle est constituée d'une seule couche de cellules qui reposent sur une membrane. Celle-ci est en contact direct avec les vaisseaux sanguins qui apportent les ingrédients du lait. Chaque alvéole s'ouvre sur un minuscule canal par lequel le lait sort.

Les alvéoles sont regroupées en lobules (voir figure 3). Chaque lobule contient de 10 à 100 alvéoles dont les minuscules canaux débouchent en un canal un peu plus grand. À leur tour, les lobules sont regroupés en lobes (voir figure 4), qui comprennent chacun 20 à 40 lobules, dont les canaux rejoignent enfin un canal central, le canal lactifère. On compte entre 15 et 25 lobes par sein.

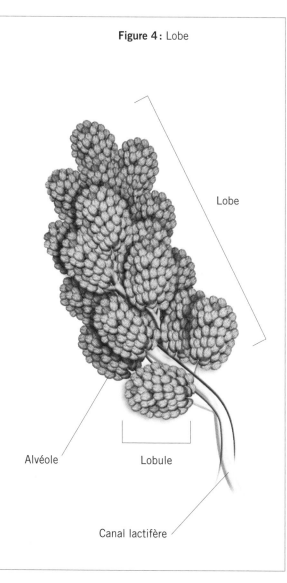

Figure 4 : Lobe

Lobe

Alvéole

Lobule

Canal lactifère

S'il ne demande pas ?

Certains bébés se font très discrets ou sont si facilement satisfaits que la demande est difficile à cerner. Puisque le lait maternel se digère rapidement, on peut supposer que le bébé allaité tète toutes les deux heures environ. Présentez-lui le sein et voyez sa réaction. Même chose lors des journées chaudes d'été. Un bébé de sept ou huit mois est si occupé par sa vie de bébé qu'il ne pense pas à demander à boire.

Les canaux lactifères ont surtout un rôle de transport du lait depuis le tissu glandulaire jusqu'au mamelon. Ils se situent juste sous la peau, en arrière de l'aréole. Leur diamètre est minime, mais lors de l'éjection du lait, ils se dilatent grandement. Le trajet des canaux lactifères est sinueux, irrégulier, et ils sont souvent entrelacés. La quantité de canaux lactifères varie selon les femmes, on en compte en moyenne une dizaine (4 à 18) qui débouchent en pores à la surface du mamelon.

Production du lait

Dès la 16e semaine de grossesse environ et jusqu'à 30 à 40 heures après la naissance, l'enclenchement de la production de lait est dicté par les hormones, c'est le contrôle endocrine qui intervient, qu'une femme allaite ou non. Le maintien de la lactation dépend de la succion du bébé, c'est le contrôle autocrine ou local.

À cette étape de la lactation, la synthèse du lait (sa fabrication) est contrôlée par ce qui se passe dans le sein. Les hormones jouent un rôle beaucoup moins important et le lait continue d'être produit tant qu'il sort des seins – pendant 1 mois, 18 mois, 5 ans… Le jour où les seins ne se vident plus, la production de lait cesse.

Protéine

Le lait contient une petite protéine appelée inhibiteur rétroactif de la lactation. Cette protéine est produite en même temps que les autres composants du lait. Son rôle est d'arrêter la synthèse du lait lorsque le sein est plein et qu'elle s'y trouve en plus grande quantité. Lorsque le sein est drainé et que la quantité de cette protéine est moindre, la fabrication du lait se fait plus rapidement.

Récepteurs de prolactine

Les cellules lactifères des alvéoles contiennent des récepteurs de prolactine. Ce récepteur permet d'accueillir la prolactine qui arrive du sang pour fabriquer le lait. Elle le fait lorsque l'alvéole est pleine de lait, elle se distend et modifie la forme de ces petits récepteurs qui, alors, ne permettent plus l'entrée de l'hormone. La fabrication du lait se ralentit. À l'inverse, lorsque l'alvéole se vide, les récepteurs retrouvent leur forme initiale, la prolactine est librement diffusée et la fabrication du lait reprend.

Ces mécanismes régulant la production de lait agissent de façon indépendante pour chaque sein, voire pour chaque région du sein. Cela explique, par exemple, qu'une femme puisse allaiter pendant des mois d'un seul sein et voir sa production de lait se tarir dans le sein non tété, pourtant soumis aux mêmes hormones.

Il semble que, si les alvéoles se vident souvent dans les premières semaines de l'allaitement (donc si le bébé reçoit beaucoup de lait), le nombre de récepteurs de prolactine augmente. Cela signifie plus de prolactine dans les alvéoles et donc une plus grande production de lait.

Fabrication du lait

Le lait est fabriqué par les cellules lactifères des alvéoles. Le sein est un organe où l'on trouve de nombreux vaisseaux sanguins. Pendant la grossesse et l'allaitement, la circulation sanguine augmente beaucoup. Le sang artériel apporte au sein tous les nutriments nécessaires à la fabrication du lait et un système veineux permet l'évacuation des déchets sanguins du sein.

Grâce à différents processus, tous les ingrédients du lait sont sécrétés par les cellules lactifères dans la lumière alvéolaire, ce qui permet de transformer ces éléments en lait. Le lait reste dans l'alvéole jusqu'à ce qu'elle soit contractée par le réflexe d'éjection. Il est alors expulsé vers les canaux lactifères et le mamelon.

Un bébé prend en moyenne 63 % à 72 % du lait disponible. C'est son appétit qui détermine le volume de lait consommé au cours d'une tétée.

Capacité de stockage

Entre les tétées, chaque femme peut emmagasiner une quantité précise de lait dans ses seins, c'est ce qu'on appelle sa capacité de stockage. Elle varie beaucoup d'une femme à l'autre, voire d'un sein à l'autre. Certaines mères peuvent stocker 80 ml et d'autres 600 ml, mais toutes produisent à peu près la même quantité de lait dans une journée.

La capacité de stockage n'est pas toujours en lien direct avec la grosseur des seins, bien que l'on puisse facilement imaginer que leur taille limite nécessairement la quantité de lait emmagasinée.

La capacité de stockage n'est pas fixe pendant toute la lactation. Pour chaque femme, elle a tendance à s'accroître afin de répondre aux besoins qui augmentent au fur et à mesure que le bébé grandit. Une femme est ainsi en mesure de stocker plus de lait quand son bébé a six mois que lorsqu'il a une semaine, quelle que soit sa capacité de départ.

Comme un verre

Peu importe qu'une femme ait une grande ou une petite capacité de stockage, le volume de lait produit dans une journée est le même. Au fond, c'est un peu comme un verre. On peut fort bien boire toute l'eau dont on a envie avec un petit verre, seulement on doit le remplir plus souvent. C'est ce qui arrive aux femmes dont la capacité de stockage est petite. Elles ont besoin d'allaiter fréquemment pour satisfaire leur bébé, et doivent le faire pour maintenir leur production de lait, puisque leurs seins sont pleins plus rapidement. Pour ces femmes, un allaitement selon un horaire strict de trois ou quatre heures devient vite problématique.

La femme dont la capacité de stockage est grande peut peut-être allaiter moins souvent dans une journée puisque son bébé a accès à un plus grand volume de lait dans une même tétée… à la condition qu'il le veuille bien. En effet, de nombreux nourrissons choisissent de prendre des petits repas, peu importe le lait qu'ils ont à leur disposition.

Une production qui répond à la demande

Lors des premières semaines de l'allaitement, lorsqu'il se passe bien et qu'il est exclusif, les femmes ont en général beaucoup plus de lait que ce que le bébé prend, ce qui explique les écoulements et les engorgements plus ou moins fréquents. C'est une période d'ajustement. Il est important que votre bébé ait un accès au sein à volonté de façon à adapter votre production à sa demande.

> Bien que le lait soit fabriqué en continu, un engorgement sévère entraîne rapidement une baisse de la production de lait. La vitesse de synthèse dépend du degré de plénitude du sein et celle-ci varie beaucoup selon les circonstances (de 5,8 à 90 ml/h). Elle n'est pas identique dans les deux seins au même moment, même s'ils reçoivent la même stimulation hormonale.

Si l'on empêche un bébé de téter le sein selon son propre rythme dès la naissance, la production de sa mère risque de mal s'ajuster à sa demande.

Il est d'autant plus important que le nouveau-né ait la possibilité d'autoréguler le volume de lait produit que celui-ci ne variera plus jusqu'à six mois. Vers quatre ou six semaines en effet, le volume de lait se stabilise. Il est en moyenne de 700 à 800 ml par jour. La production de lait est ensuite constante entre un et six mois, mais sa composition change pour s'ajuster aux besoins du bébé. La lactation est bien faite : elle évite aux femmes d'avoir à produire trois fois plus de lait à six mois, sans compter que l'énergie requise par l'allaitement diminue à un mois et après six mois.

Le volume de lait produit est propre à chaque duo mère-bébé. Il ne dépend pas de la capacité de stockage des seins, ni de la quantité de lait fabriqué lors de la montée laiteuse ni du poids de l'enfant à la naissance. La seule variable qui influence le volume de lait est le poids de l'enfant à un mois. Cela démontre bien que le bébé est le principal régulateur de la production de lait de sa mère.

Fréquence des tétées

Il n'est pas possible d'établir avec précision le nombre de tétées que doivent prendre les bébés allaités. Ce nombre varie d'un nourrisson à l'autre et, pour le même bébé, d'une journée à l'autre, au gré des circonstances et des étapes de son développement.

Cependant, la composition même du lait maternel oblige les tétées fréquentes. Votre lait est faible en protéines et en gras, mais riche en sucres. Il se digère en 90 minutes et les nouveau-nés peuvent facilement téter une dizaine de fois par jour.

Prises alimentaires des adultes

Il est vrai que c'est bien plus que nos trois repas. Mais justement, la plupart des adultes mangent et boivent beaucoup plus que trois fois par jour. Un café en arrivant au bureau. Une pomme vers 10 h 30, le lunch à midi, un verre d'eau en après-midi, une petite fringale avant le souper, etc. Selon les travaux de la consultante en lactation, Linda Smith, la plupart d'entre nous portons quelque chose à notre bouche toutes les 90 minutes ! Pensez-y, nous parlons d'adultes qui ont terminé leur croissance et leur développement. Pourquoi exiger d'un bébé qu'il boive moins souvent, lui qui doit doubler son poids en six mois et le tripler en un an ?

De plus, notre appétit change d'une journée à l'autre, selon les saisons, la température ou notre humeur. Nous serions les premiers à décrier un horaire précis et des portions toujours égales de nourriture. Il en va de même pour les bébés.

Pour répondre à la demande, il faut...

- **des tétées efficaces :** ce n'est ni le nombre de tétées par jour, ni la durée de celles-ci qui indiquent que le bébé prend tout le lait dont il a besoin, mais bien la qualité du transfert de lait ;

- **un accès au sein à volonté** et sans restriction ;

- **suivre le rythme et la demande du bébé :** une femme qui veut contrôler la conduite de l'allaitement en imposant un nombre, une durée ou un espacement entre les tétées risque fort de voir son bébé incapable de réguler ses besoins et sa production de lait chuter.

Demandes variables

On a tendance à penser que la demande du nouveau-né va décroître dans le temps de façon linéaire jusqu'au sevrage. Dans la réalité, ça ne se passe pas comme ça. En étudiant le rythme des tétées des bébés en bonne santé allaités exclusivement, des chercheurs se sont aperçus que, pour la moitié d'entre eux, il y avait peu de variations dans le nombre de tétées quotidiennes au cours des mois. Un quart des bébés avait tendance à boire moins souvent et l'autre quart, après une baisse initiale dans le nombre des tétées, augmentait celles-ci de nouveau vers trois ou quatre mois.

En pratique, cela signifie qu'un enfant de quatre mois peut se remettre à boire dix fois par jour sans qu'il soit en poussée de croissance, et qu'un autre de cinq mois, qui dormait de longues heures la nuit, peut (suite p. 78)

Ailleurs dans le monde

Les !Kungs sont un peuple au mode de vie traditionnel vivant au Botswana et en Namibie. Les mères !Kungs portent leur bébé en tout temps. Celui-ci tète trois ou quatre fois par heure pendant une minute ou deux, chaque fois. Il dort aussi avec sa mère et tète la nuit.

Les Gainjs de la Nouvelle-Guinée adoptent sensiblement le même modèle. Leurs bébés tètent en moyenne toutes les 24 minutes. Fait intéressant, le rythme des tétées s'espace peu avec l'âge de l'enfant. Les bambins de 3 ans, par exemple, prennent le sein à intervalle de 80 minutes !

De son côté, une étude faite auprès de 506 Suédoises qui allaitaient exclusivement a montré une importante variation dans le nombre de tétées. À 5 mois, les bébés tétaient de 4 à 13 fois par période de 24 heures. Cela est un bon exemple des variations normales possibles.

Les animaux

Les mammifères qui laissent leurs petits loin d'eux pendant de longues heures, comme les cerfs ou les loups, ont un lait riche en protéines et en gras, et faible en glucides. Les petits ne sont nourris que quelques fois par jour et prennent beaucoup de lait au cours d'une tétée. La teneur élevée du lait en protéines et en gras rend la digestion plus lente et fait en sorte que le bébé n'a pas faim pendant plusieurs heures.

À l'opposé, d'autres espèces ont des contacts continus avec leurs bébés. Certains petits sont si précoces qu'ils peuvent rapidement suivre leur mère partout, comme le poulain, tandis que d'autres sont portés en tout temps, comme les kangourous ou les singes. Le lait de ces animaux est faible en protéines et en gras mais riche en glucides, exactement comme celui des êtres humains. Leurs petits ont tendance à téter très souvent et à prendre de petites quantités de lait à chaque fois. La faible teneur en protéines et en gras rend le lait facile à digérer. Le bébé a faim plus vite et sa mère est près de lui pour l'allaiter de nouveau. Les petits gorilles et chimpanzés, comme les !Kungs, tètent plusieurs fois par heure, jour et nuit.

Bébé toujours au sein !

Tétées groupées

Votre bébé de quatre semaines semble toujours maussade en fin d'après-midi. À partir de 16 h, il demande le sein chaque demi-heure, pleure, n'est jamais satisfait et cela peut durer jusqu'à 21 h. Ou encore, il ne dort plus vers 3 h, veut toujours être au sein et s'endort profondément à 9 h alors que, de votre côté, vous devez commencer votre journée…

Vous voici au pays des tétées groupées. Elles sont courantes, normales et ne sont pas un signe que vous n'avez pas assez de lait. Surtout, elles ne durent qu'un temps.

Laissez votre bébé au sein aussi longtemps et souvent qu'il le demande : il régule votre production de lait. Pendant que vous êtes occupée à allaiter, votre compagnon est un soutien précieux en vous apportant de quoi boire, manger et vous divertir. Lors des tétées groupées, les bébés peuvent être fébriles, intenses et se fâcher au sein. Votre conjoint peut alors prendre le bébé contre lui pour le calmer entre les nombreuses tétées et vous donner un peu de répit.

Tenez bon !

Donner un biberon de préparation pour nourrissons enverrait à votre corps le signal de produire moins de lait. Plus vous donnez fréquemment le sein à votre bébé, plus vous augmentez votre production et ainsi pouvez répondre à ses besoins immédiats et futurs. De plus, avec le biberon, votre bébé serait initié à un autre type de succion. Pour certains d'entre eux, retourner au sein est alors un défi.

Poussées de croissance

Votre bébé de quatre semaines, qui était jusque-là entièrement satisfait par votre lait, se met à boire frénétiquement chaque heure.

Bienvenue dans le merveilleux monde de la poussée de croissance, un moment où le bébé demande le sein beaucoup plus souvent ! Les poussées de croissance ont tendance à se produire à 3 jours, 7-10 jours, 2-3 semaines, 4-6 semaines, 3 mois, 4, 6 et 9 mois. Elles durent en général deux ou trois jours, mais peuvent être beaucoup plus longues, plus d'une semaine dans certains cas.

Évidemment, chaque bébé est différent et respecte son propre « calendrier interne ». Pour certains d'entre eux, la poussée de croissance passe tout à fait inaperçue.

Comportement intense : Pendant les poussées de croissance, le bébé a tendance à être irritable, à avoir un comportement frénétique et l'on ressent une intensité dans tout son corps. Un bébé qui dormait bien peut recommencer à se réveiller la nuit.

La poussée de croissance de trois mois est particulièrement éprouvante. Elle survient au moment où la mère a l'impression de maîtriser son allaitement puis, du jour ou lendemain, rien ne va plus. Comme elle dure souvent bien plus de 48 heures, on peut la confondre avec une indication que le bébé est prêt à recevoir de la nourriture solide (voir p. 137).

Le calme après la tempête: Une fois la poussée de croissance passée, le bébé est si tranquille qu'on peut le croire malade. Il a souvent besoin de plus de sommeil et retrouve un rythme plus normal de tétées. La poussée de croissance produit un « bond » dans son développement : il est capable de répondre à nos sourires, contrôle mieux sa tête, se tourne du dos sur le ventre, s'assoit seul, rampe, etc.

Comment survivre: Le meilleur moyen de faire face à la poussée de croissance est de répondre à la demande accrue du bébé. Ce faisant, vous pourrez être affamée et assoiffée : vous avez besoin d'énergie. Vous remarquerez vite que vous aurez plus de lait, vous pourrez même souffrir d'engorgements une fois la poussée passée. La demande étant augmentée, votre lait sera plus abondant et aidera votre bébé à grandir. Comme pour les tétées groupées, les biberons de préparation pour nourrissons viendraient interférer avec le processus de régulation de votre production.

Bébé refuse un sein

Les deux seins ne produisent pas toujours la même quantité de lait et le bébé peut être plus à l'aise d'un côté. Il arrive aussi qu'une mère préfère allaiter du sein gauche ou vice versa. Il faut veiller à ce que le bébé continue de prendre le sein le moins confortable, sinon celui-ci finira par ne plus produire de lait.

Si votre bébé refuse toujours le même sein, essayez de voir ce qui ne va pas :

▪ **Position:** est-il bien placé, l'êtes-vous aussi ?

▪ **Inconfort physique:** une blessure au visage ou à la bouche, un torticolis ou une clavicule cassée sont souvent non diagnostiquées à la naissance et source de douleur. Certaines femmes règlent le problème par une visite chez un ostéopathe.

▪ **Maladie:** un mal de gorge, une otite, un nez congestionné sont autant de facteurs qui poussent un bébé à refuser un sein. C'est une bonne idée de nettoyer son nez avec une solution saline.

▪ **Mastite:** elle fait en sorte que le goût du lait est plus salé. Cela peut déplaire au bébé. Sachez que cela ne dure qu'une semaine environ.

Pour aider le bébé à reprendre le sein mal aimé, essayez la compression du sein (voir p. 294). Vous pouvez aussi commencer à l'allaiter au sein qu'il préfère pour ensuite le changer de sein au moment où vous sentez votre réflexe d'éjection. Finalement, l'utilisation d'un tire-lait sur ce sein à chaque tétée enverra le signal à votre corps de produire plus de lait.

Allaiter d'un seul sein ?
En l'absence de toute cause médicale, si votre bébé persiste à ne pas prendre ce sein, vous pouvez allaiter d'un seul sein. L'une d'entre nous l'a fait pour deux de ses bébés pendant de longs mois. Vous aurez probablement un sein plus volumineux que l'autre pendant un certain temps. Si vous en avez l'énergie, vous pouvez éviter ce problème esthétique en tirant votre lait du sein refusé par le bébé. Tout en maintenant votre production, vous aurez de bonnes réserves de lait. Cependant, la disproportion des seins semble pire qu'elle ne l'est en réalité et passe le plus souvent inaperçue.

De multiples raisons de téter

- **Se réconforter** quand il se sent malade et augmenter ainsi sa prise d'anticorps à travers le lait maternel. Parfois, le bébé le fait avant même que les symptômes ne soient apparents ;
- **S'adapter** à un environnement trop chaud ou trop sec ;
- **Régulariser** son rythme cardiaque, sa respiration et stabiliser sa pression artérielle. Parfois, une augmentation dramatique des tétées peut être un signal d'alarme physiologique ;
- **Se consoler** après un événement stressant (peine, colère, blessure) ;
- **Retarder** le retour de la fertilité de la mère (voir p. 179) ;
- Et **se nourrir**, bien sûr !

Allaiter ne répond pas uniquement à la faim. Ce geste correspond à toutes sortes de besoins. Pourquoi attendre que le bébé soit « affamé » pour le mettre au sein ? Si quelqu'un analysait nos raisons avant de nous donner à manger, cela nous rendrait fous !

réclamer une tétée à 3 h sans que cela indique qu'il a besoin de nourriture solide. À l'opposé, un bébé en pleine forme peut n'avoir besoin que de six tétées express par jour sans manquer de rien.

Attention, des tétées très fréquentes peuvent aussi indiquer un mauvais transfert de lait : c'est la qualité des tétées qui doit vous guider et non leur nombre ou leur durée.

Si votre bébé souille régulièrement ses couches et si sa croissance est appropriée, retenez que toute variation dans le nombre de ses tétées est normale et propre à ses besoins.

Même la nuit !

Il est normal pour un bébé allaité exclusivement de téter la nuit. Deux études faites en 2006, l'une suédoise et l'autre australienne, ont montré qu'il peut prendre jusqu'à 20 % de sa ration quotidienne de lait la nuit. Les tétées de nuit sont aussi importantes puisqu'elles contribuent au maintien de la lactation. On estime que les deux tiers des femmes ont besoin de donner le sein la nuit afin de maintenir leur production de lait pour répondre aux besoins de leur bébé.

En étudiant le rythme des tétées de 500 femmes qui allaitaient exclusivement, les chercheurs se sont aperçus que le nombre de tétées de nuit (de 22 h à 6 h) variait entre 1 et 5 à 2 semaines, et entre 0 et 4 à 5 mois. Quel que soit l'âge du bébé, il y avait seulement 2 % des enfants qui ne tétaient pas du tout la nuit. Il semble que ceux-ci consommaient plus de lait dans la journée.

Variations dans la composition du lait

Le taux de gras dans le lait est l'élément le plus variable du lait maternel. Celui-ci change au cours de la tétée, au cours de la journée, d'une mère à l'autre et même d'un sein à l'autre pour la même femme.

On utilise souvent les expressions lait de début et lait de fin de tétée. Le lait de début étant le premier disponible pour le bébé, il serait moins gras que le lait de fin de tétée qui, lui, serait plus riche. Il n'y a pourtant pas de distinction nette entre les deux et une femme ne produit réellement qu'un seul type de lait.

Plus l'intervalle entre les tétées est long, moins le lait est gras au début. Lorsque les tétées sont fréquentes, la teneur en gras est plus élevée dès le départ.

Comme un robinet

Lorsque le lait est produit par les cellules lactifères, les molécules de gras tendent à se coller les unes aux autres et à s'agglutiner sur les parois de l'alvéole. Entre les tétées, le lait s'emmagasine dans le sein et se répand dans les canaux lactifères vers le mamelon, en laissant les molécules de gras stockées derrière. Ainsi, plus les tétées sont espacées, moins le lait contenu tout juste derrière le mamelon est gras.

Lorsque le réflexe d'éjection s'enclenche, les alvéoles se contractent pour faire sortir le lait. La production de lait n'est pas plus rapide pendant un réflexe d'éjection, seul son écoulement l'est. Le sein se drainant vite, les molécules de gras se délogent et sont emportées dans les canaux lactifères, et le bébé reçoit un lait de plus en plus gras au fur et à mesure que la tétée avance. Imaginez un robinet d'eau chaude. S'il n'a pas servi depuis longtemps, l'eau qui s'en écoule est d'abord fraîche puis se réchauffe graduellement.

Cependant, si un bébé draine souvent le sein, le lait n'a pas le temps de s'emmagasiner dans les seins et les molécules de gras ne s'agglutinent pas dans l'alvéole. En début comme en fin de tétée, le lait contient plus de gras. C'est la même chose pour notre robinet d'eau chaude. Si vous venez de vous faire couler un bain chaud et décidez d'ajouter un peu d'eau chaude, l'eau qui s'écoule du robinet est déjà chaude.

Influence du gras sur la croissance

Que le lait soit très gras ou qu'il le soit moins ne semble pas avoir d'influence sur la croissance du bébé allaité. La seule variable directement liée à la croissance du nourrisson allaité exclusivement est la quantité de lait qu'il boit. Il a été démontré que lorsque la teneur du lait en matières grasses est plus faible que la moyenne, l'enfant consomme une plus grande quantité de lait.

Évolution de l'allaitement à la demande

Ce serait mentir que d'avancer que l'allaitement à la demande n'est jamais contraignant pour la mère. Les premières semaines, surtout pour un premier allaitement, vous pouvez être saturée à certains moments, particulièrement la nuit.

L'allaitement demande un investissement tout particulier. C'est un acte auquel il faut s'ouvrir, sans chercher à voir trop loin. Cela dit, pour vraiment allaiter à la demande, doit-on exiger que vous nourrissiez votre bébé plusieurs fois par heure, à la façon des !Kungs ? Misère, jamais de la vie !

La fréquence des tétées est aussi déterminée par les occupations quotidiennes de la mère. Il y a longtemps que nous ne vivons plus comme des chasseurs-cueilleurs et l'allaitement doit aussi s'insérer dans notre mode de vie actuel, qui comporte tout de même certains avantages, convenons-en.

> **Le piège de l'allaitement à la demande est peut-être d'utiliser le sein comme unique réponse à la multitude des besoins de l'enfant. Lorsque le bébé grandit, il ne s'agit pas de le mettre au sein au moindre battement de cils.**

Allaitement à l'amiable

La sage-femme Ingrid Bayot décrit l'évolution de l'allaitement à la demande vers l'allaitement à l'amiable. Après quelques mois, un bébé dont les besoins ont été rapidement comblés s'est construit une sécurité affective qui lui permet de supporter l'attente sans tomber dans l'angoisse.

Avec l'allaitement à l'amiable, vous continuez de répondre aux besoins de votre bébé tout en retrouvant une part de liberté. Vous pouvez alors mieux prévoir les tétées et même les organiser en respectant le déroulement de votre journée. Votre bébé est plus prévisible et ses tétées sont plus stables.

Par exemple, un bébé de deux mois allaité à la demande peut patienter le temps que vous preniez un bain ou vous attendre quelques heures alors que vous sortez entre amies. Plus tard, certaines mères choisissent de cesser d'allaiter leurs enfants de 9, 12 ou 18 mois à tout moment de la journée (et de la nuit), sans

non plus vouloir les sevrer dans l'immédiat. L'allaitement à l'amiable fait partie des débuts de l'autonomie et comme l'explique Ingrid Bayot, il ne faut pas confondre l'attente avec la faim, qui serait d'avoir « horriblement mal, donc il faut donner quelque chose tout de suite ». L'allaitement n'a pas à être vu comme un carcan et il est possible de s'ouvrir à différents arrangements qui rendent la vie plus agréable.

Allaitement mixte

L'allaitement mixte est le fait de nourrir un bébé en alternant sein et préparations pour nourrissons. C'est, par exemple, le cas d'une femme qui souhaite allaiter une tétée sur deux, ou encore donner des biberons la nuit et le sein le jour. Le D^re Claire Laurent, spécialiste française en lactation, explique que l'expression « allaitement mixte » suppose une notion d'égalité entre deux laits et deux modes d'alimentation. Est-ce possible, est-ce souhaitable ? La réponse n'est pas simple.

Allaitement mixte, dès la naissance ?

Nous l'affirmons d'emblée, il est pratiquement impossible de bâtir une lactation suffisante à long terme si le bébé, dès la naissance, reçoit des biberons à horaire régulier en lieu et place d'une tétée.

Un nombre minimal de tétées

Afin de réguler la lactation, les seins doivent fréquemment se vider pour permettre la synthèse du lait (voir p. 72). De plus, il existe pour chaque femme un nombre minimal de tétées pour bâtir et maintenir cette production. Au-dessous de ce nombre, la lactation diminue et la glande mammaire régresse. La composition du lait change aussi. C'est dire que, même avec un bébé plus âgé, l'allaitement mixte peut compromettre l'allaitement si le bébé ne tète pas assez souvent. (suite p. 83)

D'où vient l'allaitement mixte?

L'allaitement mixte est présenté presque comme une norme dans des livres de puériculture français depuis 1806. En 1898, le Dr de Rothschild explique aux femmes comment «régler» l'allaitement: «[…] toutes les deux heures pendant le jour et une fois pendant la nuit, […] au sein ou au biberon. […] et il faut peser le nourrisson avant et après chaque tétée.»

Aujourd'hui encore, la société entretient l'idée que l'alimentation au biberon et celle au sein fonctionnent un peu de la même façon et sont interchangeables. Nous voici à parler d'«allaitement au biberon» sans même sourciller! Même des groupes d'entraide à l'allaitement tombent dans le piège de l'«allaitement maternel», comme s'il en existait un autre. Que dire alors des expressions «tétée au biberon», «lait maternisé», «biberon à la demande»… Cela ne conduit-il pas à une confusion entre deux comportements différents?

Ailleurs dans le monde

Dans bien des sociétés traditionnelles, l'allaitement exclusif n'existe pas et les nouveau-nés reçoivent des boissons ou des aliments identifiés à leur culture. Pourtant, il ne s'agit pas d'allaitement mixte puisque l'allaitement au sein reste la norme. Le bébé est allaité à la demande jusqu'à plusieurs fois par heure. Le complément n'est pas donné à la place du lait maternel mais bien en plus de celui-ci et l'allaitement se poursuit pendant de longs mois ou des années.

Dans les sociétés occidentales, l'allaitement est plus souvent exclusif, mais il ne dure pas très longtemps. L'allaitement mixte reste une réalité pour de nombreuses femmes, mais beaucoup le choisissent en ignorant son impact sur la lactation.

Définitions retenues par l'Organisation mondiale de la santé

• **Allaitement exclusif:** Le bébé ne reçoit que du lait maternel (peut inclure vitamines, minéraux et médicaments).

• **Allaitement prédominant:** Le bébé reçoit du lait maternel et de l'eau ou du jus.

• **Allaitement additionné de compléments:** Le bébé reçoit du lait maternel et des solides ou tout autre liquide dont des laits non humains.

La fatigue et l'impression de manquer de lait sont des raisons invoquées par les femmes pour pratiquer l'allaitement mixte. Lorsqu'on ne souhaite pas compromettre la lactation, il existe d'autres options pour surmonter ces difficultés. Prenez le temps de les explorer.

Quelle place pour le père ?

Certains couples penchent pour l'allaitement mixte parce qu'ils souhaitent une relation égalitaire entre les parents, chacun donnant les mêmes soins à l'enfant. Dans les années 1970, il était courant de croire qu'un bon père était celui qui donnait le biberon. Aujourd'hui, la principale crainte des hommes face à l'allaitement est de se sentir isolés du duo mère/bébé et d'être coupés de leur compagne. Ils craignent aussi d'être inutiles et de ne pas avoir la chance de créer de liens avec ce petit enfant.

Ces réticences touchent à quelque chose d'essentiel. Les hommes participent plus qu'avant aux soins des enfants. Sans compter qu'il est vrai que l'allaitement est une relation particulière entre une femme et son bébé : elle demande du temps et de l'investissement.

Cette façon de vouloir être parents, en partageant toutes les tâches, reflète d'abord une volonté fort louable de définir la place de chacun des parents auprès de leur enfant. Cependant, est-ce que l'allaitement implique nécessairement un père moins présent auprès de son nourrisson ?

Donner le biberon n'est pas un gage automatique de complicité entre un homme et son enfant. De plus, lorsque ce biberon vient nuire à l'allaitement, il peut même ouvrir la porte à la tristesse d'un sevrage non souhaité. De la même façon, une femme peut développer une relation très exclusive avec son bébé, qu'elle allaite ou non, et laisser peu de place à la présence du père.

Une paternité qui lui ressemble

Tous les couples doivent s'adapter lors de la venue d'un enfant. Il y a mille et une façons d'être parents et elles prennent racine dans la relation que forment cette femme et cet homme qui s'aiment, et non pas dans le fait que le bébé soit allaité ou non, ou que le père lui donne un biberon ou non.

Des milliers de pères au Québec dont les bébés sont allaités sont tout aussi attachés à leurs enfants que les autres. Dans bien des cas, il y a même fort à parier qu'ils sont plus impliqués dans la vie de leur bébé que leur propre père ne l'a été dans la leur.

Les pères sont différents des mères et les bébés les apprécient pour ce qu'ils sont. Leur voix plus grave, leur torse plat, solide et douillet, de grandes mains, de larges épaules. Ils sont souvent plus ancrés dans l'univers du jeu. Bien sûr, la mère et son lait sont le centre du monde d'un nourrisson. Mais cela ne dure qu'un temps et l'univers du bébé s'ouvre de jour en jour. Dans les premières semaines, s'occuper avec amour de la mère qui allaite revient à s'occuper avec amour de son bébé.

En outre, un père peut accomplir une foule de choses pour entrer en contact de façon privilégiée avec son nouveau-né : le porter contre sa peau, le bercer, prendre son bain avec lui, changer sa couche, l'endormir. Chaque homme peut réaliser sa paternité tout en protégeant l'allaitement, si tel est le choix de sa compagne.

L'allaitement mixte dès les premières semaines provoque une réduction de la durée totale de l'allaitement.

Une mère qui alterne sein et biberon dès la naissance selon un horaire régulier n'a presque aucune chance d'établir une production de lait suffisante. En fait, elle commence le sevrage de son bébé dès la première tétée.

Du côté du bébé

L'allaitement mixte complexifie également la vie du bébé. Il augmente les risques de préférence pour le biberon, sans compter que l'effet protecteur de l'allaitement dépend de sa durée et de son exclusivité. Un bébé allaité une fois sur deux ne bénéficie pas des mêmes avantages pour sa santé que celui qui reçoit le lait de sa mère de façon exclusive ou prédominante. De plus, nous l'avons vu, le bébé ne tète pas le sein uniquement pour se nourrir. Si l'accès au sein est limité, l'enfant peut avoir du mal à s'adapter et présenter des signes d'insatisfaction.

En pratique, la mère qui souhaite un allaitement mixte dès la naissance peut avoir du lait et parvenir à alterner sein et biberon pendant un certain temps. Après quelques semaines toutefois, il arrive qu'elle sente qu'elle n'a pas assez de lait. Elle peut avoir une douleur au sein ou présenter des blessures. Son bébé est très insatisfait pendant la tétée. Il semble ne jamais être rassasié, prend et relâche le mamelon, pleure et refuse le sein. L'allaitement est ainsi souvent compromis.

Bébé plus âgé

Une mère d'un bébé plus âgé allaité exclusivement peut choisir de remplacer des tétées au sein par des biberons de préparation pour nourrissons. La lactation peut se poursuivre pendant un temps plus ou moins long selon les femmes et les bébés. L'allaitement ne sera pas nécessairement compromis, mais gardez quand même en tête que cette décision enclenche automatiquement une baisse de production et peut marquer le début du sevrage à court ou moyen terme.

Un bébé qui reçoit de moins en moins de lait pendant la tétée peut finir par se détourner graduellement ou subitement du sein. Si ce refus du bébé vous peine, tentez une relactation (voir p. 267), c'est-à-dire de relancer votre production de lait.

Chapitre 8

La croissance du bébé allaité

Suivre la croissance d'un bébé permet de voir s'il est en bonne santé et s'il s'alimente bien. Une maladie ou une alimentation déficiente ont presque toujours une influence sur la façon dont un bébé grandit. Cela dit, la croissance n'est pas linéaire et encore moins la même d'un bébé à l'autre. Elle dépend de la constitution génétique, du système endocrinien, de l'alimentation, de l'état de santé général et du milieu de vie de l'enfant.

Premiers jours

Pendant trois ou quatre jours après la naissance, un nouveau-né perd du poids, qu'il soit allaité ou non. C'est un phénomène physiologique naturel et normal.

Dans votre ventre, votre bébé vivait dans un milieu aquatique. Il fait son entrée dans le monde gorgé d'eau, laquelle est lentement éliminée. Lorsqu'il naît, son corps est composé d'eau à 75 %, après 8 jours, il n'en contient plus que 65 % environ. De plus, son système digestif contient du méconium, les selles des premiers jours, qu'il doit évacuer. Ces deux pertes affectent son poids.

Les 12 premiers mois de sa vie, la circonférence de la tête d'un être humain grossit d'environ 7,5 cm. Pour qu'elle grossisse à nouveau de 7,5 cm, il lui faudra 16 ans ! Un problème de croissance pendant la première année peut avoir un impact important sur le développement à long terme de l'enfant.

La meilleure connaissance que nous avons du lait maternel a poussé les chercheurs à s'intéresser à la croissance du bébé allaité exclusivement sur une période de plusieurs mois. Des études longitudinales, c'est-à-dire faites sur une longue période de temps, nous permettent de mieux la comprendre. Nous savons maintenant que la croissance des bébés allaités n'est pas la même que celle des bébés qui ne le sont pas.

En moyenne, un bébé allaité perd 7 % de son poids de naissance. Sa perte de poids peut parfois atteindre jusqu'à 10 %. Si vous avez une bonne technique d'allaitement et que votre montée laiteuse a lieu entre deux à quatre jours après la naissance, ne laissez personne vous inquiéter avec cette perte de poids.

Si la perte de poids dépasse 10 %, il faut revoir en priorité la façon dont vous allaitez et s'assurer que la lactation se passe bien. La montée laiteuse a-t-elle eu lieu ? La mise au sein est-elle bonne ? Est-ce qu'il y a transfert de lait ? Votre enfant se porte-t-il bien ?

Signes de déshydratation

- Apathie, manque d'énergie
- Léthargie
- Peau qui perd son élasticité (lorsqu'on la pince, elle garde la forme pincée)
- Bouche et yeux secs
- Pleurs faibles
- Absence d'urine ou mictions peu fréquentes
- Fièvre

Une perte de poids importante à la naissance ne justifie pas l'arrêt de l'allaitement si vous ne le souhaitez pas. Une minorité de bébés perdent 10 % ou plus de leur poids de naissance et, dans la grande majorité des cas, il est facile de remédier au problème (voir p. 88).

Si l'allaitement se passe mal malgré les ajustements ou si le bébé montre des signes de déshydratation, il peut être nécessaire d'offrir un complément (voir p. 273).

Empêcher la perte de poids ?

Il n'y a aucune raison valable d'essayer d'empêcher la perte de poids normale d'un nouveau-né en lui donnant d'autres liquides ou nourritures.

Les bébés allaités à qui l'on donne de l'eau ou de la préparation pour nourrissons dans les premiers jours, simplement pour les hydrater, ont tendance à perdre plus de poids et à se mettre à en gagner moins dès le quatrième jour que les bébés allaités exclusivement ou nourris exclusivement aux préparations pour nourrissons. Ces compléments risquent de nuire à la mise en marche de votre production de lait et à la bonne prise du sein de votre bébé.

Peser le bébé

Il est utile de peser son bébé les premiers jours et de s'attarder à son état général, mais rien ne justifie que votre bébé soit pesé avant et après la tétée. Inutile de peser de nombreuses fois par jour un bébé né à terme et en bonne santé.

Généralement, à partir du cinquième jour, la perte de poids cesse et le bébé commence parfois à en gagner. La majorité des bébés allaités retrouvent leur poids de naissance au bout de 10 à 15 jours.

Si, après deux semaines, votre bébé n'a pas repris son poids de naissance, il est bon de revoir votre technique d'allaitement. Ne perdez pas de vue son état général et ne fixez pas votre attention seulement sur son poids (voir p. 62).

Gain de poids typique la première année

Pendant les 3 à 4 premiers mois, de façon générale, le bébé allaité exclusivement prend de 113 à 225 grammes par semaine. Le gain de poids moyen est d'environ 170 grammes par semaine.

Il n'est pas inquiétant qu'un bébé prenne 113 grammes par semaine et celui qui en gagne 250 ne souffre pas d'obésité infantile. Il s'agit de moyennes et de barèmes. Des variations sont possibles et d'autres facteurs doivent être pris en compte avant de conclure hâtivement à un problème de croissance.

Aide-mémoire

Poids du bébé allaité

Âge du bébé	Gain de poids moyen
0 à 4 mois	113 à 225 g par semaine
4 à 6 mois	113 à 142 g par semaine
6 à 12 mois	57 à 113 g par semaine

Croissance

Âge du bébé	Croissance moyenne
0 à 6 mois	2,5 cm par mois
6 à 12 mois	1,27 cm par mois

Circonférence crânienne

Âge du bébé	Augmentation moyenne
0 à 6 mois	1,27 cm par mois
6 à 12 mois	64 mm par mois

N'acceptez pas que l'on donne à votre bébé un biberon d'eau glucosée ou de préparation pour nourrissons au moindre pépin, demandez plutôt à ce qu'on vous aide à allaiter.

Le gain de poids doit toujours être calculé à partir du poids le plus bas plutôt qu'à partir du poids de naissance.

Afin d'avoir la bonne référence du poids de votre bébé, il est utile de le peser à quatre jours, au moment où il a perdu le plus de poids. Les mesures les plus fiables sont obtenues si on utilise toujours le même pèse-personne et si le bébé est vêtu de la même façon d'une pesée à l'autre, idéalement en couche propre ou nu.

Prise de poids quotidienne

Toutes sortes de circonstances peuvent influencer la prise alimentaire d'un bébé dans une journée : son état de santé, le nombre d'heures de sommeil, son humeur, les activités de la journée, etc. Ainsi, un bébé peut fort bien prendre 16 grammes une journée puis 30 grammes le lendemain et sa prise de poids hebdomadaire sera quand même de 170 grammes.

Dans le cas d'un bébé né à terme et en bonne santé, le gain de poids en plusieurs jours, voire plusieurs semaines, est une référence plus fiable que le gain quotidien.

Après les premiers mois

La croissance rapide durant les trois ou quatre premiers mois tend à ralentir pendant le reste de la première année du bébé allaité. De 4 à 6 mois, il prend en moyenne de 113 à 142 grammes par semaine. De 6 à 12 mois, il gagne en moyenne de 57 à 113 grammes par semaine. Le bébé allaité double son poids de naissance en 5 ou 6 mois environ.

S'assurer qu'il y a réellement un problème

Lorsque l'on vérifie si un bébé prend du poids, c'est **le poids le plus bas du bébé** (celui du quatrième ou cinquième jour) qui sert de référence et **non le poids à la naissance**. Un exemple :

Un bébé pèse à la naissance 3345 g. À quatre jours, son poids est de 3062 g. À cinq semaines, le bébé pèse 3799 g.

On pourrait croire que ce bébé a une prise de poids lente puisqu'il n'a pris que 454 g depuis sa naissance.

En réalité, **si on calcule son gain de poids à partir du poids le plus bas**, on s'aperçoit qu'il a gagné 681 g en quatre semaines, donc un peu plus de 170 g par semaine, ce qui correspond au gain moyen par semaine du bébé allaité.

Il n'y a pas que le poids qui compte. Vérifiez aussi les mesures de sa taille et de sa circonférence crânienne (voir p. 87).

Attardez-vous à l'état général de votre bébé. Un bébé qui semble en forme est probablement en forme (voir p. 63).

À moins d'avoir une raison de santé valable, inutile de peser votre bébé chaque jour. Assurez-vous plutôt que votre allaitement se passe bien (voir p. 62) et pesez-le de temps à autre.

En ce qui concerne la taille des bébés allaités, ils grandissent en moyenne de 2,5 centimètres par mois pendant les 6 premiers mois. La circonférence crânienne augmente de 1,27 centimètre environ par mois pendant les 6 premiers mois. À un an, le poids typique du bébé est deux fois et demie son poids à la naissance environ, sa taille a augmenté de moitié et sa circonférence crânienne d'un tiers.

Prise de poids lente ou insuffisante

Il est normal d'être préoccupée lorsque vous apprenez que votre nouveau-né ne prend pas assez de poids. Cependant, vous êtes en droit de continuer à allaiter si tel est votre désir. Il est légitime d'essayer de faire fonctionner quelque chose qui vous tient à cœur. Qui plus est, ce lait que vous tenez à donner à votre bébé est celui qui est le mieux adapté à sa croissance optimale.

Bien sûr, il faut faire quelque chose si votre bébé ne prend pas assez de poids. Mais il est possible de passer à travers cette épreuve sans prendre de décisions précipitées qui mèneraient à un sevrage non souhaité.

Pourquoi il ne prend pas de poids

Dans la grande majorité des cas, le bébé ne prend pas assez de poids parce que le transfert de lait se fait mal.

Souvent, la mère a des douleurs aux seins, des crevasses, des gerçures, des engorgements pathologiques (voir p. 189). Les tétées ne sont pas agréables. Le bébé peut rester des heures au sein sans pour autant être satisfait (voir p. 60).

Parfois, un bébé ne prend pas assez de poids parce qu'il prend trop la suce ou encore parce qu'il reçoit trop de liquides non nutritifs, comme du jus ou de l'eau. Les succions non nutritives doivent être éliminées et l'allaitement exclusif privilégié.

Il arrive aussi que la mère ne produise pas assez de lait. Les médicaments, la fatigue, le stress et la maladie sont autant de facteurs qui jouent sur la production de lait. Référez-vous à la page 262 pour augmenter votre production.

Dans certains cas, la prise de poids insuffisante du bébé et le manque de lait de la mère sont dus à une rétention placentaire. Lors de l'accouchement, votre placenta était-il intact ? Si un morceau de placenta est resté dans votre utérus, votre corps peut agir comme si vous étiez encore enceinte et empêcher une production de lait adéquate. Si vous avez eu des pertes de sang importantes plus de six semaines après votre accouchement, associées à une production de lait insuffisante, c'est peut-être un symptôme. Contactez votre médecin ou sage-femme.

Toute condition physique particulière pour un bébé peut avoir une incidence sur sa prise de poids. Si votre bébé est suivi pour un problème de santé, n'hésitez pas à faire intervenir une consultante en lactation dans l'équipe soignante.

Prise de poids rapide

L'obésité chez les enfants est un problème de santé important qui ne laisse pas les parents indifférents. Ainsi, si vous avez un bébé plus joufflu que la moyenne, vous êtes peut-être inquiète qu'il ne développe des problèmes de poids plus tard.

Il n'y a aucune preuve scientifique qu'un bébé bien gras allaité exclusivement ait plus de risques d'être obèse plus tard. En fait, selon plusieurs études, l'allaitement aurait plutôt tendance à prévenir l'obésité.

Le lait maternel ne contient pas de « calories vides » qui bourrent l'estomac. Vous n'avez pas besoin de vous mettre à la diète afin de produire un lait moins gras pour votre bébé, la lactation ne fonctionne pas de cette façon.

Un bébé qui continue de perdre du poids après le cinquième jour ou qui n'a pas retrouvé son poids de naissance entre la deuxième et la troisième semaine ne reçoit pas assez de lait ou présente probablement d'autres problèmes de santé. C'est souvent un nouveau-né apathique, qui dort beaucoup et dont le cri est faible. Ses urines sont foncées, peu nombreuses et ses selles, anormales ou absentes. Dans ce cas, il est essentiel de consulter.

Prise de poids lente ou retard de croissance?

Il est important de faire la différence entre un bébé qui prend du poids lentement et celui qui a un véritable retard de croissance. Ce dernier a besoin d'un complément alimentaire et d'un suivi médical serré et immédiat, tandis que le premier se porte bien et reste en bonne santé malgré sa prise de poids lente, plutôt due à sa constitution.

Prise de poids lente

- Tétées fréquentes
- Succion et déglutition efficaces
- Réflexe d'éjection ressenti régulièrement par la mère
- Au moins six couches mouillées par jour
- Selles normales (grumeleuses ou pâteuses)
- Bébé alerte, actif, bon tonus musculaire
- Rythmes du développement normal
- Gain de poids constant et continuel même s'il reste sous la moyenne

Retard de croissance (bébé de moins d'un mois)

- Perte de poids après la naissance de plus de 10 %
- Perd encore du poids une semaine après la naissance
- Ne regagne pas son poids de naissance après deux semaines
- Peu ou pas de croissance pour la taille et la circonférence crânienne
- Signes de déshydratation ou de malnutrition
- Poids sous le 10e percentile à un mois
- Refus de téter dès la naissance

Retard de croissance (bébé de plus d'un mois)

- Poids sous le 30e percentile
- Chute dans la croissance de la taille et de la circonférence crânienne
- Déviation dans la courbe de croissance
- Signes de malnutrition ou de déshydratation
- Développement anormal
- Prises alimentaires peu fréquentes ou inefficaces
- Réflexe d'éjection non ressenti par la mère
- Prise de poids nulle ou erratique

Si votre bébé a beaucoup de difficultés à prendre du poids, que vous avez vérifié et corrigé votre technique d'allaitement, tenté d'augmenter votre production et que, malgré tout, vous sentez que vous ne produisez pas plus de lait, vous devez consulter un médecin. Il arrive qu'une femme soit physiologiquement incapable de produire assez de lait (voir p. 53).

Surtout, ne tentez pas de restreindre les prises alimentaires de votre bébé sous prétexte qu'il est trop gros. Ne limitez pas ses tétées en utilisant une suce pour le faire patienter ou encore en lui offrant de l'eau ou du jus. **Tenter de limiter la croissance d'un bébé comporte des risques importants.**

Un bébé qui reçoit des solides et qui engraisse rapidement peut être en état de surnutrition. Modifiez son alimentation en lui offrant des aliments sains et variés tout en continuant à l'allaiter.

Une production de lait très abondante de la mère peut se traduire par une prise de poids rapide. Ce n'est pas préoccupant à moins que cela ne cause des problèmes à la mère ou au bébé, comme une prise de sein difficile, des coliques, des engorgements à répétition ou encore du lait qui coule beaucoup entre les tétées.

Plus rarement, une prise de poids trop rapide indique un problème de santé grave que ce soit du système endocrinien, des reins ou du cœur.

Courbe de croissance

L'outil utilisé par les professionnels de la santé pour évaluer la croissance des nourrissons s'appelle une courbe de croissance.

La courbe est une représentation graphique de différentes mesures corporelles selon l'âge et le sexe du bébé. Ces mesures sont comparées avec celles d'autres enfants du même âge et du même sexe. Elles se lisent dans le temps et, d'une fois à l'autre, on voit se dessiner le modèle de croissance de l'enfant.

La courbe utilise des percentiles, qui sont des mesures prises dans une population de référence. Le percentile est utilisé pour repérer le rang de l'enfant par rapport aux enfants du même sexe et du même âge. Par exemple, lorsque le poids d'un enfant est inscrit au 90e percentile, cela veut dire que seulement 10 enfants sur 100 du même âge et du même sexe de la population de référence présentent un poids plus élevé.

Prévenir l'obésité chez les bébés

- Allaitez le plus longtemps possible.
- Introduisez des solides après six mois.
- Introduisez les solides de façon graduelle tout en poursuivant l'allaitement.
- Respectez l'appétit de l'enfant, soyez attentive à ses signes d'appétit.
- Lorsque le bébé est plus actif, permettez-lui de dépenser son énergie dans des activités physiques.
- Soyez active et prêtez attention à l'alimentation de la famille.

Si votre bébé a moins de six mois et qu'il ne reçoit que votre lait, il n'y a pas de raison d'être préoccupée par ses rondeurs.

Comprendre la courbe de croissance

Les percentiles ne sont en rien une « note » que l'on donnerait à la croissance de votre bébé et encore moins à votre compétence maternelle ! La courbe de croissance devrait valider des modèles de croissance axés sur une bonne alimentation et sur une santé globale plutôt que valoriser uniquement ceux axés sur l'apparence physique.

Un nourrisson qui se trouve dans le 97e percentile n'est pas nécessairement en meilleure santé que celui qui est dans le 10e percentile. Si votre bébé se porte bien et a toujours été dans le 10e percentile, c'est plus que probable qu'il grandisse normalement. De la même façon, le 50e percentile ne représente pas la moyenne idéale à atteindre.

D'où viennent les courbes de croissance

Les courbes utilisées par les médecins varient d'un pays à l'autre, mais également d'une région à l'autre du Canada. Si vous voyez un médecin à Winnipeg, il peut fort bien se baser sur une courbe différente de celle qu'utilisait votre médecin à Sept-Îles.

Le Canada ne possède pas de système national de surveillance pédiatrique de collecte des mesures anthropométriques. C'est dire qu'il n'existe pas de courbes de croissance nationales conçues spécifiquement pour les enfants canadiens.

Pendant longtemps, certains pédiatres canadiens préféraient les courbes britanniques de Tanner et Whitehouse, mais elles ont été déclarées désuètes. Elles ont été remplacées par les références UK90 fondées sur des données plus vastes, mais on sait aujourd'hui que ces sources ne sont pas représentatives sur la scène nationale.

L'Organisation mondiale de la santé (OMS) avait adopté en 1978 les courbes de référence américaines de l'American National Center for Health Statistics (NCHS). Jusqu'à récemment, elles étaient les plus utilisées au Canada.

Elles ont été révisées en 2000 à partir de données plus à jour et plus représentatives. Ces nouvelles courbes sont aujourd'hui recommandées au Canada pour évaluer et surveiller la croissance des nourrissons.

Toutes ces courbes ont été conçues à partir d'un échantillon d'enfants dont la majorité a été nourrie aux préparations pour nourrissons. Comme la croissance du bébé allaité n'est pas la même que celle de celui qui ne l'est pas, il est intéressant de demander au médecin quelles courbes il utilise pour votre enfant.

Courbes de croissance de l'OMS

En 1994, l'Assemblée de la Santé de l'OMS a prié le directeur général d'élaborer une nouvelle référence internationale qui ferait de l'enfant allaité exclusivement la norme à l'aune de laquelle toutes les autres méthodes d'alimentation devront être mesurées.

L'Organisation mondiale de la santé a ainsi mené une importante étude pour établir ces nouvelles cour-

Les deux ou trois premières années de vie, un enfant peut « naviguer » dans les corridors de la courbe tout en présentant une croissance normale. La courbe des enfants plus âgés est généralement plus stable.

bes de croissance. Cette recherche faite pendant 6 ans comprenait 8 500 nourrissons et enfants en bonne santé provenant de 6 pays : Brésil, Ghana, Inde, Norvège, Oman et États-Unis. Les enfants de l'étude devaient être nés à terme, en bonne santé, allaités exclusivement jusqu'à six mois et ne pas connaître de difficultés socio-économiques pouvant entraver leur croissance. Leurs mères devaient être non-fumeuses.

En plus de données sur la croissance des enfants, l'objectif était d'avoir une idée d'ensemble du développement optimal. Ces courbes ont été publiées le 27 avril 2006. Vous en trouverez une copie à la page 299.

L'OMS encourage toutes les associations de pédiatrie du monde à utiliser cette nouvelle norme de croissance. Sur le site Internet de la Société canadienne de pédiatrie, le dernier avis sur la question, daté de 2004, mentionne qu'elle préfère attendre la publication de ces courbes avant de se prononcer sur leur qualité. Puisque plus de quatre années se sont écoulées depuis le lancement des courbes de l'OMS, espérons qu'une nouvelle prise de position suivra dans un proche avenir.

L'utilisation d'une courbe qui ne tient pas compte de la réalité des bébés allaités peut mener à des erreurs d'interprétation. La Société canadienne de pédiatrie recommande aux médecins de connaître les différences de croissance entre les bébés allaités et les bébés nourris au biberon. On souhaite éviter des examens inutiles, des compléments de préparation pour nourrissons ou l'introduction précoce des aliments solides.

Chapitre 9

La vitamine D

Doit-on donner un supplément de vitamine D au bébé allaité ? Au cours des dernières années, plusieurs études ont démontré que la vitamine D a des effets extrêmement bénéfiques sur certains types de cancer, de maladies auto-immunes et sur la santé mentale. Lorsqu'un bébé est allaité exclusivement, Santé Canada recommande de lui donner une dose de 400 unités internationales (UI) de vitamine D par jour. Le supplément est généralement donné sous forme de gouttes et se vend une douzaine de dollars pour une bouteille de 50 doses (D-Vi-Sol). Le bébé non allaité, lui, reçoit la vitamine D ajoutée dans les préparations pour nourrissons.

Un autre point de vue

Du côté des groupes de soutien à l'allaitement, les avis sur la question sont plus nuancés. La Ligue La Leche considère que les bébés allaités exclusivement de moins de six mois, nés à terme et en bonne santé, qui sont exposés de façon adéquate au soleil, ne présentent pas de risques de développer une carence en vitamine D. Dans la cinquième édition du *Petit Nourri-Source*, on

lit que la grande majorité des bébés allaités nés à terme et en bonne santé n'ont pas besoin de supplément en vitamine D.

Qu'est-ce que la vitamine D ?

La vitamine D est en fait une hormone. Elle joue un rôle essentiel dans l'immunité, elle est vitale à l'absorption du calcium et à sa fixation sur les os. Un autre nom pour la vitamine D est « calciférol » qui vient du latin et signifie « qui porte le calcium ». Les bébés et les enfants affectés d'une carence en vitamine D risquent de souffrir de rachitisme, une maladie de croissance grave qui provoque la déformation des os (voir p. 100).

Où trouve-t-on la vitamine D ?

Très peu d'aliments sont naturellement riches en vitamine D. L'huile de foie de morue, les sardines dans l'huile, le saumon et le maquereau cuits en contiennent une bonne dose. En Amérique du Nord, on enrichit systématiquement le lait de vache, la margarine,

Lait maternel inadéquat ?

Depuis 1927, avec le *Livre des mères canadiennes*, les autorités en santé publique du Canada émettent diverses recommandations qui encouragent l'administration de supplément de vitamine D. En 2002, la moitié des bébés allaités du Canada en ont reçu. Toutefois, aucunes données concernant la fréquence ou les doses administrées n'ont été recueillies.

Il est étrange que les autorités médicales ciblent uniquement les enfants allaités exclusivement quant à l'administration d'un supplément de vitamine D. Après tout, un nourrisson qui consomme 600 ml de préparation pour nourrissons par jour reçoit environ 240 UI de vitamine D. Pourquoi exiger que l'enfant allaité exclusivement en prenne presque le double, c'est-à-dire 400 UI? Il n'est pas anodin de préciser qu'un des suppléments de vitamine D pour nourrissons le plus vendu au Québec est produit par une multinationale qui commercialise également des préparations pour bébés. Cette compagnie ne tire-t-elle pas avantage à participer à cette complexification de l'allaitement exclusif?

L'insistance des autorités en santé publique envers les suppléments de vitamine D pour les nouveau-nés peut laisser sous-entendre que le lait maternel est «déficient» et ainsi compliquer l'allaitement. Il n'en est rien et l'administration au bébé d'un supplément de vitamine D ne devrait pas être un complément systématique à l'allaitement exclusif. Il existe d'autres moyens naturels, économiques et efficaces de se procurer cette précieuse vitamine.

certains desserts au fromage frais et certains jus ou boissons de soya avec de la vitamine D. Sans cet ajout, il serait quasi impossible d'obtenir uniquement dans notre alimentation la quantité de vitamine D requise par jour.

Vitamine du soleil

Lors de l'exposition au soleil, la lumière pénètre dans la peau et provoque la photolyse d'une enzyme (7-dehydrocholesterol). La photolyse est une décomposition chimique par la lumière. Grâce à cette action et à une série de processus chimiques, cette enzyme est transformée en vitamine D. Celle-ci quitte alors la peau pour se retrouver dans la circulation sanguine. On estime que chez l'être humain, la majorité de ces transformations se font en huit heures environ.

Vitamine D et nourrisson

Le taux de vitamine D dans le sang d'un nourrisson allaité exclusivement semble être directement lié à la concentration de cette vitamine chez sa mère pendant la grossesse et à la quantité qui passe dans le lait qu'il boit.

Si sa mère n'a pas de carence en vitamine D, le bébé maintient un taux minimal acceptable pendant quelque temps. Des chercheurs ont montré, par exemple, que des bébés à la peau blanche allaités exclusivement pendant l'hiver dans une région nordique maintenaient un minimum acceptable de vitamine D pendant six mois, même s'ils ne prenaient aucun supplément.

Le phénomène préoccupant est que les nouvelles découvertes sur la vitamine D sèment le désaccord quant à ce «minimum acceptable». Il est vraisemblable que les apports quotidiens recommandés de vitamine D

La vitamine D est avant tout produite par l'effet de l'exposition de la peau aux rayons ultraviolets du soleil.

Lorsqu'une femme allaite, si elle s'expose rarement au soleil, a la peau foncée ou se contente de l'apport recommandé de vitamine D (400 UI par jour), le contenu en vitamine D de son lait sera bas.

Mères et bébés présentant plus de risques de souffrir d'une carence en vitamine D

- Ayant la peau noire ou foncée ;
- Vivant dans un endroit où il y a peu de soleil pendant une bonne partie de l'année (régions nordiques) ;
- Sortant peu à l'extérieur ou confinés à l'intérieur ;
- Habitant dans une région où l'air est fortement pollué ;
- Mères se couvrant de la tête aux pieds en toutes saisons ou faisant un usage systématique de crème solaire ;
- Mères ayant eu plusieurs grossesses rapprochées et ayant allaité longtemps ;
- Bébé né en hiver et dont la mère souffre d'une carence en vitamine D ou dont la mère ne s'est pas exposée au soleil ou n'a pas pris de supplément pendant la grossesse ;
- Bébé malade ou prématuré.

soient fortement revus à la hausse au cours des prochaines années. De plus, il est démontré que de nombreuses femmes vivant dans les pays nordiques n'ont pas un taux optimal de vitamine D, encore plus lorsque l'hiver tire à sa fin. Dans ce contexte, le risque d'un manque de vitamine D chez certaines femmes et leurs bébés est bien réel.

Vitamine D dans le lait maternel

La quantité de vitamine D dans le lait maternel varie selon la saison, la quantité absorbée par la mère et la couleur de sa peau. Des études ont montré que de nombreuses femmes enceintes ne s'exposent pas suffisamment au soleil, utilisent une crème solaire (qui empêche la synthèse de la vitamine D) ou encore portent des vêtements qui bloquent les rayons du soleil. Ces faits sont préoccupants puisque la quantité de vitamine D dans le sang pendant la grossesse a un impact direct sur les réserves en vitamine D du bébé.

Depuis les années 1980, il est prouvé que l'exposition solaire ou la prise de supplément par la mère augmente la quantité de vitamine D dans son lait. Par contre, il faut une quantité bien plus élevée que les 400 UI recommandées par jour.

Des études récentes ont montré que la vitamine D dans le lait maternel augmente à partir du moment où une femme prend un supplément de 2 000 UI par jour. Lorsqu'elle en prend 6 400 UI, le niveau de la vitamine dans le sang de son bébé se compare à celui d'un bébé qui reçoit directement un supplément de 400 UI par jour. Cette femme aura dans son lait à la fin de l'hiver un facteur antirachitique d'au moins 800 UI par litre.

Les percées scientifiques sur la vitamine D sont si importantes qu'en 2006, la Société canadienne du cancer modifiait sa position sur l'exposition au soleil en reconnaissant que de courtes expositions sont des moyens recommandés pour absorber la vitamine D.

Apport maximal toléré (AMT)

L'apport maximal toléré (AMT) représente la limite maximale au-delà de laquelle une vitamine produit des effets néfastes pour la santé.

En ce moment, au Canada, l'apport maximal de vitamine D est fixé à 2 000 UI par jour. Cependant, plusieurs organismes, dont l'Association canadienne de pédiatrie, dans une publication de 2007, reconnaissent que ce taux est fixé de façon arbitraire.

On s'attend à ce que l'AMT soit réévalué depuis qu'en 2007 une vaste étude sur la vitamine D, basée sur des essais cliniques auprès d'adultes en bonne santé, a montré une absence de toxicité alors qu'on utilisait des doses égales ou supérieures à 10 000 UI par jour de vitamine D. Cette étude étaye donc le choix de cette valeur (10 000 UI par jour) comme limite maximale pour des adultes en bonne santé.

Pour les bébés, l'AMT de vitamine D est en ce moment fixée à 1 000 UI.

Il est contre-indiqué pour des personnes souffrant d'hypercalcification de prendre un supplément de vitamine D.

En comparaison, lorsqu'une femme qui ne présente pas de carence en vitamine D se contente de l'apport quotidien recommandé, son lait aura à la fin de l'hiver un facteur antirachitique d'environ 33 à 68 UI par litre.

Supplément pour la mère ?

Les femmes présentant davantage de risques d'une carence en vitamine D ou qui sont préoccupées par le statut en vitamine D de leur bébé, mais qui hésitent à lui donner un supplément, ont tout avantage à explorer la piste d'une prise de supplément de 6 400 UI par jour pour elles-mêmes.

Donner un supplément de vitamine D à un bébé pourrait lui être bénéfique, mais ça ne répond aucunement aux besoins en vitamine D de sa mère, tout aussi vitaux ! Pourquoi ne pas prendre soin de la mère qui à son tour, avec son seul lait, pourra prendre soin de son bébé ?

Supplément pour le bébé

Il n'y a pas de risques connus à donner chaque jour un supplément de 400 UI de vitamine D à un nourrisson. Dans bien des pays, les suppléments sont utilisés depuis des années. Par contre, n'importe quel supplément ne devrait pas être administré à un nouveau-né de façon anodine et automatique.

Certaines mères remarquent que leur bébé est d'humeur plus maussade ou qu'il a soudainement des coliques après avoir pris un supplément de vitamine D (voir p. 107). De plus, une surdose prolongée peut avoir des conséquences graves. L'hypervitaminose D se produit

Ingrédients

Les suppléments les plus populaires pour les nouveau-nés ne contiennent pas seulement de la vitamine D. Certains sont fabriqués à base de produits dérivés d'animaux ou de levure. Ils peuvent aussi contenir de la glycérine fabriquée à base de gras animaux, de fermentation de sucres ou de produits dérivés du pétrole. On y trouve également du propylène glycol, des agents de conservation, du sucre et des saveurs naturelles ou artificielles.

Depuis quelque temps, on trouve sur le marché le supplément Ddrops qui contient uniquement de l'huile de palme purifiée. Une goutte sur le mamelon avant la tétée suffit et il n'a aucune saveur. Disponible actuellement dans les grandes surfaces en Ontario, on le trouve de plus en plus souvent au Québec. Son coût est de 17 dollars environ pour une bouteille de 125 ml.

Les autorités en santé publique ne conseillent pas d'exposer un nouveau-né à la lumière directe du soleil. Cependant, en été, un bébé vêtu et portant un chapeau se procure suffisamment de vitamine D en quelques minutes d'exposition seulement.

rarement. Cependant elle peut provoquer un défaut de croissance, la surdité, la cécité et même, dans des cas rarissimes, la mort. Notez qu'il n'y a jamais eu de cas rapporté d'hypervitaminose D causée par le soleil.

Optimiser l'exposition solaire

La façon la plus économique et la plus efficace de se procurer de la vitamine D consiste à s'exposer un peu au soleil sans crème solaire. Ce conseil vous étonne peut-être étant donné les nombreux messages nous incitant à nous méfier du soleil. Le rôle des rayons UV dans le développement du cancer de la peau est bien connu. Pourtant, on peut s'exposer au soleil sans y laisser sa peau.

Rayons UV

Le soleil émet trois types de rayons ultraviolets : les UVA, UVB et UVC. Les rayons UVB sont les principaux responsables du cancer de la peau, mais ce sont également eux qui synthétisent la vitamine D. Heu-

reusement, celle-ci ne requiert que de courtes expositions au soleil, ce qui minimise grandement les risques de brûlures. Par contre, la quantité de rayons UVB qui atteint la surface de la Terre dépend de différents facteurs et la synthèse de la vitamine D n'est pas toujours possible.

Latitude

À Montréal, par exemple, les mois de juin et juillet sont ceux où la synthèse de la vitamine D est à son maximum. Après le mois d'août, elle se réduit graduellement et, à partir de novembre, elle cesse jusqu'en mars. À Edmonton, la synthèse de la vitamine D cesse à la mi-octobre pour ne reprendre qu'à la mi-avril. À Los Angeles, elle se produit à longueur d'année.

L'heure de la journée est aussi importante. En juillet à Montréal, la synthèse de la vitamine D se produit dès 7 h et cesse autour de 17 h. Par contre, au printemps et en automne, elle débute vers 10 h et cesse vers 15 h.

Facteurs qui influencent le rayonnement UVB

- Quantité d'ozone dans l'atmosphère
- Pollution atmosphérique
- Couverture nuageuse
- Angle que forme le soleil avec l'horizon (il varie selon la latitude, la saison et l'heure de la journée)

Si vous vivez dans la vallée du Saint-Laurent, même si vous ou votre bébé vous exposez au soleil pendant 20 minutes au mois de février, aucune vitamine D n'est produite. Même chose si vous sortez à 8h au mois de mai. Le meilleur moment pour recevoir une bonne dose de vitamine D est de s'exposer au soleil sans crème solaire pendant de courtes périodes entre 10h et 15h de la fin mars à la mi-octobre.

Point sur le rachitisme

Le rachitisme est une maladie rare chez les nourrissons allaités, nés à terme et en bonne santé. Il semble que les propriétés antirachitiques du lait humain conviennent au bébé en bonne santé né d'une mère bien nourrie. Il y a une quarantaine d'années, on croyait que le rachitisme était en train de disparaître de nos pays. Malheureusement, on se trompait.

Au Canada, les cas de rachitisme sont rares. Le Programme canadien de surveillance pédiatrique en rapporte 104 entre 2002 et 2004. Près de 90 % de ces patients avaient la peau foncée ou noire, 13 % d'entre eux faisaient partie des Premières Nations, 12 % étaient d'ascendance inuite, tandis que 14 % étaient d'origine moyenne-orientale. L'âge moyen des enfants était de 1,4 an et 94 % d'entre eux avaient été allaités, mais on en sait peu sur la durée et le type d'allaitement. On sait cependant qu'aucun ne prenait de supplément de vitamine D. Leur mère, pendant la grossesse et la lactation, avait limité leur exposition solaire, de même que la quantité de vitamine D provenant de l'alimentation ou d'un supplément.

Un peu d'histoire

À la fin du XVIIe siècle, lorsque la population migre vers les villes industrielles du nord de l'Europe, les enfants vivant en milieu urbain commencent à être atteints par une maladie qui s'attaque aux os et déforme les jambes.

En 1822, le Dr Sniadecki remarque que le rachitisme touche plus souvent les enfants de Varsovie que ceux qui vivent à la campagne. Il émet l'hypothèse que la maladie est causée par un manque d'exposition aux rayons du soleil. Au tournant du XXe siècle, 80 % des enfants habitant les villes industrielles d'Amérique du Nord et d'Europe souffrent de rachitisme !

Les progrès pour enrayer et soigner la maladie sont rapides. Dès 1919, on soigne les petits malades à l'aide de lampes ultraviolettes et, en 1921, les enfants rachitiques de New York font des cures de soleil sur le toit d'un hôpital de la ville. La meilleure compréhension des rayons ultraviolets pousse deux chercheurs à s'intéresser à l'irradiation ultraviolette des aliments comme moyen de prévenir le rachitisme. Ces travaux mènent à l'enrichissement du lait en vitamine D, qui aide à éradiquer le rachitisme des pays adoptant cette mesure.

Combien de temps devrait-on s'exposer au soleil ?

On estime qu'une exposition au soleil en maillot de bain d'une demi-heure entre 10 h et 14 h en plein été procure environ 50 000 UI de vitamine D à un adulte à la peau banche et la moitié si elle est déjà très bronzée. Les gens à la peau noire ont besoin d'une exposition au soleil cinq fois plus longue pour atteindre les mêmes niveaux. La mélanine, ce pigment brun foncé de la peau, ralentit la synthèse de la vitamine D, ce qui augmente le risque d'une carence. À l'inverse, les gens à la peau très pâle qui brûle rapidement ont besoin de moins de temps au soleil pour produire la même quantité de vitamine D.

Vêtue d'un short et d'un t-shirt, et la tête couverte d'un chapeau, une personne à la peau blanche se procure quelque 10 000 UI de vitamine D en 10 à 15 minutes passées à l'extérieur à la mi-journée, pendant les mois où la synthèse de la vitamine D s'effectue.

En plus de la crème solaire et des vêtements épais qui couvrent tout le corps, notez aussi que les fenêtres bloquent les rayons UVB. Par conséquent, placer votre bébé près d'une fenêtre ensoleillée ne produit aucune synthèse de vitamine D. Par contre, une couverture nuageuse la permet puisque les nuages ne bloquent pas complètement les rayons UVB.

Évidemment, on ne laisse pas un bébé cuire au soleil ! L'extrême prudence devant une trop longue exposition solaire reste de mise. Cependant, une exposition intelligente apporte de nombreux bénéfices à sa santé et à la vôtre.

Pour tirer profit de la production de vitamine D par la peau tout en réduisant au minimum le risque de dommages cutanés, la Société canadienne de pédiatrie recommande d'exposer les nourrissons et les enfants au soleil pendant de courtes périodes (moins de 15 minutes par jour).

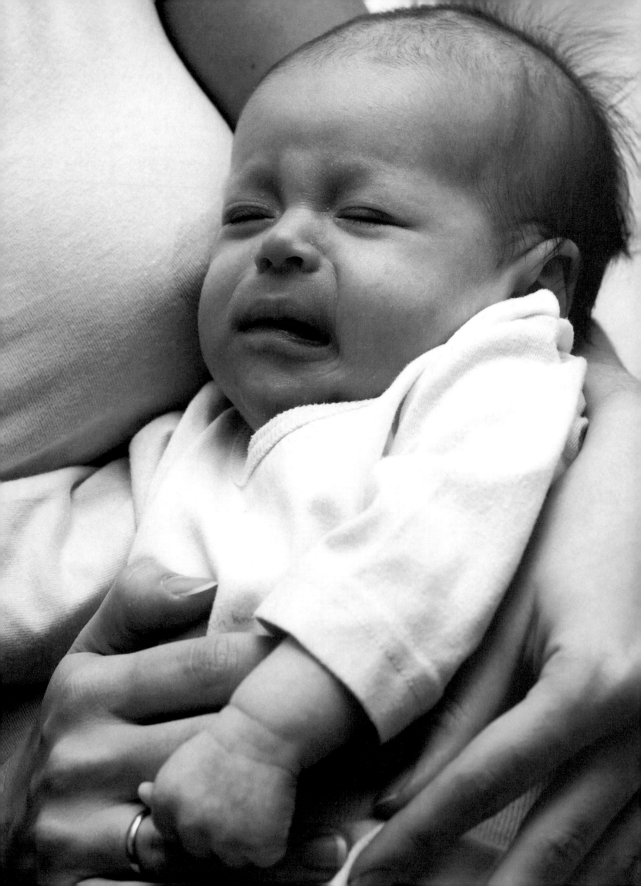

Chapitre 10

Les coliques

« Les coliques ont débuté du jour au lendemain lorsque mon bébé était âgé de trois semaines. Elles survenaient toujours en soirée. Mon bébé pleurait intensément, semblait avoir mal et avait beaucoup de gaz. Ses pleurs résonnaient comme un signal de détresse qui nous disait que quelque chose n'allait pas. Malgré tout ce qu'on pouvait essayer, il restait inconsolable. Même le sein, qui habituellement faisait des miracles, ne semblait pas l'intéresser.

« C'était angoissant pour deux jeunes parents dont c'était le premier bébé de ne pas savoir décoder les pleurs de leur nouveau-né et de penser qu'ils faisaient quelque chose d'incorrect. Nous ressentions beaucoup d'impuissance. Avec le temps toutefois, les coliques ont diminué pour disparaître vers l'âge de deux mois et demi. »

Marie-Ève

« Une infirmière m'avait déjà dit que, si mon bébé souffrait un jour de coliques, je le saurais sur-le-champ. Elle avait bien raison…

« Mon fils avait à peine trois semaines lorsque les coliques ont commencé. Elles ont duré jusqu'à ses huit semaines. Chaque jour, vers 16 h, il se mettait soudainement à hurler. Il se crispait, il avait le visage tout rouge et, souvent, les cris ne se calmaient pas avant 22 h. C'était épuisant.

« Mon premier réflexe était de lui offrir le sein. Sans grand succès, car après une ou deux gorgées, les cris reprenaient de plus belle. Il voulait téter, mais comme ça ne le soulageait pas, il me repoussait. J'étais constamment au bord des larmes, promenant mon bébé hurlant contre moi tout en tentant de m'occuper de mon grand de deux ans et demi. Plus la soirée avançait et plus je devenais impatiente, frustrée. Trois heures à entendre hurler mon bébé sans pouvoir rien y faire, ça usait mes nerfs. »

Marie-Claude

La médecine a trouvé une réponse pratique pour expliquer les pleurs intenses et prolongés du nouveau-né : les coliques. Elles décrivent généralement les troubles d'un bébé âgé de quelques semaines à trois mois, en bonne santé, qui a des périodes de pleurs intenses, d'irritation et d'inconfort pendant plusieurs heures consécutives.

Contrairement au mythe qui voudrait qu'ils en soient épargnés, les bébés allaités souffrent de coliques à peu près dans les mêmes proportions que les bébés qui ne le sont pas. Ils vont téter fréquemment, puis crier de douleur et repousser le sein pour se remettre à pleurer de plus belle.

Un nouveau-né insatisfait qui cherche continuellement à être au sein en fin d'après-midi ou encore au petit matin fait possiblement des tétées groupées (voir p. 76) et ne souffre pas de coliques.

Quinze à vingt pour cent des bébés de moins de trois mois pleurent pendant plus de trois heures par jour et la moitié des nouveau-nés pleurent ou sont irritables deux heures par jour. Les pleurs d'un bébé, pour ce qui est des décibels, se situent entre le moteur diesel et la tondeuse!

Lorsque ça dérape

Si votre bébé continue de pleurer malgré toutes vos tentatives pour l'apaiser, tentez de garder votre calme et vérifiez votre propre état. Êtes-vous contrariée? Êtes-vous frustrée?

Si vous pensez perdre les pédales, **arrêtez-vous!**

Placez votre enfant en sécurité et quittez la pièce où il se trouve pendant quelques minutes. Vous avez le droit d'aller pleurer dans les toilettes, de reprendre vos esprits à l'extérieur ou de parler à quelqu'un en qui vous avez confiance.

Si vous avez peur de blesser votre bébé, appelez immédiatement à l'aide: **La ligne parents** est un service confidentiel et gratuit, offert partout au Québec, 24 heures sur 24, 7 jours sur 7. Montréal: **514 288-5555**; extérieur: **1 800 361-5085**. Les services habituels d'urgence (**911**) peuvent aussi vous aider.

Souvenez-vous de **ne jamais secouer votre bébé**, quelle que soit l'intensité de votre irritation.

Causes

Il existe une multitude de théories qui expliquent les coliques, quelques-unes plutôt farfelues comme de prétendre que le bébé doit « former ses poumons » ou encore « faire sortir la pression ». Pour certains médecins, elles sont un « mystère de la nature » tandis que d'autres affirment que les coliques sont en fait un mot de huit lettres qui signifie « je ne sais pas ce qu'a votre bébé ». Parfois elles sont causées par un problème de santé, comme le reflux gastro-œsophagien ou encore une allergie.

Conséquences

Les pleurs d'un nouveau-né perturbent le rythme cardiaque et la conduction cutanée des parents. Les pleurs persistants peuvent aussi provoquer l'épuisement, non seulement parce qu'on déploie une grande énergie à tenter de les calmer mais aussi parce que le bébé atteint de coliques dort en moyenne une heure et demie de moins que celui qui n'en souffre pas. Enfin, l'extrême irritabilité d'un nouveau-né est jugée responsable de tensions dans 91 % des couples qui ont un bébé souffrant de coliques.

Les coliques mettent l'allaitement en péril : le bébé en crise prend mal le sein, le réflexe d'éjection ne se déclenche pas. Cela joue sur la production de lait et enlève à la mère toute confiance en sa capacité de nourrir son bébé. Elle a le sentiment d'être inadéquate, ce qui la rend plus vulnérable à la dépression post-partum.

Ces pleurs intenses sont parfois liés à des cas de violence envers les enfants. Une étude américaine publiée en 2002 a passé en revue 1 416 cas de bébés secoués. L'âge moyen de ces bébés était de trois mois et demi et, dans 95 % des cas, ces bébés ont été violentés après un épisode de pleurs.

« Les coliques d'Aryanne commençaient toujours en fin d'après-midi et elles se poursuivaient une bonne partie de la soirée. Elle ne pleurait pas, elle hurlait ! Elle devenait rouge vin et son corps était tendu par la douleur. Son ventre était tout rond et elle avait beaucoup de gaz. Je n'avais aucun moment de répit. Je lui massais le ventre et la berçais jusqu'à épuisement, tout en lui offrant sans cesse le sein ou la suce. Je me sentais si impuissante du haut de mes 18 ans ! Je ne savais pas quoi faire pour la soulager, mais j'aurais fait n'importe quoi pour prendre son mal. Des fois, je pensais devenir folle à l'entendre pleurer, c'était tellement agressant. Après quelques heures, elle râlait comme un p'tit minou et ça me brisait le cœur. Tous les jours, c'était l'angoisse de voir les heures passer. Son père travaillait le soir. C'est moi qui me tapais les crises et il croyait que je m'énervais pour rien, que j'étais la cause de son inconfort... C'était très éprouvant. »

Catherine

Coliques liées à l'allaitement

Parfois, les coliques du bébé sont liées à la façon d'allaiter. Heureusement, il existe plusieurs stratégies pour y remédier.

Production déséquilibrée

Lorsque la mère produit beaucoup de lait et que celui-ci s'emmagasine dans ses seins entre les tétées, son bébé risque de recevoir en début de tétée un grand volume de lait moins gras que celui de fin de tétée (voir p. 78). La même chose risque de se produire si la tétée est minutée et offerte à intervalles réguliers de trois ou quatre heures.

Ces phénomènes provoquent un déséquilibre de production : le gras du lait reste agglutiné à l'arrière du sein et le bébé reçoit un lait plus aqueux. Puisque le lait est moins gras, il quitte plus rapidement l'estomac. Une grande quantité de lactose arrive alors dans le petit intestin et s'y accumule avec de l'eau. L'excès de lactose fermente et produit des gaz et de l'acidité.

Intolérance au lactose ?

Certains symptômes d'un surplus de lactose ressemblent à s'y méprendre à une intolérance, mais il n'en est rien. **Les bébés ne connaissent pas l'intolérance au lactose.** Ils naissent avec la capacité de le digérer puisque, comme n'importe quel mammifère, ils dépendent du lait de leur mère pour croître. Pour l'humain, en plus, le lactose est important dans le développement du cerveau, qui se nourrit de sucres.

La production de lactase, l'enzyme qui aide à la digestion du lactose, s'atténue toutefois avec l'âge. L'intolérance au lactose apparaît à divers degrés chez 70 % de la population mondiale après l'âge de cinq ans. L'intolérance au lactose du bébé est une maladie congénitale très rare appelée la galactosémie. Ainsi, si vous êtes intolérante au lactose, il n'y a aucune raison de ne pas allaiter votre bébé puisqu'il n'y est pas plus prédisposé que n'importe quel autre de ses semblables.

Lactose

Le lactose est un sucre disaccharide, formé de deux molécules, qui ne peut pas être digéré tel quel par l'être humain. Sa digestion demande l'aide d'une enzyme, la lactase, qui sépare le lactose – c'est ce que l'on appelle l'hydrolyse ou la décomposition chimique. La lactase est sécrétée lentement par notre organisme, peu importe la quantité de lactose à briser.

Le lactose est un nutriment important pour le nourrisson. Il procure jusqu'à 40 % de ses besoins énergétiques. Il facilite l'absorption du calcium et du fer. Il maintient en bonne condition la flore bactérienne des voies gastro-intestinales afin d'empêcher la croissance d'agents pathogènes. Finalement, le lactose procure à l'organisme le galactose, qui est incorporé directement sous forme de galactolipides dans les tissus du système nerveux central.

Allaiter demande aux mères de faire confiance à leurs bébés. Ceux-ci sont futés, ils savent ce dont ils ont besoin. En mettant la montre de côté et en leur laissant décider de la durée de la tétée, ils peuvent boire tout le lait nécessaire à leur bonne croissance.

Production déséquilibrée

Symptômes chez le bébé d'un déséquilibre de production

- Beaucoup de gaz
- Agité, insatisfait, pleure de façon intense
- Pendant la tétée, s'étouffe ou tousse
- Se raidit, jette la tête en arrière
- Semble mordre le mamelon ou constamment l'échapper pendant qu'il tète
- La tétée est courte
- Coliques
- Régurgite souvent
- Selles explosives, très liquides et parfois jaunes ou vertes
- Brûlures dans la région anale provoquées par l'acidité des selles
- Mucus présent dans les selles

Peut provoquer un déséquilibre de production

- Tétées minutées
- Tétées écourtées à cause d'une douleur de la mère pendant l'allaitement (voir p. 187)
- Engorgement, canaux lactifères bloqués (voir p. 190)
- Mauvaise position ou prise du sein inadéquate (voir p. 55); succion faible ou inadéquate (voir p. 61)
- Maladie du bébé (muguet, infection, torticolis, etc.)
- Réflexe d'éjection puissant (voir p. 108)

Équilibrer sa production de lait

La seule façon d'équilibrer sa production de lait, c'est de ne pas laisser le lait s'emmagasiner trop longtemps dans les seins (voir p. 78):

- Faites confiance à votre bébé et mettez la montre de côté;
- Offrez le premier sein aussi longtemps que le bébé tète et avale;
- Si votre bébé ne tète vraiment pas longtemps ou si vous sentez qu'il ne fait que « tétouiller », essayez la compression du sein (voir p. 294);
- Si votre bébé semble avoir encore faim après avoir « vidé » et laissé le sein de lui-même, offrez-lui l'autre sein. Sinon, ne lui donnez qu'un seul sein par tétée;
- Lors de la tétée suivante, offrez l'autre sein à votre bébé et procédez de la même façon. N'ayez aucune crainte d'allaiter d'un seul sein par tétée. Si cela fonctionne bien pour vous, votre corps saura s'adapter à cette façon d'allaiter qui est utilisée par bien des femmes. Lorsque vous laissez votre bébé téter aussi souvent qu'il le souhaite et autant de temps qu'il le désire, il consommera la quantité de lait qu'il lui faut.

Se donner du temps

Après ces ajustements (voir p.106), les selles de votre bébé changent. Elles sont de couleur jaune ocre et non plus vertes, un peu moins liquides, plutôt comme de la mousse à raser et moins explosives. Votre bébé a aussi beaucoup moins de gaz et de maux de ventre.

Parfois, le changement est immédiat et le bébé rapidement soulagé. D'autres fois, il est plus long à se produire. Donnez-vous du temps avant d'évaluer la situation. Cela peut prendre autant de temps pour régler un problème que cela en a pris pour le créer et quelques semaines sont nécessaires avant de noter une amélioration.

Modifier son alimentation

Parfois, c'est l'alimentation de la mère qui augmente l'inconfort du bébé. Attention ! Nous ne souhaitons pas que vous restiez avec l'impression qu'il faut changer votre nourriture de fond en comble afin de produire un lait 100 % « anticolique ». Il s'agit plus simplement de faire quelques changements qui, par la bande, peuvent soulager votre bébé.

Aliments à coliques

Si vous êtes certaine que votre production n'est pas déséquilibrée, si votre réflexe d'éjection ne semble pas incommoder votre nourrisson et si les autres stratégies pour l'apaiser ne fonctionnent pas (voir p. 110), il se peut qu'il réagisse à un aliment que vous avez mangé.

Bien que la majorité des femmes qui allaitent mangent de tout sans se priver, il a été démontré que certaines protéines présentes dans l'alimentation de la mère passent dans le lait maternel et peuvent affecter le bébé. Cependant, il existe d'autres moyens que le sevrage pour soulager votre bébé.

Lait de vache

Le tiers des bébés allaités exclusivement qui souffrent de coliques seraient sensibles au lait de vache consommé par la mère. Ce lait contient trois fois et demie plus de protéines que le lait maternel. L'une d'entre elles, la bêta-lactoglobuline, est considérée comme un allergène majeur du lait de vache. Sa structure très compacte fait en sorte que sa décomposition chimique, ou son hydrolyse, est ardue pour le corps humain. (suite p. 109)

À vérifier avant de modifier votre alimentation

Pour votre bébé

• Votre enfant reçoit-il autre chose que votre lait, des préparations pour nourrissons, de l'eau, du jus ou des céréales ?

• Est-ce que vous ou quelqu'un d'autre qui s'occupe de votre bébé lui avez donné une tisane ou une autre concoction censée réduire ses maux de ventre ?

• Votre bébé prend-il un médicament, des antibiotiques, par exemple ? Si oui, est-ce que ses coliques ont débuté peu après la prise du médicament ? Si vous pensez que votre bébé réagit à un médicament sur ordonnance, consultez son médecin avant d'arrêter le traitement. Pour les médicaments en vente libre, consultez un pharmacien. Dans le cas d'un traitement aux antibiotiques, il peut être utile de lui donner des probiotiques (voir p. 112). Votre bébé prend-il un supplément vitaminique, de la vitamine D, par exemple ? Si oui, arrêtez-le quelques jours afin de voir s'il y a une différence.

Pour vous

• Prenez-vous un supplément vitaminique, comme des vitamines prénatales, du fer ou encore des produits naturels ? Avez-vous remarqué que les coliques ont commencé à la suite de la prise de ces produits ? Arrêtez de les prendre pendant quelques jours afin de voir si cela améliore l'état de votre bébé. Si vous souffrez d'anémie, adressez-vous à votre médecin afin qu'il vous conseille un fer plus digestible.

• Prenez-vous un médicament ? Est-ce que les malaises de votre bébé ont débuté après la prise de ce médicament ? Parlez-en à votre médecin. Si vous êtes sous antibiothérapie, il peut être utile de donner des probiotiques à votre bébé (voir p. 112).

• Consommez-vous beaucoup de caféine ? Il se peut que votre bébé y soit sensible (voir p. 161).

• Vous forcez-vous à consommer un aliment que vous n'aimez pas sous prétexte que vous allaitez ?

• Fumez-vous ?

Un bébé risque fort de réagir d'abord à un produit qui lui est donné directement avant de réagir à quelque chose dans son lait que sa mère aurait consommé.

Réflexe d'éjection puissant

En temps normal, le réflexe d'éjection n'incommode pas le bébé allaité; au contraire, il lui permet de recevoir son lait. Par contre, en cas de production importante, le réflexe d'éjection risque d'être plus marqué. Le bébé est alors dépassé par tout ce flot de lait qui lui arrive rapidement. C'est un peu comme essayer de boire à un boyau d'arrosage dont le débit est au maximum en étant couché sur le dos! Trop de lait trop vite peut provoquer des coliques.

Reconnaître un réflexe d'éjection puissant:

• Le bébé a un très bon gain de poids;

• Quelques minutes après avoir commencé à téter, il s'étouffe, tousse, repousse le sein;

• Il peut essayer de prendre le sein vers le bas, ce qui est douloureux pour la mère;

• Lorsqu'il lâche prise, le lait jaillit;

• Il demande le sein souvent ou encore refuse de le prendre;

• Il est irritable et impatient au sein, il peut crier et s'arc-bouter;

• Il peut claquer la bouche pour tenter de contrôler le débit – ce qui donne à sa mère l'impression d'une morsure;

• La tétée n'est pas un moment agréable;

• Le bébé présente les symptômes d'un déséquilibre de production (voir p. 106).

Réduire la force du réflexe d'éjection:

• N'offrez qu'un seul sein par tétée. Lorsque vous adoptez pour la première fois cette façon d'allaiter, n'hésitez pas à offrir le même sein pour deux ou même trois tétées consécutives avant d'offrir le second sein, surtout lors des tétées groupées. Si vous êtes très engorgée du sein non sollicité, vous pouvez extraire un peu de lait pour vous sentir mieux;

• Assurez-vous que votre bébé « vide » bien le sein en drainant le gras qui se trouve plus au fond;

• Allaitez le bébé à l'éveil ou lorsqu'il est calme, dans un endroit reposant et sans trop de stimuli. N'attendez pas qu'il ait faim;

• Ne retardez pas les tétées: un bébé qui a très faim risque de provoquer un réflexe d'éjection encore plus puissant;

• Lorsque le bébé s'étouffe pendant la tétée, retirez-le et placez une compresse ou une serviette sous votre sein, sans comprimer, le temps que le réflexe se calme. À la longue, le bébé se retire du sein de lui-même avant le réflexe d'éjection pour le reprendre par la suite comme si de rien n'était;

• Offrez le sein avec le mamelon pointé vers le nez, ainsi le bébé fléchit bien la tête et prend mieux le sein;

• Variez les positions d'allaitement (voir p. 292). Le but étant que la tête du bébé soit plus élevée que le sein. Allaitez couchée en plaçant une serviette sous le bébé pour que le surplus de lait coule de sa bouche plutôt que de l'étouffer.

On conseille parfois d'extraire jusqu'à 30 ml de lait avant de mettre le bébé au sein. Mais ce n'est pas une stratégie à adopter en premier lieu. Extraire du lait augmente la production et risque de rendre le réflexe d'éjection encore plus puissant.

Il arrive que le bébé habitué à un réflexe d'éjection puissant s'impatiente lorsque le lait coule moins rapidement. La compression du sein résorbe le problème en permettant de conserver un bon débit de lait (voir p. 294).

Surabondance de lait

Certaines femmes ont des réflexes d'éjection très puissants et des écoulements de lait constants qui gênent l'allaitement. Généralement, la surproduction se résorbe naturellement vers 12 semaines. Néanmoins, en plus des suggestions énumérées plus haut, voici d'autres conseils qui finiront par ajuster votre production à la demande de votre bébé.

■ Évitez toute stimulation superflue des seins comme tirer du lait, masser ou faire couler la douche sur les seins.

■ Entre les tétées, appliquez de la glace dans le but d'empêcher le flux sanguin et la production de lait (30 minutes de glace, une heure de repos).

■ Si après une semaine il n'y a aucune amélioration, pensez à l'« allaitement par plages horaires » :

• Il s'agit d'allaiter le bébé d'un seul sein pendant plus d'une tétée. Essayez au départ d'utiliser le même sein sur une période de trois heures. Il ne s'agit pas de restreindre la prise alimentaire du bébé, mais bien de le remettre au même sein chaque fois qu'il a faim ;

• Si l'autre sein devient trop engorgé, tirez un peu de lait pour vous sentir mieux et utilisez des compresses froides par la suite. Ayez comme objectif de tirer de moins en moins de lait chaque fois ;

• Dans des cas plus sérieux, utilisez le même sein pendant des périodes de plus de quatre heures. Par exemple, choisissez d'allaiter du sein droit de 8 h à 12 h et du sein gauche de 12 h à 16 h. Augmentez la durée des plages horaires graduellement, par période de trente minutes au départ.

■ L'utilisation d'herbes ou de traitements qui suppriment la lactation ne sont à envisager que dans les cas extrêmes et avec la supervision d'une professionnelle.

La bêta-lactoglobuline passe dans le lait de la mère. Par contre, ses concentrations varient énormément d'une femme à l'autre et même d'un échantillon de lait à l'autre chez une même femme. De plus, il n'existe pas de corrélation entre la quantité de lait bu par la mère et la concentration de bêta-lactoglobuline dans son lait. Ce n'est pas parce que vous buvez beaucoup de lait de vache que vous risquez d'avoir plus de protéines bovines dans votre lait.

Par contre, des recherches démontrent que les femmes dont les bébés ont des coliques présentent une plus forte concentration de protéines bovines dans leur lait que celles dont les bébés n'en souffrent pas.

Généralement, l'élimination des produits laitiers résorbe les coliques du bébé qui est atteint d'une sensibilité au lait de vache. Il faut alors retirer de votre alimentation tout ce qui contient du lait, comme le yogourt, le fromage, la crème glacée, etc.

Parfois, les changements se produisent très rapidement, en quelques heures même. Donnez-vous quand même jusqu'à deux semaines avant de réévaluer la situation. C'est le temps que peut prendre votre système pour éliminer toute trace de protéines bovines de votre corps.

Pendant combien de temps

Certains bébés ne tolèrent aucune protéine bovine, c'est dire que vous devrez vous passer de produits laitiers toute la durée de votre allaitement. Par contre, la plupart en tolèrent une petite quantité.

De temps à autre, essayez de réintroduire de petites quantités de lait dans votre alimentation et surveillez l'état de votre bébé. Vous finirez par connaître la quantité que vous pouvez consommer sans craindre de l'incommoder.

Si votre bébé démontre des signes d'allergie lors de l'allaitement exclusif, il vous faudra être vigilante lors de la diversification alimentaire.

Diètes d'éviction sévères

Lorsque vous choisissez d'éliminer des produits de votre alimentation, ne le faites qu'après avoir essayé d'autres solutions, donnez-vous du temps et n'éliminez qu'un aliment à la fois. Méfiez-vous des « spécialistes » qui vous proposent de ne manger que des carottes et du pain blanc au moindre pet de votre bébé.

Si vous devez couper un aliment de votre alimentation, prenez soin de revoir votre diète afin de ne pas être privée de nutriments importants pour votre santé. Lors de diètes d'éviction sévères, il est intéressant de rencontrer une nutritionniste.

Toutefois, il arrive des cas d'allergies qui dépassent les simples coliques et une diète d'éviction plus sévère peut être envisagée. En anglais, cette diète porte le nom de *Total Elimination Diet*. Il s'agit de consommer pendant une dizaine de jours une alimentation composée de dinde ou d'agneau, de pommes de terre bouillies, de patates sucrées au four, de riz et de millet, de courges vertes ou jaunes cuites au four et de poires en jus ou entières. Une boisson de riz enrichie remplace le lait.

Après dix jours, ou aussitôt que les symptômes de coliques s'atténuent, la mère intègre d'autres aliments, un à la fois parmi les moins allergènes : graines de tournesol, carottes, betteraves, saumon, avoine, raisins, avocat, pêches. Il s'agit d'éviter le plus possible la consommation des « aliments à coliques ».

Une alimentation comme celle-là demande un engagement et un dévouement de tous les instants et ne convient pas à toutes les femmes. Elle ne doit être envisagée qu'en dernier recours et que si vous en avez envie. L'accompagnement d'une nutritionniste et d'une consultante en lactation peut vous aider.

Enzymes

Peut-être choisirez-vous de parler à votre médecin de la sensibilité alimentaire de votre bébé. Certains médecins vous conseilleront le sevrage et les préparations lactées hydrolysées ou à base de soya. C'est une option qui conviendra à certaines femmes, mais le changement de lait doit être fait sous supervision médicale.

Toutefois, si l'allaitement vous tient à cœur et que la diète d'éviction ne donne pas de bons résultats ou est trop complexe à respecter, il existe une méthode qui permet de poursuivre l'allaitement en dépit des allergies du bébé.

L'utilisation d'enzymes digestives (ou pancréatiques) permet de dissoudre les protéines dans les intestins de la mère. De cette façon, elles ne sont pas absorbées par son corps et n'apparaissent pas dans son lait. Ce médicament doit être prescrit, discutez-en avec votre médecin.

D'autres approches pour soulager les coliques

Le « quatrième trimestre »

Le pédiatre américain Harvey Karp a tenté pendant une vingtaine d'années de comprendre le phénomène des pleurs intenses chez les nouveau-nés. Il a publié le résultat de ses recherches en 2002 dans un livre intitulé *The Happiest Baby on the Block* (*Le plus heureux des bébés*). Sa théorie, bien que très simple, peut d'abord surprendre. Les nouveau-nés ont des épisodes de pleurs intenses simplement parce qu'ils sont nés… trois mois trop tôt !

Symptômes qui peuvent dénoter une sensibilité ou une allergie alimentaire du bébé allaité :

- Agitation pendant ou après la tétée ;
- Longues périodes de pleurs intenses ;
- Problèmes de sommeil ;
- Réveils brusques causés par un inconfort ;
- Selles vertes avec du mucus, diarrhée, vomissements ;
- Eczéma, éruptions cutanées, dermatites ;
- Congestion et écoulement nasal ;
- Peau sèche ;
- Toux ;
- Sang dans les selles.

En effet, il désigne les trois premiers mois de la vie d'un être humain comme le « quatrième trimestre » – en référence aux trois trimestres de la grossesse.

Si l'on compare le petit humain aux autres mammifères, force est de constater qu'il est plutôt immature à la naissance. Après tout, des animaux comme le poulain, le cerf ou le girafon vont courir dès leur premier jour. En revanche, plusieurs semaines après leur naissance, nos bébés ont encore tout du « gros fœtus ».

Le meilleur moyen pour apaiser un nouveau-né est de recréer le milieu sensoriel de l'utérus. Le Dr Karp propose un plan en cinq étapes pour calmer les bébés ou pour mettre en route ce qu'il appelle le « réflexe du calme ».

• Emmailloter : Un bon emmaillotage est la base du réflexe du calme. Cela rappelle au « gros fœtus » l'étroitesse de votre ventre lors des derniers jours de la grossesse. N'hésitez pas à l'emmailloter les bras le long du corps, en évitant bien sûr qu'il n'ait trop chaud ou qu'il soit mal à l'aise.

• Sur le côté ou sur le ventre : La position sur le dos est la plus sécuritaire pour dormir… mais la pire pour calmer un bébé agité. Un bébé placé sur le côté ou sur le ventre (mais pas pour dormir) sera plus calme. Un bon exemple pour visualiser un bébé placé sur le ventre est celui d'un bébé porté à plat ventre sur l'épaule ou encore sur l'avant-bras d'un adulte.

• « Chuchuter » : Bien des cultures utilisent le son « chhh » pour signifier à quelqu'un de baisser le ton. Ce son ne serait-il pas une reproduction du bruit de la circulation sanguine qu'entend le fœtus dans le ventre de sa mère ? Le Dr Karp suggère de produire un « chhh » aussi fort que le bébé pleure.

• Balancer : Le fœtus est habitué aux mouvements de sa mère. L'immobilité le prive de cette stimulation sensorielle. N'hésitez pas à balancer votre bébé avec des mouvements rapides, toujours en lui soutenant bien la tête afin qu'elle bouge avec le reste du corps. Imaginez par exemple la sensation d'un fœtus dont la mère descend l'escalier : un petit balancement rapide. **Ne secouez jamais votre bébé et évitez le balancement trop rapide si vous êtes en colère ou impatiente.**

• Téter : Le Dr Karp présente la succion comme étant « le crémage sur le gâteau de l'apaisement »… Il est pratiquement impossible de faire téter un bébé en crise,

bien que la plupart des bébés qui pleurent quand ils souffrent tètent facilement pour se calmer. Néanmoins, un bébé tète mieux lorsqu'il est apaisé. La succion permet de maintenir cet état. Un bébé peut téter un sein, mais aussi son pouce, votre doigt ou encore une suce.

« Massage à pets »

Pas très élégant, certes, mais c'est le meilleur nom que nous ayons trouvé à ce massage… qui fait ce qu'il promet ! Combiné à une bonne gestion de l'allaitement, il peut apporter un réel soulagement à votre bébé en l'aidant à faire passer les gaz pris dans son ventre. Il existe plusieurs variations de ce massage, en voici une.

Comme il est impossible de masser un bébé en crise, intégrez le massage à votre rituel de changement de couche. Le bébé est plus calme et le parent aussi. De plus, pratiquer ce massage plusieurs fois pendant la journée a plus d'impact le soir venu.

Le « massage à pets » dure environ cinq minutes et se divise en trois parties. Avant de commencer, mettez un peu d'huile dans vos mains et frottez-les l'une

Éventuels « aliments-coliques »

- Arachides
- Blé
- Caféine (café, thé, boisson gazeuse)
- Certaines viandes :
  bœuf, poulet, fruits de mer
- Certains fruits et légumes :
  agrumes, brocoli, chou-fleur, oignon,
  poivron vert, tomate, chou, maïs
- Chocolat
- Noix
- Œufs
- Produits laitiers
- Soya

Les coliques sont aussi difficiles à vivre pour la personne qui prend soin du bébé. Aménagez-vous des périodes de répit. Impliquez votre conjoint et relayez-vous. À deux, vous formez une bonne équipe.

contre l'autre pour les réchauffer. Inutile d'utiliser une huile spéciale pour les massages, n'importe laquelle fera l'affaire : huile pour bébés, huile d'olive, huile d'amandes douces, etc. Placez votre bébé sur le dos et déshabillez-le, tout en gardant quand même dessous une couche détachée – il n'y a pas que les gaz qui risquent de sortir !

• 1re étape : Placez votre paume sous le menton du bébé, vos doigts pointant vers son épaule. Glissez votre main sur sa poitrine et faites-la descendre jusqu'à sa couche. Allez-y doucement mais assez fermement pour sentir votre main « tomber » lorsque vous quitterez sa cage thoracique. Lorsque votre main se trouve à la hauteur du nombril, placez l'autre main sous son menton et répétez le mouvement de manière à avoir toujours une main sur lui. Exécutez le mouvement jusqu'à ce que vos mains commencent à fatiguer.

• 2e étape : Le bébé est toujours sur le dos. Placez ses talons contre ses fesses en pliant ses genoux. Les jambes ainsi fléchies, montez-les afin que ses cuisses reposent sur son abdomen. Au départ, certains bébés sont un peu surpris par cette position, mais ils y prennent vite goût ! Prenez ensuite ses chevilles et déplier doucement ses jambes dans un mouvement de va-et-vient jusqu'à ce que ses deux jambes reposent bien droites sur sa table à langer. Répétez plusieurs fois. Variante : vous pouvez aussi « faire la bicyclette » avec ses jambes.

• 3e étape : En utilisant le plat de vos doigts, faites des cercles autour du nombril du bébé dans le sens des aiguilles d'une montre. Ce mouvement aide le bébé à faire sortir ce qu'il lui reste de gaz dans la bonne direction. Vous pouvez utiliser les deux mains en imaginant le nombril comme le centre d'une horloge : une main peut masser de 10 h à 1 h et l'autre de 4 h à 7 h.

Vous allez voir que le massage est un moment très agréable, tant pour le bébé que pour vous. Votre nourrisson risque fort de finir par suivre vos mouvements. Dans tous les cas, si le massage semble l'importuner, n'insistez pas.

Probiotiques

Les probiotiques sont des micro-organismes vivants qui procurent différents bénéfices pour la santé. En 2007, une équipe de chercheurs italiens a découvert que le probiotique *Lactobacillus reuteri* donné directement au bébé allaité qui souffre de coliques réduit la durée de ses pleurs. Mieux encore, il agit plus efficacement que le siméthicone, un médicament souvent prescrit contre les coliques. Notez que, pendant cette étude, les mères devaient exclure de leur alimentation tous les produits laitiers.

Au Québec, la compagnie suédoise Bio Gaia, entre autres, commercialise le *Lactobacillus reuteri*. Renseignez-vous auprès d'un magasin d'aliments naturels ou en pharmacie.

Lâcher prise

Il existe plusieurs pistes de solution pour tenter d'aider votre bébé qui souffre de coliques. Parfois cependant, malgré toutes les tentatives du monde, le bébé continue ses périodes de pleurs intenses pendant un certain temps sans que jamais on mette le doigt précisément sur ce qui cause son inconfort. Pour certains bébés, les coliques sont vraiment « un mystère de la nature »…

«Émile a commencé ses coliques à dix jours. Elles ont cessé lorsqu'il a eu trois mois. Du jour au lendemain, il s'est mis à faire des crises tous les soirs de 19 h à 23 h. Le premier soir, ç'a été la panique : pourquoi pleure-t-il comme ça, sans raison apparente ? Le deuxième soir, ç'a été le désespoir de voir que le même scénario se reproduisait. Par la suite, ç'a été l'angoisse de voir (suite p. 114)

Régurgitations
et vomissements

Certains bébés donnent l'impression de régurgiter après chaque tétée. Si votre bébé est en bonne santé, il n'y a probablement pas lieu de s'inquiéter. La plupart des nouveau-nés régurgitent puisque leur système digestif est encore immature.

Par rapport à leur poids, les nourrissons ont une alimentation liquide dont le volume est très important : c'est un peu comme si vous buviez huit litres de lait par jour ! Parfois, vous pouvez avoir l'impression que votre bébé régurgite une trop grande quantité de lait. Pour vous rassurer, vérifiez si l'allaitement se passe bien (voir p. 62) et si son gain de poids est normal (voir p. 87).

Les bébés peuvent régurgiter lorsqu'ils reçoivent rapidement une trop grande quantité de lait, parce qu'ils sont très voraces au sein ou parce que la mère a un réflexe d'éjection puissant.

Un bébé agité au sein peut avaler plus d'air et régurgiter davantage, même chose pour celui qui

La moitié des nourrissons de la naissance à trois mois régurgitent au moins une fois par jour et la fréquence maximum des régurgitations est la plupart du temps observée vers quatre mois.

a une poussée dentaire, commence les solides ou se met à ramper. Bien des bébés arrêtent de régurgiter vers sept ou huit mois et la majorité d'entre eux ne régurgitent plus à un an.

Combinés à d'autres symptômes, les vomissements en jets peuvent indiquer une maladie ou alors une sensibilité à un aliment ou à un médicament. **Il est plus prudent de voir un médecin si votre nouveau-né vomit à répétition et perd du poids.**

Gastroentérite

Si votre bébé souffre de gastroentérite, **il est recommandé de poursuivre l'allaitement.** Comme votre lait se digère rapidement, même si votre bébé vomit ou a la diarrhée, il aura le temps d'absorber une certaine quantité de liquides et d'éléments nutritifs.

S'il vomit après chaque tétée, vous pouvez l'allaiter couchée toutes les dix minutes en le laissant prendre une dizaine de gorgées au sein sans plus (à peine le temps de sentir un réflexe d'éjection). Vous pourrez ainsi connaître la quantité qu'il peut garder. Meilleure est sa tolérance, plus vous le laissez téter longtemps.

Vous pouvez aussi tirer votre lait et lui offrir ensuite le sein le moins plein ou encore lui donner 15 à 30 ml de lait tiré toutes les dix minutes.

Les vomissements ou la diarrhée peuvent causer la déshydratation, mais le lait maternel, par sa composition même, la prévient lorsque des tétées courtes et fréquentes sont offertes. Le sevrage, même temporaire, n'est pas bénéfique et l'allaitement doit être maintenu pendant la maladie du bébé.

Reconnaître
le reflux gastro-œsophagien

Symptômes de RGO modéré:

- Régurgitations ou vomissements fréquents avec inconfort. Cependant, certains bébés atteints de reflux ne régurgitent pas: le contenu de l'estomac remonte dans l'œsophage mais est aussitôt ravalé, en provoquant une douleur;
- Étouffements, rots, hoquets, mauvaise haleine;
- Bébé insatisfait et problèmes de sommeil dus à l'inconfort.

Symptômes de RGO sévère:

- Pleurs intenses, bébé inconsolable, pleurs associés aux tétées;
- Gain de poids insuffisant, voire perte de poids;
- Refus de téter;
- Difficulté à avaler, mal de gorge, congestion des sinus, otites à répétition;
- Sang ou liquide jaune-vert dans les vomissures;
- Dos et cou arqués afin de réduire la douleur de l'œsophage;
- Problèmes respiratoires: bronchites, toux chronique, pneumonie, asthme.

Introduire les solides chez les bébés qui souffrent de RGO?

Pendant longtemps, on a conseillé aux femmes dont les bébés souffraient de reflux d'épaissir le lait de leur bébé avec des céréales. Cette suggestion est complètement dépassée et la stratégie est plus superficielle que réellement bénéfique. Elle s'applique aussi difficilement au lait maternel qui ne s'épaissit pas facilement, car ses enzymes détruisent les agents épaississants. Sans compter que l'introduction d'un élément étranger dans l'alimentation du bébé le coupe de l'allaitement exclusif alors que les avantages de ce dernier pendant les six premiers mois sont nombreux et démontrés.

la journée avancer en sachant que «l'heure fatidique» approchait. Pendant les coliques, Émile hurlait, se tortillait, tendait les jambes, arquait le dos. Lorsqu'il était en crise, il refusait le sein. Je devais le calmer d'abord. Ce qui fonctionnait le mieux était le contact peau contre peau et les massages. Malgré tout, il ne prenait parfois que quelques gorgées et lâchait le sein pour se remettre à pleurer. Lorsque je le collais contre moi, il avait tendance à vouloir grimper pour venir se nicher dans mon cou. Je passais mes soirées à allaiter et consoler mon bébé.

«J'ai fait des changements: j'allaitais d'un seul sein, je lui faisais faire plus de rots, j'adoptais des positions moins orthodoxes, j'essayais de changer mon alimentation. Rien n'y faisait. Puis, je suis tombée sur un article qui disait que la meilleure attitude à adopter était de le laisser aller. J'ai décidé alors de lâcher prise. À partir de ce moment, j'ai appris à faire face à mon impuissance en me disant que je faisais tout ce qui était en mon pouvoir pour aider mon Émile et que je ne pouvais rien faire de plus que d'être là à le bercer et à l'aimer.»

Julie

Reflux gastro-œsophagien (RGO)

Le RGO se produit lorsque le contenu de l'estomac remonte jusque dans l'œsophage en provoquant un inconfort dont l'intensité peut varier. On estime qu'il touche environ 8% des bébés, plus particulièrement les prématurés et ceux qui ont d'autres problèmes de santé. Normalement, cela rentre dans l'ordre lorsque le bébé grandit.

Tous les bébés qui ont des coliques ne souffrent pas de reflux, néanmoins c'est une cause d'inconfort certain pour les bébés. La médication n'est pas toujours nécessaire et avec quelques conseils, vous pouvez améliorer la situation. Le reflux est la plupart du temps un phénomène normal qui disparaît avec le temps et les bébés allaités en souffrent moins que les autres.

Le reflux peut pousser un bébé à refuser les prises alimentaires parce qu'il les associe à la douleur ou, inversement, le pousser à vouloir téter continuellement afin de garder la nourriture dans son estomac et parce que le lait maternel est un antiacide naturel. Soyez attentive à ses signaux, vous trouverez des solutions plus facilement.

Soulagement du RGO

Selon les experts, les tests médicaux pour dépister le reflux gastro-œsophagien ne sont pas nécessaires au bébé de moins d'un an, à moins de gain de poids insuffisant, d'étouffements sérieux ou de maladies pulmonaires. Si le bébé grandit bien et en l'absence d'autres problèmes de santé, privilégiez plutôt un traitement léger, ou aucun traitement, et des mesures de confort pour le bébé. Le dépistage du reflux peut nuire à l'allaitement et entraîner des interventions médicales invasives et inutiles.

Lorsque le reflux est modéré, vous pouvez le contrôler en mettant en pratique certaines de ces suggestions :

• Augmentez la fréquence des tétées pour faciliter la digestion ;

• Tenez le bébé en position verticale pendant et après la tétée ;

• Si le bébé refuse le sein, augmentez les contacts peau contre peau, allaitez en marchant ou en vous berçant, dans le bain, ou lorsque le bébé est somnolent ;

• Assurez-vous qu'il vide bien un sein avant de lui offrir l'autre ;

• Évitez les déplacements et les changements de position rapides. Gardez toujours sa tête et son torse plus élevés que le reste de son corps ;

• Évitez la position à plat sur le dos ;

• Portez le bébé dans une écharpe ou un porte-bébé ;

• Faites-lui faire souvent son rot ;

• Favorisez un environnement calme afin que le bébé soit le plus détendu possible ;

• Lorsqu'il dort, pensez à surélever la tête de son lit ou placez un petit coussin sous son dos de façon à ce qu'il soit en position inclinée. Vous pouvez le laisser dormir de courtes périodes dans sa coquille s'il y est bien ;

• Évitez l'exposition à la fumée secondaire ;

• Éliminez ou réduisez la caféine de votre alimentation.

Chapitre 11

Donner une suce, un biberon ?

Suce

Devriez-vous donner une suce à votre bébé ? Ne risque-t-elle pas de nuire à l'allaitement ? La réponse n'est pas si simple. Un consensus existe pour affirmer que la succion est un besoin essentiel du bébé. Il tète pour se nourrir, mais aussi par plaisir, pour se réconforter et se calmer. Les opinions divergent toutefois, lorsqu'il s'agit de différencier la succion nutritive de la succion non nutritive. Les avis deviennent encore plus tranchés quand on s'interroge sur la nature de ce que le bébé devrait téter.

La suce est un objet banal et quotidien de la « planète bébé ». Bien avant la naissance de l'enfant, les parents ont déjà une histoire personnelle de suce (ou de « non suce ») et, parfois, une expérience directe avec un enfant plus âgé.

Suce et allaitement : incompatibilité ?

Est-ce que la suce comporte vraiment un risque pour l'allaitement ? Il semble que oui, même si on ne sait pas exactement pourquoi.

En 2005, l'institut Joanna Briggs, un organisme australien spécialisé dans l'information donnée aux professionnels de la santé, a passé en revue toutes les études portant sur la suce et l'allaitement publiées en anglais, en espagnol et en allemand de janvier 1960 à octobre 2003. C'est ce qu'on appelle une revue de la littérature.

Sur dix études retenues, toutes, sauf une, indiquent que les bébés qui prennent régulièrement la suce risquent d'être allaités moins longtemps que ceux qui ne la prennent pas. Par contre, l'utilisation très ponctuelle de la suce ne semble pas avoir d'impact sur la durée de l'allaitement. En conséquence, les chercheurs de l'institut recommandent aux professionnels de la santé de déconseiller la suce aux parents, tout en prenant en compte les circonstances propres à chaque famille.

Quand l'introduire

Lorsqu'on détaille chacune des études passées en revue par l'institut Joanna Briggs, on s'aperçoit que plus la suce est introduite tôt après la naissance, plus le risque de réduction du temps de l'allaitement (suite p. 119)

Et le pouce ?

Si les bébés qui prennent la suce risquent plus que les autres d'être allaités moins longtemps, en revanche, le fait de sucer son pouce ne semble pas être associé à une diminution de la durée de l'allaitement.

Un peu d'histoire

Le fait de « téter quelque chose » s'inscrit dans la culture humaine depuis la nuit des temps.

Jadis, on donnait à sucer aux bébés des racines de pivoine. Aux États-Unis, les nounous afro-américaines du Sud apaisaient leurs bébés avec un morceau de bacon attaché à une ficelle. Elles préparaient également de la mie de pain sucrée, enveloppée dans un bout de tissu qu'elles mouillaient et donnaient à téter à l'enfant. Ce moyen de satisfaire les petits était présent au Québec puisque des témoignages évoquent un pain sucré, enveloppé de coton et attaché à une corde que l'on trempait dans le lait et offrait à téter au bébé.

Le premier brevet de suce en caoutchouc a été déposé en 1845, tandis que les premières suces telles qu'on les connaît, avec une tétine flexible et un bouclier rigide, sont apparues en 1850, en Allemagne et en Angleterre.

C'est seulement au XXe siècle que la suce gagne sa pleine autonomie par rapport au biberon et devient un objet de consommation en soi. Très vite, elle fut contestée. En 1919, le professeur Adolphe Pinard de l'École de puériculture de Paris a promis que la suce disparaîtrait des foyers. Ce « porte-microbe » dangereux créait un besoin artificiel de téter, incompatible avec l'ordre et l'hygiène dans lesquels devaient être élevés les enfants.

Aujourd'hui encore, les avis au sujet de la suce restent partagés. Elle protégerait contre la mort subite du nourrisson, mais son utilisation est associée aux infections ORL (oto-rhino-laryngologiques) et à une diminution de l'allaitement.

Quelques chiffres

Différentes enquêtes estiment que 50 % à 87 % des bébés dans le monde prennent la suce à un moment ou à un autre. Elle rattrape souvent les parents bien malgré eux.

Une étude réalisée auprès de 350 femmes en Nouvelle-Zélande en 2001 a montré que, pendant la grossesse, 47 % des femmes n'avaient pas l'intention de donner de suce à leur bébé. Quelques mois plus tard, lors du premier anniversaire de leur enfant, 79,4 % des bébés avaient une suce !

Raisons de donner ou d'éviter la suce

Les deux principales raisons invoquées par les femmes pour donner la suce sont qu'elle répond au besoin de succion du bébé et l'apaise pour l'endormir. À l'inverse, celles qui veulent l'éviter invoquent l'apparence de l'objet, la création d'une habitude et le fait qu'elle n'est pas naturelle.

Deux études au moins ont montré que les femmes qui introduisent la suce ne le font pas nécessairement parce qu'elles ont des difficultés d'allaitement. Par contre, celles dont les bébés prennent la suce se plaignent plus souvent que les autres qu'elles n'ont pas assez de lait.

Il semble aussi que les mères qui introduisent la suce ont une moins grande confiance en leur capacité d'allaiter leur bébé. En général, les nourrissons qui reçoivent la suce sont plus souvent des garçons et ont un plus gros poids à la naissance.

augmente. C'est pourquoi plusieurs spécialistes de l'allaitement affirment que **si le bébé doit prendre la suce, elle devrait être introduite après les quatre premières semaines.**

Il est plausible que la suce fasse en sorte que le bébé tète moins le sein. Puisque la lactation s'établit pendant les premières semaines, la suce introduite tôt après la naissance peut réduire le transfert de lait et ainsi empêcher la lactation de s'établir à son plein potentiel.

Ainsi, l'introduction de la suce les premiers jours ne cause généralement pas une fin de l'allaitement immédiate. L'effet négatif est souvent à plus long terme. **La suce ne devrait jamais remplacer une prise alimentaire ni même servir à espacer les tétées d'un nouveau-né.**

La suce au secours du sein?

Peut-être avez vous lu ou entendu des gens qui soutiennent l'allaitement contre toute intrusion. Il est vrai que la proximité entre la mère et son bébé correspond à la physiologie de la lactation qui fonctionne selon un

> Dans les pays du Maghreb, on a coutume de laisser l'enfant au sein de sa mère même s'il ne tète plus. On dit alors qu'il a besoin de la *nefs* de sa mère. Le terme désigne à la fois l'âme, l'odeur, l'haleine et la chaleur. Pour la mère, la *nefs* est aussi importante que le lait. C'est son énergie vitale, aussi noble que les éléments biologiques du lait.

libre accès au sein. Toutefois, force est d'admettre que cette façon de faire ne convient pas toujours à notre mode de vie occidental.

Alors, pourquoi ne pas proposer des façons de materner ancrées dans toutes sortes de situations de vie? Dans un texte sur la suce, le D^re Marie Thiron décrit trois types de maternage qui, chacun à leur façon, favorisent l'allaitement en l'adaptant à des valeurs propres.

• Maternage de proximité: La mère porte son bébé contre son corps, dort avec lui et offre le sein sans aucune restriction. La physiologie de la lactation est en tout point respectée. La suce ne trouve aucune place dans

Si vous décidez de donner une suce

- Essayez de le faire après quatre semaines.
- Assurez-vous que votre nouveau-né tète une dizaine de fois par période de vingt-quatre heures et que la tétée dure aussi longtemps que le bébé le souhaite.
- **La suce ne doit jamais remplacer une prise alimentaire ni servir à faire « sauter » ou retarder une tétée d'un nouveau-né.**
- Utilisez-la de façon ponctuelle plutôt que systématique.

Un exemple: L'allaitement de Brigitte se passe bien: elle n'a pas de blessures et produit suffisamment de lait. Cependant, son bébé a des coliques. Tous les soirs, il pleure pendant plusieurs heures. Face au besoin intense de téter de son bébé, Brigitte décide de lui donner une suce. La suce apaise un peu son bébé et cela aide Brigitte à mieux gérer les crises du soir. Dans ce cas, la suce aide Brigitte à poursuivre l'allaitement et les risques qu'elle y nuise sont moins grands.

Mettez la suce de côté si:

- votre bébé ne prend pas bien le sein;
- vous avez des blessures au sein;
- votre bébé ne prend pas suffisamment de poids, vous ne produisez pas assez de lait ou vous en avez l'impression;
- vous ou votre bébé souffrez de muguet de façon persistante ou répétitive;
- votre bébé souffre d'otites à répétition;
- vous souffrez de mastites.

Un exemple: Solange vit difficilement avec la demande de l'allaitement. Elle ne s'attendait pas à ce que les tétées soient si fréquentes. De plus, à la suite d'un mauvais démarrage, ses seins sont blessés. Elle décide de donner une suce pour espacer les tétées. Son bébé la conserve dans sa bouche presque tout le temps. Dans ce cas, la suce apaise la situation temporairement, mais risque de nuire non seulement à l'allaitement, mais aussi à la croissance de son bébé.

Suce et mort subite du nourrisson (MSN)

Peut-être avez-vous entendu dire que la suce réduit le risque de la mort subite du nourrisson. Un lien entre les deux a en effet été suggéré, mais dans le cas de suce utilisée par des bébés nourris au biberon. Si la suce doit être recommandée pour réduire le risque de mort subite du nourrisson, elle devrait l'être pour les bébés qui ne sont pas allaités. En effet, le non-allaitement augmente le risque de MSN et la suce est associée à une diminution de la durée de l'allaitement. Même s'il y a des bébés nourris au sein qui en ont été victimes, l'allaitement offre une protection contre la MSN, particulièrement si la mère fume.

cette fusion entre la mère et son bébé, et l'allaitement est prolongé aussi longtemps que l'enfant le souhaite.

• Maternage d'apaisement : La qualité de l'interaction entre le bébé, sa mère et le reste de la famille prime. Les premiers mois avec un nouveau-né, surtout lorsque c'est un premier enfant, sont difficiles. Le bébé pleure beaucoup et les parents – souvent le père – cherchent à l'apaiser rapidement. La dépendance de la mère comme du bébé peut faire peur, surtout si l'entourage y va de commentaires plus ou moins habiles (« tu le gâtes trop », « il est toujours au sein, ton lait ne doit pas être suffisant », etc.). Dans un contexte comme celui-là, la suce apaise le bébé autant que la mère. Le lait coule mieux et l'allaitement peut se poursuivre.

• Maternage d'équilibre : L'entretien de la lactation n'est qu'un des paramètres parmi d'autres dans la relation avec le bébé. Ce qui compte, c'est l'équilibre qui se construit entre la sécurité (répondre à un besoin) et l'espace (l'existence dans l'attente de l'autre). La première période après la naissance est fusionnelle, mais, par la suite, la réponse aux besoins du bébé ne doit pas forcément être toujours immédiate ou alimentaire. La suce se place alors comme objet de transition entre la mère et le bébé. La séparation devient un événement positif qui fait partie de la découverte de soi.

Y a-t-il une règle absolue qui oblige à se confiner à un seul type de maternage ? Selon vos valeurs, c'est à vous de créer l'allaitement qui vous ressemble. La suce n'est ni un outil de guerre, ni un outil de paix, mais bien quelque chose entre les deux. À partir du moment où vous avez en main toutes les informations pertinentes, vous pouvez choisir de l'utiliser ou non.

Biberon occasionnel

Bien qu'une femme allaite son bébé, il arrive des situations où il doit être nourri autrement qu'au sein. Ça peut être dû à la santé du bébé ou de la mère, à un retour au travail, à une sortie ou encore parce que la mère le souhaite, tout simplement.

Parce que le biberon est si omniprésent dans notre culture, il s'impose souvent pour remplacer le sein. Cependant, vous avez peut-être lu ou entendu qu'il est l'ennemi juré de l'allaitement et que, à coup sûr, il viendra créer des problèmes entre votre bébé et vous.

Le biberon occasionnel n'est pas l'adversaire ultime de l'allaitement, pas plus qu'il ne serait un passage obligé d'ailleurs. Ce n'est qu'un outil parmi d'autres pour nourrir un bébé qui ne peut pas être allaité. En étant informée sur les qualités et les défauts du biberon et en suivant quelques conseils, il vous est possible d'en faire bon usage.

Comment donner un biberon occasionnel

• Attendez que votre production de lait soit bien établie. Idéalement, le biberon ne devrait pas être donné avant les quatre premières semaines. L'allaitement est alors plus facile et agréable, pour vous comme pour votre bébé.

• Offrez un biberon si l'allaitement se passe bien. Un bébé qui ne prend pas bien le sein risque fort de ne pas mieux le prendre après… Si l'allaitement se passe mal, il faut d'abord corriger la situation (ou tout au moins avoir un plan).

• Remplissez le biberon avec votre lait. Avant tout autre liquide, choisissez toujours votre lait. Il est l'aliment optimal pour le développement de votre bébé, qui est habitué à son goût et à son odeur. (suite p. 122)

Supériorité historique du biberon

Dans notre culture, si la suce est un objet banal de la planète bébé, le biberon en est certainement le symbole. Utilisé avec parcimonie depuis la nuit des temps (l'objet aurait 6 000 ans), le biberon est devenu au XXᵉ siècle le premier moyen de nourrir un bébé.

Malgré l'allaitement, l'être humain a toujours eu besoin d'objets pour alimenter les bébés. Ils venaient à la rescousse du nourrisson qui ne pouvait pas prendre le sein ou de la mère qui ne pouvait pas allaiter.

On pouvait nourrir un bébé avec une tasse, une bouteille, une cuillère, un sac en cuir ou même une corne. On choisissait un moyen plutôt qu'un autre selon la situation dans laquelle se trouvait la mère, le bébé ou la personne qui en prenait soin. Malgré tout, les tétines artificielles et les biberons ont été utilisés plus souvent que les autres moyens.

Nous pouvons émettre quelques hypothèses quant à la supériorité historique du biberon face aux autres outils pour nourrir un bébé

qui ne peut pas être allaité : il est relativement facile à utiliser, il fait appel au besoin inné de succion, il facilite un contact corporel. Il n'est pas invasif, comme peut l'être la cuillère nasale, par exemple. Il permet de voir combien de lait prend le bébé, et le lait se rend facilement et sans trop de pertes dans la bouche du nourrisson.

Biberon : entrave à l'allaitement ?

Les bienfaits de l'allaitement commencent à être prouvés à partir des années 1970. Le lait maternel est depuis reconnu comme étant l'aliment optimal pour les nouveau-nés. Dès lors, la promotion de l'allaitement devient essentielle, particulièrement dans des cultures comme la nôtre où le biberon de préparation pour nourrissons est considéré par les mères comme étant sécuritaire, simple et acceptable.

La promotion de l'allaitement n'implique pas simplement d'en vanter les mérites. Elle nécessite d'identifier les facteurs qui empêchent son initiation ou son maintien à long terme. Du moment que la Santé publique soutient l'allaitement, elle doit prendre les mesures pour que les femmes y parviennent dans les meilleures conditions possibles.

C'est ainsi que l'utilisation du biberon et des tétines a souvent été identifiée par la littérature scientifique comme un facteur pouvant nuire à l'allaitement. Pour cette raison, il a souvent mauvaise réputation chez ceux qui font la promotion de l'allaitement.

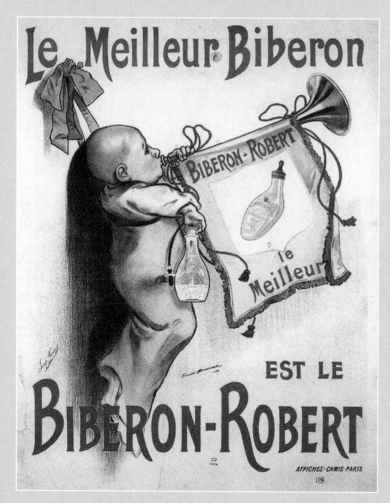

Le Meilleur Biberon EST LE BIBERON-ROBERT

BIBERON-ROBERT le Meilleur

AFFICHES-CAMIS-PARIS

Enfin, comme la lactation fonctionne selon le principe de l'offre et de la demande, vous ne risquez pas de nuire à votre production de lait.

• Tenez le bébé en position assise (ou semi-assise). Le biberon a tendance à s'écouler plus rapidement si le bébé est couché. Lorsque le bébé est assis, il doit faire un peu plus d'effort de succion.

• Bien choisir le biberon et la tétine. Pour un premier essai, vous pouvez choisir un biberon proche de la succion au sein. La tétine doit entrer profondément dans la bouche du bébé, son débit doit être lent et le bébé doit pouvoir la téter. La tétine en silicone fonctionne mieux que celle en latex et elle doit ressembler le plus possible à la forme d'un sein (base large et tétine ronde). Celle avec plusieurs petits trous semble être préférable. La majorité des biberons ont un débit rapide, n'entrent pas profondément dans la bouche du bébé et demandent un positionnement de la langue bien différent de celui exigé au sein. Soyez attentive aux signes de votre bébé.

• Offrez le biberon comme le sein :
  • Donnez le biberon « à la demande » et non pas en suivant un horaire ;
  • Changez le bébé de côté au milieu du boire, comme on change de sein pendant la tétée ;
  • Permettez au bébé de trouver la tétine plutôt que de la pousser aussitôt dans sa bouche. Chatouillez-lui doucement les lèvres ou le côté de la joue de façon à ce que ce soit lui qui décide de commencer à téter ;
  • Une fois que le bébé ouvre la bouche, placez la tétine en entier dans sa bouche pour qu'elle reste bien ouverte ;
  • Faites plusieurs pauses pendant le boire pour imiter les réflexes d'éjection. Nourrissez le bébé à sa faim au lieu de l'encourager à terminer à tout prix le contenu du biberon. Si le bébé s'endort au biberon et laisse aller la tétine, cela signifie qu'il a terminé.

Confusion sein/tétine

L'expression « confusion sein/tétine » est utilisée pour décrire les comportements d'un nourrisson qui passe du sein à une tétine artificielle. Les muscles utilisés et les sensations ressenties lors d'une prise alimentaire au sein ou au biberon ne sont pas les mêmes.

Notez que les mêmes signes peuvent aussi s'appliquer à l'enfant allaité exclusivement qui refuse le biberon.

Dès lors, on peut se demander si la confusion sein/tétine n'est pas en fait la préférence envers le sein ou le biberon. Ne devrions-nous pas alors parler de préférence pour le sein ou pour la tétine ? Pourquoi un bébé devrait-il être désorienté quand vient le temps de se nourrir ?

Quoi qu'il en soit, après avoir observé et décrit ces comportements, des spécialistes en allaitement ont recommandé d'éviter les tétines artificielles pour les bébés allaités, qu'ils soient nés à terme ou non.

Quelques nuances

En 2001, une équipe de chercheurs décide de passer en revue la littérature scientifique existante sur le phénomène de la confusion sein/tétine. Ils arrivent à la conclusion que les différentes hypothèses qui expliquent la confusion sein/tétine ne sont ni soutenues ni réfutées par la littérature scientifique.

En 2002, d'autres scientifiques affirment que, lorsque des techniques particulières sont employées, le biberon peut aider les mères dont les bébés éprouvent des difficultés pendant la tétée à poursuivre l'allaitement.

À la suite de ces travaux, l'opinion des spécialistes en allaitement n'est plus aussi tranchée sur le phénomène de la confusion sein/tétine. En 2003, le *Breastfeeding Answer Book*, publié par La Ligue La Leche, a

Donner un biberon à un bambin ?

Votre bébé de dix mois est allaité plusieurs fois par jour et vous retournez travailler ? Vous pensez conserver quelques tétées, mais comment le faire boire en votre absence ?

Il n'y a pas de règle qui « oblige » les bébés à prendre un biberon. Bien des bébés allaités passent directement du sein au gobelet. Ce conseil vaut particulièrement si vous souhaitez poursuivre l'allaitement malgré votre retour au travail. De plus, l'introduction du gobelet évite d'avoir à passer par le sevrage du biberon.

nuancé sa position sur le sujet en écrivant qu'il n'existe pas de consensus sur la signification réelle de la confusion sein/tétine.

La confusion sein/tétine n'est ni systématique, ni automatique, ni irréversible. Les bébés possèdent l'habileté nécessaire pour adapter et modifier le rythme de leur succion selon les variations dans l'écoulement de lait. Une étude avance même que cette capacité d'adaptation des nouveau-nés serait innée plutôt qu'apprise. Une expérience menée auprès de 121 nourrissons montre qu'ils ont été capables d'alterner le sein et le biberon sans problèmes. En d'autres mots, les bébés sont plus futés qu'on ne veut bien le croire, surtout lorsqu'il s'agit de s'emplir le bedon !

Facteurs complexes

Cependant, cela ne veut pas dire que le biberon ne se pose jamais en obstacle à l'allaitement. Mais les facteurs impliqués dans la confusion sein / tétine sont complexes et ne sont probablement pas limités à la seule exposition du bébé à une tétine artificielle. Il faut tenir compte du tempérament du bébé et s'attarder à son comportement au sein après avoir goûté à la tétine artificielle.

En outre, il faut très certainement tenir compte de l'expérience maternelle. Des difficultés d'allaitement déjà existantes peuvent augmenter le risque d'une confusion sein/tétine.

Alors, pourquoi voulez-vous donner un biberon ? Comment se passe votre allaitement ? Qu'éprouvez-vous devant votre allaitement : le trouvez-vous trop

Signaux d'alarme d'une « confusion sein / tétine »

- Le bébé éprouve des difficultés pour prendre le sein, sa succion est faible ou inadéquate.
- La mère éprouve de la douleur pendant la tétée, elle peut avoir des blessures aux seins.
- Le bébé « lâche » le sein sans arrêt – il peut se fâcher, pleurer, être agité.
- Le bébé refuse le sein catégoriquement.

Les sentiments d'une femme face à son allaitement et l'image qu'elle a du biberon ont aussi une influence sur le déroulement des événements.

prenant ou trop exigeant ? Est-ce votre première expérience ? Avez-vous des ressources compétentes pour vous aider ? Quels sont vos objectifs d'allaitement ?

Voilà autant de facteurs à soupeser quand vient le temps d'introduire un biberon ou d'analyser une confusion sein/tétine. Il arrive que la perception de l'allaitement par la mère teinte sa réaction vis-à-vis d'une confusion sein/tétine, réelle ou imaginée. Si vous êtes à bout et souhaitez un répit, référez-vous à la page 258.

Résoudre une préférence pour les tétines artificielles ou pour le sein

Si votre bébé présente des symptômes de préférence pour la tétine, vous pouvez vivre beaucoup de frustration, tant envers vous qu'envers lui. Rassurez-vous, les bébés peuvent reprendre le sein après avoir reçu une tétine artificielle. Parfois, une petite réadaptation suffit, mais d'autres fois il faut investir plus d'énergie.

Si vous êtes triste ou en colère que votre bébé prenne mal le sein, cela vaut la peine d'insister pour qu'il le reprenne. Ne croyez pas que vous vous « entêtez » à faire reprendre le sein à votre bébé « qui a choisi » le biberon. Vous souhaitez plutôt conserver un maternage qui vous tient à cœur. Un bébé de cet âge n'a pas la maturité ni le jugement nécessaire pour exercer un libre choix. Comme parent, vous restez le guide de votre enfant en choisissant de le materner selon vos choix et vos valeurs. Donnez-vous la permission de vous battre un peu !

De la même façon, si votre bébé refuse catégoriquement de boire au biberon, dites-vous qu'il existe de multiples autres solutions. Le biberon peut parfois

L'allaitement n'est ni un moule ni un carcan. Aucune situation n'est définitive. C'est un geste vivant qui, avec un peu de patience, d'amour et de créativité, s'adapte aux circonstances de la vie.

simplifier la vie d'une femme qui allaite, mais il n'est pas un passage obligé. Même si votre bébé refuse le biberon, il est possible de sortir sans lui ou même de retourner au travail alors qu'il est allaité exclusivement. Il suffit d'élargir la gamme de solutions à votre disposition (voir p. 217).

Raviver l'intérêt du bébé pour le sein

En étant détendue et en ayant confiance, il est fort possible pour une mère d'encourager son bébé à reprendre le sein correctement. Voici plusieurs pistes pour vous aider.

• Donnez-vous du temps. La plupart des bébés « confus » vont reprendre le sein en quelques jours à condition qu'on y mette un peu d'énergie.

• Avant de mettre votre bébé au sein, tirez du lait jusqu'à votre réflexe d'éjection. Massez vos seins ou appliquez des compresses chaudes.

• Avant la tétée, déposez quelques gouttes de lait sur votre mamelon et sur les lèvres du bébé, pour le prévenir de ce qui l'attend !

• Allaitez à l'éveil, c'est le moment où le bébé est le plus calme pour prendre le sein. N'attendez pas qu'il soit affamé.

• Favorisez les contacts peau contre peau. Prenez un bain avec votre bébé, dormez avec lui torse nu tous les deux, etc.

• Laissez le bébé au sein aussi longtemps et souvent qu'il le veut.

• Évitez les tétines artificielles pendant un certain temps, dans la mesure du possible. Vous pouvez utiliser un gobelet, un verre, la cuillère ou une seringue (voir p. 274).

• Jouez-lui un tour ! Voici un truc peu orthodoxe qui vient en contradiction avec le point précédent, mais qui parfois fonctionne bien. Placez le bébé comme si vous alliez le mettre au sein mais, au lieu d'un mamelon, offrez-lui une suce. Lorsqu'il l'aura tété un peu, ôtez-lui et placez votre mamelon tout près. Quelquefois, le bébé prend le sein aussitôt, mais il arrive aussi que le manège doive se répéter plusieurs fois avant que le bébé ne tète le sein efficacement. Après quelques tétées, il comprendra que le lait sort d'un sein et non pas d'une tétine en plastique…

• Utilisez le biberon. Eh oui ! Certains bébés vont retourner au sein s'ils reçoivent d'abord 30 à 60 ml au biberon et sont rapidement transférés au sein.

• N'insistez pas si le bébé pleure ou se fâche. Ne perdez pas patience. Donnez-lui un biberon et essayez de nouveau plus tard. Le stress ne favorise pas un retour au sein.

• Si votre bébé refuse catégoriquement de téter, tirez votre lait et offrez-le-lui. Rappelez-vous que vous devez extraire votre lait afin de maintenir une bonne production.

• Allez chercher de l'aide. Si vous ne notez aucune amélioration après deux ou trois jours, ou si vous avez des blessures graves aux seins, référez-vous à une personne compétente.

Si vous pratiquez un « allaitement mixte » et souhaitez revenir à un allaitement exclusif, la préférence pour la tétine n'est pas le seul facteur en jeu. Il vous faudra probablement augmenter votre production de lait (voir p. 262), comme lorsque vous voudrez sevrer votre bébé d'un complément (voir p. 275).

Faire accepter un biberon à un bébé réticent

Les suggestions suivantes aideront un bébé qui refuse le biberon à l'accepter. Avant de les appliquer toutefois, assurez-vous de consulter la page 120 pour savoir comment donner un biberon occasionnel.

• Donnez-vous du temps. Ne soyez pas pressée, essayez chaque jour à un moment où vous êtes calmes tous les deux. Donnez-vous environ dix minutes pour votre essai et n'insistez pas. Si le bébé est en colère ou si vous sentez que vous perdez patience, réessayez plus tard. L'introduction du biberon peut prendre une dizaine de jours.

• Ne remplacez pas une tétée par un biberon. Vous ne *remplacez* pas une tétée, vous *introduisez* quelque chose de nouveau. Dans cette optique, il est plus facile de lui présenter le biberon entre les tétées.

• N'attendez pas que le bébé soit affamé pour lui offrir un biberon. Par contre, un bébé qui commence à avoir faim peut être plus motivé à boire.

• Offrez le biberon à l'éveil. Un bébé qui vient de se réveiller peut être plus réceptif et détendu. Certains bébés vont même prendre le biberon en étant endormis.

• Offrez le biberon en bougeant. Marchez, dansez, bercez-vous. Le mouvement peut aider le bébé à accepter le biberon.

• Placez le bébé dans sa chaise vibrante, sa coquille, une balançoire… puis distrayez-le avec un jouet ou un objet pendant que vous essayez le biberon en douce.

• Réchauffez la tétine à la température du corps. Pour le bébé allaité, la température du lait semble moins importante que la température de la tétine. Une tétine froide est repoussante tandis qu'une tétine tiédie sous l'eau chaude est plus appétissante.

• Changez de tétine : Certains bébés voudront un biberon qui se rapproche plus de la succion au sein alors que d'autres en préféreront un qui soit tout à l'opposé. Il n'y a pas de règles en ce sens et soyez attentive aux préférences de votre bébé. Des étouffements, deux ou trois tétées rapides suivies de signes d'irritation du bébé indiquent peut-être que le débit ne lui convient pas.

• N'adoptez pas la position de la madone pour offrir le biberon. Certains bébés associent trop cette position à la tétée et refusent d'y substituer un biberon. Il semble que la position assise, même pour les nouveau-nés, soit mieux acceptée.

• Soyez futée. Pourquoi ne pas essayer de commencer la tétée au sein, puis d'y substituer le biberon ni vu, ni connu !

• Faites offrir le biberon par quelqu'un d'autre. Votre odeur, votre lait, votre toucher, tout lui rappelle la tétée. Il se peut même que vous ayez à quitter la pièce.

Chapitre 12

Le sommeil du bébé allaité

« Fait-il ses nuits ? » L'obsession du sommeil des bébés semble parfois préoccuper davantage l'entourage que la mère elle-même. C'est souvent cette pression sociale, de voir le bon bébé faire sa nuit, qui angoisse les parents plus que le fait de manquer de sommeil. Ne devrait-il pas dormir déjà quatre, cinq, six heures de suite... à son âge ?

La question devient d'autant plus angoissante lorsque le bébé est allaité exclusivement. Rapidement, la qualité du lait et sa capacité à sustenter le bébé sont remises en cause. S'il se réveille, nécessairement, c'est qu'il a faim. Et s'il a faim, évidemment, c'est que le lait ne suffit pas !

Des livres entiers sont consacrés au sommeil du bébé. C'est en effet une question préoccupante, mais souvent abordée avec peu de sensibilité. Combien vous diront de simplement laisser votre bébé pleurer jusqu'à l'épuisement ? Combien encore vous jugeront de prendre votre petit dans votre lit pour récupérer ? Tous sont prompts à vous donner des conseils, mais, en pleine nuit, la famille se trouve seule face à ce petit être qui vient bousculer son sommeil. Ce ne sont pas ces « spécialistes du sommeil » qui viendront le rendormir à 2 h 30 !

Dormir comme un bébé

« Faire ses nuits ». Quelle drôle d'expression tout de même puisque le bébé fait toujours sa nuit. N'est-ce pas plutôt ses parents qui ne font pas la leur ? Un pédiatre vous dira que votre bébé fait sa nuit s'il dort cinq heures d'affilée. C'est une nuit, ça ? En réalité, le problème, ce n'est pas le bébé, mais plutôt les attentes que nous avons à son égard et la conception que nous nous faisons du bon sommeil. Ce que nous prenons d'abord pour un « problème de sommeil » n'est peut-être qu'une façon différente, mais normale qu'a le bébé de dormir.

Présenter le sommeil des bébés en juxtaposant un nombre d'heures à un nombre de semaines ou de mois est une façon simpliste de voir les choses. Le sommeil du bébé dépend de bien des facteurs : son caractère, les habitudes de la famille, votre façon d'aborder la question. Et ce n'est pas parce qu'un bébé dort cinq heures de suite à six semaines qu'il continuera à dormir ainsi jusqu'à ses trois ans.

Dormir toute la nuit, de toute façon, est une expression bien relative. Le sommeil des adultes, des enfants

Si difficile soit-il à vivre pour ses parents, le sommeil du bébé, tel qu'il est, est essentiel à son développement physique, intellectuel et psychologique.

Rythme circadien

Les bébés ne naissent pas avec un rythme circadien : un rythme biologique fondé sur la différence entre la nuit et le jour. La principale responsable du rythme circadien est une hormone appelée mélatonine. La mélatonine est sécrétée par le corps la nuit. En fait, c'est l'absence de lumière qui favorise sa sécrétion et c'est cela qui entraîne l'endormissement. La lumière du jour, au contraire, inhibe la mélatonine.

Les activités quotidiennes sont d'autres facteurs importants pour le maintien du rythme biologique. Le repas du soir, le bain, la tisane, toutes ces petites choses que vous avez l'habitude de faire en fin de soirée, incitent votre corps à l'endormissement. C'est pourquoi il est si difficile de se lever le lundi matin. Nos activités sociales ont légèrement décalé notre rythme circadien. Et le réveille-matin du lundi vient remettre nos pendules à l'heure.

Pour le bébé, tout cela n'existe pas. Dans sa vie intra-utérine, il dort quand il le désire et aussi longtemps qu'il le veut. Ainsi, pendant les premières semaines, le nouveau-né dort 16 à 18 heures par jour, mais ses périodes de sommeil, plus ou moins courtes, sont éparpillées, indifféremment le jour et la nuit. Lui demander de s'adapter tout de suite à nous, à notre horaire, est irréaliste. Petit à petit, à force de suivre notre rythme, à force de vivre dans la lumière, le bruit et entouré des mouvements du quotidien, à force de grandir aussi, il finit par adopter un rythme circadien.

et des bébés est composé d'une succession de cycles. Ces mêmes cycles sont faits de différentes phases : sommeil léger, sommeil profond et sommeil paradoxal. À la fin de chaque cycle, le dormeur se réveille brièvement. Mais alors que nous, adultes, pouvons replacer un oreiller et tirer sur une couverture pendant ces microréveils, sans même en avoir conscience, le bébé, lui, est dépourvu et recherche le réconfort de ses parents pour se rendormir. Bien plus, les cycles de sommeil du bébé sont plus courts, les phases de sommeil léger plus longues et, par conséquent, les microréveils plus fréquents.

Bien qu'embêtante, cette situation est naturelle et souhaitable. Si le bébé traverse plus de phases de sommeil léger, c'est une question de survie. Comme il ne peut pas répondre seul à ses besoins, il doit se réveiller, et par le fait même réveiller ceux qui prennent soin de lui, pour que son inconfort devienne confort et que sa faim soit comblée.

Influence de l'allaitement sur le sommeil

Il est illusoire de croire que l'allaitement n'influence pas le sommeil du bébé. Les bébés allaités dorment en général un nombre d'heures moins élevé sur une période de 24 heures. Ils se réveillent aussi plus facilement d'un sommeil profond, mais cette capacité aurait l'avantage non négligeable de les protéger contre la mort subite du nourrisson. On dit aussi que les bébés allaités qui dorment avec leurs mères dorment moins profondément, mais plus longtemps pendant la nuit.

Peu importe les statistiques, il est faux d'affirmer que tous les bébés allaités ne dorment pas la nuit. Certains ont le sommeil facile, d'autres moins. Il est normal qu'un bébé allaité dorme cinq heures d'affilée dès six semaines (ou même dès la naissance). Mais il est tout aussi normal qu'un nourrisson réclame une tétée toutes les deux ou trois heures à 6, 7 ou 8 mois, tout comme il est normal qu'un enfant de 12 mois ait encore faim la nuit.

Cododo et partage du lit

Pratique millénaire, le cododo, ou le sommeil partagé, est la façon dont la plupart des mères et des bébés du monde choisissent de dormir. Bien que cette pratique puisse sembler archaïque, voire étrangère à la culture occidentale, cela ne fait que 200 ans, à peu près, que l'on trouve normal de laisser un bébé dormir seul dans un autre lit et une autre pièce.

Le partage du lit : un tabou

Si le cododo est socialement mieux accepté, il en est tout autrement du partage du lit. Ainsi, la Société canadienne de pédiatrie recommande le partage de la chambre comme façon de réduire les risques du syndrome de mort subite du nourrisson, mais continue de condamner la pratique du partage du lit.

Pourtant, de nombreux parents choisissent de dormir avec leur bébé. En 1999, un sondage réalisé par le magazine *Today's Parent* auprès de 1 500 parents canadiens montrait que 83 % d'entre eux dormaient au moins une fois de temps en temps avec leur bébé. En Suède, deux bébés sur trois dorment régulièrement avec un adulte. En Angleterre, des chercheurs se sont aperçus que, s'ils

Mythe du bon bébé

C'est en très grande partie notre culture occidentale qui a construit le mythe du bon bébé dormant toute la nuit. Ce modèle s'appuie sur des justifications morales et des idées culturelles récentes visant à protéger la relation du couple et à encourager les enfants à devenir des êtres psychologiquement sains et autonomes.

Au début du XXe siècle, on croyait qu'il était bien pour les bébés de dormir longtemps et seuls : cela les préparait à devenir psychologiquement équilibrés. Et puisqu'il était bien pour les bébés de dormir d'un long sommeil ininterrompu et solitaire, il fut déterminé que le bon bébé voulait, d'emblée, dormir seul et longtemps.

C'est dans ce contexte culturel que les premiers chercheurs effectuèrent leur étude sur le sommeil, dans les années 1950. À cette époque, la grande majorité des bébés étaient nourris au biberon à heures fixes (seules 10 % des mères américaines allaitaient à la sortie de l'hôpital), ils étaient isolés pour dormir en recevant peu de contact parental et ils n'étaient pas nourris la nuit. C'est à partir de cet environnement que l'« organisation » normale du sommeil des bébés fut établie. Toujours, on maintenait la promesse qu'un long sommeil ininterrompu était à la base du développement de l'autonomie de l'enfant. Pourtant, aucune recherche n'a prouvé cette affirmation… bien que nous persistions à y croire !

Aujourd'hui, il semble que le sommeil des bébés soit un problème plus important pour les parents occidentaux que pour ceux du reste du monde. Si l'on compare nos sociétés occidentales à d'autres, ce sont les parents de nos sociétés qui éprouvent le plus de difficultés et se plaignent le plus du sommeil de leur bébé ou de leur enfant. Ainsi, il semble qu'il y ait une forte composante culturelle quant à nos attentes à l'égard du sommeil des bébés.

Il faut peut-être accepter que l'allaitement fasse appel à un autre type de maternage que celui auquel nous avons été conditionnées. Il demande une proximité entre la mère et son bébé presque continuelle, du moins les premiers mois, et des tétées fréquentes. Mère et enfant sont codépendants, de jour comme de nuit.

n'avaient pas demandé aux parents si l'enfant avait été déplacé de son lit au cours de la nuit, ils seraient passés à côté de la moitié des cas de partage du lit! En outre, les mères qui allaitent semblent deux fois plus nombreuses à dormir avec leur bébé que les autres.

La pratique semble répandue, mais personne n'en parle ouvertement. Cela ne correspond évidemment pas à l'image sociale du «bon bébé qui fait ses nuits». Peut-être avez-vous osé avouer à demi-mot que vous dormiez avec votre bébé? Avec un peu de chance, vous serez tombée sur une oreille compréhensive. Mais il est aussi probable que la personne ait accueilli cette idée avec quelque réticence.

Cododo?
Partage du lit?

Le cododo, ou le sommeil partagé, est une organisation du sommeil où le bébé dort tout près de sa mère, dans la même pièce, mais sur une surface de sommeil séparée (dans un moïse, un berceau ou un couffin à côté du lit, par exemple). Bien souvent, le bébé est assez proche pour que sa mère puisse le toucher sans avoir à se lever. Le partage du lit a lieu lorsqu'un bébé dort dans le même lit que sa mère.

Partage du lit : un choix naturel

Il y a lieu d'être circonspect devant les avis de condamnation unilatéraux du partage du lit. Sa pratique sécuritaire et celle du sommeil partagé nous semblent des plus naturelles, d'autant plus que les femmes qui dorment avec leurs bébés allaitent plus longtemps.

Le partage du lit est une solution simple et pratique à bien des problèmes. Nul besoin de se lever, de marcher vers une autre pièce, de mettre au sein un bébé qui hurle déjà et de risquer les accidents en s'endormant sur une chaise ou un canapé alors qu'on allaite. Si bébé dort avec sa mère, il suffit de lever une chemise de nuit et d'approcher le petit gourmand à demi endormi. Avec le temps et l'expérience, nombre de mères feront tout cela sans même se réveiller tout à fait. En favorisant les tétées fréquentes et la proximité entre la mère et son enfant, le partage du lit est sans doute un des meilleurs atouts pour bien démarrer l'allaitement ou pour prolonger un allaitement qui, autrement, se verrait interrompu prématurément.

Le partage du lit présente l'avantage non négligeable de favoriser le sommeil de la mère. En effet, on a remarqué que les mères et les bébés qui partagent le même lit synchronisent leurs cycles de sommeil. Sans compter qu'il est très agréable de dormir avec ce petit paquet tout chaud contre soi. Les images volées en pleine nuit de votre petit ange endormi le visage tourné contre vous resteront parmi les beaux souvenirs de ses premiers mois.

Partage du lit sécuritaire

Le principal argument des opposants au partage du lit est qu'il ne serait pas sécuritaire. Ils affirment que le bébé risque d'être étouffé soit par le corps de ses parents, soit par des couvertures et oreillers.

Sans être dénué de tout fondement, cet argument est moins valable lorsqu'il s'agit de femmes qui allaitent. Les mères qui dorment avec leur bébé ont en effet tendance à adopter la même position de sommeil : tournées sur le côté, les jambes repliées sous leur enfant, ce qui les empêche de rouler vers l'avant ; leur enfant est sur le dos, tout près d'elle, sous leur épaule et près de leur sein, alors que leur bras est levé au-dessus de sa tête, comme pour le protéger ; l'enfant et la mère se font face pendant toute la nuit et, en moyenne, le bébé tète pendant une quarantaine de minutes. Naturellement, elles adoptent une position sécuritaire et protectrice.

Le bébé humain, immature neurologiquement à la naissance, ne pourrait-il pas profiter des bienfaits que lui procurent la présence et la chaleur corporelle de sa mère, de jour comme de nuit ? Il a en effet été prouvé que le bébé qui partage le lit de sa mère a une respiration et un rythme cardiaque plus réguliers que celui qui dort seul. Cela a été attribué au fait qu'il maintient mieux sa température corporelle. En outre, il a plus de contacts visuels et corporels avec sa mère et obtient une réponse plus rapide à ses besoins.

Règles de sécurité

Il y a deux choses essentielles auxquelles vous devez vous conformer si vous choisissez de dormir avec votre bébé : **vous ne devez pas être ivre ni sous l'effet de la drogue ou de médicaments, et votre lit doit être sécuritaire.**

Voici en détail les éléments à considérer :
• Ne fumez pas, et surtout pas dans la pièce où bébé dort. C'est un des facteurs de risque les plus importants du syndrome de mort subite du nourrisson.
• Assurez-vous que le bébé ne puisse pas tomber ni se coincer quelque part. Dès que le bébé (suite p. 133)

Tétées de nuit

Peut-être avez-vous entendu dire qu'un bébé n'a plus besoin de boire la nuit dès l'âge de six mois. Certaines femmes se font dire par des professionnels de la santé d'offrir un biberon d'eau ou encore de laisser pleurer le bébé le temps que l'envie lui passe.

Est-ce qu'un bébé peut avoir les capacités physiologiques de ne pas boire la nuit à six mois ? Probablement. Après tout, certains bébés allaités enfilent de longues heures de sommeil beaucoup plus tôt et ne s'en portent pas plus mal. Mais est-ce que la physiologie doit tout expliquer ? Nous, les adultes, avons certainement la capacité de passer huit heures sans manger mais, nous l'avouons sans honte, il nous arrive, à 30 ans passés, de nous lever la nuit pour une fringale. Est-ce logique d'exiger de *tous* les bébés qu'ils cessent de téter la nuit à la seconde même de leurs six mois ? La vie ne fonctionne pas comme cela. Par ailleurs, en quoi une ou des tétées de nuit seraient néfastes pour le bébé de plus de six mois ?

Si votre bébé de plus de six mois demande à téter la nuit et que cela vous convient de lui donner le sein, faites-le, il n'y a aucun mal, au contraire.

Sevrage de nuit

À un moment ou à un autre, une femme qui souhaite une longue nuit de sommeil peut choisir de limiter ou d'éliminer les tétées de nuit. L'enfant devra alors apprendre à compter sur autre chose que la tétée pour se rendormir. Si vous optez pour cette stratégie, soyez consciente qu'elle peut avoir des conséquences à plus ou moins long terme sur votre production de lait. Dans le cas d'un bébé de moins de six mois allaité exclusivement, prêtez aussi attention à sa croissance.

Pratique
controversée

En juin 2008, le Bureau du coroner du Québec, après celui de l'Ontario, sonne l'alarme quant au partage du lit et prévient les parents des dangers qui y sont liés. Dans une situation idéale, affirme-t-il, les nourrissons doivent dormir sur le dos, dans une couchette réglementaire, sans courtepointe, douillette, coussins ou oreillers.

Cependant, en consultant les quatorze rapports du Bureau du coroner du Québec sur ce qu'il appelle «les asphyxies de types co-sleeping» émis entre 2000 et 2008, nous avons constaté avec stupeur que dans la totalité des cas (sauf un sur lequel il est impossible de se prononcer faute de détails), les règles de sécurité élémentaires du partage du lit n'avaient pas été suivies.

Lorsque le coroner s'attarde aux risques associés au partage du lit, il ne semble pas tenir compte des facteurs qui peuvent le rendre dangereux, à savoir: l'intoxication des parents, le fait qu'ils fument ou non, l'état de santé de l'enfant, l'environnement familial parfois problématique, le non-allaitement, le non-respect des règles de sécurité, etc. Dénoncer le partage du lit dans ces circonstances, n'est-ce pas aussi incongru que de se prononcer contre la conduite automobile parce que certains ne s'attachent pas ou boivent trop d'alcool avant de prendre le volant?

En 2006, une importante étude britannique publiée dans *The Lancet* démontre qu'au moment où les décès dans le lit parental diminuaient de moitié en vingt ans, le nombre de morts inattendues survenues pendant un sommeil partagé sur un canapé avait quadruplé. L'auteur de cette étude, le professeur Peter Fleming, expliquait aux journaux britanniques que l'absence de messages préventifs était en partie à blâmer. Des familles lui avaient confié que comme on leur avait dit de ne jamais partager le lit avec leur bébé, elles le nourrissaient alors sur un canapé.

Du moment qu'un bébé doit téter pendant la nuit, souvent plus d'une fois, n'est-il pas plus sûr de le prendre avec soi au lit, un endroit où l'on peut créer un environnement sécuritaire, par exemple en enlevant les oreillers et en repoussant la couette plutôt que de le nourrir sur un canapé en tombant de fatigue? De nombreux spécialistes du sommeil et des enfants, tels l'anthropologue James McKenna et le pédiatre américain William Sears défendent le partage du lit lorsque des règles de sécurité sont respectées. De son côté, l'UNICEF ne décourage pas le cododo et donne plusieurs conseils à son sujet.

Puisque le nombre de bébés qui dorment avec leur mère est largement sous-estimé et que les bienfaits de l'allaitement exclusif sont connus, n'y aurait-il pas lieu d'adopter une approche plus ciblée du partage du lit, par exemple en insistant sur la façon sécuritaire de le pratiquer et en dépistant les familles à risques?

peut rouler sur lui-même ou ramper, vous risquez de le trouver en bas de votre lit. Placez-vous entre lui et le bord du lit, mettez votre lit contre un mur, mettez votre matelas directement sur le sol ou installez une barrière. Assurez-vous aussi qu'il n'y a pas d'espace entre la tête du lit et le mur.

• Ne dormez pas avec votre bébé si vous êtes épuisée. Une trop grande fatigue peut réduire votre vigilance et il est peut-être plus sage de ne pas partager votre lit avec votre bébé. Vous êtes la meilleure personne pour en juger.

• Évitez les couvertures généreuses et les oreillers abondants. Limitez votre literie le temps du sommeil partagé. C'est peut-être moins mignon, mais beaucoup plus sécuritaire. De la même façon, dormez sur un matelas ferme, jamais sur un lit d'eau, un « flip flop » et, surtout, jamais sur un canapé.

• Attention à l'obésité. Les graves excès de poids présentent un risque pour le sommeil partagé. On ne parle pas ici des quelques kilos qu'il vous reste à perdre à la suite de votre grossesse. Mais si votre corps crée un creux important dans le matelas et que votre bébé pourrait s'y trouver coincé, il est préférable d'éviter de le coucher près de vous.

• Ne laissez pas vos animaux dormir avec vous.

• Placez le bébé près de la mère. Les mères sont en général plus sensibles que les pères lorsqu'elles dorment. Cette règle ne se veut pas absolue et encore moins blessante ! Il reste que, grâce à l'allaitement et à la proximité de leurs corps, les mères et les bébés synchronisent leur sommeil et cela les rend plus sensibles l'un à l'autre.

Améliorer le sommeil de toute la famille

Même avec les meilleures intentions du monde, les réveils nocturnes du bébé peuvent vite miner votre énergie. Toutefois, il est possible de trouver un équilibre entre les besoins du nourrisson et le bien-être du reste de la famille.

• Faites la paix avec la situation. Le temps que vous passez à être en colère correspond à de précieuses minutes pendant lesquelles vous pourriez dormir. Soyez zen. Bien vite, vous vous réveillerez les seins complètement

Permettez-vous d'imaginez des arrangements de nuit en accord avec vos valeurs de maternage.

Carie du biberon

On dit aux parents dont le bébé n'est pas allaité que le biberon de nuit laissé dans son lit favorise la carie dentaire. Qu'en est-il pour le bébé qui tète la nuit couché près de sa mère?

Le fait d'avoir un bébé au sein pendant toute la nuit n'abîme pas ses dents. D'abord, le lait maternel ne s'accumule pas dans la bouche du bébé puisqu'il ne coule pas sans succion. Ainsi, s'il dort à poings fermés, le bébé ne tète pas et le lait ne sort pas du sein, même si le mamelon est dans sa bouche. S'il tète, il avale.

Aussi, la façon dont la bouche du bébé prend le sein fait en sorte que le lait sort derrière les dents. Enfin, le lait maternel prévient les caries plutôt que de les provoquer : par exemple, la lactoferrine (une protéine qui sert au transport du fer) tue le *Streptocoque mutans*, la principale bactérie responsable des caries. L'American Academy of Pediatric Dentistry conclut que le lait maternel n'est pas cariogène.

Otites

De la même façon, le fait de téter en étant couché n'augmente pas les risques d'otite, alors que lorsque l'on donne un biberon à un bébé couché, la préparation pour nourrissons risque de s'introduire dans ses trompes d'Eustache et son oreille moyenne, et de provoquer l'infection.

Ce n'est pas parce qu'un bébé de neuf mois dort dans le lit de ses parents qu'il sera impossible de le faire dormir dans son lit. Lorsque le partage du lit ne conviendra plus, vous saurez l'accompagner vers un autre arrangement. Vivez le moment présent sans chercher à voir trop loin.

pleins parce que le bébé aura « sauté » ses tétées de nuit. Ayez confiance. La situation va s'améliorer.

• Discutez-en avec l'homme qui partage votre lit. L'organisation du sommeil le concerne aussi, incluez-le dans vos routines nocturnes. Si vous choisissez le partage du lit, informez-le des règles de sécurité à suivre. Certains couples choisissent de faire chambre à part pendant un temps. Si cela convient aux deux, pourquoi pas ?

• Laissez votre bébé dormir là où il dort le mieux. En veillant à sa sécurité, bien entendu… et vous êtes la mieux placée pour savoir à quoi cela tient.

• Lorsqu'il dort le jour, continuez de vivre ! Un nouveau-né peut « inverser » le jour et la nuit. Aidez-le à adopter votre rythme en lui faisant faire ses siestes dans la pièce où se trouve la famille, à la lumière et dans le bruit quotidien.

• Profitez de chaque tétée pour vous reposer. L'allaitement, avec les hormones qui lui sont associées, est propice à la détente. Bien sûr, une tétée ne remplace pas une nuit de sommeil. Toutefois, comme vous devez de toute façon allaiter plusieurs fois par jour, pourquoi ne pas faire de ces moments des instants de détente ? Par exemple, même si vous ne souhaitez pas partager le lit avec votre bébé, apprenez à allaiter couchée. Cette position permet de renouveler son énergie.

• Laissez bébé s'endormir ailleurs que dans vos bras et à votre sein. N'attendez pas qu'il ait complètement perdu conscience pour retirer le mamelon de sa bouche ou le déposer dans son lit (ou dans le vôtre). Vous pouvez « apprendre » à votre bébé à s'endormir sans votre assistance, sans pour autant le laisser pleurer. Déposez-le lorsqu'il est bien repu et calme. Vous serez étonnée de constater combien de fois il vous laissera vous en tirer à bon compte. Toutefois, endormir un bébé au sein est un des grands plaisirs de la mater-

nité ; ce petit corps chaud, mou et lourd contre vous qui vous semble sans conscience, gavé de votre lait et paisible, est une image qui vous accompagnera toute la vie. Il s'agit plutôt de laisser votre bébé s'endormir de différentes façons pour que le sein ne soit pas sa seule source de réconfort.

• Donnez-lui une doudou ou un toutou. Dès l'âge de quatre mois, vous pouvez laisser votre bébé dormir avec un petit objet de réconfort. Avec un peu de chance, cet objet remplacera votre présence quelques fois pendant la nuit, et vous dormirez mieux tous les deux.

• Établissez une routine. Cela aide votre bébé à se préparer au sommeil. Une bonne routine peut commencer deux heures avant l'heure du sommeil et être composée de divers repères propices à l'endormissement. Bain, sein et séance de chaise berçante en sont les grands classiques, mais vous pouvez y ajouter ce qui vous fait plaisir : chanson, massage, livres, promenade dans un sac ventral, etc. Assurez-vous aussi que votre bébé fait de bonnes siestes pendant le jour à des heures plus ou moins prévisibles. Un bébé bien reposé dort mieux la nuit. Ne vous empêchez pas toutefois d'avoir une vie bien à vous : les bébés qui apprennent à dormir n'importe où font aussi d'excellents compagnons de voyage.

• Dormez avec votre bébé. C'est une des meilleures façons de récupérer après un accouchement, de favoriser votre allaitement et d'encourager votre bébé à « bien » dormir. Si le fait d'accueillir votre bébé dans votre lit vous apparaît comme une impossibilité, pensez à le laisser dormir dans une couchette, tout près de vous.

• Allez prendre l'air. Les bébés qui profitent de la lumière du soleil entre 12 h et 16 h dorment mieux la nuit que ceux qui n'y ont pas été exposés. C'est en partie parce qu'ils apprendraient plus rapidement à faire la distinction entre le jour et la nuit. Qu'il fasse froid ou chaud, il est facile d'aller vous promener, ou même, si cela n'est pas possible, de laisser votre bébé faire sa sieste dehors, dans sa poussette.

• Pourquoi changer quelque chose qui fonctionne et ne vous dérange pas ? Le but du jeu étant d'avoir le meilleur sommeil possible, pourquoi intervenir si rien ne cloche ? L'une d'entre nous a endormi son bébé au sein pendant près de vingt mois sans que personne s'en porte plus mal. Choisir de materner un bébé la nuit ne viendra pas « le gâter », ni créer de relation malsaine avec le sommeil. Lorsque votre façon de faire ne marchera plus ou que vous en aurez assez, vous trouverez les moyens de remédier à la situation.

• Une question d'attitude plus qu'un endroit où dormir. Au fond, ce qui compte le plus, c'est d'avoir la bonne attitude envers le sommeil de votre bébé. Souvent, plus d'une approches peuvent cohabiter et il faut garder l'esprit ouvert. Trouver des solutions aux problèmes de sommeil dépend de bien des aspects, très personnels pour la plupart. Vous pouvez aider votre bébé à « mieux » dormir tout en restant sensible à ses besoins. Il n'y a pas une seule façon de faire et il faut éviter les dogmes quels qu'ils soient. Peu importe où vous choisissez de faire dormir votre bébé, acceptez qu'il a besoin de vous, de jour comme de nuit, et que son rôle, en tant que bébé, est d'assurer sa propre survie. Plus vous serez en paix, plus vous aurez du plaisir à être parent.

• Allaitez ! Les hormones de l'allaitement favorisent la sensibilité de la mère et la synchronisation du sommeil avec son nouveau-né. De plus, le bébé allaité a tendance à se tenir tout près du sein de sa mère. Cela rend le partage du lit plus sécuritaire, puisqu'il a moins de chances de rouler en bas du lit ou de se coincer entre le matelas et le mur, par exemple. Pour celles qui donnent le biberon, il est préférable de garder l'enfant dans un berceau à côté du lit. Suivez toutes les autres recommandations concernant le sommeil du bébé. Mettez-le sur le dos pour dormir, dans une pièce ni trop chaude ni trop froide, avec des vêtements adéquats.

Chapitre 13

Diversifier l'alimentation

Depuis 2001, on recommande d'attendre environ six mois avant d'ajouter tout autre aliment que le lait maternel au régime alimentaire du bébé. Il en fut sans doute autrement pour vous lorsque vous étiez bébé. Que vous ayez été allaitée ou non, il est fort probable que vous ayez commencé à manger des céréales dès l'âge de trois semaines. Cette décision de vos parents ne semble pas si catastrophique puisque, en somme, vous êtes encore en vie et sans doute en bonne santé. Pourquoi aujourd'hui attendre si longtemps avant de diversifier l'alimentation de votre bébé? Est-ce un signe des temps, une mode?

En réalité, cette recommandation, faite par la plupart des organismes spécialisés en santé, est fondée sur plusieurs années de recherches. Dès 1979, on recommandait de commencer la diversification de l'alimentation entre quatre et six mois, et même dès trois mois pour les gros bébés. Cependant, une révision de la littérature scientifique menée par l'Organisation mondiale de la santé a permis de conclure qu'il était préférable de prolonger l'allaitement exclusif jusqu'à six mois.

En effet, les bébés allaités exclusivement pendant six mois, peu importe leur poids, grandissent tout aussi bien. Ils profitent d'une meilleure protection contre les maladies infectieuses, notamment les infections gastro-intestinales, phénomène observé tant dans les pays en voie de développement que dans les pays industrialisés.

Pourquoi diversifier l'alimentation

Le plus souvent, on cherche à déterminer à partir de quand il faut introduire les aliments solides, mais il est encore plus important de comprendre pourquoi il faut le faire. Se fier au calendrier pour déterminer le moment approprié est un des principaux pièges qu'il faut éviter pour vivre une expérience agréable. Votre bébé doit vous guider, c'est lui l'autorité en la matière.

• Développement moteur oral : De six à neuf mois, le bébé acquiert les compétences nécessaires à l'absorption des aliments solides. Des changements anatomiques – notamment du crâne, des mâchoires et des joues – laissent plus de place aux mouvements de sa

L'introduction des aliments solides est une étape normale dans la vie de votre bébé. Petit à petit, il remplace votre lait par d'autres aliments. Vous pouvez avoir hâte que cela se produise ou, au contraire, le redouter. Ces sentiments sont légitimes, ils font partie de la vie d'une mère.

Prêt à manger?

- Le bébé a entre six et neuf mois;
- Idéalement il a doublé son poids de naissance;
- Il se tient assis sans support. Il maîtrise sa tête et son cou;
- Il produit suffisamment de salive pour digérer la nourriture;
- Il est en mesure de pousser la nourriture de l'avant vers l'arrière de sa bouche et d'avaler convenablement. Il est aussi capable de mâcher. Les bébés plus jeunes et moins matures ont tendance à repousser la nourriture vers l'extérieur (réflexe d'extrusion);
- Il a au moins une dent;
- Il a la capacité de refuser la nourriture; tourner la tête, pincer les lèvres, etc. Cette compétence apparaît généralement vers cinq mois;
- Il aime imiter les autres;
- Il montre de l'intérêt pour la nourriture et les odeurs de cuisine;
- Il peut attraper et tenir dans ses mains des jouets ou de la nourriture qu'il porte à sa bouche;
- Il n'est pas malade et n'a pas d'irritations cutanées; vous pourrez ainsi mieux distinguer les effets allergènes de la nourriture le cas échéant.

langue. Alors que celle-ci ne bougeait que de l'avant vers l'arrière, elle peut maintenant bouger de haut en bas et d'un côté à l'autre. Ainsi, la nourriture peut se promener dans sa bouche avant de tomber vers l'arrière de la langue pour être déglutie.

- Développement musculaire: Le bébé peut s'asseoir, tenir sa tête, l'avancer et la reculer, et il développe sa motricité fine. Comme pour l'apprentissage de la marche à quatre pattes, ou de la parole, ou encore de la propreté, votre enfant est tout simplement prêt. Une étape de son développement, ni plus, ni moins.

- Besoins énergétiques et nutritionnels: Après un certain temps, entre six et neuf mois, le lait maternel ne peut plus à lui seul combler tous les besoins nutritionnels du bébé, notamment ses besoins en fer. Cela ne veut pas dire que le lait maternel n'est plus d'un apport important, bien au contraire, seulement il devient un des éléments de son alimentation, le principal d'ailleurs, jusqu'à son premier anniversaire. Ce besoin se manifeste vers six mois pour certains bébés, pendant que d'autres sont pleinement satisfaits du lait maternel un peu plus longtemps.

- Développement psychologique: Un bébé qui est prêt à manger montre un intérêt évident. Il attrape vos aliments, est agité lorsque vous mangez ou encore dévisage son père croquant une pomme. En d'autres mots, il grandit, et il veut manger comme le reste de la famille.

Allaiter exclusivement pendant six mois: un engagement

Allaiter exclusivement son bébé pendant six mois demande disponibilité et engagement. Entre trois et six mois particulièrement, ces bébés demandent beaucoup et traversent des moments intenses.

Maturation du système digestif

Le système immunitaire et digestif du bébé naissant n'est pas encore mature. Certains éléments du lait maternel permettent de compenser cette immaturité, on pense notamment aux IgA qui ont aussi pour effet d'empêcher les protéines étrangères et les bactéries de s'introduire dans le système du bébé (voir p. 29). Les intestins du nouveau-né sont perméables : ceci permet une absorption maximale des nutriments mais rend aussi le bébé vulnérable.

Le système digestif du nouveau-né comporte de subtiles immaturités chimiques et «mécaniques». Ainsi, certains acides et enzymes n'ont pas encore atteint leur niveau optimal. De plus, les mouvements du système digestif ne sont pas coordonnés. C'est pourquoi, par exemple, les bébés régurgitent : le sphincter au niveau de l'œsophage est encore immature.

On croit que vers six mois le système immunitaire et digestif du bébé atteint une maturité suffisante pour qu'il puisse mieux ingérer, et avec moins de risques, les aliments solides. Petit à petit, son système devient plus autonome, moins dépendant de sa mère. Cette maturité systémique correspond à une maturité de son développement moteur et psychologique.

En somme, puisque les bébés grandissent bien et sont mieux protégés en étant allaités exclusivement jusqu'à six mois, il semble inutile de diversifier plus tôt leur alimentation.

En diversifiant trop tôt l'alimentation du bébé, on l'expose à une nourriture dont il n'a pas besoin et qui, au contraire, peut lui être nuisible. Le lait maternel est le principal allié du nouveau-né en raison de ce qu'il contient, mais aussi de ce qu'il ne contient pas, notamment des protéines étrangères difficiles à digérer.

Ailleurs dans le monde

Selon l'UNICEF, dans les pays en voie de développement, le tiers des bébés sont allaités exclusivement jusqu'à l'âge de six mois. Dans ces pays, où les diarrhées et les infections pulmonaires aiguës sont les deux causes principales de mortalité des enfants, où les sources d'eau sont parfois difficiles à trouver et où les compléments alimentaires sont souvent inappropriés, cette situation est dramatique. L'UNICEF estime que si tous les enfants étaient allaités exclusivement jusqu'à six mois, 1,3 million de vies seraient sauvées et des milliers d'autres seraient grandement améliorées chaque année.

... et chez nous

Au Québec, seulement 3 % des bébés sont allaités exclusivement pendant six mois, ce qui représente 6,6 % des bébés allaités au moins une fois. Plus de la moitié des mères qui allaitent introduisent les solides à trois et quatre mois, et 26 % le font à cinq mois.

Qui dîne dort ?

Une des principales raisons qui poussent les parents à diversifier plus tôt l'alimentation de leur bébé est qu'ils croient qu'ainsi il dormira mieux la nuit. Deux études ont permis de prouver qu'il n'y avait aucune différence entre le sommeil des bébés à qui on avait donné des aliments solides avant le coucher et celui des bébés à qui on n'en avait pas donné.

Il y a d'abord la poussée de croissance de trois mois qui peut ressembler à une véritable épreuve olympique ! Le bébé qui traverse cette nouvelle étape n'est plus le même qu'avant. Il a quitté son état de nouveau-né. À partir de trois ou quatre mois, il devient curieux, plus réceptif et parfois fébrile. Un peu comme s'il voulait grandir plus vite que ce que son petit corps lui permet. Il dort moins pendant le jour et recherche peut-être votre réconfort pendant la nuit en réclamant une nouvelle tétée. Et oui, si vous étiez habituée à dormir plus longtemps, cela peut vous sembler très embêtant. Surtout que le jour, au lieu de téter un seul sein, il réclame les deux.

Besoins énergétiques

Votre bébé grandit et, de ce fait, ses besoins énergétiques augmentent. Est-ce cependant un signe qu'il est prêt pour les solides ? Avant six mois, la première question à se poser n'est pas s'il est prêt à diversifier son alimentation, mais bien si votre lait arrive encore à le satisfaire.

Le lait maternel est aussi un aliment. Il se peut que votre bébé ait un peu plus faim qu'avant, mais vous répondez à ce besoin accru en l'allaitant davantage. S'il grandit bien, mouille ses couches et respecte les stades de développement appropriés pour son âge, l'allaitement exclusif lui convient toujours. Vous pouvez maintenir le cap sur vos objectifs d'allaitement en toute confiance.

Si le bébé n'a pas six mois ?

L'introduction des solides doit être vue comme une étape importante et amusante. Certaines femmes ressentent le besoin que leur bébé mange et ne désirent pas allaiter exclusivement pendant six mois. Serait-il catastrophique de donner des céréales dès quatre ou cinq mois ? Probablement pas. Est-il préférable d'attendre ? En considérant nos expériences personnelles et l'état de la recherche sur le sujet, nous croyons que oui. D'autant plus que la diversification plus tardive des aliments comporte de nombreux avantages pour la mère : elle retarde le retour à la fertilité (voir p. 178), accélère la perte de poids (voir p. 169) et est plus facile d'un point de vue pratique.

Il se peut aussi qu'un bébé de quatre ou cinq mois démontre tous les signes qu'il est prêt à diversifier son alimentation ou devienne trop demandant à votre

Au début du XXe siècle, on recommandait aux mères d'offrir du jus de tomate ou du jus d'orange bien avant les céréales. Ils étaient perçus comme une bonne source de vitamine C pour combattre le scorbut. L'introduction des solides se faisait alors vers la 10e semaine. Il était normal que le bébé ait vite besoin d'autres nourritures en plus de son lait puisque les femmes étaient censées allaiter aux quatre heures, dès la montée laiteuse!

goût. Il ne faudrait pas non plus faire un dogme de l'allaitement exclusif pendant six mois. Au-delà des recommandations, il est plus important de savoir suivre le rythme de votre bébé. Vous êtes la plus grande experte au sujet de votre enfant, celle qui le côtoie chaque jour. Votre plus grande fierté devrait toujours être de respecter son développement.

Sachez que si vous tenez à allaiter votre bébé encore un certain temps, il est préférable d'introduire un peu d'aliments solides vers quatre ou cinq mois tout en poursuivant l'allaitement, plutôt que de donner des biberons de préparation pour nourrissons. Une cuillère de banane écrasée est une meilleure solution : c'est un aliment que les bébés apprécient pour son goût sucré qui rappelle le lait, il ne met pas en péril votre allaitement et vous permettra en revanche de souffler un peu, si vous en ressentez le besoin.

Des solides… à la demande!

Pour une mère qui profite depuis des mois des aspects pratiques et simples de l'allaitement, l'introduction des aliments solides peut se révéler une étape importante. Vous n'êtes pas habituée, en effet, à devoir transporter de quoi nourrir votre enfant – vous l'avez avec vous! Soudainement, il vous faut purée, petite cuillère, contenant, bavette, débarbouillette… Sans compter que selon certains guides, il vous faudrait aussi suivre un ordre strict d'introduction des aliments. Pour celles qui ont apprécié la spontanéité de l'allaitement à la demande, cela peut devenir un véritable casse-tête… Heureusement, il y a moyen de faire autrement.

La plupart des organismes de santé recommandent l'introduction d'aliments solides riches en fer (notamment les céréales pour bébés) à six mois. La plupart des spécialistes de l'allaitement s'entendent toutefois pour dire que l'introduction des aliments solides peut se faire progressivement et au rythme du bébé entre six et neuf mois. Selon eux, si les aliments riches en fer sont indéniablement importants pour la croissance du bébé, il n'y a aucune raison d'obliger un bébé à ingurgiter un aliment qu'il n'apprécie pas au risque que la mère et le bébé y perdent tout plaisir.

Allergies alimentaires

Selon l'Association québécoise des allergies alimentaires, 6 % à 8 % des enfants souffriraient d'une allergie alimentaire. L'allaitement maternel exclusif pendant six mois semble protéger les bébés des allergies. Reste qu'il est prudent de retarder l'intégration de certains aliments jusqu'à ce que le bébé ait 12 ou 18 mois, ou même plus, selon l'histoire de chacun.

Quelques aliments bien précis sont responsables de 90 % des allergies. Il est donc facile de les éviter: arachides, noix, mollusques et crustacés, poissons, œufs, lait de vache, soya, blé et sésame.

Si votre bébé allaité exclusivement a développé une sensibilité importante à des aliments que vous mangiez, soyez vigilante à l'ordre d'introduction. Une nutritionniste ou un allergologue peut vous aider.

Avec quoi préparer les céréales pour bébés ?

Certaines marques de céréales contiennent de la préparation pour nourrissons. Si vous ne les utilisez pas, vous n'êtes pas pour autant obligée de tirer votre lait pour donner des céréales à votre bébé. Vous pouvez les préparer avec de l'eau, du jus de fruit, des boissons de soya ou de riz, ou encore y mêler des cubes de fruits ou de légumes. Vous pouvez aussi ajouter un peu de votre lait avant de les servir afin d'ajuster la consistance ou d'enrichir leur goût. Lorsque le bébé sera plus grand, vous pourrez aussi les donner avec du lait de vache ou de chèvre.

La diversification alimentaire devrait être un moment agréable et plein de découvertes. Laissez-vous inspirer !

Le fer existe sous deux formes principales : le fer héminique, présent dans les aliments de source animale, est facilement métabolisé par l'organisme, tandis que le fer non héminique (présent dans les aliments de source végétale) l'est moins bien. Le taux d'absorption moyen du fer héminique est de 25 % environ, celui du fer non héminique de 10 % environ. La vitamine C et le fer héminique améliorent l'absorption du fer non héminique.

Manger : un plaisir

Bien qu'ayant des besoins particuliers, les bébés ne sont pas des extraterrestres ni des petits êtres fragiles qu'il faut prendre avec des pincettes. Tout comme vous, votre bébé apprécie les aliments qui ont bon goût. Après tout, depuis au moins six mois, il goûte à tout ce que vous mangez. Il aime manger quand il a faim, la quantité de nourriture qui lui convient et de la façon qu'il préfère. Il apprécie aussi la compagnie et préfère de loin attraper ce qui se trouve dans votre assiette ou celle des autres membres de la famille aux purées que vous lui aurez préparées. Après tout, c'est un petit être social, qui apprend par imitation.

Lorsque vous aurez déterminé qu'il est temps pour votre bébé de manger, son intégration à table se fera tout naturellement. Vous pouvez commencer graduellement à le nourrir pendant que vous mangez. Sans vous lancer dans une production industrielle de purée, offrez-lui des aliments sains, variés, écrasés à la fourchette, sans insister sur les quantités. De toute façon, il en mettra probablement une grande quantité dans ses cheveux ! Si vous commencez à nourrir votre bébé vers l'âge de six mois, l'ordre dans lequel vous choisirez de le faire importe peu. Des fruits à la viande, en passant par les céréales et les légumes, votre bébé est prêt à manger… tout simplement.

Notez que le menu proposé ici est adéquat pour un bébé en bonne santé de six mois et toujours allaité.

Céréales pour bébés

Bien que cet aliment soit depuis longtemps intégré à l'alimentation des bébés canadiens, les céréales pour bébés n'ont aucune propriété magique. Ce sont des farines (orge, riz, avoine, etc.) moulues finement et précuites auxquelles on ajoute les vitamines et minéraux importants pour la santé des bébés. Elles sont, pour la plupart, enrichies de 25 mg de fer environ par portion de 100 grammes. Cependant, malgré cette très grande quantité de fer, le taux d'absorption est relativement faible (1,3 % à 4,1 % en moyenne) et dépend du type de fer utilisé. Il augmente si les céréales contiennent de la vitamine C.

Les céréales pour bébés comportent certains aspects pratiques : elles sont simples et rapides à préparer et se trouvent facilement en magasin. Bien qu'aujourd'hui

Fer et allaitement

Le fer est un des minéraux les plus importants pour le corps humain. Il en a besoin pour fabriquer l'hémoglobine qui transporte l'oxygène contenu dans le sang vers toutes les cellules. Si le corps manque de fer, les globules rouges, dont la couleur dépend de l'hémoglobine, deviennent petits et pâles et ne sont plus aptes à transporter l'oxygène. Tous les organes du corps peuvent en souffrir. Les bébés et les enfants ont besoin de fer notamment pour le développement de leur cerveau.

Dans le ventre de sa mère, le bébé emmagasine une importante quantité de fer. C'est pourquoi la femme enceinte a besoin d'en consommer plus pour subvenir tant à ses besoins qu'à ceux de son bébé. Ainsi, un bébé né à terme et en bonne santé, d'une mère elle-même en bonne santé, a suffisamment de réserves en fer pour les six premiers mois, et même plus dans certains cas.

On a longtemps craint que les bébés allaités risquent davantage de souffrir d'anémie ferriprive – c'est-à-dire l'anémie due à un manque de fer. Le lait maternel, tout comme le lait de vache, contient une faible quantité de fer : de 0,3 à 0,5 mg par litre. La quantité de fer que contient un aliment est toutefois trompeuse puisque ce qui compte est son degré d'absorption, ou sa biodisponibilité. Ainsi, le fer contenu dans le lait maternel est absorbé à 50 %, à cause de la forme sous laquelle il se présente et parce que d'autres nutriments contenus dans le lait maternel, notamment la vitamine C et le lactose, favorisent son assimilation.

Malgré son faible taux de fer, le lait maternel est suffisant pour maintenir les réserves du bébé au cours des six premiers mois, et même plus. Une étude a même conclu que la diversification tardive de l'alimentation protège les bébés allaités de l'anémie ferriprive. Cette étude portait sur des enfants ayant été allaités jusqu'à l'âge d'un an et n'ayant reçu ni lait de vache, ni supplément de fer, ni céréales enrichies de fer. Ainsi, 30 % des bébés de l'étude étaient anémiques à l'âge d'un an ; cependant, la durée d'allaitement exclusif des bébés non anémiques était significativement plus longue (cinq mois et demi à six mois et demi) et aucun des bébés ayant été nourris exclusivement de lait maternel pendant sept mois n'était anémique. Autrement dit, plus les bébés avaient été allaités exclusivement pendant longtemps, moins ils avaient de risques d'être anémiques. En fait, tout aliment solide, céréales enrichies de fer ou autres, interfère avec le processus de digestion normal du bébé et l'empêche d'absorber adéquatement le fer contenu dans le lait maternel. Le fer se lie à des protéines spécifiques du lait maternel, comme la lactoferrine, qui favorisent son absorption, tout en empêchant les « mauvaises » bactéries de s'en emparer. En apportant de nouveaux éléments dans le système digestif du bébé, les aliments solides perturbent ce fragile équilibre. Il semble donc que le véritable risque pour le bébé, ce n'est pas l'allaitement exclusif prolongé, mais bien l'introduction d'aliments complémentaires prématurément et en trop grande quantité.

Signes d'anémie

Les signes d'anémie d'un bébé peuvent être difficiles à déceler. Le bébé anémique grandit moins vite, sa peau est plus pâle, il n'a pas d'appétit et il est irritable. Si vous soupçonnez que votre bébé souffre d'une anémie, avant de lui donner des suppléments, demandez à ce qu'on vérifie son taux d'hémoglobine.

il existe sur le marché toutes sortes de marques, biologiques par exemple, les céréales restent un produit transformé qui ne correspond pas aux valeurs alimentaires de tous les parents et elles ne sont pas toujours bien acceptées par les bébés allaités. Elles sont fades et présentent peu d'intérêt pour un bébé habitué à un lait sucré, au goût variable. Si, pour quelque raison que ce soit, vous décidez de ne pas donner de céréales à votre bébé, il y a bien d'autres façons de combler ses besoins en fer. Si toutefois cet aliment vous convient, à vous et à votre bébé, il est adéquat.

Premiers aliments

Les bananes, les avocats et les patates douces sont des aliments faciles à intégrer à l'alimentation de votre bébé. Ils sont peu allergènes, se préparent facilement, apportent de nombreux minéraux et vitamines, et sont généralement bien acceptés. Ces premiers aliments permettent à votre bébé d'apprivoiser une nouvelle façon de manger sans que cela soit tout un casse-tête pour vous. Il

ne s'agit donc pas d'en donner en grande quantité, mais plutôt d'explorer les goûts et les textures. Par la suite, ils peuvent servir à intégrer d'autres aliments, notamment les viandes et les céréales entières.

Viande et volaille

Il n'y a aucune raison de retarder leur intégration. Un bébé de plus de six mois, allaité exclusivement, est prêt à manger de la viande : son système digestif est suffisamment mûr. La viande est une excellente source de protéines, de vitamines et de minéraux, et est très riche en fer. Elle contient du fer héminique et du fer non héminique.

Le foie des animaux est particulièrement riche en fer. À titre d'exemple, 100 grammes de foie d'agneau ou de poulet contiennent de 8 à 11 mg de fer (dont environ 1,75 à 2,5 mg seront absorbés par le corps). C'est probablement la meilleure façon de donner du fer à votre bébé. Ajouté progressivement à une purée de patate douce, ou d'un autre légume apprécié, le foie

Bébé bio

Selon l'organisme Équiterre, qui prône des choix écologiques et socialement équitables, les bébés sont particulièrement vulnérables aux pesticides, à cause de leur petit poids, de leur métabolisme rapide et de leur alimentation, essentiellement composée de fruits et légumes. Aussi, ils n'ont pas la même capacité de désintoxication que les adultes.

L'alimentation est la principale source d'exposition aux pesticides. La façon la plus sûre de réduire l'exposition aux pesticides est de ne consommer que des aliments biologiques. Toutefois, cela n'est pas accessible à tous les portefeuilles, puisqu'il vous faudrait pour cela augmenter d'environ 30 % votre facture d'épicerie. Voici quelques solutions :

• Privilégiez les purées maison : elles sont à la fois plus nutritives, plus économiques, plus variées et ont meilleur goût. Il suffit de quelques pommes, poires, carottes, pommes de terre bio pour nourrir votre bébé pendant plusieurs semaines.

• En mangeant certains aliments biologiques, vous pouvez réduire l'exposition aux pesticides de toute votre famille. Les pommes, fraises, cerises, framboises, épinards, poivrons, céleris, pommes de terre et piments forts cultivés en agriculture classique sont les fruits et légumes qui contiennent les plus hauts taux de pesticides résiduels.

• Plusieurs initiatives peuvent vous aider à vous procurer des aliments biologiques bon marché : les paniers biologiques, les groupes d'achat d'aliments biologiques ou encore les jardins communautaires dans lesquels il est possible de cultiver ses légumes, lorsque l'on n'a pas de petit lopin de terre à soi. Vous pouvez aussi vous informer auprès du Regroupement des cuisines collectives du Québec.

Un bébé de huit ou neuf mois est fort en mesure de croquer lui-même une pomme ou de mordre dans un pilon de poulet. En plus du plaisir gustatif et sensoriel, la diversification alimentaire lui fait développer toutes sortes de nouvelles habiletés.

est généralement bien accepté par les bébés. Toutes les viandes et volailles sont considérées comme de bonnes sources de fer, et plus la viande est foncée, plus elle en contient.

Pain et céréales entières

Le pain et les céréales entières sont d'excellentes sources de fibres et de fer non héminique. Ils remplacent très bien les céréales pour bébés. Un petit morceau de pain de blé entier grillé est d'ailleurs une excellente option pour un enfant lors d'une poussée dentaire. Sans compter qu'il fait des miracles pour les bébés impatients et les mères occupées.

Dans les magasins d'aliments naturels ou encore dans les épiceries avec une section de produits biologiques, vous trouverez toute une variété de grains qui se présentent sous la forme de flocons, comme du gruau. Ces flocons de kamut, d'épeautre, de millet, d'orge, etc. sont faciles à préparer, digestibles et très nutritifs. De plus, ils sont économiques puisqu'il en faut peu pour faire un repas. Un sac dure ainsi très longtemps.

Le quinoa, par exemple, est peu allergène, riche en fer et en calcium. Dans 100 grammes de quinoa, on retrouve 9 mg de fer (dont environ 1,75 mg est absorbé s'il est mangé avec une source de vitamine C). Alliés avec une patate douce ou une banane par exemple, et mouillés de votre lait, ces flocons remplacent bien les céréales pour bébés. Puis, comme la céréale est entière, non raffinée, elle est plus nutritive. Même chose avec le riz brun que vous pouvez faire cuire très longtemps dans un bouillon de légumes afin qu'il soit bien tendre. Écrasé à la fourchette ou passé à la moulinette puis servi avec une sauce tomate, c'est un excellent repas pour votre bébé et une variante à ses céréales de riz somme toute assez fades.

Fruits frais

Une croyance populaire veut que les fruits ne doivent pas être intégrés avant les légumes parce qu'ils sont plus sucrés… Quiconque a déjà trempé ses lèvres dans du lait maternel comprend bien que cela est absurde. Le lait maternel est beaucoup plus sucré que la plupart des fruits! C'est d'ailleurs pourquoi les bébés l'aiment tant.

Les fruits offrent une grande variété de goût, de texture, de couleurs et de nutriments. Ils sont en général économiques, faciles à préparer et volontiers acceptés. Il y a la bien-aimée banane que l'on peut écraser à la fourchette, les pommes et les poires que l'on peut râper et nombre d'autres variétés, comme les pêches, les abricots, les pruneaux, le melon, pouvant même être offerts entiers au bébé gourmand qui pourra les grignoter avec plaisir. On suggère d'attendre l'âge de douze mois environ avant d'intégrer les agrumes, qui sont allergènes, et les fruits séchés, qui sont très sucrés.

Légumes

Tout comme les fruits, les légumes sont économiques, faciles à préparer, nutritifs et volontiers acceptés. La patate douce est un grand favori, tout comme la carotte et les courges. Les légumes cuits peuvent être simplement pris dans votre assiette et écrasés à la fourchette avant d'être offerts à votre bébé.

Produits laitiers

Les produits laitiers, à l'exclusion du lait, peuvent être intégrés dès l'âge de 9 ou 10 mois. Le fromage cottage est un grand favori, extrêmement pratique, tout comme le yogourt et les fromages doux. Ces produits laitiers sont plus digestibles et moins allergènes que le lait de vache parce que le processus de fermentation décompose les protéines difficiles à digérer, comme la caséine.

Une question de proportions

Sachant que le lait devrait rester le principal aliment du bébé durant sa première année, quand devrait-on s'inquiéter de la quantité de nourriture qu'il consomme?

Cela varie beaucoup d'un enfant à l'autre. Un menu équilibré pour un bébé de 1 an serait idéalement composé d'environ 75% de lait maternel et de 25% de solides; à 18 mois, d'environ 50% de solides; et à 2 ans, d'environ 80% de solides.

Un bébé peut manger vraiment très peu à 12 mois, toutefois cela n'est pas inquiétant si sa croissance est normale et qu'il est en bonne santé. Pour vous rassurer, son taux de fer peut être mesuré avec une prise de sang.

D'un autre côté, faites attention si votre bébé se met à manger rapidement de grandes quantités de nourriture. Un enfant qui mange beaucoup boit moins de lait, donc se sèvre plus rapidement. Beaucoup de mères éprouvent des difficultés d'allaitement vers 8, 9 ou 10 mois: bébé refuse subitement le sein et elles sentent qu'elles manquent de lait. L'équilibre de l'allaitement à la demande a été rompu. Si votre bébé mange beaucoup dès six mois et que vous souhaitez allaiter plus d'un an, il est prudent de diminuer les solides et d'allaiter plus souvent pour reprendre une introduction plus graduelle.

Dans quel ordre?

Jusqu'à un an environ, il est préférable d'allaiter votre bébé avant de lui donner à manger. De cette manière, vous vous assurez que la nourriture solide vient compléter son alimentation et non remplacer le lait. Les premiers temps, c'est plus facile de toutes façons puisqu'un bébé affamé ne s'intéresse pas aux nouvelles expériences. Nous avons remarqué toutefois que quelques semaines après le début de la diversification alimentaire, l'allaitement et les aliments solides ont tendance à se dissocier complètement. Vous allaiterez et donnerez des aliments solides quand cela vous conviendra: les tétées selon votre horaire habituel et les aliments solides, en même temps que les repas familiaux, par exemple.

Au début, vous pouvez donner des aliments solides tous les deux ou trois jours. Choisissez le moment qui vous convient le mieux, à midi par exemple. Augmentez ensuite la cadence en suivant le rythme de votre bébé. Certains sont gourmands et mangeront en quelques semaines trois repas par jour. D'autres ne mangeront leurs trois repas que vers 9, 10 ou même 11 mois. Si votre bébé est en bonne santé, s'il grandit bien, semble satisfait, éveillé, s'il souille bien ses couches et si vous continuez à l'allaiter à la demande, il n'y a aucune raison de s'inquiéter.

Lait de vache

Dans notre société nord-américaine, le lait de vache est, la plupart du temps, incontournable. Pourtant, il n'est ni indispensable ni irremplaçable: ce sont les micronutriments qu'il contient – ou qu'on lui ajoute – qui le sont. Le lait de vache est une bonne source d'énergie, de protéines, de calcium, de vitamines D, A et B2, et de gras.

Les spécialistes en pédiatrie et en allaitement ne s'entendent pas sur le moment à privilégier pour l'intégration du lait de vache. La Société canadienne de pédiatrie juge qu'une introduction graduelle dès l'âge de neuf mois est correcte. Selon certains spécialistes en allaitement cependant, le lait de vache peut être intégré à l'alimentation du bébé dès l'âge de six mois si le bébé a une alimentation diversifiée (viande, céréales, fruits et légumes) et s'il est toujours allaité quelques fois par jour. S'il vous est absolument nécessaire de remplacer une tétée de temps à autre, les préparations pour nourrissons ne sont plus une obligation à partir de l'âge de six mois. Après tout, elles contiennent du lait de vache.

La raison principale pour laquelle on recommande de retarder l'intégration du lait de vache est que celui-ci est allergène et semble être associé à une carence en fer des bébés : en effet, les bébés nourris au lait de vache dès six mois souffriraient plus fréquemment d'anémie que ceux alimentés de préparations enrichies de fer. Si cela est vrai, c'est en partie parce que le lait de vache provoque une perte de sang, imperceptible à l'œil nu, dans les intestins. Cela ne pourrait pas s'appliquer au bébé allaité, puisque son système digestif, protégé par le lait maternel, est plus mature.

En général, on recommande de donner au bébé du lait entier jusqu'à 24 mois. En effet, les jeunes enfants ont besoin de gras pour grandir et se développer. Toutefois, le gras contenu dans le lait n'est pas un absolu. Les huiles d'olive, de canola et de chanvre pressées à froid ou les huiles contenues dans les poissons gras sont plus intéressantes à intégrer à l'alimentation de votre enfant. Le lait de vache entier n'est pas indispensable, selon nous.

On recommande de ne pas dépasser un litre de lait par jour, soit trois ou quatre verres. Cela correspond déjà aux deux tiers des besoins énergétiques du bambin et une plus grande consommation pourrait entraîner une déficience nutritionnelle, surtout une carence en fer, puisque le lait remplacerait ainsi d'autres aliments, notamment les viandes et les légumes, qui apportent des nutriments tout aussi essentiels. D'ailleurs, le calcium interférerait avec l'absorption du fer.

Le lait de vache n'est pas le seul lait disponible ! Les boissons de soya, de riz ou d'amandes enrichies et le lait de chèvre sont des options intéressantes. Les boissons de soya parfumées à la vanille et offertes occasionnellement sont souvent appréciées par les jeunes enfants.

Soit dit en passant, vous n'êtes pas obligée d'intégrer le lait de vache, ni tout autre lait, dès 12 mois. Il existe bien des façons de répondre aux besoins nutritionnels de votre enfant autrement et l'allaitement en est une excellente. Si votre bébé continue à téter trois ou quatre fois par jour, il n'a besoin d'aucun autre lait.

Eau

Doit-on donner de l'eau au bébé allaité exclusivement ? Lorsque vous donnez du lait, vous donnez aussi de l'eau. En effet, le lait maternel est composé de 87 % d'eau. Votre bébé n'a donc pas besoin d'eau supplémentaire, même s'il fait très chaud, dans la mesure où il est allaité à la demande. L'eau peut même interférer avec l'allaitement puisqu'elle remplit l'estomac du bébé et dissimule sa faim. Vers six mois, et surtout lorsqu'il commencera à manger, votre bébé pourra apprécier quelques gorgées d'eau au verre à bec.

Partie 4
La mère

La mère qui allaite n'en continue pas moins de vivre et les avis sur ce qu'elle peut ou ne peut pas faire pendant toute la durée de l'allaitement sont multiples et souvent sans fondements. Il est pourtant facile de s'y retrouver en ayant en main toute l'information.

Vous trouverez dans cette partie les réponses aux questions les plus communes : Que peut-on ou doit-on manger ? Est-il possible d'envisager une perte de poids ? Qu'en est-il de la contraception ? Que faire si on est malade ? Autant de réponses qui vous permettront de vivre plus sereinement votre allaitement.

Un allaitement qui nous
ressemble

Les recommandations concernant l'allaitement inondent le discours de santé publique. Ces recommandations prescrivent une méthode et une durée d'allaitement dans le but de remplir des objectifs de santé bien arrêtés. Cette manière de l'aborder est-elle la seule possible ? Est-elle toujours orientée vers ce que ressentent les mères ?

Pourquoi ne pas se détacher des recommandations pour se centrer un instant sur ce geste du quotidien vécu par les femmes et leurs bébés ? Que disent les mères quand on se donne la peine d'écouter leurs histoires d'allaitement ? Pour elles, c'est une expérience du cœur, qui demande ouverture et engagement, et dont on ne connaît pas l'issue ni le déroulement.

« Je n'avais aucun objectif d'allaitement pour mon deuxième bébé. Je me disais : nous arrêterons quand ça sera le temps. Vers deux ans, je me suis mise à trouver que ma fille commençait à être grande pour boire au sein. Par contre, l'allaitement faisait tellement partie de notre vie qu'il me semblait bizarre de tenter de la sevrer.

« J'étais retournée travailler à plein temps alors qu'elle avait un an, et l'allaitement nous servait de point de rencontre : dès que je revenais du boulot, une courte tétée nous remettait en communication. Depuis ses 18 mois, je ne lui proposais plus systématiquement le sein. Je ne concevais pas de raison précise de couper ce pont entre nous, faisant la sourde oreille aux commentaires désobligeants (mais se voulant bienveillants) de certaines personnes de notre entourage.

« Vint son troisième anniversaire. L'allaitement s'était réduit depuis longtemps à une seule tétée par jour, celle d'avant le dodo. Cette tétée servait à ma fille pour décompresser, elle faisait partie de notre rituel et facilitait son passage vers le sommeil. Je me suis essayée quelques fois de l'« oublier », mais ma fille me reprenait d'un décidé : "Eh, maman, tu oublies mon lait !"

« Vers son quatrième anniversaire, je commençais à avoir atteint ma limite psychologique. Elle était maintenant une petite fille du préscolaire, il fallait songer à cesser l'allaitement, même si une tétée ou deux par jour ne nous coûtait rien. Je lui ai donc expliqué un soir qu'elle était grande maintenant, pourquoi ne pas garder l'allaitement pour les tout petits bébés ? Le sevrage fut très graduel. »

France-Andrée

Allaitement rêvé, allaitement réel

Malgré le caractère unique de chaque allaitement, nous portons toutes une idée de ce qu'il devrait être, perception nourrie par nos expériences personnelles et par la société dans laquelle nous vivons. Nombreux sont ceux qui prétendent savoir comment les femmes devraient allaiter. Aujourd'hui plus que jamais, allaiter est une décision personnelle, tout en demeurant un geste propre à notre espèce. Concilier ces différentes facettes de l'intime et du public, du personnel et du politique, ne se fait pas toujours sans heurts et les blessures ne sont pas faciles à panser.

«Enceinte de Malayka, j'ai beaucoup lu sur l'allaitement. J'en connaissais déjà les bienfaits vu mes études en nutrition. Je me voyais mettre mon bébé au sein, je l'imaginais rassasié. J'allais être une mère aimante. J'étais ravie à l'idée que par mon lait mon bébé allait avoir une meilleure santé que moi. Je ne voulais pas qu'elle souffre d'asthme, d'allergies et de surpoids. J'imaginais un allaitement d'abondance et de satiété.

«Lorsque ma fille est née, rien de tout cela n'est arrivé. Elle n'a jamais trouvé de répit à mon sein. Pourquoi je n'étais pas capable de faire comme tout le monde? Je voulais la voir saoûle de lait.

«Mais voilà, elle hurlait si fort que même le personnel infirmier me priait de fermer ma porte pour que les autres mères puissent se reposer. Je n'en pouvais plus! Je voulais seulement que tout se passe comme prévu. Évidemment, on a fini par me suggérer le complément de lait. Quel échec: les biberons, les seringues, un tire-lait! Je ne savais plus quoi faire. Ce regard du bébé repu, je l'ai vu pour la première fois avec les préparations pour nourrissons. Je me sentais coupable d'avoir laissé mon bébé hurler de faim alors qu'elle commençait sa vie. Je me sentais sans cœur de ne penser qu'à réussir mon allaitement.

«Six semaines après la naissance, j'ai commencé un suivi dans une clinique d'allaitement. Mes proches me disaient que ce n'était pas grave, que je n'avais pas été allaitée et n'en étais pas morte. Ça me rendait agressive. La seule chose que je voulais, c'était avoir du lait. Aux rencontres d'un regroupement de mères, je les voyais qui allaitaient leur bébé et moi je devais apporter des biberons pour compléter les tétées. Je me sentais jugée, incomprise.

La réussite d'un allaitement réside dans le degré de satisfaction que chaque mère et chaque bébé tirent de leur relation d'allaitement.

«À la clinique d'allaitement, la consultante a tenté de me convaincre que le peu de lait que je donnais était bénéfique. Elle me disait que j'étais tenace et, surtout, que la clinique était pleine de femmes dans ma situation. Ça me faisait du bien. J'ai poursuivi cet allaitement jusqu'à ce que ma fille refuse le sein, à partir de six mois.

«Puis j'ai eu un autre bébé. Malgré les débuts difficiles, j'ai allaité exclusivement pendant quatre mois. Encore aujourd'hui, je ressens de la tristesse et de la culpabilité face à ma fille aînée. Je sais aujourd'hui que nous sommes plusieurs à vivre des débuts difficiles et qu'il est normal d'avoir des sentiments partagés. J'ai appris que l'allaitement, c'est plus que du lait, c'est un contact humain, de la chaleur, du réconfort. Des situations comme la mienne existent et l'allaitement n'est pas toujours aussi beau qu'on l'imagine. J'aurais aimé savoir qu'un allaitement difficile peut aussi faire partie d'un parcours normal.

Stéphanie

Réussir son allaitement

Le succès d'un allaitement devrait d'abord se mesurer par ce qu'il apporte à ceux qui en font l'expérience avant d'être noté sur la quantité de lait donné, le temps passé ou la façon de sevrer un bébé. Chacune a le pouvoir de définir sa propre relation d'allaitement et de décider ce qui constitue, pour elle, un allaitement réussi, de la première tétée au sevrage.

Un allaitement qui nous
ressemble

L'expérience maternelle se place au cœur de l'allaitement. Ce lait donné au bébé est nécessairement fait par quelqu'une. Qui prend soin de cette femme pour qu'à son tour elle prenne soin de son bébé ?

Il n'y aura jamais deux allaitements identiques parce qu'il n'y aura jamais deux femmes et deux bébés en tout point semblables d'une fois à l'autre. Parfois complémentaires, parfois contradictoires, les façons d'allaiter doivent toujours s'ancrer dans ce qui se vit maintenant. Les femmes allaitent chacune avec leur propre bagage et leurs histoires sont individuelles et riches de mille expériences.

« À l'âge de 20 ans, j'ai subi une réduction mammaire. Je suis repartie le cœur léger et ne me suis pas demandé si cette opération pouvait m'empêcher d'allaiter. Ce n'est que quelques années plus tard que j'ai réalisé que je pouvais avoir un problème.

« À ma première grossesse, mon obstétricienne m'a dit : "On va savoir une fois le bébé arrivé." Je me sentais impuissante et inquiète. Le bébé allait-il souffrir, avoir faim ? Lors de mon accouchement, j'ai communiqué mon angoisse à tout le personnel hospitalier. Tellement que deux jours après la naissance, j'ai donné un complément de préparation lactée. J'ai fait six mois d'allaitement mixte. L'allaitement exclusif est alors devenu une sorte de fantasme à réaliser.

« À ma deuxième grossesse, je voulais à tout prix tenter l'allaitement exclusif. Pour ne pas vivre trop d'inquiétude, il me fallait un soutien solide. Ma sage-femme m'a suggéré de rencontrer une consultante en lactation et parlé de la dompéridone, un médicament qui favorise la lactation. Je ne connaissais rien de tout cela. J'ai vu la consultante une première fois avant d'accoucher et je suis sortie de cette rencontre sans trop d'espoir pour un allaitement exclusif naturel. Par contre, j'étais surexcitée par la petite pilule miracle.

« J'ai commencé la dompéridone trois jours après l'accouchement. Je me suis dit que si tout se passait bien, je pourrais tenter d'arrêter par la suite. Dix jours après l'accouchement, et rendue à la dose maximale de dompéridone, j'ai dû me rendre à l'évidence : le poids de mon bébé stagnait et il était loin d'avoir repris son poids de naissance. Il me fallait lui donner un complément. Malgré le fait que je prenais ces foutues pilules ! Pour moi, c'était un échec. Ma consultante en lactation semblait trouver que les choses allaient bien et ne comprenait pas mon désarroi. Finalement, avec ma "tête de cochon", j'ai réussi à diminuer tranquillement la quantité de complément et à me rendre à un allaitement exclusif, mais pas de tout repos !

« Mon bébé était loin d'être grassouillet et l'inquiétude sur mes capacités à le nourrir suffisamment remontait en moi de façon régulière. Je ne regrette pas le chemin parcouru. Malgré mes inquiétudes, l'allaitement exclusif m'a procuré une grande liberté et le plaisir immense de savoir que chaque petit repli de gras de mon bébé, c'est mon corps qui l'a créé. »

Joanna

Multiples modèles

Il n'y a pas de modèle unique et figé d'allaitement. Existe seulement celui qui se vit au quotidien, bouge au gré des circonstances heureuses ou malheureuses. Le plus souvent, au fil du temps et des expériences, le bonheur et la lassitude s'entremêlent, la fatigue et le bien-être se côtoient et, parfois, l'envie de continuer ne revient que si l'on a d'abord tout arrêté.

« Enceinte de mon premier bébé, je ne me suis pas posé de questions : l'allaitement n'était pas pour moi. Je n'y voyais aucun intérêt. Allaiter était synonyme de prison. Marie-Anne est née à la suite d'un accouchement long et difficile. Je l'ai mise au sein davantage par obligation que par désir. Je me sentais envahie et Marie-Anne ne voulait pas boire. Moins de 24 heures après sa naissance, j'ai décidé de donner le biberon.

« Cependant, autour de moi, certaines de mes amies allaitaient. Malgré une attitude de fermeture, je commençais à m'intéresser à ce qu'elles vivaient. Enceinte de Juliette, je me suis dit que si tout allait bien, j'étais prête à essayer l'allaitement. L'accouchement s'est bien passé et à mon grand bonheur, mon bébé tétait facilement. Je restais toutefois remplie de peurs de toutes sortes : peur de perdre ma liberté, peur d'être la seule personne à subvenir aux besoins de ma fille, peur de ne plus dormir. J'ai alors décidé de pratiquer l'allaitement mixte.

« Chaque semaine, je voulais la sevrer du sein, mais j'ai continué. Une porte s'ouvrait. À deux mois et demi, Juliette a commencé à se désintéresser du sein. C'est à ce moment que j'ai réalisé ce qui m'arrivait : j'aimais allaiter !

« J'étais triste de voir mon allaitement foutre le camp, mais j'avais le sentiment d'avoir touché à quelque chose de grand. J'avais dû aller dans une zone de moi que je ne connaissais pas : me faire confiance et parfois marcher sur mon orgueil en acceptant l'aide d'autrui.

« Pour Chloé, ma troisième, l'allaitement s'est fait naturellement. Rien ne pouvait me faire changer d'idée. Je vivais quelque chose de merveilleux. J'ai parfois eu l'impression qu'elle n'était pas venue au monde pour rien. J'avais combattu mes démons, je ne m'étais jamais sentie si bien dans ma peau. Chloé a été allaitée exclusivement pendant six mois et prend toujours le sein aussi souvent qu'elle le veut depuis qu'elle mange de la nourriture solide. »

Suzanne

Partager l'allaitement

Depuis la nuit des temps, les femmes partagent leurs histoires de naissance et de maternage. Loin d'être futile, la parole permet les rencontres et l'entraide. Partager une histoire d'allaitement, qu'elle ait été harmonieuse ou difficile, c'est affirmer que cette histoire existe, que cet allaitement appartient d'abord et avant tout à celle qui produit le lait pour son bébé. Décider de parler de son histoire, c'est aussi écouter et créer des liens avec les histoires des autres.

La maternité est un monde propre aux femmes, un état que chacune doit pouvoir modeler à sa façon, bien au-delà des dogmes et des motivations de tous ceux qui prétendent savoir pour elles.

Nous permettre de créer un allaitement qui nous ressemble, c'est être libre de vivre selon nos valeurs. C'est nous donner le choix de décider du sens que prennent nos actions. Il ne saurait y avoir d'épanouissement autrement.

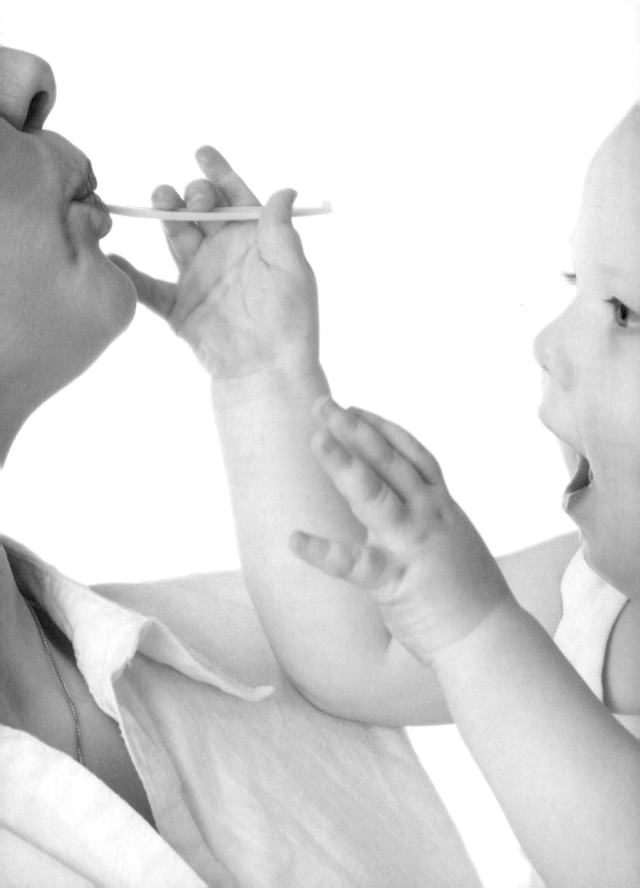

Chapitre 14

L'alimentation de la mère

Faut-il manger plus pour produire du lait?

Un seul facteur détermine la quantité de lait produite par la mère: la quantité qui sort de ses seins. Par ailleurs, il n'y a pas de lien direct entre ce qu'une femme mange et la quantité de lait qu'elle produit: le fait de manger plus ou moins ne fait pas augmenter ou diminuer la production de lait.

Bien sûr, pour produire du lait, il faut des calories. Elles fournissent l'énergie nécessaire à sa fabri-

Même dans les situations extrêmes, en temps de guerre ou de famine, les femmes ont continué à produire du lait. Dans les pays en voie de développement, où les femmes mangent beaucoup moins que dans les pays industrialisés, la quantité moyenne de lait produite par femme est à peu près la même. On observe également que lorsqu'une femme est en état de malnutrition, son niveau de prolactine est plus élevé, lui permettant de maintenir sa production de lait. Le corps dispose de certains mécanismes pour pallier le déficit énergétique.

cation. Si vous allaitez exclusivement, vous dépensez 500 calories par jour pour cette seule activité! C'est autant qu'un jogging de 45 minutes pour une femme de taille moyenne.

Ces 500 calories représentent le « coût énergétique » de l'allaitement. Pour combler ce besoin, les femmes qui allaitent disposent de plusieurs stratégies: laisser le corps puiser dans les réserves adipeuses, manger un peu plus ou encore hiérarchiser ses activités selon son niveau d'énergie.

Liquides

Pour produire du lait, votre corps a besoin d'eau. Cependant, vous ne produirez pas plus de lait parce que vous buvez plus. Inversement, vous ne cesserez pas de produire du lait si vous ne buvez pas assez, à moins d'être sérieusement déshydratée. Il suffit de boire pour étancher votre soif. Si vous êtes étourdie, constipée et si vos urines sont foncées, c'est signe que vous ne buvez pas assez.

Aliments à éviter

Si vous mangez à votre faim et buvez à votre soif, il n'y a aucune raison de revoir en détail ce que vous consommez. L'allaitement n'exige pas de manger ou de boire tel ou tel aliment, pas plus qu'il n'impose de restrictions sur d'autres. La majorité des femmes qui allaitent mangent de tout sans que cela affecte leurs bébés. Pourtant, les rumeurs voulant que les aliments causant des gaz aux mères soient responsables des coliques des bébés sont persistantes… malgré tout bon sens!

Après l'ingestion de certains aliments, les gaz surviennent lorsque des hydrates de carbone non digérés sont décomposés dans les intestins par des bactéries. Ces gaz se forment dans les intestins et sont éliminés par le corps. S'ils passaient dans le lait, celui-ci serait… gazéifié!

Par contre, il est vrai que l'alimentation de la mère change le goût de son lait. Cette variation procure au bébé une multitude d'expériences gustatives qui le préparent doucement à manger comme le reste de la famille.

Quelques suggestions
pratiques

Ayez sous la main des aliments nutritifs et rapides à consommer: des céréales de grains entiers, des fruits et légumes déjà tranchés, des noix, du fromage, des œufs à la coque.

Les premiers jours après la naissance, vous vous sentirez particulièrement assoiffée, de jour comme de nuit. Gardez des boissons et des collations sur votre table de chevet. Rien de pire que d'être réveillée quatre ou cinq fois par nuit par un petit estomac hurlant et d'avoir soi-même faim et soif.

Laissez à votre portée une bouteille d'eau et buvez-en régulièrement: cela vous permettra de surveiller d'un peu plus près votre consommation de liquide.

Variez les liquides: eau, lait, jus, tisane. Créez-vous des rituels. Une tisane le soir et un verre d'eau à chaque tétée. Notez que le café, bien qu'il soit un liquide, est aussi diurétique: il augmente la sécrétion urinaire.

Voyez votre alimentation comme une façon de prendre soin de vous: après tout, il n'y a rien de plus réconfortant qu'un petit plat bien mitonné.

Lorsque son bébé est plus agité qu'à l'habitude, le premier réflexe d'une mère qui allaite est de se demander si cette réaction n'est pas due à quelque chose qu'elle aurait mangé. Il arrive bien sûr qu'un nourrisson soit plus sensible à certains aliments consommés par la mère, mais cela diffère tellement d'un bébé à l'autre qu'il devient futile de dresser une liste d'aliments à éviter. De toute façon, dans la majorité des cas, l'agitation du bébé ne cesse pas une fois l'aliment éliminé.

Par contre, la restriction alimentaire peut être envisagée pour certains problèmes spécifiques qui ne touchent pas tous les bébés (voir p. 107)

Le point sur quelques nutriments

Calcium

La croyance veut que les femmes qui allaitent mettent en péril la santé de leurs os. La science est venue remettre les pendules à l'heure.

Il y a une mobilisation osseuse normale chez toutes les femmes qui allaitent, c'est-à-dire qu'il est normal que le corps utilise le calcium contenu dans les os en période d'allaitement. C'est physiologique, c'est la nature qui a tout prévu. Pendant la grossesse, bien que la demande en calcium soit supérieure, l'absorption intestinale du calcium augmente. Pendant l'allaitement, ce sont les reins qui éliminent moins de calcium.

La grossesse et l'allaitement entraîneraient tout de même une réduction de 5 % de la masse osseuse. Cette perte osseuse est cependant tout de suite rattrapée au sevrage. On constate même une reminéralisation plus dense des os de la femme qui allaite. Pas surprenant que les études démontrent que les fractures de la hanche et l'ostéoporose sont réduites dans la période post-ménopausale chez les femmes ayant allaité. Plus une femme a d'enfants, plus nombreux sont les mois où elle allaite et moins elle risque l'ostéoporose.

D'autres facteurs affectent votre densité osseuse: votre âge, votre alimentation, votre structure osseuse et les exercices impliquant une charge sur vos os. On sait qu'une prise de calcium supérieure à la valeur quotidienne recommandée, soit 1 000 à 1 200 mg par jour, ne prévient pas la perte de masse osseuse ni n'accélère le processus de régénération. Incidemment, ces

S'occuper d'un bébé demande déjà plusieurs ajustements ; il n'y a pas de raison que l'allaitement soit une entrave obligée au plaisir de manger les aliments que l'on aime.

suppléments ont aussi peu d'impact sur les niveaux de calcium de votre lait. Tout porte donc à croire non seulement que l'allaitement ne change rien à la santé de vos os, mais qu'il peut même être bénéfique pour leur santé.

Quoi qu'il en soit, il peut être difficile pour toutes les femmes, qu'elles allaitent ou non, d'atteindre les 1 000 ou 1 200 mg de calcium recommandés par jour, quantité correspondant à quatre verres de lait. Nous ne cherchons pas à démontrer que le lait est essentiel à votre alimentation ni qu'il faut boire du lait pour en produire ! D'autres aliments contiennent du calcium : le tofu, les légumineuses, les amandes, les graines de sésame, le saumon en conserve avec les os, les sardines, les huîtres ou les crevettes en conserve, la mélasse verte, les figues et le quinoa. Vous pouvez aussi boire du jus d'orange ou des boissons de soya additionnés de calcium.

Fer

On vous a peut-être recommandé de continuer à prendre les suppléments de fer que vous avez absorbés pendant la grossesse. Sachez que, pendant les six premiers mois d'allaitement, la quantité de fer sécrété dans le lait correspond à la moitié de celle perdue normalement lors de vos règles. À moins d'avoir perdu une grande quantité de sang à l'accouchement et pendant toute la période d'aménorrhée de lactation, vos besoins en fer sont moindres que ceux d'une femme enceinte ou qui n'allaite pas. Lorsque vos règles reviennent, assurez-vous d'absorber la quantité habituelle recommandée pour les femmes (11 mg).

Gras

Vous pouvez agir non pas sur la quantité totale de gras contenue dans votre lait, mais sur la qualité de celui-ci. On remarque que la proportion des différents acides gras dans le lait diffère selon l'alimentation. Par

exemple, il a été démontré que le lait des femmes sud-africaines, dont l'alimentation traditionnelle est à base de maïs, contient moins de gras mono-insaturé.

Ces dernières années, on a accordé beaucoup d'attention aux fameux oméga-3. Ceux-ci sont utilisés dans l'élaboration d'acides gras hautement insaturés bénéfiques pour le corps humain. Les bienfaits des oméga-3, notamment pour le cerveau, la rétine de l'œil et le système cardiovasculaire, sont maintenant indéniables.

Selon différentes études, il existe une légère corrélation entre le taux d'oméga-3 présent dans le lait, et le développement cérébral et visuel du bébé. Dans une étude portant sur 122 mères danoises, classées selon leur consommation d'aliments riches en oméga-3, on a établi qu'un taux élevé d'oméga-3 dans le lait maternel a un léger impact positif sur le développement du langage des bébés. Toutefois, on ne notait

De votre assiette à votre lait

Les seins ne sont pas un estomac. Tous les aliments que vous mangez ne vont pas se retrouver tels quels dans votre lait.

La nourriture est d'abord brisée dans l'estomac, puis différents éléments, comme des nutriments ou des protéines, passent dans le sang et voyagent dans le corps où ils sont encore une fois modifiés selon l'usage qui en sera fait.

Il n'y aurait que 2 % des protéines alimentaires qui se retrouveraient à peu près intactes dans le lait, comme certaines protéines du lait, des œufs ou des arachides. Selon les cas, elles s'y retrouvent rapidement ou douze à 24 heures plus tard.

Allaiter doit rester un geste vivant et non pas s'inscrire dans la performance ou la privation. Le lait maternel n'est pas un produit de l'agriculture ou de l'industrie, il est fabriqué par un être humain, une femme, dont la seule et unique fonction ne se résume pas à l'allaitement.

Sushi et fromage au lait cru

Pendant votre grossesse, on vous a peut-être recommandé d'éviter de manger du poisson cru et du fromage au lait cru. Ces aliments peuvent contenir une bactérie, la *Listeria monocytogenes*, qui est détruite par la cuisson ou la pasteurisation. Si ces bactéries risquent d'être communiquées au bébé par le placenta, lors de la grossesse, elles ne se transmettent pas dans le lait maternel. À vous les sushis et les fromages fins !

Miel

De la même façon, on suggère d'attendre au moins un an avant d'introduire le miel dans l'alimentation de l'enfant, mais une femme qui allaite peut en consommer sans problème. Le miel est le seul aliment lié au botulisme infantile, une maladie rare (sept cas au Canada depuis 1979), causée par une bactérie, le *Clostridium botulinum*. Le bébé ingère des spores de cette bactérie qui se développent dans son intestin immature. L'enfant de plus d'un an et l'adulte sont capables de combattre ces spores et de les tuer. Ainsi, ils ne peuvent se transmettre dans le lait maternel.

plus de différence lorsque les enfants avaient deux ans. Les compagnies fabricantes de préparations pour nourrissons surfent sur cette vague en mentionnant que leurs produits contiennent des oméga-3 et en vantant leurs mérites.

Tous les organismes et spécialistes de l'allaitement consultés ne recommandent pas aux mères qui allaitent de prendre des suppléments d'oméga-3. Pour l'instant, rien n'indique qu'un taux d'oméga-3 faible cause des problèmes aux bébés. Bien entendu, rien ne vous empêche d'ajouter à votre alimentation des aliments réputés riches en oméga-3, comme les poissons gras et leurs huiles (par exemple le saumon, le maquereau, les sardines, les anchois) ou encore certaines graines, noix et huiles (graines de lin, noix de Grenoble, graines de citrouille, huile de canola et huile de chanvre pressée à froid).

L'alimentation idéale

Aucune femme qui allaite ne devrait croire qu'elle a besoin d'une alimentation exemplaire pour allaiter. Si vous avez envie de fast-food, de manger des croustilles, de dévorer un gâteau au chocolat, cela vous concerne et n'a rien à voir avec votre allaitement. Si vous êtes loin de suivre religieusement ce que recommande le Guide alimentaire canadien, allaitez quand même, sans culpabilité. Votre lait ne sera pas toxique. Au contraire, il reste l'aliment le mieux adapté à votre bébé.

Force est d'admettre que les femmes portent parfois lourdement la responsabilité de la qualité de leur lait. Cet aliment « parfait », le « meilleur » pour le bébé, celui qui évite les otites, qui rend plus intelligent, moins obèse, en meilleure santé... Une mère peut finir par croire qu'elle doit faire en sorte que son lait soit le meilleur pour son bébé. Le moindre écart dans son alimentation la fait se sentir coupable. Et le bébé allaité victime d'une otite, est-ce la faute du lait de sa mère qui n'est pas assez « performant » ?

Certaines femmes souffrent beaucoup de se croire prises au piège par les exigences alimentaires supposées de l'allaitement. Un peu comme une vache qu'on nourrirait de trèfles bio pour parfumer son lait, tout ce que la femme ingérerait, indépendamment de ses goûts, de ses habitudes, de sa culture et de ses croyances, servirait à produire ce lait magique. C'est manquer cruellement de perspective!

Le lait maternel n'a rien de miraculeux. C'est un aliment complet et adapté au bébé, c'est sa première nourriture et une étape dans son alimentation. Il fait partie de l'ensemble des aliments que vous servez à votre famille. Il a un goût, une texture, une couleur et un parfum influencés par ce que vous mangez et la vie que vous menez.

Bien entendu, votre corps fournit les vitamines, minéraux et graisses nécessaires à la composition du lait, mais ces micronutriments ne dépendent pas de votre alimentation quotidienne. Même si un jour, ou deux, ou dix, vous n'absorbez pas en quantité suffisante certains nutriments, vos réserves combleront ces manques. Donc, à moins de carences graves et chroniques, votre lait ne manquera de rien.

Ailleurs dans le monde

En Italie, on recommande aux mères qui allaitent de ne pas manger d'ail, de chou-fleur, de lentilles et de poivrons rouges. Quant à certaines régions de l'Inde, on croit que le fait de consommer de l'ail aide une femme à allaiter avec succès. En Chine et en Asie du Sud-Est, on conseille aux femmes de ne pas boire de liquides froids parce qu'ils nuisent au bébé, tandis qu'en Amérique latine, les mères qui allaitent peuvent se faire conseiller de ne pas manger de porc et de tomates.

L'incroyable adaptabilité du lait humain et la capacité des femmes à nourrir leurs petits font consensus dans tous les milieux spécialisés.

Chapitre 15

En consommer ou pas ?

Café

La caféine passe rapidement dans le lait maternel. Les concentrations maximales sont atteintes environ 60 minutes après l'absorption et elle prend beaucoup de temps à être évacuée. Par contre, le taux de caféine dans le lait est bas, soit environ 1 % de la dose prise.

L'Académie américaine de pédiatrie classe la caféine comme substance compatible avec l'allaitement. Toutefois, des experts en nutrition s'inquiètent de sa consommation excessive : elle serait associée à une diminution du fer dans le lait. La Ligue La Leche, pour sa part, affirme qu'une consommation de 750 ml (environ 5 tasses!), ou moins, de café par jour ne cause pas de problème à la majorité des mères ni à leurs bébés.

Sensibilité à la caféine

Les scientifiques ont pu étudier avec assez de précision l'effet de la caféine sur les bébés puisqu'elle est utilisée dans le traitement de l'apnée du sommeil du nouveau-né. Ils se sont aperçus qu'un nourrisson qui reçoit des doses fréquentes de caféine peut souffrir, comme l'adulte, d'irritabilité et de périodes d'insomnie.

En observant votre bébé, vous serez en mesure d'évaluer la dose qu'il tolère. Un bébé très actif, particulièrement irritable ou qui ne dort pas très longtemps peut y être sensible. Vous pouvez supprimer la caféine de votre alimentation pendant deux semaines pour voir si son comportement se modifie. Diminuez graduellement : l'arrêt brutal provoque parfois des maux de tête ou d'autres symptômes de « sevrage ». Retenez, d'une part, que plus l'enfant grandit, moins il est sensible à la caféine et, d'autre part, qu'une fois la période d'allaitement exclusif passée, votre bébé recevra de moins en moins de lait et sera donc moins exposé à la caféine.

> **Les femmes qui allaitent devraient limiter leur consommation de café à une ou deux tasses par jour.**

Tisanes

Les marques de tisanes qui utilisent l'essence des plantes sont généralement compatibles avec l'allaitement (par exemple, Celestial Seasonings). Évidemment, la

La caféine est aussi présente dans les boissons gazeuses et énergisantes, le chocolat, le thé et certains médicaments.

tisane est plus forte si on l'infuse longtemps et demeure plus présente dans l'organisme si l'on en ingurgite plus d'un litre par jour.

Les préparations thérapeutiques ou pharmaceutiques sous forme de tisanes sont à utiliser avec précaution.

Tisanes considérées comme étant sans danger pendant l'allaitement :

- Chicorée
- Framboise
- Orange spice
- Rooibos
- Menthe poivrée
- Cynorrhodon

Alcool

Enceinte, comme la majorité des Canadiennes qui attendent un enfant, vous avez probablement cessé ou réduit votre consommation d'alcool. Maintenant que vous allaitez, vous vous demandez si vous pouvez boire un verre de vin de temps en temps sans nuire à votre bébé.

Des experts, comme la Société canadienne de pédiatrie et Santé Canada, s'entendent pour dire que les risques augmentent au-delà de deux consommations par jour. Pour une femme de 60 kg, cela correspond à environ 59 à 74 ml de boisson forte, 236 ml de vin de table ou deux canettes de bière.

Une consommation d'alcool modérée à grande peut affecter le réflexe d'éjection de la mère, empêcher le transfert du lait, affecter le développement moteur de l'enfant, ralentir sa prise de poids et entraîner d'autres effets secondaires.

L'alcool dans le lait

L'alcool passe dans le lait à des taux à peu près équivalents à ceux du sang. Si vous êtes à jeun, le taux d'alcool dans votre lait atteint son niveau maximal en 30 à 60 minutes. Si vous sirotez votre vin en mangeant, cela prend de 60 à 90 minutes. L'alcool ne s'emmagasine pas dans le lait, il est éliminé au même rythme que dans le sang. Autrement dit, même si vous exprimez et jetez votre lait une heure après avoir bu deux bières, vous ne faites pas disparaître l'alcool plus vite.

Mais l'alcool, transféré rapidement dans le lait de la mère, est dilué par l'eau du corps du bébé qui l'a bu. Ainsi, le niveau d'alcool dans le sang du bébé reste très bas, sauf dans les cas de consommation excessive de la mère.

Par exemple, si vous avez bu deux bières à 6,5 % d'alcool, votre lait contient alors 80 mg d'alcool pour 100 ml de lait (le fameux « 0,08 »). En tétant, votre bébé ne recevra pas du lait à 6,5 % d'alcool, mais bien à 0,08 %. Une fois votre lait métabolisé par le bébé, son taux d'alcool dans le sang sera à peine perceptible.

Si vous choisissez de boire de l'alcool

- Quel âge a votre bébé ? Un bébé de quelques jours avec un foie encore immature sera plus affecté par votre consommation qu'un bambin de 18 mois.
- Quel est votre poids ? Vos mensurations affectent la façon dont votre corps métabolise l'alcool. Une consommation d'alcool n'a pas les mêmes répercussions sur une femme pesant 45 kg que chez une autre

L'Académie américaine de pédiatrie classe l'alcool parmi les substances compatibles avec l'allaitement et la Ligue La Leche affirme qu'il n'y a pas de preuve que la consommation occasionnelle ou légère d'alcool de la mère soit nuisible au bébé allaité.

pesant 68 kg. Par exemple, une seule consommation suffit à une femme de 45 kg pour atteindre 0,08 % de taux d'alcool dans le sang tandis que deux sont nécessaires à celle de 72 kg.

• Quelle quantité d'alcool voulez-vous boire ? Dans quelles conditions ? Un verre de vin siroté pendant un bon repas en famille ou entre amis n'est pas la même chose qu'une longue soirée passée sans manger dans un bar où vous buvez une consommation par heure.

Si vous prévoyez une soirée où vous comptez boire plus de deux verres, arrêtez votre allaitement le temps que votre corps élimine l'alcool. Cela se fait facilement si votre bébé dort toute la nuit. Sinon, tirez du lait avant votre soirée et offrez-le-lui au lieu du sein.

Le programme Mother Risk du Hospital for Sick Children à Toronto a calculé le temps nécessaire à l'alcool pour être éliminé du lait (voir bienvivrelallaitement.com).

Tabac

À part cesser de fumer, la meilleure chose à faire lorsque vous allaitez est de réduire le plus possible la quantité de cigarettes que vous consommez et de limiter l'exposition de votre bébé à la fumée secondaire. Chaque fois que vous fumez, faites-le loin de votre bébé, idéalement à l'extérieur ou dans une pièce séparée et bien aérée. Il vaut mieux fumer tout de suite après la tétée afin de permettre à votre corps d'éliminer le plus de

Le bon sens veut que si vous êtes assez sobre pour conduire, vous l'êtes assez pour allaiter.

Les recherches sur l'alcool et la lactation

Les recherches qui évaluent l'effet de l'alcool sur la lactation ne sont pas concluantes. Le sujet a été peu étudié : on ne peut pas demander à une femme qui allaite de consommer de grandes quantités d'alcool afin d'évaluer l'impact sur son bébé.

On peut bien sûr évaluer les bébés allaités par des mères alcooliques, sauf que ces mères ont souvent consommé de grandes quantités d'alcool avant et pendant la grossesse. Comment séparer l'impact de l'alcool pendant la grossesse de celui pendant l'allaitement? Sans compter que pour la mère alcoolique, d'autres facteurs sont à considérer, rendant difficile d'isoler les

effets de la lactation sur l'enfant. Pour ces raisons, les recherches sur le sujet ont souvent été menées auprès des rates et des femmes qui... n'allaitent pas.

Les recherches les plus souvent citées montrent que l'alcool modifie l'odeur du lait. Le bébé tète plus vigoureusement mais prend moins de lait que lorsque la mère n'a pas bu d'alcool. La consommation non modérée d'alcool (plus de 0,05 g par kg) affecte la sécrétion d'ocytocine de telle sorte que le lait coule moins bien du sein.

Une autre étude démontre que les bébés exposés aux quantités d'alcool présentes dans le lait de leur mère dorment moins

bien que les autres. Bien que le nombre de bébés étudiés ait été limité, cette recherche contredit le mythe de la « p'tite shot » de rhum dans le biberon pour faire dormir un bébé !

Enfin, une étude, publiée en 1989, révèle que les bébés d'un an dont les mères consommaient régulièrement de l'alcool avaient un développement moteur légèrement différent de celui des autres nourrissons. Il n'y avait cependant aucune différence dans leur développement cognitif. Les bébés dont les mères consommaient de temps en temps de l'alcool présentaient des résultats identiques à ceux des enfants de mères sobres.

nicotine possible avant la prochaine. Il faut environ 95 minutes pour éliminer la moitié de la nicotine présente dans votre organisme.

Le tabagisme est une préoccupation de la santé publique depuis plusieurs années. Les lois antitabac viennent nous le rappeler chaque jour. Pour toutes ces raisons, si vous avez décidé de fumer malgré votre allaitement, vous pouvez ressentir une réprobation sociale vis-à-vis de votre choix. Peut-être que vos proches ou votre médecin vous ont déjà fait la morale à ce sujet. Écoutez leurs préoccupations, mais ne les laissez pas atteindre votre confiance.

Si vous avez une amie qui allaite et qui décide de continuer à fumer, attention aux jugements rapides. Elle vit peut-être beaucoup de culpabilité et n'ose pas aborder le sujet. Offrez une oreille compréhensive et mettez l'information à sa disposition. Les femmes qui allaitent ont chacune leurs qualités et leurs défauts. Comme la grande majorité des mères de la planète, elles donnent le meilleur d'elles-mêmes afin de s'occuper de leurs enfants le mieux possible. La mère qui fume ne fait pas exception à la règle et son choix d'allaiter son bébé reste légitime.

Drogues illégales

Le comité sur les médicaments et les drogues de l'Association américaine de pédiatrie a assigné une catégorie spéciale pour les substances illégales, qu'il considère comme n'étant pas compatibles avec l'allaitement. Il insiste sur le fait que ces drogues sont dangereuses non seulement pour le bébé, mais aussi pour la mère dont le jugement et la santé peuvent être compromis. Cet avertissement vaut aussi pour les mères qui n'allaitent pas. De son côté, Santé Canada indique que les drogues illicites qui entraînent la toxicomanie sont contre-indiquées pendant l'allaitement.

Cela précisé, est-ce suffisant de dire que les substances illégales sont incompatibles avec l'allaitement? Le pourcentage de Québécois qui consomment de la drogue a augmenté de façon significative au cours des dernières années. Croire qu'aucune femme qui allaite ne consomme de drogue serait naïf. Pourquoi ne pas réfléchir à la question? D'autant plus qu'en conseillant aux femmes de sevrer si elles désirent consommer de la drogue, il faut aussi les aviser de ce dont leur bébé sera privé s'il ne reçoit plus le lait de sa mère.

Marijuana

Au Québec, 13,5 % des Québécois adultes ont déjà fumé de la marijuana. Lorsqu'une femme qui allaite en fume, on retrouve l'ingrédient actif de cette drogue, le THC, dans les urines et les selles de son bébé, et il reste présent dans les urines deux ou trois semaines plus tard. La fumée secondaire augmente également le taux de THC de l'enfant. Il faut aussi considérer que la marijuana que l'on se procure dans la rue peut être coupée avec d'autres produits susceptibles d'être toxiques pour le bébé.

La marijuana passe bien dans le lait maternel, à un taux plus élevé que dans le sang. Cependant, tous les chercheurs ne s'entendent pas sur l'effet à long terme qu'elle aurait sur le bébé allaité. Des études réalisées sur les animaux montrent des effets sur les cerveaux

Bien sûr, il vaudrait mieux ne pas fumer pendant l'allaitement. Mais voilà, des gens fument et lorsqu'une mère fume, le lait maternel donné à son nourrisson aiderait celui-ci à réduire les effets négatifs du tabac. Pour cette raison, l'American Academy of Pediatrics refuse d'indiquer que la cigarette est incompatible avec l'allaitement. Elle souhaite plutôt qu'un dialogue s'engage avec les fumeuses qui allaitent. Les bénéfices du lait maternel l'emportent sur les effets négatifs de la nicotine.

des petits exposés à la marijuana par le lait de leur mère, mais il existe peu de preuves chez l'humain que cet effet soit néfaste.

Par contre, comme le cerveau humain connaît une croissance phénoménale de la naissance à deux ans, tout ce qui intervient sur son développement peut avoir de considérables effets à long terme. À court terme, un bébé peut être somnolent, faible et erratique dans ses prises alimentaires. Des études montrent aussi que la marijuana réduit le taux de prolactine, risquant ainsi de provoquer une insuffisance de lait.

Si vous choisissez de consommer de la marijuana de façon occasionnelle, vous pouvez décider de tirer votre lait auparavant afin d'offrir à votre bébé pendant quelques boires du lait non affecté par votre consommation. Même s'il n'a pas été démontré que l'exposition à la marijuana dans le lait maternel augmentait les risques chez les bébés, il n'existe aucune étude adéquate sur le sujet et la vigilance reste de mise.

Drogues dures

Les drogues dites dures passent dans le lait maternel à des niveaux suffisamment importants pour causer une intoxication au bébé allaité. Pendant la grossesse d'une mère toxicomane, la quantité de drogue que reçoit son bébé *in utero* peut provoquer une dépendance et un retard dans son développement.

La méthadone, utilisée pour traiter la dépendance à l'héroïne, est considérée comme étant compatible avec l'allaitement. En fait, la méthadone prise par une mère qui allaite évite au bébé les symptômes de sevrage et le traitement qu'il devrait recevoir s'il n'était pas allaité.

Réflexion...

On peut toujours dire à une femme qui a un problème de drogue de ne pas allaiter son bébé, mais sera-t-il nécessairement plus en sécurité? Il n'y a pas de réponse tranchée à cette question. La mère est-elle assez responsable pour préparer adéquatement les biberons de son petit? Est-elle en mesure de respecter les mesures d'hygiène de base? A-t-elle les moyens d'acheter les préparations lactées ou sera-t-elle tentée d'introduire trop tôt n'importe quel aliment?

Un bébé dont la mère consomme de la drogue de façon régulière commence sans aucun doute sa vie avec un handicap. Mais le lait de sa mère peut l'aider dans son développement déjà fragilisé. Pourquoi refuser d'emblée de parler d'allaitement à ces femmes? D'autant plus que donner naissance et mettre au sein son nouveau-né sont des expériences profondément marquantes qui peuvent transformer une femme aux prises avec un problème de dépendance.

Il ne faut jamais sous-estimer ce qu'une mère est prête à faire pour son bébé.

Chapitre 16

Exercice et perte de poids

Les bienfaits de l'exercice pour tous les êtres humains – dont font partie les femmes qui allaitent – sont incontestables. Il contribue à améliorer le système cardiovasculaire, augmente le bon cholestérol, améliore la réaction à l'insuline et permet une plus grande absorption d'oxygène. Il entraîne un meilleur état psychologique, a le pouvoir de réduire les symptômes d'anxiété et de dépression, en particulier pour les femmes. Lorsqu'on sait que la dépression frappe jusqu'à 13 % des nouvelles mères, on peut souhaiter qu'un programme d'exercice soit encouragé pendant la période post-partum. L'exercice et le sport sont également d'excellents moyens pour retrouver sa ligne.

Malgré tous ces bienfaits, on déconseille encore trop souvent aux mères de faire de l'exercice pendant qu'elles allaitent : cela les fatiguerait et aurait un impact négatif sur leur lait. Voilà un conseil mal venu.

Un exercice physique modéré est bénéfique aux femmes qui allaitent.

Effet de l'exercice sur la composition du lait

D'après toutes les sources consultées, l'exercice a bien peu d'effet sur le lait maternel. On n'a noté aucun changement dans la concentration des minéraux principaux après la pratique d'un sport d'intensité maximale. Aucun changement non plus quant à la quantité de lait produit par la mère – si ce n'est une légère augmentation – ou au gain de poids des bébés dont les mères pratiquaient une activité physique à un rythme moyen, comme la natation ou le vélo, pendant 45 minutes, 4 ou 5 fois par semaine. Ces femmes n'éprouvaient pas non plus de difficulté à allaiter leur bébé après la séance d'exercice.

Acide lactique

L'acide lactique est produit par les muscles qui utilisent les sucres comme carburant lors d'un effort physique. Il est libéré dans le sang où il s'accumule dans les muscles quand l'apport en oxygène est insuffisant, lors d'un exercice physique intense.

Si l'exercice apporte toutes sortes de bienfaits à la mère, quel impact a-t-il sur la lactation? D'après toutes les sources consultées, l'exercice a bien peu d'effet sur l'allaitement lui-même.

En 1992, une étude concernant le taux d'acide lactique dans le lait maternel a reçu énormément de publicité, elle est encore citée dans certains articles ou manuels et pourrait l'être aussi par votre médecin. Cette étude a conclu que l'acide lactique augmente dans le lait à la suite d'une activité cardiovasculaire d'intensité maximale (c'est-à-dire une activité physique pratiquée au maximum de la capacité physique d'une personne) et que ce lait est moins bien accepté par les bébés.

Plusieurs études sont venues par la suite infirmer ces conclusions. De nombreuses anomalies méthodologiques ont été observées, notamment quant à la quantité de lait extrait et à la façon dont celui-ci avait été admi-nistré aux bébés. Si le taux d'acide lactique augmente légèrement dans le lait maternel après une activité cardiovasculaire d'intensité maximale, ce taux est deux fois inférieur à ce qui avait été précédemment évalué. De plus, dans ces études subséquentes, on a conclu que les bébés acceptaient bien le lait avec un peu plus d'acide lactique. En outre, les activités cardiovasculaires d'intensité faible et moyenne ne modifient pas le taux d'acide lactique. Enfin, s'il est possible que l'acide lactique change le goût du lait, il n'est pas nuisible pour le bébé.

Immunoglobuline A

Une autre étude publiée en 1997 a aussi été abondamment citée. Elle visait à évaluer le taux d'immunoglobuline A dans le lait. On a conclu qu'un exercice d'intensité maximale, par exemple courir un marathon, diminue le taux d'immunoglobuline dans le lait. Ce taux, toutefois, se rétablit après environ une heure. Un exercice d'intensité faible ou modérée ne le diminue pas et, au contraire, pourrait contribuer à le faire augmenter légèrement.

De toute façon, la grande majorité des femmes ne cherchent pas à pratiquer un exercice d'intensité maximale, c'est-à-dire exténuant. Elles veulent simplement se remettre en forme. De plus, une tétée par 24 heures comportant un taux plus faible d'immunoglobuline A n'a pas d'impact sérieux à long terme.

Conseils pratiques

Si vous décidez d'entreprendre une activité physique, assurez-vous de porter un bon soutien-gorge et de boire suffisamment d'eau pour maintenir votre hydratation. Vous préférerez aussi sans doute allaiter votre bébé avant votre séance d'exercice. Non par crainte que celui-ci refuse votre lait après, mais plutôt parce qu'avec des seins moins lourds, vous serez plus à l'aise

Ailleurs dans le monde

Partout dans le monde, des mères qui allaitent travaillent durement de leur corps pour assurer leur survie. Elles doivent marcher de longues heures pour se déplacer, transporter de l'eau, préparer des repas avec des outils traditionnels, ce qui réclame beaucoup de force. Si ces activités peuvent nuire à l'allaitement, ce n'est pas à cause de l'effort fourni, mais plutôt à cause du temps consacré. Si l'allaitement n'était pas compatible avec l'effort physique, bien des femmes ne pourraient pas subvenir aux besoins de leur bébé… ce qui n'est pas le cas.

Ainsi, ici comme ailleurs, même les athlètes de haut calibre peuvent allaiter leur enfant.

Allaiter fait maigrir
ou grossir?

L'allaitement fait des promesses quant à la perte de poids. Bien des femmes, en effet, perdent très rapidement, parfois en quelques semaines, les kilos accumulés pendant neuf mois. Mais d'autres ont besoin de beaucoup plus de temps. En fait, l'allaitement n'est pas à lui seul le régime amaigrissant rêvé.

On estime que 100 à 350 calories des 500 à 600 calories quotidiennes nécessaires à l'allaitement pendant les 6 premiers mois proviennent de vos réserves, aussi vous allez nécessairement perdre du poids petit à petit. Cette quantité varie: elle se situe entre 2,5 et 8 kg environ sur une période de 6 mois – pour perdre 1 kg, vous devez brûler 7 700 calories. Si, donc, vous avez pris quelque 15 kg pendant votre grossesse, et qu'il vous en reste 8 ou 9 après l'accouchement, vous devriez les perdre assez facilement.

À ce sujet, une vaste étude a été effectuée auprès de milliers de femmes danoises qui allaitaient. Les résultats confirment que l'allaitement contribue à la perte de poids. Les femmes qui avaient allaité exclusivement pendant 6 mois ont pratiquement éliminé la rétention du poids de grossesse dans ce laps de temps, lorsqu'elles avaient pris 12 kg ou moins. La perte de poids continuait quand l'allaitement prédominant se poursuivait jusqu'à 18 mois. En fait, seules les femmes obèses avant la grossesse ne semblent pas profiter autant des bienfaits de l'allaitement sur la rétention du poids de grossesse.

L'allaitement n'a pas de vertus magiques et il n'est pas à lui seul le régime amaigrissant rêvé. Il peut cependant contribuer à la perte de poids post-partum.

et que, du reste, votre bébé n'appréciera peut-être pas le goût salé de la sueur sur votre peau.

Au cours des six premiers mois d'allaitement, votre corps continue à produire de la relaxine, une hormone qui, son nom l'indique, assouplit les muscles et tendons. Cette hormone préparait votre corps à l'accouchement. Les risques de blessures sont par conséquent plus élevés, surtout au niveau des chevilles et des genoux, lorsque vous pratiquez une activité avec impact.

Faire de l'exercice n'est pas compliqué. Puisque, de toute façon, vous devez emmener votre bébé presque partout avec vous, déplacez-vous en portant votre bébé pour vous remettre en forme. Une promenade vigoureuse avec un bébé dans un sac ventral ou dans une poussette est un très bon exercice, accessible, qui brûle facilement 300 calories par heure, ne demande ni équipement, ni abonnement, ni compétence particulière, et se pratique été comme hiver, en agréable compagnie.

Perdre du poids

Il est tout à fait légitime qu'une mère souhaite retrouver sa ligne et, contrairement à ce que prétendent certains, cela n'est ni imprudent, ni irréaliste. Au contraire, ce serait tout à fait sain : la rétention du poids post-partum peut conduire à l'obésité et à son lot de problèmes.

L'allaitement est la période idéale pour perdre le poids de la grossesse, tout particulièrement entre trois et six mois après la naissance. On estime qu'une perte de poids de 0,5 kg environ par semaine, soit 2 kg par mois, est tout à fait sécuritaire pour une femme qui a

La nouvelle mère ressent parfois un profond sentiment d'étrangeté face à ce corps qui n'est plus gros de vie, celui qu'elle a vu évoluer pendant neuf mois dans le miroir, mais qui n'est pas non plus celui qu'elle connaissait avant sa grossesse. Retrouver sa ligne et un sentiment de bien-être face à son corps sont des choses tout à fait possibles et même souhaitables. L'allaitement n'est en rien un obstacle, bien au contraire !

des réserves adipeuses. Cette perte de poids n'a aucun effet néfaste ni sur la composition ni sur la quantité de lait produit. Elle demeure saine en étant plus rapide, soit jusqu'à 1 kg par semaine, pendant une courte période seulement (de 10 à 14 jours).

Suivre un régime

Le plus simple pour perdre du poids pendant l'allaitement, c'est de manger sainement. La plupart du temps, c'est suffisant. Certaines femmes, toutefois, choisissent de faire un régime, parfois pendant quelques semaines, le temps de démarrer leur amincissement.

Soyez prudente si vous décidez d'adopter un de ces régimes à la mode qui propose de supprimer certains aliments ou de réduire radicalement les calories. On estime à 1 500 le nombre minimal de calories qu'une mère devrait consommer pour maintenir une production suffisante. Attention ! Ce seuil peut ne pas convenir à toutes : une femme très active a besoin de plus. Il est plus prudent d'attendre au moins deux mois après la naissance pour se lancer dans une démarche de perte de poids.

Plus vous réduisez les calories, plus vos sources alimentaires devraient être nutritives afin de maintenir vos réserves en nutriments. Assurez-vous de consommer une grande quantité de légumes, de bonnes portions de pro-téines, des céréales et grains entiers, et de boire à votre soif. Certaines compagnies proposent des régimes spécifiques pour les femmes qui allaitent, comme Weight Watchers. Ce qui compte, c'est de trouver une méthode qui vous convienne et qui soit saine.

Exercice physique et perte de poids

Il semble préférable de perdre du poids en associant la pratique d'un sport à la réduction des calories. De cette façon, les calories utilisées pour compenser le déficit énergétique proviennent entièrement des graisses.

Si vous avez peu de réserves adipeuses et voulez tout de même faire de l'exercice, assurez-vous de combler le déficit énergétique en mangeant davantage. De toute façon, votre corps vous fera signe et vous aurez sûrement plus faim.

Polluants

Vous entendrez peut-être que l'exercice et la perte de poids sont dangereux pour votre bébé en contribuant à augmenter les polluants dans votre lait. On croit cela possible parce que les polluants sont stockés dans les graisses du corps. Théoriquement, plus vous brûlez de graisse, plus ces polluants risquent de se retrouver dans votre lait.

Une étude a conclu qu'une perte de poids modérée ne fait pas augmenter le taux de contaminants dans le lait. Les femmes ayant participé à cette étude avaient été peu exposées aux contaminants et avaient perdu, en moyenne, 4 kg en 16 semaines. Aucune modification n'a été notée dans leur lait. Le risque existe peut-être, mais il semble inutile de s'en inquiéter surtout si vous n'avez pas été exposée dangereusement à des contaminants (voir p. 173).

Perte de poids : quand s'inquiéter

Si certaines femmes perdent petit à petit leur poids post-partum, pour d'autres, il semble tout simplement se volatiliser. Face aux recommandations d'une perte de poids graduelle, ces femmes peuvent même s'inquiéter.

Si vous mangez sainement et à votre faim, il n'y a aucune raison de croire que votre perte de poids soit mauvaise. Vous êtes simplement chanceuse !

Si vous êtes plus mince, vos réserves adipeuses sont en principe moins grandes. Votre corps dépend donc de votre alimentation quotidienne pour subvenir aux besoins en énergie de l'allaitement. Soyez donc attentive à vos besoins.

Dans tous les cas, si vous vous sentez très fatiguée et même déprimée, il peut être sage de consulter un médecin.

Chapitre 17

Les polluants

Qui ne serait pas ébranlé par le titre alarmiste d'un article de journal : « Les bébés risquent d'être empoisonnés par le lait maternel »? Ne répète-t-on pas partout qu'il s'agit de la nourriture la plus saine que l'on puisse donner à un bébé? N'est-ce pas contradictoire d'apprendre qu'il est « contaminé »?

Comme être vivant, vous n'êtes pas détachée du milieu dans lequel vous vivez. De la même façon que la pollution vient encrasser la planète, elle encrasse aussi votre corps et donc votre lait. Devriez-vous vous en soucier? Oui, tout le monde devrait s'en préoccuper. La contamination de l'environnement est-elle une raison pour ne pas allaiter? Non.

Si on examinait le corps de n'importe quel être humain sur la planète, jeune ou vieux, homme ou femme, allaité ou non, on y trouverait une accumulation de substances chimiques.

Un outil pour les scientifiques

Le lait maternel est souvent utilisé par les scientifiques pour mesurer l'exposition humaine aux produits chimiques. Il ne coûte pas cher à analyser et il est plus facile d'obtenir des échantillons de lait que de faire des ponctions de sang ou de graisse. Le lait maternel devient un thermomètre de la contamination présente chez tout un chacun. Il illustre la pollution de notre environnement.

Votre lait contient des substances chimiques parce que celles-ci s'accumulent facilement dans les graisses de votre corps et que votre lait est en partie fabriqué à

Quels polluants?

Les substances chimiques que l'on risque de trouver en plus grande quantité dans votre lait sont les polluants organiques persistants (POP). Les POP restent dans l'environnement. Ils s'accumulent dans la graisse et les tissus des organismes vivants et risquent d'entraîner des effets nuisibles entre autres sur le système hormonal et reproductif.

L'exposition se fait soit par contact direct, soit en absorbant de l'eau, des aliments ou en respirant de l'air contaminé et, bien souvent, alors que nous étions encore dans le ventre de nos mères.

À la suite de différentes mesures prises par les gouvernements, il est intéressant de constater que depuis les années 1970, les niveaux de biphényle polychloré (BPC) et de pesticides organochlorés contenus dans le lait maternel ont chuté.

Comment réduire les risques d'exposition aux polluants

1. Réduisez ou arrêtez votre consommation de tabac.

2. Évitez ou limitez les contacts avec les pesticides, les peintures à base de plomb, les vapeurs d'essence et les produits comme les solvants contenus dans certaines peintures, colles et vernis à ongles.

3. Réduisez votre consommation de gras animal en enlevant la peau ou l'excès de gras de la viande ou de la volaille que vous mangez. Choisissez des produits laitiers faibles en gras.

4. Lavez soigneusement les fruits et légumes afin d'éliminer les résidus de pesticides. Dans la mesure du possible, consommez des aliments produits sans engrais chimiques ou pesticides.

5. Faites attention aux poissons que vous consommez. Santé Canada recommande aux femmes en âge de procréer de limiter à un repas par mois leur consommation de requin, d'espadon et de thon frais ou congelé (à l'exception du thon en conserve). Le ministère du Développement durable, de l'Environnement et des Parcs et le ministère de la Santé et des Services sociaux ont réalisé conjointement un guide qui permet de s'informer sur la contamination des poissons d'eau douce du Québec.

6. Limitez les contacts avec les vêtements nettoyés à sec. Enlevez le plastique qui les recouvre et aérez les vêtements dans une pièce avec les fenêtres ouvertes de 12 à 24 heures.

7. Évitez les contacts avec les incinérateurs.

partir de ces graisses. Si le lait d'une femme est affecté par les polluants, le lait de tout autre mammifère, la vache par exemple, l'est aussi. Les préparations pour nourrissons ne font pas exception. Des polluants organiques et des métaux lourds comme le plomb, l'aluminium et le mercure ont tous été détectés dans les aliments commercialisés pour nourrissons.

Est-ce dangereux ?

L'exposition aux polluants avant et pendant la grossesse représente un plus grand risque pour le fœtus que l'allaitement. En général, le niveau de contamination du lait est faible et les effets à long terme de la présence de produits chimiques dans le lait sont encore mal connus.

Cependant, les données recueillies laissent croire que les avantages de l'allaitement compensent les risques incertains qui viendraient de la pollution du lait. Pour ces raisons, Santé Canada est venu à la conclusion que le lait maternel est « généralement l'élément le plus sain et le plus nutritif pour les bébés ». Même les femmes inuites, qui sont plus exposées que les autres Canadiennes aux polluants, sont encouragées à allaiter leurs bébés.

De plus, l'allaitement peut aider à limiter les dommages causés par la pollution, en renforçant le système immunitaire du bébé. Plusieurs études faites auprès de bébés exposés aux BPC pendant la grossesse montrent que ceux qui ont été allaités paraissent moins affectés que ceux qui ont été nourris avec des préparations pour nourrissons.

Polluants en milieu de travail

Si vous travaillez dans un milieu qui utilise certains polluants, vous avez le droit d'être affectée à d'autres fonctions pendant la durée de votre grossesse ainsi que pendant la durée de votre allaitement. S'il est impossible de modifier vos tâches, vous avez le droit de cesser de travailler le temps de votre grossesse et de votre allaitement, et de recevoir des indemnités de la Commission de la santé et de la sécurité du travail (CSST). Au Québec en 2007, la CSST a reçu 541 demandes relatives à l'allaitement et 82,8 % d'entre elles ont été acceptées. Visitez son site Internet (csst.qc.ca).

Chapitre 18

La sexualité

On dit souvent que l'allaitement « tue » la libido. Ce préjugé défavorable n'est pas tout à fait vrai. En fait, si l'allaitement influence la sexualité, on ne sait pas en quoi, ni comment il l'influence.

Les études

D'un point de vue scientifique, peu d'études ont été produites pour déterminer l'influence spécifique de l'allaitement sur la libido et la sexualité des femmes. Qui plus est, les résultats de ces études sont relativement contradictoires.

D'un côté, certaines études affirment que l'allaitement n'a pas d'impact sur la sexualité. On avance que les femmes qui allaitent sont plus à l'aise dans leur sexualité et plus enclines à reprendre les relations sexuelles avec leur conjoint. Ou alors, on explique que si les femmes nouvellement mères semblent avoir moins de relations sexuelles dans les mois qui suivent leur accouchement que dans ceux qui le précèdent, l'allaitement n'en est pas responsable.

L'allaitement n'empêche pas la reprise des rapports sexuels.

De l'autre côté, vous trouvez des recherches qui prétendent que l'allaitement a un impact négatif sur la libido des femmes. Celles-ci auraient moins ou aucun désir sexuel lorsqu'elles allaitent, et sont en aménorrhée sans être enceinte. Il y aurait une corrélation négative entre l'intensité de l'allaitement et la fréquence des relations sexuelles. Des femmes rapportent aussi avoir moins de lubrification vaginale pendant l'allaitement, ce qui rend les relations sexuelles douloureuses.

La plupart des études toutefois s'entendent pour dire que la différence de désir et de fréquence des rapports sexuels entre les femmes qui allaitent et celles qui n'allaitent pas semble se dissiper après environ six mois.

Hormones

On évoque souvent les hormones comme les principales responsables de la diminution de la libido. En effet, la femme qui allaite a un niveau plus élevé de prolactine mais moins élevé d'œstrogène. On croit que cela pourrait avoir une influence sur le désir. Dans une étude, on a aussi noté que les mères qui allaitent et qui rapportent avoir une perte sévère de désir ont des niveaux d'androstènedione et de testostérone, hormones liées à la libido, significativement bas. Il n'est pas établi toutefois que l'augmentation de la libido soit directement liée à l'augmentation ou à la diminution de l'une ou l'autre de ces hormones.

Autres facteurs

Les études sur le sujet ne prennent pas en compte certains facteurs importants qui influencent la sexualité lors du post-partum, notamment la fatigue, la contraception et certains facteurs psychologiques et sociaux.

De fait, faire l'amour n'est pas qu'un acte physiologique, c'est aussi, et en grande partie, un acte d'émotions dans lequel la psychologie joue un grand rôle.

Si l'allaitement affecte la sexualité des femmes, c'est peut-être aussi parce que leurs besoins de tendresse et de proximité physique sont comblés par cette nouvelle présence et intensifiés par la relation unique qu'apporte l'allaitement. Après tout, l'allaitement est aussi un geste d'amour, qui comprend même une grande part de sensualité.. Les femmes disent souvent avoir reçu leur dose de contacts physiques à la fin de la journée. Les sentiments d'amour intense qu'elles éprouvent pour leur bébé peuvent, pendant un certain temps, prendre toute la place.

Le problème est que l'homme, lui, ne profite pas des mêmes bienfaits de l'allaitement et peut se sentir blessé ou rejeté. Il faut le comprendre. Tout le monde veut se sentir désirable, et si votre compagnon a l'impression de ne plus l'être, il se peut fort bien qu'il remette en question votre allaitement, surtout s'il a entendu ici ou là que l'allaitement tue votre libido. Encore une fois, une bonne communication reste essentielle et le sens de l'humour sait calmer les frustrations !

Contraception

Après avoir accouché, les femmes attendent en moyenne six semaines avant de reprendre les rapports sexuels. Lorsque le couple est prêt, la contraception est au sommet des préoccupations. Il est préférable d'y avoir réfléchi avant.

La méthode de contraception parfaite, c'est-à-dire sûre à 100 % et sans effet secondaire, n'existe pas

Quelques considérations **techniques**

Un niveau bas d'œstrogène peut entraîner une mauvaise lubrification du vagin. Si vos relations sexuelles sont douloureuses ou inconfortables, utilisez du lubrifiant, tel que le gel K-Y.

L'orgasme peut déclencher l'écoulement des seins de certaines femmes. En effet, l'ocytocine responsable du réflexe d'éjection est aussi produite pendant l'orgasme. Si cela vous rend mal à l'aise ou gêne votre conjoint, essayez d'allaiter, d'extraire un peu de lait, de compresser vos mamelons pour empêcher le lait de sortir avant de faire l'amour ou d'avoir une serviette à portée de main.

D'autres couples trouvent la chose plutôt amusante et l'intègrent à leur vie sexuelle. De toute façon, le «problème» sera de courte durée, puisque plus votre production s'adaptera à la demande de votre bébé, moins vos seins risqueront de couler en dehors de cette demande. Alors, mieux vaut en rire !

Peu importe la méthode de contraception que vous choisirez, assurez-vous de bien la comprendre, de bien évaluer ses effets secondaires et les risques qui y sont associés. L'efficacité de toute méthode de contraception, quelle soit naturelle ou non, repose sur son usage systématique.

encore. C'est pourquoi le choix d'une méthode qui vous convient est personnel et tient compte de plusieurs facteurs : votre état de santé, votre expérience personnelle, vos valeurs, l'opinion de votre conjoint. Il faut savoir ce qui fonctionne pour vous et avoir confiance que vous trouverez la bonne méthode.

La MAMA (Méthode de l'Allaitement Maternel et de l'Aménorrhée)

Voici une méthode contraceptive peu connue et souvent mal comprise. Si nous vous la présentons d'abord, et en détail, c'est parce qu'elle est liée directement à l'allaitement, qu'elle est efficace et que les professionnels de la santé n'en parlent pour ainsi dire jamais. La plupart vont même jusqu'à nier l'effet contraceptif de l'allaitement.

Il ne faut pas simplifier : l'allaitement à lui seul, dans n'importe quelles conditions, n'assure pas l'infertilité de la femme. Il y a certaines règles à suivre, qui ont été établies par des chercheurs.

La MAMA dépend de trois conditions :
• L'absence de règles (aménorrhée). C'est l'indicateur le plus important du risque accru de grossesse : une femme qui a eu son retour de règles est presque certainement fertile. On a convenu que le retour de règles correspond à tout saignement après le 56e jour du post-partum semblant être un saignement menstruel, ou durant 2 jours consécutifs ou plus.
• L'allaitement exclusif. Le bébé ne reçoit aucun supplément, sous forme de lait ou autre, et est allaité au moins 6 fois par période de 24 heures avec un intervalle maximal de 6 heures entre les tétées – c'est la

règle du 24/6/6. Cette condition est moins absolue que la première. C'est-à-dire que certaines femmes peuvent donner des suppléments minimes tout en profitant d'un très haut taux de protection, à condition que ces suppléments ne soient pas réguliers et ne réduisent pas la fréquence des tétées. Pour l'instant, toutefois, on n'est pas certain du taux d'efficacité de la méthode avec un allaitement exclusif assoupli.

L'aménorrhée et l'effet protecteur de l'allaitement sont directement liés à la succion. Les tétées fréquentes et l'éjection du lait modifient l'action des ovaires, en diminuant les chances de produire un ovule viable. Plus les mamelons sont stimulés, plus les règles sont retardées et plus l'action normale des (suite p. 182)

En 1988, on a établi pour la première fois les conditions de la MAMA. À Bellagio, en Italie, une vingtaine de chercheurs se sont penchés sur la question de l'allaitement comme méthode contraceptive afin de trouver une formule simple qui assurerait un taux élevé d'efficacité. Ils ont étudié la fertilité des femmes qui allaitent dans les pays industrialisés et dans les sociétés au mode de vie traditionnel.

Les experts de Bellagio ont estimé le taux d'efficacité de la MAMA à 98 % environ. On a appelé cela le « Consensus de Bellagio ». D'autres études ont confirmé ces résultats, attribuant un taux encore plus élevé d'efficacité (99-99,5 %) à cette méthode.

Excitée par..

Voilà un sujet tabou… qui trotte pourtant dans la tête de nombre de futurs parents ! Est-ce que la succion d'un bébé peut exciter la femme qui allaite ? Après tout, les seins sont de puissants symboles érotiques dans nos sociétés. Pour bien des femmes, ils sont une zone érogène et leur plaisir sexuel passe par des caresses, des mordillements et des stimulations des mamelons.

Rassurez-vous, vous saurez faire la part des choses. Nourrir un bébé, même si c'est un acte d'amour et d'intimité, n'a rien à voir avec la sexualité. Au début, vous êtes si concentrée à apprendre les gestes de l'allaitement qu'il n'existe aucune ambiguïté. Un bébé qui tète n'utilise pas sa bouche comme un homme qui aime. Il tète pour se nourrir et se réconforter, non pas pour donner du plaisir à sa partenaire. Pour certaines femmes, les seins deviennent « zone interdite » à leur compagnon pendant quelque temps. Parfois, certains hommes préfèrent ne pas toucher aux seins de leur douce, associés pour un temps au garde-manger de leur bébé. N'ayez pas peur d'aborder le sujet et de trouver votre zone de confort.

Ressentir « quelque chose » pendant la tétée

Parfois, certaines femmes, souvent lorsqu'elles sont redevenues fertiles et que leur bébé est

Le « tabou de la lactation »

Les tabous sexuels pendant l'allaitement se retrouvent dans toutes les cultures et à travers toutes les époques.

Dans certains pays africains, le lait de la femme s'oppose au sperme de l'homme. Le sperme est jugé dangereux pour le lait tandis que le lait est censé nuire à la virilité. Ainsi, un père ne doit pas avoir de relations sexuelles avec la mère pendant l'allaitement. Cette abstinence sexuelle peut durer jusqu'à trois ans. Encore aujourd'hui à Abidjan, en Côte d'Ivoire, elle est d'environ neuf mois.

En Occident, jusqu'au XVIIe siècle environ, la mère qui allaite doit s'abstenir de relations sexuelles. D'abord, on croit qu'elles peuvent déranger ses humeurs et ainsi affecter la qualité de son lait. Ensuite, en faisant l'amour, la femme risque de devenir enceinte et la grossesse gâte le lait de façon précoce et irrémédiable. Ce tabou est si prégnant que dans certains milieux aisés, les maris s'opposent à ce que leur femme allaite et engagent des nourrices.

En France au XVIIIe siècle, les savants et les intellectuels recommencent à trouver des vertus à l'allaitement « maternel ». Les médecins doivent alors reconsidérer leurs exigences et sont prêts à consentir à la reprise des relations sexuelles à condition qu'elles soient modérées et entre époux ! Les nourrices, quant à elles, restent soumises à l'abstinence la plus stricte.

Il est intéressant de noter qu'au départ, ce « tabou de lactation » présente moins de liens avec les superstitions de « peuplades primitives » qu'avec une organisation sociale particulière. En effet, l'abstinence sexuelle pendant l'allaitement permet de réguler la fécondité et de maintenir un équilibre entre les deux rôles de la femme dans des sociétés principalement agricoles : la procréation et le travail de la terre. Les intervalles entre les naissances sont de trois ans environ, préservent la santé de la mère et celle des enfants en bas âge.

Enfin, il faut considérer que, dans certaines sociétés, cette absence si longue de rapports sexuels post-partum n'est possible que dans un cadre social polygame.

son bébé

plus âgé, « ressentent quelque chose » bien malgré elles lorsque leur bébé tète. Cela peut se produire en période d'ovulation par exemple. Le phénomène n'est pas anormal ou « déviant ». Si ces sensations vous troublent, concentrez-vous sur votre bébé et prenez une ou deux inspirations profondes pour qu'elles s'estompent.

Un acte agréable

Il ne faudrait pas croire que l'allaitement est désincarné et sans émotions. C'est un geste qui peut être (et paraître) sensuel. Porter un bébé contre sa peau nue, se faire caresser par une petite main, sentir sa respiration chaude contre son sein, voilà autant de sensations agréables vécues par la femme qui allaite. De plus, allaiter est plaisant. Tant pour la mère que pour son bébé. Plaisir d'être contre le sein de sa mère, plaisir de goûter le lait, plaisir de la succion, plaisir de voir son nourrisson grandir, plaisir de le voir se régaler de son lait, etc. Pour bien des femmes, c'est une découverte émancipatrice qui procure un bien-être et une image positive de leur corps. Pour certaines autres cependant, cette perspective de tant de proximité peut les retenir d'allaiter. Les femmes ayant subi des abus sexuels, par exemple, peuvent ne pas supporter le contact de la bouche d'un bébé sur leurs seins.

Un peu d'histoire

Il est amusant de constater qu'à une certaine époque, en France, les médecins insistaient beaucoup sur la satisfaction sexuelle procurée par l'allaitement afin de l'encourager ! Ambroise Paré écrit : « [...] car chatouillant le tétin, la matrice se délecte [...] et sent une titillation agréable. » Laurent Joubert note : « [...] si les femmes savaient quel plaisir il y a de nourrir ses enfants, elles se loueraient plutôt à nourrir les enfants d'autrui que de quitter les leurs. »

Au XXe siècle, ce plaisir devient suspect. On ne doit surtout pas prendre de plaisir à s'occuper d'un nouveau-né ! On lit dans les manuels de puériculture qu'il ne faut pas parler au bébé : « [...] ne caressez pas ses joues roses, ne chatouillez pas son corps dodu : la tétée est l'acte le plus sérieux de la vie du nourrisson, il faut qu'elle s'accomplisse dans un calme propice. »

Encore aujourd'hui, les femmes sont réticentes à parler des sensations physiques que procure l'allaitement, et pour cause.

En janvier 1991, Denise Perrigo, de Syracuse aux États-Unis, téléphone à un centre communautaire afin d'avoir le numéro de téléphone de la Ligue La Leche. Elle veut savoir s'il est normal de ressentir une excitation sexuelle lorsqu'elle allaite. Elle n'arrivera cependant jamais à parler à une monitrice de la Ligue La Leche. En lieu et place, on transfère aussitôt son appel à une cellule de crise contre le viol ! La personne bénévole au bout du fil conclut que le fait qu'elle allaite un bambin de deux ans constitue un abus sexuel et contacte sans tarder les autorités. Madame Perrigo passe la nuit en prison pendant que sa fille est placée sous la protection des services sociaux. Cet exemple, bien qu'extrême, porte à réfléchir. Est-ce à dire que notre société, si permissive en matière de sexualité, n'arrive toujours pas à concevoir qu'une femme puisse nourrir un bambin avec ses seins ?

ovaires est réprimée, ce qui crée ainsi les conditions physiologiques pour que le premier saignement menstruel précède la première ovulation.

La stimulation des mamelons doit être effectuée par le bébé pour que l'efficacité soit à son maximum. Ainsi, la protection diminue pour les femmes qui, en raison d'un retour précoce au travail, par exemple, tirent leur lait plusieurs fois par jour. Elle reste toutefois élevée, entre 95 % et 96,5 %, si le lait est extrait plusieurs fois par jour, au moins aussi souvent que lorsque le bébé est allaité toute la journée.

• Le sixième mois post-partum : Après cette période, la probabilité d'une grossesse augmente parce que l'ovulation a plus de chances de se produire avant le retour de couches. Il se peut que la protection procurée par l'allaitement se prolonge pour les femmes toujours en aménorrhée après six mois, mais on n'a pas encore réussi à déterminer avec précision dans quelles conditions cette protection est efficace, ni quel est son taux de fiabilité.

Autres méthodes naturelles

Toutes les méthodes contraceptives naturelles, telle la méthode symptothermique, sont compatibles avec l'allaitement. Une femme pourrait par exemple utiliser la MAMA puis observer ses signes d'ovulation jusqu'à son premier retour de règles, pour ensuite utiliser une méthode naturelle, comme la prise de température.

Même si vous avez l'habitude des méthodes naturelles, nous vous suggérons de faire des recherches, de consulter des gens ou un organisme compétent. L'allaitement modifie les signes habituels d'ovulation.

La glaire n'est pas tout à fait la même, surtout au cours des premiers mois, et votre température basale peut être plus variable.

Les méthodes de contraception naturelles demandent une bonne connaissance de soi et une grande complicité du couple. La plupart des organismes qui promeuvent les méthodes naturelles s'accordent à dire que, lorsqu'elles sont bien utilisées, elles sont aussi efficaces que toutes les autres méthodes.

Méthodes barrière et DIU (stérilet)

Toutes les méthodes contraceptives barrière, avec ou sans spermicide, sont compatibles avec l'allaitement (condom, diaphragme et cape cervicale). Ces méthodes sont très efficaces lorsqu'elles sont utilisées adéquatement et systématiquement.

Un petit mot sur la cape cervicale : il s'agit d'une méthode de contraception barrière peu connue. Habituellement, elle n'est pas recommandée puisqu'elle a la réputation de ne pas offrir un bon taux d'efficacité. Toutefois, selon le Centre de santé des femmes de Montréal, la cape cervicale bien utilisée offre un taux d'efficacité comparable aux autres méthodes barrière (98 % environ).

Le dispositif intra-utérin en cuivre (DIU), ou stérilet, n'a pas d'effet sur l'allaitement. Il est hautement efficace (environ 99 %) surtout parce qu'il ne demande aucune discipline personnelle de la part de l'utilisatrice ni d'intervention une fois inséré. Il convient à de nombreuses femmes et peut être posé dès la sixième semaine de post-partum.

La MAMA en bref

Si vous choisissez la MAMA, posez-vous régulièrement les questions suivantes : suis-je toujours en aménorrhée (absence de règles) ? Est-ce que j'allaite toujours exclusivement ? Mon bébé a-t-il moins de six mois ? Si vous répondez oui à ces trois questions, vous remplissez les trois conditions de la MAMA.

Pour en savoir plus sur la MAMA et les autres méthodes de contraception naturelles, contactez l'organisme québécois SERENA, qui offre un service de régulation des naissances grâce à ses bénévoles.

Habituellement, les médecins demandent à ce que le DIU soit inséré pendant les règles pour que le col soit légèrement ouvert. Si vous voulez qu'il soit posé avant votre retour de règles, informez votre médecin que vous allaitez et que vous ne savez pas quand vos règles reviendront.

Méthodes hormonales

Les méthodes hormonales se divisent en deux catégories : celles qui utilisent la progestérone seule et celles qui utilisent la progestérone et l'œstrogène.

Contraceptifs à progestérone

Habituellement, les médecins recommandent aux femmes qui allaitent de prendre la pilule Micronor, le stérilet Mirena ou l'injection Dépo-Provera sous prétexte que ces méthodes n'ont aucun impact sur l'allaitement. Il faudrait nuancer.

En théorie, la progestérone n'influence pas négativement la production de lait. Cependant, selon une récente révision de la littérature scientifique, on a conclu que les études sur les effets des contraceptifs oraux sont trop limitées pour qu'on puisse être certain des conséquences sur la production lactée. C'est pourquoi on croit que les méthodes de contraception à base de progestérone devraient être choisies en deuxième lieu, si aucune autre méthode ne peut être considérée.

Retour des menstruations

Chez les femmes qui allaitent, le retour des menstruations se fait plus tard : c'est l'aménorrhée de lactation. Le jeu hormonal modifie l'action des ovaires. L'aménorrhée ne dure pas nécessairement pendant tout l'allaitement. Cela varie d'une femme à l'autre. Cependant, tout saignement significatif survenant **après le 56e jour post-partum** doit être considéré comme un saignement menstruel.

Les femmes qui emploient cette méthode devraient attendre que leur production soit bien établie, c'est-à-dire six à huit semaines.

Contraceptifs combinés

Les contraceptifs combinés (Tri-Cyclen, Marvelon, Alesse, etc.) et les autres méthodes utilisant une combinaison d'hormones, comme l'anneau vaginal (NuvaRing) ou les injections, devraient être considérés comme un troisième choix puisque les risques de baisse de production sont plus élevés. On croit que la diminution de production est proportionnelle à la dose d'hormones du contraceptif.

Allaitement écologique

Dans le prolongement de l'idée de la MAMA se trouve l'allaitement écologique, un « style » d'allaitement... qui est aussi la plus ancienne méthode de contraception. Les femmes qui le pratiquent allaitent à la demande, jour et nuit, exclusivement pendant cinq à huit mois, puis introduisent les aliments solides très graduellement, et réconfortent leur bébé avec le sein. La plupart du temps, ces femmes dorment avec leur bébé et pratiquent le portage. Elles n'utilisent ni suce ni biberon, n'imposent aucune forme d'horaire, ni le jour, ni la nuit et laissent leur enfant se sevrer lui-même.

Les femmes qui pratiquent l'allaitement écologique ont habituellement une aménorrhée plus longue que les autres, d'une durée moyenne de 14,6 mois : 7 % de ces femmes ont leur retour de règles avant 6 mois, 37 % entre 7 et 12 mois, 48 % au cours de la 2e année de leur enfant et 8 % ont une aménorrhée qui dure plus de 2 ans.

L'allaitement écologique n'est pas un style d'allaitement répandu en Occident ni une méthode de contraception reconnue. Toutefois, pour certains couples, il s'agit d'une façon pratique et naturelle d'espacer les naissances.

Certains indices laissent croire que les femmes qui utilisent une méthode contraceptive à progestérone subissent une baisse de production de lait. L'Academy of Breastfeeding Medecine suggère que les mères ayant connu des problèmes de production ou une chirurgie mammaire, les mères de jumeaux ou de prématurés, ainsi que les mères malades ou dont le bébé est malade, s'abstiennent d'utiliser ce moyen de contraception.

Des hormones dans le lait ?

Le passage des hormones dans le lait a été peu étudié. L'œstrogène et la progestérone se retrouvent cependant dans le lait maternel, mais en petite quantité. Les deux hormones sont classées compatibles avec l'allaitement par l'Association américaine de pédiatrie. Il existe toutefois des inquiétudes pour le nourrisson **de moins de six semaines**. Ses reins pourraient être trop immatures pour métaboliser les hormones qui passent dans le lait.

Comme le stérilet et l'anneau vaginal diffusent leurs hormones localement, elles sont transférées dans le sang en beaucoup moins grandes quantités et, par conséquent, sont quasi absentes du lait.

Il a été démontré que certains contraceptifs en injection modifiaient sensiblement la composition du lait en augmentant la quantité de protéines et en réduisant celle du gras. Cela n'a toutefois eu aucun impact chez les sujets étudiés, bien que des preuves empiriques fassent état de bébés plus agités.

Si cette méthode est la seule qui vous convienne, il est suggéré d'attendre au minimum six à huit semaines, et au mieux six mois, et d'utiliser la dose la plus faible d'œstrogène. Notez que si l'on recommande d'attendre six mois, ce n'est pas parce que les risques de diminution de votre production de lait sont éradiqués, mais plutôt parce que votre bébé risque moins de souffrir d'une baisse de production, étant donné son âge et le fait qu'il commence à manger des aliments solides.

Nouvelle grossesse

Si vous souhaitez devenir enceinte, vous vous demandez peut-être si l'allaitement compromet vos projets. Cela dépend de quelques facteurs. En fait, il faut envisager l'effet contraceptif de l'allaitement à l'envers. Tout comme la mère voulant éviter une grossesse, vous devez vous poser quelques questions : avez-vous eu votre retour de règles ? Allaitez-vous exclusivement ? Votre bébé a-t-il plus de six mois ?

Le retour à la fertilité de la femme qui allaite se fait graduellement :
• D'abord, il y a absence d'ovulation. Les chances de grossesse sont donc nulles. Pour la femme qui allaite exclusivement, cette période dure au minimum six semaines.
• Cette période d'infertilité est suivie d'une première menstruation qui, le plus souvent, n'est pas précédée d'une ovulation, surtout si le bébé a moins de six mois. Si votre retour de couches se produit avant six mois, il est possible que quelques cycles sans ovulation se succèdent. Ces cycles sont souvent irréguliers et les pertes de sang minimes.
• Suit alors une période, plus ou moins longue, pendant laquelle l'ovule peut être fécondé, mais les conditions de la phase lutéale – la phase du cycle menstruel qui suit l'ovulation – rendent l'implantation difficile, voire impossible : l'endomètre n'est pas prêt à recevoir l'ovule fécondé.

Il est rare qu'une femme tombe enceinte à sa toute première ovulation, si elle allaite plusieurs fois par jour, et si l'ovulation a lieu avant ses premières règles. Même si l'ovule est fécondé, il peut ne pas s'implanter puisque l'endomètre ne permet pas la nidification. Si une grossesse survient à la toute première ovulation, c'est habituellement après une diminution du nombre de tétées.

Une fois l'ovule fécondé et implanté, l'allaitement ne perturbe pas le déroulement normal d'une grossesse. Si vous envisagez d'allaiter pendant votre grossesse et de pratiquer l'allaitement en tandem, référez-vous au chapitre 23.

Ainsi, pendant cette période de transition vers le retour complet de la fertilité, vos chances de tomber enceinte augmentent, mais elles restent un peu plus faibles que si vous n'allaitiez pas. Les conditions de la phase lutéale s'améliorent de cycle en cycle.
• Après cette période, la femme retrouve complètement sa fertilité et l'allaitement n'empêche plus la grossesse. S'ils ne l'étaient pas, les cycles redeviennent réguliers. Habituellement, plus les règles sont hâtives, plus le retour complet à la fertilité se fait graduellement. En général, la fertilité réapparaît au cours de la première année post-partum.

Provoquer le retour à la fertilité

Il se peut que, pour une raison ou pour une autre, vous soyez pressée d'être de nouveau enceinte. Comme le retour à la fertilité est intimement lié à la succion, si vous voulez absolument déclencher vos règles, vous devez réduire le nombre de tétées. Une diminution brusque est plus efficace pour déclencher vos menstruations ou votre ovulation qu'une diminution graduelle, même si vous continuez à allaiter plusieurs fois par jour. Vous pouvez, par exemple, encourager votre bébé à prolonger ses nuits, supprimer une tétée ou encore augmenter

Être enceinte, à quel intervalle ?

L'OMS recommande un intervalle minimum de 18 mois entre les naissances, en toutes circonstances, et de 3 ans au moins dans les pays en voie de développement. Les études démographiques démontrent que l'allaitement empêche plus de grossesses au niveau mondial que toutes les autres méthodes de contraception. Selon l'UNICEF, la planification familiale est la façon la plus efficace d'améliorer la santé des femmes.

ses rations de nourriture solide. Nous ne sommes pas en train d'encourager le sevrage des nourrissons pour en concevoir d'autres ! Notre premier réflexe est de vous inciter à penser à l'enfant qui est là, plutôt qu'à celui qui viendra. Mais vous restez celle qui sait ce qui convient le mieux à votre famille. C'est pourquoi vous devez savoir que, dans quelques rares cas, il est nécessaire de sevrer l'enfant pour retrouver sa fertilité.

Méthodes de contraception compatibles
avec l'allaitement

Méthodes naturelles	MAMA, méthode symptothermique
Méthodes barrière	Condom, diaphragme, cape cervicale, avec ou sans spermicide
Contraceptifs à progestérone	Micronor, stérilet Mirena ou injection Dépo-Provera, etc. (idéalement, attendre six à huit semaines)
Contraceptifs combinés (œstrogène et progestérone)	Tri-Cyclen, Marvelon, Alesse, NuvaRing, etc. (attendre au moins six à huit semaines et au mieux environ six mois)

Chapitre 19

Maux, maladies et médicaments

Il n'existe pas de bons moments pour être malade, mais il semble que la maladie tombe particulièrement mal lorsqu'on allaite. On se demande si les maux et les médicaments pour les soigner ont un impact sur le lait et s'ils peuvent affecter le bébé. C'est une inquiétude de plus, sans compter la fatigue de la maladie qui décuple celle d'avoir à s'occuper d'un bébé.

Rassurez-vous : la mère malade et le bébé vont généralement profiter de l'allaitement. Il arrive cependant aussi que lorsqu'une mère n'est pas au sommet de sa forme, elle remette en question son allaitement. Dans tous les cas, une information juste vous permettra de faire vos propres choix.

Problèmes liés à l'allaitement

Les maux et problèmes qui ont le plus de chances d'affecter la confiance d'une mère et de remettre son allaitement en question sont bien sûr les maux directement liés à l'allaitement. Selon plusieurs, ils sont un passage obligé. Pourtant, aussi éprouvants puissent-ils être, ils ne sont pas inévitables. Bien diagnostiqués et soignés, les problèmes de santé liés à l'allaitement ont d'excellentes chances de guérir rapidement.

Gerçures et crevasses

Symptômes et description

Les gerçures sont une irritation du mamelon : la peau est rouge et irritée. Les crevasses sont des fissures plus ou moins profondes qui peuvent saigner pendant ou entre les tétées. Ce type de blessures arrive le plus souvent les premiers jours après la naissance à cause d'une position incorrecte et parce que les seins sont en train de s'adapter. Elles peuvent aussi se produire à d'autres moments, lorsque le bébé a des dents, par exemple.

Rester au sec?

Pendant longtemps, certains spécialistes en allaitement ont conseillé aux femmes aux prises avec des crevasses ou des gerçures d'utiliser un séchoir à cheveux ou une lampe solaire afin d'assécher la zone affectée. Les avis ont changé aujourd'hui et le séchoir risque d'aggraver l'irritation, voire de provoquer d'autres blessures. Une blessure guérit mieux en milieu humide et à l'air libre.

Vérifier la position d'allaitement et s'assurer de la bonne prise du sein sont presque toujours les premières mesures à prendre pour guérir et prévenir la majorité des problèmes d'allaitement. Référez-vous au chapitre six pour revoir ou découvrir ces notions.

On a longtemps propagé l'idée que les femmes à la peau très pâle, aux cheveux blonds ou roux souffraient plus souvent de crevasses que les autres. C'est faux. Cependant, les femmes à la peau très sensible peuvent ressentir plus d'inconfort les premiers jours. Les gerçures et les crevasses ne représentent aucun danger pour le bébé. Mais elles sont pénibles pour la mère!

Traitement

- Corrigez la position et assurez-vous de la bonne prise du sein de votre bébé;
- Appliquez une goutte de votre lait après chaque tétée;
- Laissez vos mamelons à l'air après la tétée, mais si ce n'est pas possible, pensez à porter des boucliers d'allaitement entre les tétées qui empêcheront vos seins d'entrer en contact avec vos vêtements (à ne pas confondre avec des téterelles);
- Une fois par jour, lavez vos seins avec un savon très doux et sans parfum et rincez abondamment à l'eau claire afin de prévenir l'infection. Vous pouvez aussi appliquer une mince couche de crème antibiotique de type Bactroban ou Polysporin sur les mamelons après la tétée. Ces deux crèmes sont compatibles avec l'allaitement. Un médecin pourra aussi vous prescrire une crème spéciale pour mamelons à base d'antibiotiques, de fongicides et d'anti-inflammatoire (aussi appelée crème du Dr Newman);
- Des compresses tièdes et humides appliquées sur le mamelon peuvent soulager s'il y a absence de muguet, de même qu'une application de crème à la lanoline pure;
- Commencez l'allaitement par le sein le moins douloureux et changez de sein lorsque vous sentez votre réflexe d'éjection;
- Variez les positions d'allaitement de façon à ce que votre bébé ne cause pas de la pression toujours au même endroit;
- Allaitez fréquemment: il faut éviter l'engorgement et garder vos seins souples;
- Utilisez un analgésique contre la douleur ou posez de la glace sur la zone atteinte pour la geler et atténuer la douleur;
- Si vos crevasses saignent pendant la tétée, il n'y a aucun danger pour votre bébé. Si c'est le cas, ne soyez pas étonnée si vous trouvez un peu de sang dans ses selles ou lorsqu'il régurgite.

Blessures récurrentes

- Exigez qu'on vérifie le frein de la langue de votre bébé (voir p. 50);
- Demandez qu'on vérifie s'il y a infection. Si c'est le cas, un médecin pourra vous prescrire une crème pour mamelon comme celle du Dr Newman ou encore les crèmes Kenacomb ou Viaderm KC.

Prévention

- Assurez-vous d'avoir une bonne position au sein;
- Assurez-vous que votre bébé tète bien;
- Enlevez le bébé du sein en brisant la succion avec le doigt;
- Ne pressez pas le sein pour dégager le nez du bébé pendant qu'il tète (ça évite de changer la position du mamelon dans la bouche du bébé);
- Si vous devez le faire, attendez au moins quatre semaines avant d'introduire une suce ou un biberon;
- Ne lavez pas les seins après ou avant chaque tétée;
- N'employez pas de savon, de crème ou de tissus rugueux sur les seins;
- Ayez un soutien-gorge d'allaitement bien ajusté;
- Si vous devez tirer votre lait, allez-y avec douceur et assurez-vous d'avoir la bonne technique.

Engorgement pathologique

Symptômes et description

Lors de la montée laiteuse, il est normal d'avoir les seins engorgés pendant quelques heures. Cependant, des seins continuellement engorgés, à tel point que le bébé n'arrive pas à téter, est signe que quelque chose ne va pas. Lors d'un engorgement normal, la texture de vos seins ressemble à celle du bout de votre nez. Par contre, si vos seins sont durs comme votre front et non malléables, il est temps d'intervenir.

Traitement

- Appliquez un peu de chaleur juste avant la tétée afin de faciliter l'écoulement du lait ;
- Vérifiez et corrigez la position d'allaitement et la prise du sein : l'engorgement est peut-être dû à une position qui ne permet pas de bien drainer le lait de vos seins.
- Variez les positions d'allaitement ;
- Faites téter votre bébé souvent (toutes les deux heures au moins), sans limiter la durée des tétées ;
- Massez le sein douloureux juste avant et pendant la tétée ;
- Si votre bébé ne parvient pas à prendre le sein tellement l'enflure est importante, tirez un peu de lait afin d'assouplir votre sein, cependant ne tirez pas tout votre lait pour le désengorger complètement ;
- Appliquez de la glace après la tétée pendant 20 minutes environ afin de réduire l'inflammation. Un sac de petits pois surgelés dans une serviette fait des miracles !
- Des feuilles de chou portées dans votre soutien-gorge d'allaitement aident à soulager l'engorgement. Dans les cas sévères, elles seraient même plus efficaces que la glace. Il faut utiliser du chou vert et le laisser pendant 20 minutes tout autour de vos seins. Vous pouvez le faire deux ou trois fois par jour et cesser le traitement aussitôt que vous vous sentez mieux. Si vos seins sont blessés, n'appliquez pas de chou sur les blessures ;
- Vérifiez l'ajustement de votre soutien-gorge, quitte à le laisser de côté quelques heures si vous êtes plus à l'aise ;
- Si la douleur est très forte ou si la fièvre vous cause trop d'inconfort, n'hésitez pas à prendre de l'acétaminophène ou encore de l'ibuprofène.

Prévention

- Allaitez selon les rythmes et demandes de votre bébé ;
- Ne minutez pas les tétées ;
- Assurez-vous que votre bébé tète efficacement et que sa position est bonne ;
- Lorsque vos seins vous semblent particulièrement pleins, massez-les délicatement juste avant ou pendant la tétée ;
- Portez un soutien-gorge bien ajusté : trop serré, il favorise l'engorgement ;
- Permettez-vous de passer quelques heures sans votre soutien-gorge d'allaitement si vous êtes à l'aise.

Coussinets d'hydrogel

On trouve sur le marché des coussinets d'hydrogel pour la guérison des gerçures ou des crevasses. Ces compresses sont employées depuis des années pour accélérer la guérison de blessures sur d'autres parties du corps. Il semble qu'elles réduisent la douleur aux seins. Par contre, les recherches faites à leur sujet présentent des conclusions ambiguës. Même si la douleur est moindre, leur utilisation comporterait des risques d'infection et de complications, sans compter leur prix qui est assez élevé (comptez une vingtaine de dollars). Si vous décidez de vous tourner vers ce traitement, quelques questions doivent se poser :

- Le produit laisse-t-il un résidu sur le sein qui ne devrait pas être ingéré par le bébé ?

- Le produit reste-t-il en place grâce à un adhésif qui risque de blesser encore plus les seins ?

- La compresse peut-elle et doit-elle être rincée afin d'éviter l'accumulation et la prolifération de bactéries ?

- Le produit empêche-t-il la croissance des bactéries et des champignons ?

- Combien de temps peut-on utiliser la compresse ? Certaines doivent être remplacées tous les jours tandis que d'autres peuvent rester en place sept jours, ce qui rentabilise un peu l'investissement.

Mastite et canal lactifère bloqué

Symptômes et description

La mastite est une infection qui se produit la plupart du temps à cause d'une stagnation du lait dans le sein, ce qui offre un milieu propice à la croissance des bactéries. Elle est aussi fréquente chez les femmes qui ont souffert de crevasses puisque ces plaies ouvrent la porte aux infections. La mastite se produit le plus souvent pendant les douze premières semaines d'allaitement, mais peut aussi survenir à tout moment, entre autres lorsque le bébé commence à dormir toute la nuit ou lors du sevrage. Elle se soigne avec un traitement antibiotique. La mastite s'accompagne de forte fièvre et de frissons (comme lors d'une grippe). La douleur est intense et le sein, chaud, rouge et enflé.

Le canal lactifère bloqué, pour sa part, ne se soigne pas avec un antibiotique et se résorbe plus facilement. Il se manifeste par une bosse douloureuse, enflée et très dure à la surface du sein. Notez qu'un canal bloqué et non traité peut se transformer en mastite.

Il y a quelques années, les médecins conseillaient aux femmes qui souffraient de « mastites » (le mot englobait bien des pathologies) d'arrêter l'allaitement. N'en faites rien : l'allaitement vous aidera à vous tirer de ce mauvais pas. Votre bébé est le meilleur des remèdes.

Mastite – traitement

- Continuez à offrir les deux seins. Il n'y a aucun danger pour votre bébé. Interrompre l'allaitement augmente le risque de complications comme la formation d'un abcès, plus complexe à traiter ;
- Pour contrer la douleur, variez les positions d'allaitement ou encore commencez par le sein non atteint et changez lorsque vous sentez votre réflexe d'éjection ;
- Appliquez de la chaleur sur la zone douloureuse plusieurs fois par jour.
- Si votre sein est très enflé après la tétée, appliquez de la glace ;
- Reposez-vous en priorité. Pensez à bien vous hydrater. Faites-vous aider ;
- Si la douleur est importante ou la fièvre douloureuse, l'ibuprofène est indiqué puisqu'il agit aussi comme anti-inflammatoire ;

- Si les symptômes de la mastite durent depuis plus de 24 heures, consultez un médecin. S'il vous prescrit un antibiotique, demandez qu'il soit efficace contre le *Staphylococcus aureus* qui est, avec le *Staphylococcus albus*, la bactérie le plus souvent trouvée ;
- La pénicilline ou l'amoxicilline ne sont pas efficaces dans le traitement des mastites. La céphalexine, la cloxacilline, la flucloxacilline, l'amoxicilline-acide clavulinique, la clindamycine ou encore la ciprofloxacine sont indiquées. Ces antibiotiques sont tous compatibles avec l'allaitement ;
- Si vous devez prendre un antibiotique, commencez aussi à prendre des probiotiques (voir p. 112).

Canal lactifère bloqué – traitement

- Massez la bosse vers le mamelon avant et pendant la tétée. Votre partenaire peut se placer derrière vous pendant la tétée et faire ce massage. Appliquez délicatement de l'huile d'amande ou d'olive pour ne pas irriter la peau. Il faut allaiter au moins toutes les deux heures, jour et nuit, tant que la douleur persiste ;
- Commencez par donner le sein douloureux, l'inconfort du début s'estompe généralement en une minute. Si c'est encore trop douloureux, vous pouvez donner l'autre sein et revenir au sein atteint une fois que vous sentez votre réflexe d'éjection ;
- Allaitez dans la position qui vous semble la plus confortable : le conseil de placer le menton du bébé vers la bosse peut aider mais n'est pas infaillible puisque les canaux ne sont pas nécessairement en ligne directe avec les ouvertures du mamelon ;

Comment les différencier ?

symptômes	canal bloqué	mastite
Masse	douloureuse, localisée, très dure	douloureuse
Douleur	absente au début	intense
Rougeur	légère, localisée	importante
Fièvre	absente ou légère	soudaine et forte

La prise de probiotiques (*Lactobacillus*) pourrait aider à prévenir le canal bloqué et la mastite. Évitez d'en faire trop ou de trop vous en faire.

- Tirez du lait après la tétée ou encore utilisez la position de la louve (voir p. 294);
- De la chaleur peut être appliquée sur la zone douloureuse du sein avant la tétée et du froid après si l'inflammation est sévère;
- Si un bouton blanc et douloureux apparaît au bout du mamelon, c'est une ampoule de lait et un canal d'écoulement qui peut être bloqué. Il faut l'enlever. Appliquez une compresse la plus chaude possible juste avant la tétée, puis laissez faire votre bébé. Souvent, sa succion est suffisante pour enlever le bouton. Répétez cette manœuvre à chaque tétée pendant un ou deux jours. L'expression manuelle peut aussi être d'un grand secours. Ce qui sortira de l'ampoule aura un peu la texture de la pâte dentifrice;
- Laissez votre soutien-gorge de côté ou assurez-vous qu'il ne soit pas trop serré;
- Reposez-vous;
- L'ibuprofène est un bon choix d'analgésique, l'acétaminophène aussi mais en deuxième option puisqu'elle n'est pas anti-inflammatoire.

Prévention du canal bloqué et de la mastite

- Ayez une bonne position et assurez-vous que votre bébé tète efficacement;
- Allaitez votre bébé aussi souvent et longtemps qu'il le désire;
- Ne pressez pas votre sein pour dégager le nez de votre bébé lorsqu'il boit. Ne craignez rien : s'il manque d'air, il va vous le faire savoir.
- Évitez de sauter des tétées, de donner le biberon, d'éliminer de nombreuses tétées en même temps (lors du sevrage par exemple);
- Portez un soutien-gorge bien ajusté : trop serré,

il favorise l'engorgement qui peut dégénérer en mastite;
- Traitez aussitôt tout signe d'engorgement et de canal bloqué;
- Soignez rapidement toutes gerçures et crevasses;
- Si vous souffrez de ce problème de façon récurrente, un supplément de lécithine aide à prévenir les canaux bloqués (une capsule de 1 200 mg, 3 ou 4 fois par jour, avec les repas). La lécithine est un émulsifiant qui brise les gras pouvant engorger un canal lactifère.

Muguet
Symptômes et description

Le muguet est en fait une candidose, c'est-à-dire une infection causée par un champignon, le *Candida albicans*. Chez le bébé, cette infection se manifeste de bien des façons. Il peut y avoir des plaques blanches collées sur les joues et la langue de même qu'un érythème fessier. Mais il peut aussi n'y avoir aucun signe visible.

La mère qui allaite et qui souffre de candidose ressent une douleur durable et intense aux mamelons ou aux seins, pendant toute la tétée et pas seulement lorsque le bébé prend le sein. La souffrance est souvent encore plus aiguë à la fin. Les mamelons peuvent être rouges, fissurés et chauds ou encore paraître tout à fait normaux. La douleur est souvent décrite comme une brûlure, une démangeaison, un choc électrique ou même un coup d'aiguille qui remonte jusque dans le dos. La candidose risque de se produire si la mère a reçu des antibiotiques ou souffre d'infection vaginale. Les blessures aux mamelons ou la peau mal aérée sont également des milieux propices au *Candida albicans*. Vous pouvez souffrir de candidose et votre bébé ne présenter aucun symptôme.

Un bébé qui boit seulement du lait a souvent des petites taches blanches sur la langue. En l'absence d'autres signes, il ne faut pas vous inquiéter.

Traitement

- Après la tétée, rincez vos mamelons avec une solution composée d'une tasse d'eau pour une cuillère à soupe de vinaigre. Laissez sécher à l'air. Appliquez ensuite une crème antifongique qui contient de la clotrimazole (Canesten) ou du miconazole (Monistat), ou encore la crème pour mamelon du Dr Newman ;
- Combinez un onguent pour mamelon à du violet de gentiane, un produit peu onéreux et assez facile à trouver en pharmacie. Il ne nécessite pas de prescription. Utilisez une solution à 1% (celle à 2 % irriterait trop la peau). Attention cependant, il tache ! (voir encadré page 193) ;
- Utilisez l'onguent pour mamelon après chaque tétée, sauf celles où vous utilisez le violet de gentiane ;
- Si le violet de gentiane ne fait aucun effet après quatre jours, arrêtez son utilisation. Il faut peut-être chercher une autre cause ;
- L'extrait de pépins de pamplemousse (disponible dans les magasins d'aliments naturels) appliqué en même temps que l'onguent peut aider. Mélanger 5 à 10 gouttes dans 30 ml d'eau. Appliquez avec un coton-tige, laissez sécher puis appliquez l'onguent pour mamelon. Après la disparition des symptômes, continuez pendant une semaine l'utilisation de l'extrait de pépins de pamplemousse en diminuant les quantités ;
- Il est important de traiter la mère et le bébé en même temps, ainsi que toutes les zones affectées (fesses, bouche, mamelons, vagin) ;
- La peau très asséchée par les traitements peut être soignée avec de l'huile d'olive ;

- Veillez à une hygiène méticuleuse :
  - Lavez vos mains régulièrement, désinfectez les jouets portés à la bouche de l'enfant (sa suce, s'il en a une) ;
  - Changez les couches plus fréquemment ;
  - Changez vos compresses d'allaitement au minimum après chaque tétée ;
  - Lavez vos vêtements (soutien-gorge, essuie-mains, débarbouillettes, literie) à l'eau chaude et ajoutez une tasse de vinaigre ou 15 à 20 gouttes d'extrait de pépins de pamplemousse à l'eau de rinçage ;
  - Lavez votre vaisselle au lave-vaisselle (si possible) avec l'eau la plus chaude possible ;
  - Lors du brossage des dents, brossez aussi la langue ;
  - Vérifiez que votre conjoint ou vos autres enfants ne soient pas aussi infectés par une candidose ;
  - Portez des sous-vêtements de coton et rien de trop serré ;
- Prenez des suppléments de probiotiques (*Lactobacillus acidophilus*) ;
- Une crème ou un gel à base d'azole (miconazole, fluconazole) peuvent être prescrites par un médecin. Préférez la crème Nizoral à Nystatin (certaines souches lui résistent) ;
- Pour une candidose très tenace, le Diflucan™ (fluconazole sous forme orale) peut être prescrit. Demandez le fluconazole générique qui est moins dispendieux que l'autre (jusqu'à 350 dollars pour un traitement de 2 semaines). Comme tout médicament, il peut entraîner des effets secondaires (vomissement, diarrhée, douleurs abdominales et éruption cutanée) ;
- Si ces traitements n'améliorent en rien vos symptômes après 7 à 10 jours d'essai, vous ne

souffrez probablement pas de candidose et d'autres pistes doivent être envisagées comme l'eczéma, le psoriasis, la dermatite de contact, le vasospasme du mamelon, l'impétigo, voire l'herpès. Référez-vous à une consultante en lactation ou à un médecin compétent en allaitement ;

- Dans le cas de candidoses récurrentes et persistantes, évitez la consommation de sucre, d'alcool, de produits laitiers, de levures, de raisins ou de jus de fruits. Mangez des aliments variés et le moins possible transformés ;
- Le lait tiré et conservé pendant une candidose contient possiblement du *Candida albicans* lui aussi, cependant les spécialistes ne conseillent pas de le jeter puisqu'il n'est pas censé causer de problème au bébé. Pour détruire toute trace de *Candida* dans le lait décongelé, on peut cependant l'amener au point d'ébullition pendant quelques minutes sans plus.

Utilisation du violet de gentiane à 1 % pour traiter le muguet

- Trempez un coton-tige dans la solution et badigeonnez un de vos mamelons ainsi que l'aréole. Laissez sécher quelques secondes.
- Mettez votre bébé au sein, vous le traitez ainsi en même temps que votre mamelon.
- Après la tétée, badigeonnez de nouveau le mamelon si nécessaire et placez une compresse d'allaitement pour le couvrir.
- Répétez sur l'autre sein.
- Faites ce traitement une fois par jour pendant quatre à sept jours (il serait inutile de le faire plus longtemps).

Généralement, un soulagement se produit dans les heures qui suivent un premier traitement et la douleur disparaît après trois ou quatre jours. Si elle persiste au-delà, il ne s'agit probablement pas de *Candida albicans* et il faut peut-être chercher une autre cause.

Prévention

- Évitez l'utilisation non nécessaire d'antibiotiques ;
- Prenez des probiotiques pendant une antibiothérapie (voir p. 112) ;
- Traitez rapidement gerçures, crevasses, infections vaginales et mastites ;
- Aérez bien la peau ;
- Si votre bébé a une suce, nettoyez-la souvent.

Vasospasme du mamelon (phénomène de Raynaud)

Symptômes et description

Le vasospasme du mamelon est une des manifestations du phénomène de Raynaud qui affecterait 20 % des femmes en âge de procréer. C'est une cause de douleurs aux mamelons mieux connue aujourd'hui. Un vasospasme est un resserrement des veines. Il est associé à une forte douleur, sous forme de brûlure ou de « coup d'épée » à travers tout le sein. Le mamelon blanchit et peut ensuite devenir bleu puis rouge.

La douleur est présente pendant et après la tétée où elle est souvent plus intense. Elle semble également être plus forte quand la poitrine est exposée au froid. Le vasospasme du mamelon est souvent provoqué par le stress ou encore par une forte stimulation du mamelon, comme celle que peut parfois faire un bébé. Il peut aussi être causé par des médicaments comme la théophylline ou la terbutaline (utilisés dans les traitements de l'asthme ou de certaines maladies respiratoires). Parfois, la femme en est atteinte pendant sa grossesse. À cause de la nature de la douleur, le vasospasme est souvent confondu avec le muguet.

Traitement

- Appliquez de la chaleur sur le sein après la tétée, des massages avec de l'huile d'olive tiède pendant la douleur peuvent aider ;
- N'exposez pas vos seins au froid, restez au chaud (certaines femmes atteintes préfèrent allaiter sous les couvertures) ;
- Prenez de l'ibuprofène ;
- Évitez le café et le tabac ;
- Suppléments possibles : vitamine B6 (100 mg, 2 fois par jour) ; magnésium / calcium (300 mg de magnésium) / calcium-gluconate (200 mg,

Quels médicaments en vente libre sont compatibles avec l'allaitement ? Peut-on allaiter en ayant une gastro ou passer un examen de la vue sans risques ? Y a-t-il une solution plus naturelle que la médication pour les maux bénins ? Consultez bienvivrelallaitement.com pour y trouver toutes les réponses.

2 fois par jour). Si après une dizaine de jours de supplément il n'y a pas d'amélioration, cela ne fonctionnera probablement pas ;

- Dans les cas les plus graves, un médicament hypertenseur comme la nifédipine peut résorber le problème. Généralement, une faible dose est efficace et le traitement dure quelques semaines.

Maladies communes et bénignes

Principes généraux

Lorsque vous êtes atteinte d'une maladie bénigne, votre corps produit des anticorps qui protègent votre bébé. **La maladie dont vous souffrez n'est pas transmise à votre bébé par votre lait.** Dans la majorité des infections virales, dites-vous que votre bébé est exposé à votre maladie avant même que vous en ressentiez les premiers symptômes. Le fait que vous continuiez à le nourrir de votre lait lui permet de combattre la maladie.

Bien sûr, vous pouvez appliquer les mesures d'hygiène habituelles pour éviter la contagion. Si toutefois votre bébé est malade à son tour, il le sera presque toujours moins que vous puisqu'il continue de recevoir une bonne dose d'anticorps à travers votre lait.

La fatigue et la douleur enlèvent l'envie d'avoir un bébé au sein. Par conséquent, vous risquez de l'allaiter moins souvent. Faites preuve de vigilance : cela le prive de nutriments essentiels à sa croissance et augmente la possibilité qu'il soit malade à son tour. Vous pouvez également souffrir d'inconfort et d'engorgements, voire nuire à votre production de lait.

Il se peut d'ailleurs que vous ayez l'impression d'avoir un peu moins de lait pendant une maladie.

C'est normal : vous êtes fatiguée, vous mangez et buvez moins. Lorsqu'elles sont malades, bien des mères trouvent plus facile de garder le lit avec leur bébé contre elles. Cela facilite l'accès au sein et la mère peut ainsi allaiter couchée, en déployant moins d'efforts. Le repos aide à maintenir la production de lait.

N'hésitez pas à réduire la douleur et l'inconfort. Un bon bain, des boissons chaudes, de la nourriture réconfortante, plusieurs siestes ou encore un analgésique comme de l'acétaminophène ou de l'ibuprofène aident à rendre l'allaitement plus confortable.

Maladies spécifiques

Dépression

Si l'allaitement vous tient à cœur, il n'y a aucune raison de sevrer parce que vous souffrez d'une dépression. Il est possible d'allaiter en prenant des antidépresseurs.

La dépression post-partum s'observe chez environ 13 % des mères et demeure souvent non diagnostiquée. Elle peut avoir des conséquences sur le développement du bébé, particulièrement si elle est ignorée. Traiter la dépression post-partum est préférable (suite p. 196)

Dépression ou hypothyroïdie ?

Si vous vous sentez très fatiguée et quelque peu déprimée, demandez à ce qu'un médecin vérifie votre taux d'hormones thyroïdiennes. Ce sont deux symptômes de l'hypothyroïdie et il arrive aussi qu'on les attribue faussement à l'allaitement. Cette vérification nécessite une prise de sang.

Baby-blues, dépression post-partum
Comment s'y retrouver?

Le **baby blues**, ou le **syndrome du troisième jour**, atteint couramment les femmes qui viennent d'accoucher. Larmes, confusion, sautes d'humeur, anxiété et pensées dépressives font leur apparition pendant la première semaine suivant la naissance et durent quelques jours sans laisser de séquelles. Le syndrome du troisième jour se soigne avec beaucoup de réconfort, d'amour et d'humour. Sachez briser l'isolement et exprimer vos inquiétudes.

La **dépression post-partum** se manifeste aussi après l'accouchement, mais elle peut apparaître plusieurs mois après la naissance. La lassitude, les troubles du sommeil, l'anxiété, la culpabilité excessive, l'anorexie et les pensées suicidaires forment quelques-uns de ses symptômes. Un stress important, une mauvaise relation conjugale, un accouchement traumatisant, un bébé aux besoins intenses, prématuré ou malade, l'isolement et l'absence de soutien social peuvent contribuer à son apparition. La dépression post-partum doit être diagnostiquée rapidement. Elle se soigne souvent par une médication, un suivi psychologique ou les deux.

La **psychose post-partum** est un trouble grave qui se déclenche dans les quatre semaines suivant la naissance. Elle s'accompagne de délire, d'hallucinations et de difficultés fonctionnelles marquées. Elle demande une évaluation et un traitement psychiatrique.

L'allaitement, cause de la dépression?

Dans le passé, des études ont indiqué que la dépression est plus fréquente chez les femmes qui allaitent. Cependant, ces études ne tenaient pas compte d'autres facteurs comme l'isolement social ou le manque de soutien.

Rien n'indique que l'allaitement augmente le risque de dépression post-partum. En fait, les changements hormonaux après l'accouchement se produisent d'une façon plus graduelle quand la mère allaite. De plus, lorsqu'elle présente des taux d'hormones normaux et bénéficie d'un soutien adéquat, l'allaitement facilite la confiance en son nouveau rôle de mère et diminue son anxiété.

Traverser la dépression légère

Lorsque la dépression est légère, des pistes de traitements autres que la médication peuvent être envisagées, comme la révision de l'alimentation, l'exercice et la psychothérapie.

Une bonne alimentation est la base d'une bonne santé, physique et mentale. Les femmes déprimées présentent parfois une carence en vitamine B6, B12, en acide folique, en choline et en acides gras oméga-3. Des suppléments peuvent être utiles (voir tableau).

L'exercice physique augmente les taux de sérotonine et de dopamine, et libère des endorphines. Ces différentes hormones diminuent la douleur et créent un sentiment de bien-être. Dans certains cas, la psychothérapie peut être aussi efficace que la médicamentation pour surmonter la dépression.

N'hésitez pas à briser l'isolement et à entrer en contact avec d'autres femmes qui ont vécu la même chose que vous.

Recommandations de suppléments pour une dépression légère à modérée

Suppléments	Quantités	
Acides gras oméga-3:	DHA: 200-300 mg	EPA: 1 à 2 g
Vitamine du complexe B:	B6: 75 mg	B12: 100 mcg
Acide folique:	400 mcg	
Choline:	150 à 500 mg	

Iode

Scintigraphie

L'iode 131 utilisé lors de scintigraphies est sécrété dans le lait maternel et absorbé par les glandes thyroïdes de la mère et du bébé. De 25 % à 46 % de la radioactivité administrée sera sécrétée dans le lait. **Ce produit est incompatible avec l'allaitement.**

Radiologie

Certains examens radiologiques, comme le scanner, nécessitent l'injection d'un produit de contraste iodé. Une quantité extrêmement faible passe dans le lait maternel. On l'estime à 1 % du volume injecté à la mère. Le bébé absorbe moins de 1 % de la quantité qui se rend dans son intestin et aucun cas de toxicité n'a été rapporté dans la littérature médicale.

L'American College of Radiology et l'European Society of Urogenital Radiology ont adopté des positions indiquant que l'allaitement n'a pas à être interrompu lorsqu'une femme reçoit un contraste iodé.

à ne rien faire puisque le traitement a des effets positifs sur le bébé. De son côté, l'allaitement crée un lien d'attachement profond entre une mère et son bébé. Cette relation aide à contrecarrer les effets négatifs de la dépression maternelle sur le bébé. En outre, un sevrage abrupt provoque des changements hormonaux importants, et peut rendre triste et anxieuse une mère qui vivait bien son allaitement.

Les antidépresseurs les plus utilisés actuellement font partie d'un groupe de médicaments appelé les ISRS, soit les inhibiteurs spécifiques de la sérotonine. La sérotonine est une substance qui se trouve notamment dans le cerveau et qui est impliquée dans les changements d'état émotionnel. Les ISRS bloquent la recapture de la sérotonine, ce qui augmente son taux, et réduisent les symptômes liés à la dépression. Le Prozac, le Paxil et le Zoloft sont des ISRS. Les différences entre eux tiennent principalement à leur concentration et aux effets secondaires qu'ils sont susceptibles de provoquer.

Le Zoloft semble être l'antidépresseur le plus sécuritaire en période d'allaitement. Les études réalisées auprès de mères allaitantes qui prennent du Zoloft montrent que la substance n'est pas détectable chez les bébés ou alors de façon minime. Le Paxil est un bon deuxième choix tandis que le Prozac devrait être la dernière option envisagée, bien qu'il soit également compatible avec l'allaitement. Dans tous les cas, demandez à ce qu'on évalue la dose prescrite de médicament de façon à ce qu'elle soit la plus faible possible.

Si vous devez prendre des antidépresseurs, sachez que la majorité des données confirment l'absence d'anomalies neurologiques ou développementales des enfants exposés à ces médicaments par le lait maternel.

Problèmes endocriniens et de la glande thyroïde

Comme la lactation est un phénomène hormonal, si vous avez des problèmes de glande thyroïde et allaitez votre bébé, vous devez être suivie par un médecin. Demandez à ce qu'on mesure régulièrement la quantité d'hormones thyroïdiennes dans votre sang afin que votre médication soit rapidement ajustée. **Une trop faible quantité d'hormones peut se traduire par une insuffisance de lait.** Les médicaments utilisés pour traiter les problèmes thyroïdiens ne sont pas contre-indiqués pendant l'allaitement. Dans le cas de l'hypothyroïdie, les femmes sous médication vont souvent remarquer qu'elles produisent plus de lait qu'avant leur traitement. Dans le cas de l'hyperthyroïdie, même si les recherches démontrent que les médicaments les plus souvent prescrits n'interfèrent pas avec l'allaitement, il semble que des femmes reçoivent encore le conseil de cesser d'allaiter. Informez votre médecin des ressources à sa disposition afin qu'il puisse vérifier la compatibilité de votre médication avec votre désir d'allaiter. La plupart des problèmes de la glande thyroïde peuvent être diagnostiqués par une prise de sang ou une échographie. Dans les deux cas, l'allaitement n'a pas à être interrompu. Plus rarement, le médecin prescrit une scintigraphie de la thyroïde à l'iode 131 (voir ci-dessus). **Cet examen doit être évité chez la femme qui allaite.**

Une bosse dans un sein

Un sein n'a pas la même sensation au toucher lorsqu'il produit du lait. Pendant la lactation, plus de sang et de lymphes (un liquide empli de protéines et de globules blancs) circulent dans le sein au fur et à mesure que celui-ci se vide et s'emplit de lait.

La plupart du temps, les bosses dans un sein allaitant sont des tissus glandulaires emplis de lait ou enflés à la suite d'un canal obstrué, ou d'une infection (mastite). Quelques bosses peuvent être des tumeurs bénignes ou des galactocèles – il s'agit d'une dilatation d'un canal obstrué rempli de lait. Dans les cas les plus rares seulement, une bosse dans un sein est signe de cancer.

Vous pouvez pratiquer un autoexamen des seins chaque mois. Si vous sentez une masse, vérifiez si elle est encore là après la tétée. Une bosse qui garde la même taille ou grossit d'un mois à l'autre doit être surveillée par un médecin. Même si vous êtes jeune, exigez de votre médecin qu'il prenne vos inquiétudes au sérieux. **Si vous souffrez d'une mastite ou d'un canal obstrué et que, malgré les traitements appropriés, la boule dans votre sein ne disparaît pas après quelques jours, consultez un médecin et demandez une échographie.**

De la même façon, **il n'est pas normal d'avoir une masse dans un sein une fois le sevrage terminé** – parlez-en à un médecin. Par contre, après le sevrage, il peut arriver qu'une femme développe des *microcalcifications* (petits dépôts minéraux dans le sein). Ces dernières sont visibles par mammographie et sont bénignes la plupart du temps. Il faut cependant les surveiller pour en vérifier la stabilité.

Si vous devez passer un examen des seins, allaitez juste avant afin de réduire la quantité de lait. Ils seront plus faciles à examiner. Si votre médecin de famille trouve une bosse dans un de vos seins, vérifiez s'il est familier avec l'allaitement. Proposez-lui de valider ses informations auprès d'un collègue compétent ou demandez un second avis.

Voici un sommaire des examens médicaux qui peuvent être pratiqués lorsqu'il y a une masse dans un sein et leurs implications sur l'allaitement :

Échographie : Cette technique d'imagerie utilise des ultrasons. C'est un examen indolore qui permet de distinguer la nature solide ou liquide d'une masse ou d'un nodule. Cette technique non invasive peut être utilisée sans interférer avec l'allaitement ou nuire au lait maternel.

Imagerie par résonance magnétique (IRM) : Cette technique est utilisée pour le diagnostic et l'évaluation de la maladie ainsi que pour surveiller la récidive du cancer. Elle est non invasive et n'affecte pas la qualité de votre lait. Certains médecins conseillent parfois d'interrompre l'allaitement pendant 24 heures, mais la recherche prouve que cette recommandation n'a pas lieu d'être.

Mammographie : Cet examen radiographique est utilisé pour le dépistage et le diagnostic du cancer du sein. Les rayons X utilisés ne nuisent pas au lait maternel et la mère peut allaiter sans danger après l'examen. Attention cependant, puisque la lecture des résultats sur un sein allaitant peut être moins précise. Si vous devez passer une mammographie, demandez à ce que le radiologiste soit expérimenté dans la lecture des résultats provenant de femmes qui allaitent. Emmenez votre bébé avec vous pour l'allaiter juste avant l'examen, vos seins seront moins pleins et la lecture des résultats facilitée.

Ponction-aspiration à l'aiguille fine : Cet acte médical, pratiqué afin de prélever des liquides ou des cellules sur la partie affectée du sein, peut être effectué dans la salle d'examen de votre médecin. Informez la personne qui analyse les résultats qu'ils proviennent d'un sein allaitant. La ponction évite parfois la biopsie. L'allaitement n'a pas à être suspendu.

Biopsie : Cet examen consiste à prélever des cellules du sein pour les analyser en laboratoire. La mère peut continuer d'allaiter après une biopsie mais devrait en informer le médecin afin qu'il lui prescrive des médicaments compatibles avec l'allaitement. Elle peut aussi demander au chirurgien d'éviter, dans la mesure du possible, de sectionner des canaux lactifères. Pour diminuer les risques d'infections, il est préférable d'allaiter le bébé le plus longtemps possible juste avant la procédure.

Le traitement d'un cancer du sein : Il nécessite le sevrage puisque les médicaments utilisés sont incompatibles avec l'allaitement. Combattre le cancer est une épreuve en soi. Pour la mère qui allaite, la tristesse et le deuil d'un sevrage non souhaité sont tout à fait légitimes.

Demandez à votre médecin de reporter l'examen à une date ultérieure, quand le bébé sera sevré. Si c'est impossible, informez-vous de la possibilité d'utiliser de l'iode 123 qui ne requiert l'interruption de l'allaitement que durant 12 ou 24, selon la dose donnée. En tirant votre lait régulièrement pendant la suspension de l'allaitement, vous éviterez les engorgements et éliminerez plus rapidement les substances radioactives de votre corps.

Lorsque l'iode 123 ne peut pas être utilisé et que la scintigraphie à l'iode 131 est inévitable, vous devrez sevrer votre bébé.

Maladies chroniques

Une femme handicapée ou atteinte d'une maladie chronique peut allaiter son bébé. Cela représente un défi et demande une certaine adaptation, mais avec du soutien et de la volonté, elle peut certainement y arriver.

À travers le monde, des mères non-voyantes, paraplégiques, atteintes d'arthrite ou encore de diabète nourrissent leur bébé avec plaisir et fierté. Parfois, cela simplifie leur vie. Par exemple, il peut être moins complexe pour une mère non-voyante d'allaiter son bébé que d'avoir à mesurer la poudre des préparations lactées et de préparer les biberons.

Diabète

Les mères atteintes de diabète, quel que soit son type, devraient être encouragées à allaiter pour bénéficier des nombreux avantages de l'allaitement.

Diabète de type 1

La lactation d'une mère diabétique dépend du contrôle de la glycémie, qui est le taux de sucre dans le sang. Avec la grossesse, l'accouchement et l'allaitement, une fluctuation de la glycémie est à prévoir et la mère doit ajuster ses doses en conséquence. Pendant la grossesse, les besoins en insuline augmentent, mais une fois le placenta expulsé, il peut y avoir quelques heures pendant lesquelles aucune insuline n'est requise. Lorsque cette mère allaite, la glycémie diminue et ses besoins en insuline sont réduits de la moitié environ de ce qu'ils étaient avant l'accouchement. C'est pourquoi une surveillance un peu plus serrée après l'accouchement est nécessaire.

Diabète de type 2

Lorsque la dose d'insuline et la diète de la mère sont bien maîtrisées, l'allaitement est tout à fait souhaitable. La quantité d'insuline dont la mère a besoin devra probablement être réduite pendant la période d'allaitement et celle-ci peut même observer une rémission temporaire de ses symptômes. L'Association américaine de pédiatrie mentionne que l'hypoglycémiant tolbutamide est compatible avec l'allaitement. Les signes de jaunisse du bébé doivent être surveillés de près. De plus, le niveau de cétones dans le sang de la mère doit être mesuré puisque l'acétone passe dans le lait et peut avoir des effets non désirés sur le foie du nourrisson.

Diabète de grossesse

Avoir fait du diabète gestationnel n'est pas du tout une contre-indication à l'allaitement, au contraire ! En 1998, une étude réalisée auprès de bébés dont les mères avaient souffert de diabète de grossesse montre que les nourrissons allaités séjournent moins souvent dans les unités de soins intensifs que les autres. La conclusion des auteurs est que l'allaitement doit être encouragé chez les femmes atteintes de diabète de grossesse. D'autant que les femmes qui ont fait du diabète de grossesse sont plus à risques de développer le diabète de type 2 si elles n'allaitent pas.

Recommandations générales

Les mères diabétiques accouchent un peu plus souvent que les autres par césarienne et leurs bébés sont souvent plus gros et plus enclins à l'hypoglycémie. De fréquentes tétées de colostrum vont aider le bébé à stabiliser son taux de sucre. La montée laiteuse d'une mère diabétique peut aussi survenir un peu plus tardivement. Pour pallier cette situation, vous pouvez extraire et congeler un peu de colostrum pendant la grossesse et l'offrir au besoin au bébé.

L'allaitement est certainement possible dans ces trois situations, mais un hôpital ayant reçu la certification ami des bébés facilite beaucoup les choses. De la même façon, plus vous en saurez sur les bons débuts de l'allaitement (voir p. 41), la jaunisse (voir p. 46) ou l'hypoglycémie du bébé (voir p. 38), mieux vous serez équipée pour faire face à la situation.

Assurez-vous de vérifier régulièrement votre glycémie pendant la période post-partum. Vous pouvez le faire avant la tétée. Une petite collation avant ou pendant l'allaitement évite les hypoglycémies.

Médicaments

À un moment ou à un autre de votre allaitement, vous pourriez avoir à prendre un médicament et être préoccupée de l'effet de celui-ci sur votre bébé. Il est important d'obtenir l'information juste d'une source appropriée. Attention : votre médecin de famille n'a pas nécessairement les connaissances nécessaires. En plus de consulter les références à la fin du livre, nous vous invitons à visitez bienvivrelallaitement.com où vous trouverez des ressources complémentaires auxquelles votre médecin ou votre pharmacien pourront se référer.

L'allaitement préviendrait le diabète de la mère

Pendant les 15 années qui suivent la première grossesse, chaque année d'allaitement est associée à une diminution de 15 % environ du risque de diabète de type 2. Après les 15 premières années, le bénéfice de l'allaitement s'estompe, mais il semble que l'allaitement exerce un effet protecteur à long terme vis-à-vis du diabète.

En fait, la grossesse serait un état « pro-diabétique », puisque les femmes enceintes présentent une résistance plus forte à l'insuline afin de protéger les apports en sucres du fœtus. À l'inverse, l'allaitement apparaît comme un état « anti-diabétique », qui serait un moyen de remettre l'organisme à zéro.

Il est tout aussi inapproprié d'arrêter d'allaiter à cause d'un médicament compatible avec l'allaitement que de continuer à le faire en prenant un remède contre-indiqué.

Si très peu de substances sont contre-indiquées pendant l'allaitement, presque tous les médicaments passent dans le lait maternel, mais dans une très faible quantité la plupart du temps. La décision de prendre ou non un médicament n'est pas simple et tranchée au couteau.

Si vous consultez un médecin pour un problème de santé vous concernant, il est important de lui dire que vous allaitez (ou souhaitez le faire). Il pourra ainsi vous prescrire un remède compatible avec l'allaitement. Très peu de médicaments sont absolument incompatibles avec l'allaitement et, le plus souvent, il n'est pas nécessaire de sevrer le bébé.

Avertissements

Trop de femmes reçoivent encore le conseil de cesser d'allaiter parce qu'elles sont sous médication. D'ailleurs, sur la plupart des médicaments, vous trouverez une phrase du genre : [...] les femmes enceintes et qui allaitent [...] ne doivent employer ce produit que selon les directives du médecin. Qu'en est-il vraiment ? Devez-vous consulter un médecin chaque fois que vous avez mal à la tête ? En fait, conscient que la population était de plus en plus préoccupée par la question des médicaments et du lait maternel, le Department of Health and Human Services des États-Unis a proposé cet avertissement général pour tous les médicaments vendus sans ordonnance. On le trouve aussi dans les instructions de nombre de médicaments prescrits. L'avertissement sert surtout à dégager le fabricant de toute responsabilité en cas de poursuites. D'ailleurs, le CPS (Compendium des produits spécialisés pharmaceutiques), un livre mis à la disposition des pharmaciens, recommande à tort de cesser l'allaitement dans le cas de plusieurs médicaments. Ce qui veut dire que votre pharmacien ou votre médecin peuvent vous donner une information sommaire ou incomplète. Il est important qu'ils fassent leurs propres recherches et ne se fient pas uniquement à l'avertissement émis sur l'emballage. Le pharmacien est le spécialiste des médicaments. Pendant ses études, il reçoit une certaine formation sur les médicaments et la lactation, mais cela ne fait pas de lui un spécialiste

Prise d'un médicament :
questions à se poser

- Ce médicament passe-t-il dans le lait ?
- Si oui, dans quelle proportion ?
- Risque-t-il d'affecter le bébé et de quelle façon ?
- Cette substance s'élimine-t-elle rapidement ou reste-t-elle longtemps dans l'organisme ?
- Ce médicament peut-il avoir un impact sur la production de lait ?
- Les bienfaits de l'allaitement étant clairement démontrés, est-il plus avantageux de poursuivre l'allaitement ou de le cesser en raison de risques non démontrés ?

Règles de base

- Ne traitez que les symptômes que vous avez : évitez de prendre plusieurs médicaments alors qu'un seul suffit.
- Les médicaments avec action de courte durée (six heures ou moins) sont généralement mieux adaptés à l'allaitement que la forme longue durée.
- Ingérez la plus petite dose possible.
- Lorsque c'est possible, privilégiez l'administration d'un médicament par voie topique (vaporisateur nasal, onguent, etc.) plutôt que par voie systémique (comprimés, intraveineuse, etc.).
- Prenez le médicament au besoin seulement et tout de suite après avoir fait téter votre bébé.
- Si possible, utilisez les médicaments qui passent le moins dans le lait.
- Surveillez tous signes anormaux chez le bébé : changement dans la façon de s'alimenter, somnolence, agitation, éruptions cutanées, vomissements, diarrhée, perte de poids (signe possible d'une baisse de votre production de lait).
- Demandez conseil à votre pharmacien.

Si un professionnel de la santé vous dit que vous devez sevrer votre bébé à cause d'un remède ou qu'un médicament est absolument incompatible avec l'allaitement, exigez des détails et de l'information précise. L'allaitement vous appartient, c'est votre responsabilité. N'hésitez pas à demander un autre avis.

de l'allaitement. Heureusement, il y a maintenant des pharmaciens (souvent des pharmaciennes) qui ont développé une expertise en allaitement et qui offrent à leurs clientes toute une panoplie de services pour les épauler.

Peu importe où vous êtes au Québec, il existe de bons outils à la disposition des pharmaciens pour orienter les femmes qui allaitent.

Antibiotiques

Les antibiotiques sont les médicaments les plus souvent prescrits aux femmes qui allaitent. Ils servent à combattre les infections bactériennes. C'est ce qu'on vous prescrit si vous souffrez d'une mastite, par exemple. Il semble que les mères allaitantes soient plus nombreuses que le reste de la population à ne pas suivre leur antibiothérapie au complet. Elles risquent alors une nouvelle infection.

Comme pour tous les médicaments, plusieurs facteurs sont à prendre en compte avant de prescrire un antibiotique. Exigez de votre médecin un antibiotique compatible avec l'allaitement.

Probiotiques

Les probiotiques sont utiles lors de la prise d'antibiotiques puisque ces derniers peuvent venir tuer les « bonnes bactéries » de l'intestin. Un traitement aux antibiotiques augmente les risques de souffrir du muguet, de diarrhée, de vaginite ou de maux de ventre. Pour prévenir ces désagréments, il est utile de prendre des probiotiques pendant et après votre antibiothérapie. On les trouve facilement dans les magasins d'aliments naturels, les pharmacies et certaines épiceries.

Le lait maternel contient certains probiotiques, cependant, lors d'une antibiothérapie de la mère ou du bébé, c'est une bonne idée d'en donner directement au bébé allaité. Choisissez un probiotique pour enfants (généralement un à trois milliards de cultures actives). Il doit être pris après une dose d'antibiotiques (une à deux heures), pendant toute la durée du traitement et jusqu'à une ou deux semaines ensuite.

Vous pouvez administrer le probiotique à un bébé de plusieurs façons :
- **Ouvrez le comprimé, trempez votre doigt dans la poudre et faites-le téter au bébé ;**
- **Faites une pâte avec le probiotique et un peu de votre lait, et badigeonnez la bouche du bébé ;**
- **Ajoutez le probiotique à sa nourriture, s'il a plus de six mois.**

Pommades

Tout ce qui est appliqué sur les mamelons de la mère risque d'être absorbé par le bébé allaité. La prudence s'impose. Règle générale, si vous pouvez voir la crème, c'est que vous en avez trop appliqué. Les crèmes à base de lanoline purifiée sont compatibles avec l'allaitement et sans danger pour le bébé.

Quelques

Le passage d'un médicament dans le lait ne se fait pas d'une seule et unique façon. Il y a plusieurs facteurs qui l'influencent.

Sang

Dans la majorité des cas, un bon indicateur de la quantité de médicament qui passe dans le lait est son taux dans le plasma de la mère. Le plasma est la partie liquide du sang. Généralement, lorsque la quantité de médicament augmente dans le plasma, il augmente aussi dans le lait. De la même façon, chaque fois que le taux d'une substance médicamenteuse diminue dans le sang, elle diminue peu après dans le lait. En fait, le plasma est un peu comme la porte d'entrée et, dans la plupart des cas, la porte de sortie vers le foie ou les reins d'un médicament dans le lait. Pour cette raison, les médicaments qui pénètrent peu dans le sang sont préférables.

Graisses et protéines

Les médicaments qui sont extrêmement liposolubles, c'est-à-dire qui se dissolvent dans les graisses, passent dans le lait, car on y trouve plus de graisses que dans le sang.

Un traitement local, comme une crème ou un vaporisateur nasal, a moins de chances de passer dans le lait qu'un comprimé oral ou une intraveineuse qui se diffusent dans tout le corps. La voie topique (locale) implique l'utilisation d'une plus petite quantité de médicament puisque ce dernier se rend directement là où il doit agir.

La capacité de liaison d'un médicament aux protéines joue aussi un rôle important. En effet, la plupart des composantes d'un médicament qui circulent dans le plasma se fixent à de grosses protéines. Les composantes non liées aux protéines circulent librement dans le sang. Ce sont ces composantes « libres » qui passent dans le lait maternel alors que les composantes liées restent dans le plasma. Les médicaments fortement liés aux protéines passent moins dans le lait.

Poids moléculaire

Un médicament est composé de molécules et, généralement, plus le poids moléculaire du médicament est petit, plus celui-ci pénètre dans le lait.

Détaillons le phénomène : le lait se fabrique à partir de certaines composantes du plasma qui passent du sang à l'alvéole du sein en franchissant une membrane semi-perméable. Cette membrane est composée de cellules collées les unes aux autres. Entre les cellules, il existe de minuscules trous, qu'on appelle l'espace intercellulaire. Imaginez cela comme un mur, plein de petits trous, qui sépare le sang du sein. Si les petits trous sont assez grands pour laisser passer certaines composantes du plasma, essentielles à la fabrication du lait, ils le sont aussi pour laisser passer les petites molécules de médicaments. Les médicaments à faible poids moléculaire traversent le « mur du sein » plus facilement que les médicaments au poids moléculaire lourd. L'alcool a un très faible poids moléculaire, c'est pourquoi il passe facilement et rapidement dans le lait, presque au même rythme que dans le sang.

À l'inverse, il est improbable qu'un médicament au poids moléculaire très lourd traverse le « mur du sein » en grande quantité.

notions de
pharmacologie

Certaines substances ont un poids moléculaire si lourd qu'elles ne passent pas du tout dans le lait, comme l'héparine (coagulant) ou l'insuline.

Post-partum

Pendant les quatre à dix premiers jours suivant l'accouchement, les petits trous de ce que nous appelons le « mur du sein » sont en fait de larges ouvertures : de grosses molécules, comme des immunoglobulines, des lymphocytes et des protéines, peuvent ainsi passer du plasma aux alvéoles du sein pour y fabriquer le colostrum. De la même façon, les substances médicamenteuses ont plus de place pour entrer dans le lait.

Médicament « piégé »

Un médicament comporte des propriétés physiques et chimiques déterminant sa capacité à être diffusé dans le lait. Le simple contact du médicament avec le lait transforme sa structure et empêche son retour dans le sang. Cela se produit parce que le lait est plus acide que le sang. Le médicament est alors « piégé » dans le lait et peut s'y accumuler.

De plus, il existe un mode de transport actif qui fait passer le médicament dans le lait. Imaginez cela comme une petite pompe qui puise les molécules du médicament dans le sang pour les conduire dans le lait. Bien que ce mode de transfert soit encore peu étudié, nous savons que certains médicaments peuvent rester coincés dans le lait parce qu'ils interfèrent avec ce système

Les médicaments administrés durant le post-partum immédiat passent en plus grande quantité dans le lait des premiers jours. Par contre, une dizaine de jours après la naissance, les ouvertures se referment peu à peu, ce qui limite l'accès des médicaments au lait.

Un médicament jugé sécuritaire pendant la grossesse ne l'est pas nécessairement pendant l'allaitement.

Dans le cas de la femme enceinte, c'est son organisme qui est chargé de métaboliser et d'éliminer un médicament, tandis que dans le cas de la mère qui allaite, c'est le bébé lui-même qui doit le faire. Comme les bébés sont plus fragiles, surtout les nouveau-nés, les prématurés et les bébés malades, ils peuvent avoir du mal à s'occuper seuls des substances médicamenteuses.

Si vous prenez un médicament pendant votre grossesse et devez continuer après l'accouchement, assurez-vous de sa compatibilité avec l'allaitement dès la naissance.

De la même façon, ce n'est pas parce qu'un médicament était jugé compatible il y a quelques années, à la naissance de votre premier bébé, qu'il l'est encore aujourd'hui. Exigez toujours d'avoir la référence la plus récente qui soit.

Quelques notions de
pharmacologie
(suite)

de transport qui « pompe » les composantes du plasma vers le lait. Cela arrive avec les médicaments faiblement basiques (comme les barbituriques), l'iode et possiblement le lithium. Dans certains cas, le taux de médicament dans le lait devient plus élevé que celui dans le sang.

Biodisponibilité orale

Lorsqu'un médicament passe dans le lait maternel et que ce lait est bu par le bébé, il doit traverser sa voie gastro-intestinale avant d'être absorbé. La biodisponibilité orale est en fait la quantité de médicament qui aboutit dans la circulation sanguine du bébé. C'est probablement la donnée qui intéresse le plus la mère qui allaite. En effet, même si un médicament passe en grande quantité dans le lait de la mère, il n'y a pas vraiment lieu de s'en inquiéter si la biodisponibilité orale est nulle.

Ainsi, certains médicaments passent dans le lait mais ont du mal à être absorbés par le système sanguin du bébé, et d'autres sont détruits dans le milieu acide de l'estomac de l'enfant. Enfin, certaines substances médicamenteuses sont rapidement éliminées par le foie et ne se rendent jamais dans le sang du nourrisson.

Plusieurs facteurs influencent la biodisponibilité orale d'un médicament. Le statut de l'enfant par exemple. Est-il un nouveau-né à terme et en bonne santé ou un prématuré malade ? Quel est son poids ? Est-il en mesure de métaboliser le médicament et de l'éliminer ? Ce médicament se donne-t-il directement à d'autres bébés du même âge et quels en sont les risques ?

Malheureusement, si la science connaît assez bien la biodisponibilité orale de l'adulte, elle ignore encore beaucoup de choses de celle du bébé. Par contre, on peut avancer sans trop se tromper que, la plupart du temps, un médicament à faible biodisponibilité orale pour l'adulte le sera aussi pour le bébé.

L'estomac est un milieu acide qui dénature bien des médicaments. D'autant plus que certains d'entre eux sont moins bien absorbés lorsqu'ils sont pris en même temps qu'une nourriture riche en calcium, comme le lait.

Il existe bien sûr des exceptions à cette règle. Certains médicaments peuvent avoir un effet marqué sur le système gastro-intestinal d'un bébé, comme les antibiotiques qui provoquent la diarrhée, la constipation, ou qui permettent la prolifération de bactéries nocives, comme le *Clostridium* difficile.

> **Le taux de médicament dans le lait de la mère ne constitue pas à lui seul la possible toxicité pour l'enfant allaité. Même s'il passe dans le lait maternel, un médicament peut tout de même être compatible avec l'allaitement quand il est peu absorbé par le système sanguin du bébé.**

Par ici la sortie !

Un médicament peut être éliminé du lait de trois façons. Il peut être bu par le bébé. Il peut être tiré par la mère et jeté. Il peut aussi être rediffusé dans le sang d'où il est éliminé, à peu près au même rythme qu'il est évacué du lait.

On sait à la fois beaucoup et peu de choses sur le passage d'un médicament dans le lait. Un grand nombre de résultats ont été obtenus en extrapolant des données amassées chez les bovins, les chèvres ou les rongeurs. Du travail reste encore à faire pour mieux comprendre les effets des médicaments sur l'allaitement. La tâche est complexe et multidimensionnelle.

Plantes et autres produits naturels

On trouve aujourd'hui dans presque toutes les pharmacies et dans plusieurs épiceries une grande variété de plantes et de produits naturels. Plusieurs suppléments vitaminiques contiennent également des plantes. Même si ces produits sont naturels, ils ne sont pas toujours inoffensifs.

Certains composés des plantes passent dans le lait maternel et peuvent provoquer des effets non désirés chez le bébé même si, le plus souvent, seule une faible quantité est transférée.

Le problème avec les plantes, c'est que leurs effets sur la lactation ont été très peu étudiés. De plus, il est difficile de s'y retrouver en tant que consommateur. Au Canada, c'est le fabricant, et non pas un organisme gouvernemental ou indépendant, qui a l'obligation de démontrer la qualité, la sécurité et l'efficacité des produits de santé naturels, et tous ne le font pas de la même façon. Par exemple, des chercheurs ont trouvé sur le marché certains produits qui ne présentaient que 10 % de la concentration d'un extrait annoncée. Sachez aussi que Santé Canada tolère une marge de 20 % en plus ou en moins pour les produits de santé naturels.

Vous pouvez vous tourner vers un herboriste compétent. Les pharmaciens reçoivent aussi une formation sur les produits naturels et peuvent vous conseiller.

Lorsque vous utilisez un produit de santé naturel, prêtez une attention particulière aux réactions de votre bébé : coliques, agitation, diarrhée, éruption cutanée, vomissements, etc. Si un médecin prescrit un médicament à vous ou à votre bébé, n'oubliez pas de l'informer, ainsi que le pharmacien, des produits que vous prenez afin d'éviter la possibilité d'une interaction néfaste. En effet, certaines plantes sont contre-indiquées pendant l'allaitement.

Partie 5
L'allaitement

au quotidien

Pour bien vivre un allaitement, il faut arriver à ce qu'il s'intègre doucement dans la vie de tous les jours. Allaiter à l'extérieur de la maison, retourner au travail, sortir en amoureux ou s'occuper de votre aîné ne sont pas des freins à un allaitement harmonieux.

Vous trouverez dans cette partie les outils nécessaires pour que votre allaitement s'adapte à ce que vous êtes et à votre bébé qui grandit.

Qu'est-ce qu'un **sein** ?

Celui qui affirme sans sourciller qu'« un sein est fait pour nourrir un bébé, point final » avance une hypothèse qui nie des milliers d'années d'histoire humaine – et d'histoires humaines puisque toutes les femmes n'ont pas le même rapport avec leurs seins. Contrairement à la plupart de nos autres organes, le sein est un puissant symbole qui a de multiples fonctions. L'œil est fait pour voir, l'oreille pour entendre. Mais le sein, à quoi sert-il au juste, et à qui ?

Sein nourricier

Pendant des millénaires, le lait maternel n'eut aucun substitut, c'est pourquoi la survie du nouveau-né en dépendait. Et, justement parce qu'il assure la vie, le sein qui nourrit fut vite entouré de l'aura du « sacré ».

Dès le XIVe siècle, la Vierge Marie devient l'archétype de la divinité féminine (voir illustration ci-contre). Les œuvres d'art nous la montrent souriante, tenant tendrement son fils dans ses bras, et lui offrant son lait. Avec elle, le sein nourricier acquiert une connotation divine.

Ce sein nourricier joue aussi un rôle domestique. Au XVIIe siècle, aux Pays-Bas, la maison représente l'endroit tout désigné pour former les enfants selon un idéal religieux précis. Le devoir de la mère est de nourrir ses bébés, physiquement et spirituellement.

Plus près de nous, lors de son apparition dans les années 1960, la Ligue La Leche présente la mère allaitante au foyer comme un idéal de maternage. Cet idéal devient une façon tout à fait valable pour une femme de se réaliser et non un handicap qui l'empêcherait de s'émanciper.

Aujourd'hui, nous sommes assez loin du sein sacré. Par contre, le sein nourricier est parfois encore présenté comme une valeur particulière du maternage. L'allaitement ne fait pas la mère, mais comment la façonne-t-il ?

Sein érotique

Pendant la Renaissance apparaît le sein érotique. Pour la première fois de l'histoire, l'être humain, et non plus un dieu, devient la mesure de toute chose. Le corps céleste laisse la place au corps humain et le plaisir charnel

Virgo Lactans, Galleria Palatina (Palazzo Pitti), Florence

devient un droit universel. La plupart des aristocrates n'allaitent plus et confient leurs enfants à des nourrices, des femmes payées pour les allaiter à leur place.

Même si les nourrices n'existent plus à notre époque, le règne de la poitrine « objet sexuel » perdure encore aujourd'hui. Les seins détiennent un pouvoir de séduction certain. Dans l'histoire, lorsque les seins sont « surérotisés », la symbolique sexuelle fait ombrage à la symbolique maternelle. Est-ce à dire que le sein érotique ne peut pas cohabiter avec le sein nourricier ?

Sein politique

Le sein ne sert pas qu'au bébé ou à l'amant. Il sert aussi la nation. À l'époque de la Révolution française, les intellectuels partent en guerre contre le système des nourrices qui incarnent à leurs yeux la décadence de l'Ancien Régime. Celles qui allaitent leurs enfants affirment leur allégeance politique au nouveau régime. À travers le sein, on voit la métaphore du pays qui nourrit ses citoyens d'égalité et de fraternité. L'iconographie de la Révolution française est alors représentée par toute une série de femmes à la poitrine nue. Quoi de mieux qu'un sein découvert pour représenter la vie et la liberté ?

Moins loin de nous, lors de la Première Guerre mondiale, les affiches d'enrôlement pour l'armée américaine montrent souvent une femme à la poitrine nue comme étant la victime de l'ennemi à combattre. Pendant la Deuxième Guerre mondiale, des photos de pin-up avec des poitrines toutes plus incroyables les unes que les autres sont envoyées aux soldats pour « remonter le moral des troupes ».

Aujourd'hui encore, le sein endosse un rôle révolutionnaire. Le sein libre et féministe brûle son soutien-gorge. Le sein politique se montre aussi lorsque le gouvernement passe différentes lois en vue d'augmenter le taux d'allaitement ou d'encadrer le commerce du sexe. N'est-il pas étrange de penser que cette partie de notre corps que l'on réserve à l'intime intéresse à ce point le domaine politique ?

Sein commercial

Partout en Occident, les femmes sont prêtes à dépenser leur argent à coups de millions pour s'embellir grâce à leur poitrine. Le soutien-gorge représente un marché de trois milliards de dollars aux États-Unis seulement ! Quant aux chirurgies qui proposent une augmentation mammaire, c'était déjà une industrie de 300 millions de dollars en 1988. Rien n'indique qu'elle ait perdu de l'argent depuis, au contraire. Pour preuve, le nombre de parents américains qui offrent une augmentation mammaire à leur fille nouvellement diplômée a triplé de 2002 à 2003 !

Le marché des produits pour les seins ne représente qu'une petite partie du sein commercial. Les seins aident aussi à faire vendre une multitude d'autres produits. Ajoutons à cela le « commerce des seins » où des hommes payent encore et encore pour voir, et parfois toucher, des seins nus. En ce sens, bien que les femmes profitent certainement du sein commercial, n'en sont-elles pas souvent les premières victimes ?

Sein médical

Entre les mains de la médecine, nos seins ont été enduits de concoctions, bandés, pressés pour faire sortir le lait, bombardés au radium, écrasés par la mammographie, injectés de silicone, incisés et même retranchés de notre corps. Sans compter la psychiatrie qui les a sondés en les accusant d'être responsables des pires travers de nos fils et de nos amants.

Est-ce que les médecins devraient être les seuls habilités à nous dire comment prendre soin de nos seins ou comment nous en servir pour nourrir nos bébés ? Quel est notre réel pouvoir par rapport aux professionnels de la santé ? La médecine est-elle notre alliée ou lui sommes-nous aliénées ?

Mes seins

Est-il possible de concilier les différents rôles de nos seins pour enfin nous réapproprier cette partie de notre corps ? Cela semble si évident, et pourtant ! Avons-nous toujours tous les moyens d'allaiter si c'est notre choix ? De le faire où nous voulons ? Avons-nous toujours le choix de nous faire caresser les seins ? Les aimons-nous tels qu'ils sont ? Qu'avons-nous à dire sur les traitements qu'on leur réserve ?

Au-delà de tous ces instants passés à donner le lait de vos seins à votre bébé, il y a la vie qui se poursuit. La vie d'une femme, d'une amante, d'une amie, d'une travailleuse. À vous de voir comment concilier tous ces rôles pour enfin parvenir à cet allaitement dans lequel vous vous sentez bien.

Chapitre 20

Allaiter en public

En 2005, la Direction de la santé publique de l'Outaouais publiait une enquête sur l'allaitement qui révélait que la moitié des femmes interrogées n'étaient pas à l'aise d'allaiter en public. En Montérégie, une enquête semblable montre que, pour la majorité des femmes consultées, allaiter en public rend l'allaitement très ou assez difficile.

C'est un mythe de croire que ce malaise d'allaiter en public n'est ressenti que par les femmes blanches et occidentales qui vivent dans une « culture du biberon ». Le sentiment est partagé par bien des sociétés du monde. Les Vietnamiennes considèrent l'allaitement en public comme une chose embarrassante. Au Japon, la modestie est de mise et l'allaitement en public, dénigré. Les Indiennes n'allaitent généralement pas en public, pas davantage devant des invités de sexe masculin. Même les femmes qui proviennent de cultures où l'allaitement en public est plutôt encouragé ne transfèrent pas ce comportement dans nos pays avec assurance.

Pourquoi cette gêne ?

Le malaise d'allaiter devant les autres peut pousser une femme à limiter ses sorties, voire à cesser d'allaiter. Pourtant, il ne s'agit que de nourrir un bébé qui, de son côté, ne fait pas de différence entre la chambre de ses parents et un café. Il a faim et, comme tous les bébés, il n'est pas très patient. Pourquoi alors est-ce que l'allaitement en public suscite autant d'appréhension ?

D'abord, à cause des seins, bien sûr ! Ensuite, parce que l'allaitement en public reste un geste rare. L'image de l'allaitement véhiculée dans notre société montre souvent la femme qui allaite chez elle ou, à tout le moins, seule avec son bébé.

Parfois, les femmes décident de ne pas allaiter en public parce que l'endroit où elles se trouvent n'est pas suffisamment confortable pour qu'elles s'y sentent bien. Il ne s'agit plus ici de pudeur, mais plutôt d'un besoin de confort. Cela explique la popularité des salles d'allaitement que l'on trouve dans les centres commerciaux.

Le malaise d'allaiter en public pousse certaines femmes à s'isoler dans leur maison au lieu de nourrir leur bébé devant des membres de leur famille, comme leur père ou leur beau-frère.

Dans notre société, en tant que mère et citoyenne, il n'est ni possible ni souhaitable de rester confinée dans sa chambre pour allaiter son nourrisson. Après la naissance, les femmes souhaitent reprendre certaines de leurs activités à l'extérieur de la maison tout en continuant à s'occuper de leur bébé selon leurs valeurs.

Une évolution

Rappelez-vous les premières fois où vous avez mis votre bébé au sein. Vous étiez peut-être maladroite et craintive. Il vous fallait un coussin d'allaitement, peut-être des oreillers en plus, et la crème à la lanoline avant et après la tétée. Quelques-unes ont peut-être rempli un questionnaire afin de savoir combien de temps le bébé avait été au sein. D'autres ont pu verser une larme ou deux ou… plus !

Regardez-vous aujourd'hui. Déjà plus à l'aise avec un bébé qui vous connaît et que vous connaissez. Vous avez fait des progrès. Le coussin d'allaitement est resté sur le fauteuil et la petite crème au fond de l'armoire. Vous avez peut-être même allaité tout en mangeant un sandwich ou en répondant au téléphone.

Il en va de même pour l'allaitement en public. Il est normal de se sentir maladroite les premières fois et de vouloir se faire très discrète. Plus les situations se présenteront, plus vous serez à l'aise et habile à allaiter votre bébé confortablement n'importe où et plus vous prendrez pleinement conscience du côté pratique et accessible de l'allaitement.

Si vous n'êtes pas encore tout à fait à l'aise, même dans votre maison, pourquoi ne pas vous exercer ? Essayez divers endroits : allaitez à la table de la cuisine, debout ou en prenant votre café. Entraînez-vous à placer votre bébé au sein en levant votre chandail discrètement ou, si vous le préférez, avec une petite couverture. Avec un peu de pratique, vous prendrez de l'aisance. Il est même possible d'allaiter sans que les autres s'en rendent compte. Un nouveau-né qu'on allaite ne bouge pas tellement, et on croira souvent qu'il dort dans vos bras.

Astuces pour les premières sorties

- Portez des vêtements d'allaitement ou suffisamment amples pour vous permettre d'être à l'aise.
- Gardez une petite couverture pour vous couvrir ou encore un gilet posé sur vos épaules à la façon d'un châle.
- Choisissez un endroit confortable.
- Sortez avec votre compagnon ou une amie : à deux, c'est souvent plus facile.
- Pour un baptême d'allaitement en public, fréquentez des ateliers d'allaitement offerts par le CLSC ou un groupe communautaire.
- Allaitez au moment où votre bébé est calme, n'attendez pas la crise.

On trouve maintenant sur le marché des produits qui plairont aux femmes plus pudiques ou à celles qui redoutent l'allaitement en public. La couverture d'intimité, le tablier de discrétion ou le chapeau pour bébé sont disponibles dans les boutiques spécialisées et sont vendus entre 10 et 40 dollars selon le produit et le modèle choisis. Notez que la petite couverture de bébé passe souvent plus inaperçue qu'une grande pièce de tissu « faite pour ça ».

Le regard des autres

Disons-le, l'allaitement en public se passe le plus souvent très bien. Une femme qui allaite en public peut susciter des regards, mais ce n'est pas parce que quelqu'un regarde qu'il est en désaccord. Une personne peut être agréablement surprise ou simplement un peu étonnée de vous voir allaiter parce qu'elle n'a pas eu souvent l'occasion de voir des mères le faire.

Une mère peut parfois se voir proposer par sa belle-mère, par exemple, d'allaiter dans la chambre. Encore là, cette invitation ne cache pas toujours de la désapprobation. Elle veut probablement que vous soyez à votre aise. Elle pense que votre bébé y sera mieux et se nourrira sans être dérangé. Peut-être encore que de vous voir allaiter lui rappelle sa propre histoire d'allaitement, heureuse ou malheureuse. Soyez à l'écoute.

Si vous avez envie d'un peu d'intimité, acceptez l'offre d'aller dans la chambre. Cependant, si vous préférez rester avec les autres, dites-le. Avec un tout petit bébé, vous risquez de passer la majeure partie du temps isolée ! Belle soirée en perspective… Montrez que vous êtes bien où vous êtes et que votre bébé l'est tout autant. La présence de votre conjoint peut aider. Vous êtes peut-être la première personne à allaiter dans votre famille. Petit à petit, ils s'habitueront.

Mauvaises expériences

Nous ne voulons pas faire croire que les regards réprobateurs ou les commentaires déplacés n'existent pas. Il faut cependant réaliser que la plupart du temps le malaise de l'allaitement en public vient de soi et non des autres. C'est un cercle vicieux : « Je me sens mal à l'aise d'allaiter en public parce que j'ai peur que les autres soient mal à l'aise de me voir le faire. » Il est vrai qu'un malaise est toujours déstabilisant, qu'il vienne des autres ou de soi, mais il est plus facile de travailler sur ses propres perceptions que de s'attaquer à celles de la société tout entière.

En examinant ses perceptions, on arrive à dédramatiser une situation qu'on imagine bien pire qu'elle ne l'est en réalité. Si toutefois vous ne vous sentez vraiment pas bien dans un contexte précis, laissez tomber : vous allaiterez votre bébé ailleurs à un autre moment.

Questions à vous poser si vous vous sentez mal à l'aise

- Qu'est-ce qui me rend mal à l'aise d'allaiter ici, devant ces gens ?
- Qu'est-ce qui me rendrait à l'aise ?
- Sur une échelle de 1 à 10, à combien j'évalue ce malaise ?
- Que ferait une mère qui n'allaite pas dans ma situation ?
- Vaut-il vraiment la peine que je fasse attendre mon bébé qui a faim à cause de ce malaise ?
- Est-ce que mon bébé et moi sommes en sécurité ?
- Si je décide d'allaiter mon bébé ici, devant ces gens, quelle est la pire chose qui puisse nous arriver ?

Commentaires désobligeants

Si vous avez la malchance d'être confrontée à des commentaires insultants, dans la mesure du possible, restez polie. Ne laissez surtout pas la personne vous décourager d'allaiter en public, ce serait lui donner raison. Ce commentaire ne s'attaque pas à vous personnellement, mais bien à ce que vous représentez et qui la dérange.

Certaines femmes ont la répartie facile ou utilisent l'humour à leur avantage. D'autres sont sous le choc et incapables de prononcer un mot. Ne perdez pas d'énergie à vous en faire. Si cet événement vous marque longtemps après coup, n'hésitez pas à en parler. Vous n'êtes coupable de rien et n'avez commis aucun crime. Allaiter en public, c'est votre droit.

Un droit

Les mères qui allaitent au Québec ont droit à une certaine protection juridique. La Charte canadienne des droits et libertés interdit la discrimination fondée sur le sexe (article 15).

Au Canada, l'Ontario et la Colombie-Britannique sont les seules provinces qui ont choisi de détailler les droits des femmes allaitantes. En Colombie-Britannique, l'article 1 de ce document stipule : « La discrimination d'une femme qui allaite ou qui exprime son lait est une discrimination basée sur le sexe. » En Ontario, l'article 6 de leur politique indique : « Il arrive parfois que les femmes soient dissuadées d'allaiter dans des lieux publics parce que certaines personnes croient qu'il s'agit d'un acte indécent. Pourtant, l'allaitement maternel est une question de santé et non pas de bonnes mœurs. Les femmes devraient pouvoir choisir de nourrir leurs bébés de la manière qu'elles jugent la plus digne, la plus confortable et la plus saine. »

Les femmes qui choisissent d'allaiter leur bébé peuvent se réjouir de savoir que notre société leur garantit le droit d'allaiter où elles le veulent.

Initiatives

Même si l'allaitement en public est un droit, bien des femmes ne se sentent pas à l'aise de l'exercer. Différentes initiatives ont été mises en place afin de faciliter l'allaitement à l'extérieur de nos maisons, comme des salles prévues à cet effet dans les centres commerciaux ou des endroits désignés « Bienvenue au bébé allaité ».

Ces initiatives plaisent aux femmes. En Outaouais, par exemple, 82 % des mères sondées préfèrent allaiter dans une salle d'allaitement. Par contre, en 2005, dans la même région, seuls deux centres d'achats sur six avaient une salle réservée aux mères qui allaitent et une seule d'entre elles était considérée comme adéquate par les femmes. En Montérégie, plus de 60 % des mères

À gauche, symbole universel de l'allaitement, créé en 2006 à la suite d'un concours du magazine *Mothering*. À droite, logo « Bienvenue au bébé allaité » de la Ligue La Leche.

trouvaient difficile d'avoir accès à de tels endroits et cela était perçu comme un frein à leur allaitement.

Les femmes peuvent aussi s'organiser elles-mêmes pour créer des lieux d'allaitement. Ainsi, en 2005, après avoir entendu parler d'un projet dans la région de Sainte-Agathe, des bénévoles du secteur Pointe-Saint-Charles de Nourri-Source, dans la région de Montréal, ont voulu encourager les groupes communautaires, les restaurants et les entreprises à offrir des endroits réservés aux mères qui allaitent.

Un droit respecté

En novembre 2002, une mère se rend avec son bébé âgé de quelques semaines dans un magasin de meubles de la région de Montréal. Peu de temps après son arrivée, son bébé est agité et elle se met à l'allaiter. Elle raconte qu'une vendeuse s'approche d'elle en lui faisant remarquer que, même si c'est une belle chose pour une mère, il est inacceptable qu'elle allaite dans le magasin et qu'elle doit partir. Humiliée et confuse, la femme quitte le magasin et affirme penser à cet événement chaque fois qu'elle aura à allaiter en public. Elle porte plainte à la Commission des droits de la personne du Québec et la cause est entendue en septembre 2005.

Le Tribunal des droits de la personne lui donne raison. Dans son jugement, il conclut que la plaignante a été victime de discrimination basée sur le sexe. Le Tribunal mentionne que « Nul ne peut par discrimination empêcher une personne d'avoir accès à un endroit public. En l'espèce, la vendeuse ne pouvait considérer qu'il était inapproprié pour la plaignante d'allaiter son enfant et, pour ce motif, l'expulser du magasin. » Le Tribunal ordonne aux défenseurs de verser à la plaignante une somme de 1 000 dollars à titre de dommages moraux.

S'il devait vous arriver une mauvaise expérience dans un commerce ou un endroit public, vous pouvez envisager de porter plainte à la Commission des droits de la personne.

Grâce à elles, 22 endroits du quartier ont choisi d'arborer l'autocollant « Bienvenue au bébé allaité ». Les marraines de Nourri-Source et des membres du personnel du CLSC ont fait la promotion de cette initiative auprès des nouvelles mères à l'aide d'un dépliant qu'ils ont conçu. Les mères sont toujours très emballées lorsqu'on leur présente ce projet, même lorsqu'elles prennent la décision par la suite de ne pas utiliser le service.

L'initiative de Pointe-Saint-Charles n'est pas unique. Au Québec, plusieurs secteurs de Nourri-Source ont emboîté le pas avec des projets semblables. Plusieurs centres d'achats et commerces offrent aussi aux mères des salles d'allaitement adéquates.

Des projets comme ceux-là vont au-delà de l'allaitement en public. Ils modifient la perception sociale de l'allaitement qui est alors vu comme un geste de l'« espace public » et non cantonné à l'« espace privé ». Les femmes qui allaitent se sentent appuyées par leur communauté dans le choix qu'elles ont fait de nourrir leur bébé.

D'exception à norme culturelle

Aussi intéressantes que soient ces initiatives, il ne faudrait pas non plus créer des « ghettos » en faisant croire que seuls les endroits désignés seraient ceux où une femme a le droit d'allaiter à l'extérieur de sa maison.

Si vous devez allaiter dans un endroit où n'est pas affiché l'autocollant « Bienvenue au bébé allaité », surtout ne croyez pas que c'est interdit. Même chose si vous êtes prise avec un bébé qui hurle de faim dans un

L'allaitement étant un geste physiologiquement réservé aux femmes, interdire à une femme d'allaiter son bébé est discriminatoire.

centre d'achats. Ne vous sentez pas obligée de faire un détour pour trouver la salle d'allaitement si vous êtes à l'aise de lui donner le sein là où vous êtes.

Personne n'exige que vous deveniez une militante de la « cause » de l'allaitement en public. Rien ne vous oblige à le faire si vous n'en avez pas envie. À chacune de trouver sa zone de confort. Au fond, une femme peut décider de ne plus allaiter son bébé de six mois dans un restaurant, comme une autre peut choisir de donner le sein à sa petite fille de trois ans dans un vestiaire de piscine.

Cependant, plus les gens verront de femmes allaiter leurs bébés avec confiance n'importe où, plus l'allaitement deviendra une norme culturelle et plus il sera facile d'allaiter son enfant en confiance n'importe où. Chaque fois que vous allaitez autrement que seule à la maison avec votre bébé, vous aidez une autre femme à allaiter devant les autres. Et vous pouvez changer le monde… une tétée à la fois !

Chapitre 21

Sortir sans bébé

Le fait d'être totalement disponible à son enfant simplifie nettement les choses côté allaitement, surtout les premières semaines. Mais est-ce le seul modèle possible ? Est-ce que l'allaitement contraint les femmes à rester à la maison ? Pas du tout ! Vous pouvez sortir sans votre bébé et même retourner travailler tout en poursuivant votre allaitement. Bien sûr, il faudra songer à certains accommodements et, selon les décisions que vous prendrez, accepter parfois de faire certains sacrifices. Mais après tout, c'est le lot de toutes les mères : votre vie ne sera plus jamais la même, allaitement ou non.

S'adapter au rythme de chacun

Planifiez vos premières sorties le jour et entre deux tétées. Une fois ces premières expériences derrière vous, vous pouvez prévoir des sorties plus longues et, si nécessaire, tirer votre lait pour qu'on le donne à votre enfant pendant votre absence.

Vers quatre mois, il devient encore plus facile de sortir sans votre bébé : les tétées sont mieux organisées et, souvent, votre bébé préférera patienter et même sauter une tétée plutôt que de prendre votre lait autrement qu'au sein. Après six mois, puisque votre bébé commence à manger, il peut se passer complètement de lait pendant plusieurs heures, si on lui donne un peu d'eau et dans la mesure où vous l'allaitez à la demande à votre retour.

Une personne de confiance

Pour prendre soin de votre bébé lorsque vous sortez, choisissez une personne qui comprend l'allaitement ou à tout le moins qui accepte de s'y ouvrir. Il se peut que votre bébé pleure pendant votre absence. Ce n'est pas parce qu'il est allaité, c'est seulement parce que c'est un bébé ! Assurez-vous que la personne qui s'occupe de

> **Il est possible de quitter son bébé tout en continuant de l'allaiter. Cela nécessite simplement de l'organisation et des accommodements.**

lui puisse concevoir que, s'il pleure, ce n'est pas nécessairement parce qu'il a faim, mais peut-être parce qu'il a d'autres besoins, notamment celui, bien légitime, d'être rassuré.

Bien sûr, personne ne souhaite que son bébé pleure longtemps, mais s'il est dans les bras d'une personne calme, capable de le consoler, l'expérience ne devrait pas être traumatisante. C'est sans doute exigeant pour la personne qui prend soin de lui, mais cela permet de créer des liens. S'il reste avec son père, par exemple, cela lui donnera l'occasion de développer ses propres manières de l'apaiser.

Tirer son lait

Tirer son lait peut être une activité frustrante. Avec un peu de temps, toutefois, on peut apprivoiser la technique, et l'expérience, faute d'être agréable, peut devenir facile. Voici quelques notions de base :

- Tirez votre lait le matin : vous êtes alors plus reposée et profitez souvent d'un taux plus élevé de prolactine.
- Tirez un sein quand votre bébé tète à l'autre : votre réflexe d'éjection sera stimulé naturellement. Si votre bébé tète toujours les deux seins, tirez votre lait après la tétée.
- Installez-vous confortablement : si vous êtes tendue, vous aurez plus de difficulté à tirer du lait. Rendez votre environnement calme et agréable. Recréez l'ambiance dans laquelle vous aimez allaiter.

- Si cela est possible, prenez d'abord une bonne douche chaude ou tirez votre lait dans le bain. La chaleur favorise le réflexe d'éjection et l'écoulement du lait.
- Tirez votre lait tout près de votre bébé, en regardant sa photo ou en ayant près de vous un objet qui vous le rappelle.
- N'oubliez pas que plus vous tirez de lait, plus vous produisez. Pour ne pas vous retrouver avec un engorgement monstre au bout de quelques jours, réduisez le plus possible le nombre de vos séances.

Tire-lait

Bien que le tire-lait ne soit pas indispensable, il convient à certaines femmes et à certaines situations. Attendez vraiment de voir quels sont vos besoins avant d'investir dans un tel équipement.

- Tire-lait manuel : Le tire-lait manuel est un outil intéressant pour la mère qui souhaite tirer son lait de façon occasionnelle. Un bon tire-lait extrait le lait efficacement et sans douleur. Certains peuvent être utilisés d'une seule main, ce qui permet de s'en servir tout en faisant boire le bébé à l'autre sein. Il est préférable qu'il comporte peu de pièces afin de faciliter son entretien. Les tire-lait Ameda de la compagnie Hollister et Medela sont de bons produits. Ils sont généralement conseillés par les spécialistes en lactation. Les modèles des marques Gerber et Evenflo risquent davantage de causer des blessures aux seins, de même que les anciens

Fin de semaine en amoureux

Ce n'est pas parce que vous allaitez que vous devez vous priver d'évasion à deux. Lorsque l'allaitement se passe bien et que le bambin est plus âgé, il est possible d'être séparée de lui le temps d'une fin de semaine et de reprendre l'allaitement à votre retour. Pour cela, vous pouvez choisir de tirer votre lait de temps à autre pendant votre absence ou encore de le faire seulement si vous êtes engorgée. Au retour, votre bébé sera heureux de vous retrouver. Par la suite, suivez son rythme. Bien qu'il existe un risque qu'il soit moins intéressé par le sein, il est plus probable qu'il le demande davantage les premiers temps.

Certaines femmes sont même arrivées à reprendre l'allaitement après une absence d'une dizaine de jours. Sachez cependant qu'il se peut qu'après une séparation aussi longue le bébé se soit désintéressé du sein ou encore que votre production ait beaucoup diminué, surtout si vous n'avez pas tiré de lait pendant votre voyage.

Tirer son lait manuellement:
la technique Marmet

Pour tirer du lait, le tire-lait n'est pas indispensable. On peut très bien le faire manuellement. C'est beaucoup plus facile qu'il n'y paraît et même, pour bien des femmes, beaucoup plus confortable que le tire-lait. C'est aussi une technique intéressante à connaître puisqu'on ne sait jamais quand ni dans quel contexte il faudra tirer son lait.

- L'idée, lorsqu'on tire du lait, c'est de déclencher le réflexe d'éjection. Bien entendu, la succion du bébé est la façon la plus efficace, mais pas la seule. En plus de créer une atmosphère propice, commencez par masser vos seins en faisant des petits cercles tout autour du mamelon, un peu comme si vous vous faisiez un examen des seins. Vous pouvez aussi caresser votre sein du haut jusqu'au bout du mamelon et, comme la gravité stimule le réflexe d'éjection, vous pencher vers l'avant et secouer vos seins.

- Placez votre pouce au-dessus de votre sein et l'index et le majeur sous votre sein, à environ trois cm de votre aréole, de façon à atteindre les canaux lactifères. Votre main devrait avoir la forme d'un C (ou un C inversé) (voir figure 1). Poussez votre main et votre sein vers votre cage thoracique (voir figure 2) puis, tout en appuyant assez fermement (en prenant garde de ne pas vous blesser), glissez et roulez vos doigts vers votre mamelon (voir figure 3), sans pour autant le pincer (voir figure 4). Et voilà!

- Répétez le mouvement. Faites le tour de votre mamelon en utilisant vos deux mains (voir figure 5).

- Au début de votre séance, seules quelques

Figure 1

gouttes s'écouleront. Puis, à force de faire le mouvement, votre réflexe d'éjection se déclenchera. C'est là que vous récolterez le fruit de vos efforts puisque le lait coulera par jets pendant quelques minutes. Puis le débit ralentira à nouveau pour ne produire que quelques grosses gouttes. Persistez aussi longtemps que nécessaire.

- Vous pouvez très bien passer d'un sein à l'autre et même déclencher plusieurs fois votre réflexe d'éjection. Mais il est important que cela reste confortable.

- Chaque séance peut prendre 20 à 30 minutes. Si vous êtes engorgée parce que vous avez sauté une tétée par exemple, le lait sortira plus vite.

- Ne vous découragez pas si vous ne tirez que quelques ml les premières fois. Il faut du temps pour apprivoiser la technique.

- Récoltez le lait dans un bol en verre que vous aurez soigneusement lavé, un pot Mason à large col, par exemple.

Vous pouvez mettre le pot directement au réfrigérateur si vous prévoyez utiliser le lait rapidement ou le transvider immédiatement dans un petit sac de congélation, dans un contenant en plastique épais ou en verre. Avant d'ajouter du lait fraîchement tiré à du lait déjà congelé, il faut d'abord le réfrigérer. **Les règles de conservation du lait maternel se trouvent aux pages 296 et 297.**

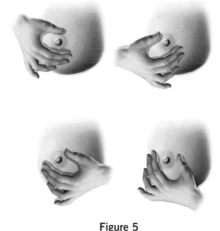

Figure 2   **Figure 3**   **Figure 4**   **Figure 5**

modèles de tire-lait, en forme de klaxon ou de type cylindrique, qu'il faut éviter, d'autant plus qu'ils sont peu efficaces. Généralement, plus le prix est bas, moins le tire-lait est bon. Comptez de 45 à 70 dollars pour un bon tire-lait manuel.

• Tire-lait électrique : Il existe des petits tire-lait électriques qui fonctionnent avec des piles ou des petits adapteurs. Comme les tire-lait manuels, ils conviennent pour une utilisation occasionnelle.

Lorsqu'une femme doit tirer plus rapidement une plus grande quantité de lait (pour maintenir un allaitement exclusif lors d'un retour au travail par exemple), un tire-lait électrique dont la succion se rapproche plus de celle d'un bébé sera mieux adapté. Ces tire-lait se vendent autour de 200 dollars, mais ils peuvent aussi être loués (les prix varient).

Cependant, dans le cas d'un bébé prématuré ou malade qui ne peut prendre le sein immédiatement après la naissance, un tire-lait électrique à double pompage de location devient l'option à privilégier. On peut le louer en pharmacie ou dans les boutiques spécialisées. Certains hôpitaux, les CLSC et les maisons de naissance en possèdent aussi.

Le tire-lait est un outil particulier. Référez-vous à la page 271 pour savoir comment l'utiliser pour amorcer et maintenir une production de lait.

Quelle quantité de lait boit le bébé allaité ?

Le bébé allaité ne boit pas autant que le bébé nourri au biberon. Il ne faut donc pas se baser sur les quantités prescrites de préparations pour nourrissons pour doser un biberon de lait maternel.

Pour estimer la quantité par tétée, il suffit de compter le nombre de tétées par jour et de diviser la quantité totale quotidienne de lait produit par ce chiffre. Ainsi, si on évalue à 750 ml la quantité quotidienne de lait produit par la mère et à 8 le nombre de tétées, on arrive à environ 95 ml par tétée.

Évidemment, il se peut que votre bébé boive plus ou moins de lait. C'est pourquoi il vaut mieux congeler le lait par petites portions. Il devient ainsi facile de décongeler sans rien gaspiller.

Si votre bébé boit beaucoup plus que ce que vous aviez estimé, vérifiez ce qui suit :

• La tétine du biberon a-t-elle un débit trop rapide ? Utilisez toujours le débit le plus lent que votre bébé accepte.

• La personne qui prend soin de votre enfant utilise-t-elle le biberon pour le consoler ? Il se peut que la personne qui prend soin de votre enfant, en toute bonne foi, utilise le biberon dès que votre enfant émet un son. Si cette personne connaît peu l'allaitement, il se peut aussi qu'elle doute de la quantité de lait que vous avez prévue et qu'elle se sente inquiète face aux besoins de votre bébé. Si votre bébé semble vraiment avoir faim, dites-lui de décongeler de 30 à 60 ml supplémentaires.

• Votre bébé a-t-il un besoin intense de téter ? Certains bébés ont besoin de téter plus que d'autres. Ils peuvent très bien téter tout doucement au sein sans nécessairement déclencher votre réflexe d'éjection. Au biberon,

Un droit

En Colombie-Britannique, on indique que l'employeur doit, au minimum, offrir des horaires flexibles et prévoir des pauses pour permettre aux femmes qui allaitent d'extraire leur lait ou d'allaiter leur bébé. On précise aussi que les employeurs doivent fournir à leurs employées allaitantes un endroit propice pour extraire leur lait. En Ontario, la Charte indique que les femmes qui allaitent peuvent demander que leurs employeurs répondent à leurs besoins particuliers, dans la limite du raisonnable.

Bien qu'au Québec les droits des femmes qui allaitent ne soient pas aussi détaillés, vous pouvez vous arranger avec votre employeur. Vous pouvez lui demander de vous laisser utiliser un endroit privé (un bureau fermé par exemple), de vous accorder de plus longues pauses en vue de tirer votre lait et de vous laisser l'entreposer dans un réfrigérateur, s'il y en a un sur place.

toutefois, le lait sort en continu, dès que votre enfant presse la tétine, qu'il ait faim ou non. Utilisée de façon adéquate, la suce peut être utile.

Si votre bébé boit beaucoup moins que ce que vous aviez estimé :
• Acceptez le compliment ! Il se peut fort bien que votre bébé préfère le sein. Il boit seulement ce qu'il lui faut pour patienter. Un bébé peut passer plusieurs heures sans boire. Rappelez-vous que certains bébés passent facilement des nuits de huit heures sans boire (eh oui, il y en a !). Il se peut toutefois que votre bébé se rattrape à votre retour. Il est inutile de vous inquiéter : acceptez ses demandes et n'exigez pas de lui qu'il ait son rythme habituel.
• Décongelez la plus petite quantité de lait. Évitez le gaspillage en décongelant une plus petite quantité. Réduisez aussi la quantité congelée par sac. N'oubliez pas que ce qui n'a pas été utilisé ne peut pas être recongelé (voir p. 296).
• Si votre bébé mange déjà, laissez-le manger à sa faim. Il est possible que votre bébé préfère manger plutôt que de boire du lait autrement qu'au sein. Assurez-vous qu'il boit un peu d'eau pour étancher sa soif et donnez-lui la chance de se rattraper à votre retour.

Travailler

Certaines mères doivent ou veulent retourner travailler rapidement après avoir eu un enfant. Si elles le souhaitent, elles peuvent continuer à allaiter aussi longtemps qu'elles le désirent.

Selon le moment où vous retournez travailler, la conciliation allaitement et travail demande plus ou moins d'organisation. Plus le retour est retardé, plus c'est facile. Un bébé de plus de six mois qui mange un peu de tout (céréales entières, viandes, légumes et fruits) n'aura pas besoin d'une grande quantité de lait pendant votre absence. Il peut même s'en passer

tout à fait. Toutefois, si votre bébé n'a que quelques semaines, vous devrez remplacer les tétées pendant votre absence et, si vous souhaitez continuer l'allaitement, il sera primordial de maintenir votre production en tirant du lait.

Une nouvelle dynamique

Les travailleuses qui allaitent, surtout de très jeunes bébés, peuvent se sentir incomprises. Elles sont, pour ainsi dire, à cheval entre deux réalités : ni tout à fait dans le clan des « allaiteuses » qui restent, pour la plupart, à la maison avec leur bébé, ni tout à fait dans celui des travailleuses qui, généralement, n'ont pas cette préoccupation additionnelle. Il faudra vous donner du temps pour apprendre à composer avec cette nouvelle réalité.

Pour parvenir à allaiter tout en travaillant, il faut laisser une nouvelle dynamique s'installer. Bien souvent, par exemple, les bébés des mères qui travaillent se réveillent plus longtemps la nuit pour compenser les tétées et la chaleur maternelle qui leur ont manqué pendant le jour. Dormir avec votre bébé pourrait être une solution de choix pour vous (voir p. 129).

Allaitement « à temps partiel »

Lors d'un retour au travail, vous pouvez choisir d'allaiter « à temps partiel ». La méthode est simple. Au lieu de planifier quelles tétées supprimer pour ne conserver que deux tétées par jour, allaitez votre bébé quand vous êtes là. À temps plein la fin de semaine et à temps partiel la semaine, par exemple. C'est un bon moyen de maintenir votre production et cela vous permet de continuer à profiter de la commodité de l'allaitement.

Au fond, si on désire poursuivre l'allaitement, pourquoi se compliquer la vie avec un sevrage graduel qui s'étale pendant des semaines avant le retour au travail ? Après tout, une travailleuse qui occupe des quarts de travail variables serait bien embêtée de choisir les tétées qu'elle doit supprimer.

Chapitre 22

L'allaitement prolongé

Habituellement, on appelle «allaitement prolongé» l'allaitement d'un bébé de plus de six mois. À partir de cet âge, on parle d'allaitement du bambin. Cela pourra sembler absurde à quiconque a déjà allaité un petit bébé de six mois. Mais il est vrai que, puisque le bébé commence à manger, il est logique de choisir l'âge de six mois pour distinguer l'allaitement «tout court» de l'allaitement prolongé.

En réalité, le concept d'allaitement prolongé est bien relatif. Le terme «prolongé» est sujet à interprétation et la pratique de l'allaitement prolongé fait même l'objet d'un débat animé et émotif, dans lequel les clans sont plutôt tranchés. Pour les uns, l'allaitement prolongé est presque une hérésie, une pratique archaïque et même risquée pour le bien-être psychologique de l'enfant. Pour les autres, le concept même de l'allaitement prolongé n'existe pas. Pour eux, l'allaitement n'est jamais prolongé : il est, tout simplement. Et tout allaitement interrompu volontairement par la mère est considéré comme tronqué ou incomplet. La plupart des mères se retrouvent peu dans ce débat. Celles-ci, qui vivent au quotidien le bonheur – et les difficultés – de l'allaitement, ne sont pas dans le discours ou dans les idées arrêtées : elles sont avec leur bébé qui grandit de jour en jour et au cœur de cette relation qui évolue au fil du temps. Au fond, est-il vraiment important d'allaiter un nombre de mois prédéterminé ? Est-il nécessaire de décider à l'avance combien de temps doit durer l'aventure ? Si tout se passe bien, si les hauts sont plus nombreux que les bas, si l'allaitement continue à vous combler, votre bébé et vous, pourquoi y mettre fin ? Inversement, si tout ne se passe pas bien, si vous n'éprouvez plus de plaisir à allaiter, si vous ne recevez pas le soutien que vous méritez, pourquoi continuer à vivre une relation qui ne vous comble plus ?

Chaque femme devrait se sentir à l'aise et soutenue dans son choix d'allaiter le temps qu'elle et son bébé le désirent, même si cela dépasse les normes auxquelles nous avons été habitués ou si l'allaitement est moins long qu'il aurait été souhaité.

> **La plupart des études sur l'allaitement prolongé indiquent que les mères occidentales qui le pratiquent sont un peu plus âgées que la moyenne des mères, elles sont cultivées et font partie de la classe moyenne. Habituellement, ces femmes connaissent bien l'allaitement et disent l'apprécier.**

Qui allaite longtemps

Lorsqu'on pense à l'allaitement prolongé, on pense d'emblée aux femmes des pays non industrialisés. Qui, en effet, n'a jamais vu d'images de ces mères allaitant un petit enfant au creux de leurs bras fragiles ? Si ces images nous touchent parce qu'elles sont émouvantes, il ne faut pas s'étonner que l'allaitement prolongé semble si loin de nous, si archaïque, voire exotique.

Pourtant, des femmes occidentales allaitent longtemps, même très longtemps. Nous en avons peu connaissance parce que cela se passe souvent loin des regards et dans l'intimité des chaumières.

Il est vrai que l'allaitement prolongé, surtout au cours de la deuxième année de l'enfant, est un choix fait par une minorité. Selon les statistiques de 2005, 46,7 % des mères québécoises allaitent plus de 6 mois. Il n'existe aucune donnée pour l'allaitement dans la deuxième année et plus tard, mais cela ne signifie pas

qu'il n'existe pas. D'ailleurs, la Société canadienne de pédiatrie recommande l'allaitement jusqu'à deux ans. Pourquoi un si grand écart entre les recommandations et la réalité ? Un ensemble de facteurs l'expliquent, allant des motivations toutes personnelles aux réalités les plus concrètes, de la culture à l'histoire.

Une question de santé

Le lait maternel reste un aliment tout à fait pertinent au cours de la deuxième année de l'enfant. En fait, au niveau des nutriments, le lait de deuxième année a significativement plus de gras et d'énergie que celui de la première année. Selon les diverses recherches sur le sujet, le lait maternel continue à apporter une source appréciable d'énergie, de protéines, de gras, de calcium et de vitamine pour le petit enfant de 12 à 23 mois, et même pour l'enfant plus âgé. Et dire que se colporte encore le mythe selon lequel le lait maternel ne serait « plus bon » après six mois ! Celui-ci complète bien, au contraire, une alimentation saine et variée.

Le lait reste aussi très bénéfique en raison de ses propriétés immunitaires. En fait, on a remarqué que ces propriétés augmentent dans le lait au fur et à mesure que le bébé grandit et que le nombre de tétées diminue. L'allaitement continue également à protéger le bambin contre les allergies, notamment les allergies au lait de vache.

Un peu de lait avec ça ?

Au cours de la deuxième année de vie d'un bambin, 448 ml de lait maternel comblent :

- **29 %** des besoins en énergie.
- **43 %** des besoins en protéines.
- **36 %** des besoins en calcium.
- **75 %** des besoins en vitamine A.
- **76 %** des besoins en folate.
- **94 %** des besoins en vitamine B12.
- **60 %** des besoins en vitamine C.

Le lait maternel complète bien une alimentation saine et équilibrée composée de fruits et légumes, de céréales et de viandes ou de ses substituts.

L'allaitement prolongé est bien plus qu'une façon d'éviter à son enfant des désagréments de santé. C'est une façon de transmettre son amour, sa tendresse, un sentiment de sécurité et de favoriser l'attachement.

Si votre enfant grandit plus lentement que les autres, un médecin pourrait mettre en cause l'allaitement. En effet, certains médecins croient que l'allaitement nuit à l'appétit des petits enfants et les empêche de consommer suffisamment d'aliments complémentaires. Cela n'est fondé sur aucune donnée scientifique: aucune étude ne prouve que les bébés allaités refusent davantage les aliments solides que les bébés sevrés.

Une question d'amour

Même sans que l'on tienne compte de tous ses bienfaits physiologiques, l'allaitement prolongé reste un geste parfaitement justifiable du simple fait qu'il semble naturel et agréable à ceux qui décident de le vivre. Une mère n'a pas à se défendre d'allaiter son bambin pour telle ou telle raison « médicale ». Elle peut décider de poursuivre l'allaitement simplement parce qu'elle en a envie.

Bien qu'il puisse sembler étrange pour certains d'allaiter un petit bipède denté qui parle, il faut se rappeler qu'un bambin a d'abord été un nouveau-né. C'est de jour en jour que l'allaitement se poursuit et se prolonge. En d'autres mots, on n'allaite pas un petit de deux ans et demi du jour au lendemain !

Au fil des jours

Quand on n'a pas allaité de bambin, il peut être difficile d'imaginer comment les choses se passent au jour le jour. Et c'est peut-être pourquoi on croit qu'allaiter un bambin, c'est compliqué. S'il faut prévoir ses absences quand on a un bébé de quelques semaines, l'allaitement du bambin est beaucoup plus adaptable : il se moule à notre style de vie.

Les bébés plus âgés tètent moins longtemps... beaucoup moins longtemps ! Alors qu'un nouveau-né pourra rester au sein pendant de longs moments, le bébé plus âgé tète souvent quelques minutes seulement. Après quelques gorgées, il a étanché sa soif, comblé une fringale, obtenu l'affection et la sécurité dont il a besoin.

Le nombre de tétées peut varier d'une journée à l'autre. Un petit enfant qui se sent en sécurité et dans sa routine habituelle tète plus rarement que celui qui vit des bouleversements inévitables. Un rhume, un voyage, une période de stress peuvent inciter un bambin à demander plus souvent le sein. (suite p. 227)

Bienfaits pour la mère

La mère profite aussi de l'allaitement prolongé. Il réduit de façon significative le risque de certains cancers, notamment le cancer des ovaires, du sein, de l'utérus et de l'endomètre. On remarque que ces cancers sont inhabituels dans les pays où les naissances fréquentes et l'allaitement sont monnaie courante. Ainsi, plusieurs études concluent que plus une femme a d'enfants et plus elle a allaité au cours de sa vie, moins elle risque de développer ces cancers.

Il semble également que l'allaitement prolongé réduise de façon significative les risques d'arthrite rhumatoïde, sans compter qu'il réduit les risques d'ostéoporose et retarde le retour à la fertilité (voir p. 178).

Besoin de succion

Débutant pendant la gestation, au quatrième mois de vie du fœtus, la succion joue un rôle vital dans la vie d'un bébé. C'est son lien principal et premier avec le monde extérieur. La tétée et la succion jouent des rôles importants dans son développement tant physique que psychologique. Ce n'est plus une simple question de lait, cela devient également une question d'attachement.

La succion est un comportement que l'on observe chez 40 espèces de mammifères et qui occupe une place importante dans plusieurs théories psychologiques. On peut penser, notamment, à la fameuse phase orale décrite par Freud. La succion donne lieu aux premières interactions entre une mère et son bébé. Elle permet d'établir un dialogue au-delà des mots : le bébé tète, prend des pauses, la mère le stimule en chatouillant son menton, écoute sa succion, l'observe. La mère sait très vite distinguer les différentes phases d'une

L'allaitement d'un enfant de deux, trois ou quatre ans est peut-être rare, mais il correspond à un besoin physiologique et psychologique normal.

tétée qui lui permettent de savoir si son bébé a encore faim ou s'il plonge vers le sommeil. Grâce à la succion, mère et enfant apprennent à se connaître.

Avec sa théorie de l'attachement qu'il développe à la suite de la Seconde Guerre mondiale, le psychiatre britannique John Bowlby accorde une place de choix à la succion. Pour lui, l'attachement est « un besoin primaire, inné, biologiquement déterminé de la même façon que tous les autres besoins fondamentaux liés à la survie de l'individu et de l'espèce ». Comme beaucoup d'autres, Bowlby distingue

Peut-on allaiter trop longtemps ?

En 2006, une chaîne de télévision nationale britannique présente un documentaire intitulé *Extraordinary breastfeeding*. Dans ce documentaire, on présente Veronica Robinson, mère de deux filles, « lactiviste » et éditrice du magazine *The Mother*, allaitant sa fille de presque huit ans. Il s'agit d'une enfant comme les autres, qui aime grimper aux arbres, dessiner et s'amuser. Sa mère, qui privilégie une approche holistique de la maternité et le sevrage guidé par l'enfant, est tout entière dévouée à l'éducation de ses filles et a à cœur leur santé tant physique que psychologique. Son mari, père aimant et présent, soutient les décisions de sa femme. Une famille apparemment équilibrée, où l'harmonie semble régner.

Pourtant, l'image de sa fille étendue de tout son long corps sur le divan du salon, la tête enfouie sous le chandail de sa mère, reste étonnante, voire choquante. Qu'est-ce qui nous choque ? Avons-nous le droit d'être choqué d'un geste qui, au fond, ne nous concerne guère ? Notre réaction est-elle le simple fruit d'un conditionnement culturel ? Cette femme devrait-elle sevrer sa fille même si celle-ci désire poursuivre l'allaitement ? Y a-t-il une limite à l'allaitement prolongé même si celui-ci se passe bien et dans le respect des désirs et volontés de chacun ? Et si c'était un garçon, serait-il acceptable qu'il soit toujours allaité ?

la succion nutritive de la succion non nutritive. La deuxième aurait un rôle plus psychologique. Pour Bowlby, ce rôle est essentiel au bien-être psychologique de l'enfant. Comme suivre sa mère ou s'y agripper, la succion non nutritive permet à l'enfant de s'attacher à sa mère. Dans les sociétés traditionnelles, la succion non nutritive est dirigée vers le sein de la mère, alors que, dans les autres, cette succion est dirigée vers un substitut, soit la suce ou le pouce.

La psychologue américaine Mary Ainsworth poursuit l'idée de Bowlby. Dans une révision de la littérature scientifique, elle conclut que les enfants qui sont attachés à leur mère à travers l'allaitement sont indépendants psychologiquement vers l'âge de deux ans. Ces enfants ont un meilleur comportement à l'âge de cinq ans et sont moins anxieux quand ils entrent à l'école.

Le besoin de succion est un besoin fondamental du bébé et de l'enfant. On pourrait croire que ce besoin disparaît rapidement, et pourtant non. En plus d'être lié à un besoin psychologique, il est lié à la maturation de la bouche. Cette maturation est graduelle et traverse diverses étapes : de l'apparition des premières dents de lait à l'apparition des dernières dents d'adulte. Pendant tout ce développement, l'enfant passe d'une déglutition dite « primaire » à une déglutition dite « adulte ». Cela varie d'un enfant à l'autre, mais il serait erroné de parler d'arrêt complet de la succion avant l'âge de sept ou huit ans.

Nous ne sommes pas en train de dire que vous devez allaiter votre enfant jusqu'à ses sept ou huit ans ! Seulement, le besoin de succion d'un enfant peut durer jusqu'à cet âge, peu importe la façon dont il est comblé : un enfant peut téter un pouce, une suce, sa langue, une doudou, et il peut également téter un sein.

Cette demande est temporaire et les choses se replacent lorsque la routine reprend ses droits. Généralement, les petits enfants réduisent le nombre des tétées à une ou deux par jour et en restent là pendant des mois, voire des années.

Les bonnes manières

La plus grande différence qui peut exister entre l'allaitement d'un bébé et celui d'un bambin est l'intégration de la discipline. Un petit enfant qui grandit a besoin de limites. Dans votre maison, vous commencez à émettre des règles de vie : ne pas grimper sur la table de la cuisine, ne pas jeter sa nourriture, ne pas mettre tous les disques compacts de papa par terre et encore moins les casser, etc. Il est normal que votre enfant apprenne à vivre avec les autres et qu'il contribue lui aussi à favoriser l'harmonie dans la famille.

Il n'y a pas qu'une seule façon d'allaiter un bambin. Vous n'êtes pas tenue de tolérer un comportement qui vous met mal à l'aise ou qui vous semble inacceptable.

Voici quelques règles que vous pouvez implanter :
• Expliquez à votre enfant que vos seins vous appartiennent mais que vous acceptez de les lui « prêter » de temps à autre. Un petit enfant d'environ 18 mois peut très bien comprendre si on lui parle dans un langage simple et clair ;
• Demandez-lui de ne pas tirer sur vos vêtements pour vous signifier son besoin et de ne pas relever votre chandail ;
• Ne le laissez pas pincer, tirer ou tordre vos mamelons. Dites-lui où il peut mettre ses mains pendant la tétée. Il peut caresser un toutou ou une doudou. Pour l'empêcher d'agripper votre sein, vous pouvez le couvrir avec votre main ; (suite p. 229)

L'allaitement sert de baromètre et d'outil pour connaître son bambin. Il complète d'autres formes de communication.

Bébé mord

Bien des mères envisagent de sevrer leur bébé dès que celui-ci aura des dents. On comprend aisément que les femmes craignent les morsures.

Fort heureusement, le bébé ne peut mordre et téter en même temps : c'est physiologiquement impossible puisque sa langue s'allonge au-dessus de ses dents inférieures, entre le sein et les dents. Pour mordre, le bébé doit rompre la succion.

S'il vous mord, votre réaction naturelle et spontanée sera, la plupart du temps, suffisante pour lui faire comprendre que son comportement est inacceptable. Votre bébé, qui vous aime et ne vous veut pas de mal, comprendra le message que vous lui communiquez. Certains enfants très sensibles peuvent être si étonnés par la réaction de leur mère qu'ils refuseront temporairement de prendre le sein.

Que faire si votre bébé persiste

▪ Essayez de rester calme, mais mettez fin à la tétée. Regardez-le dans les yeux et dites « Non ! » avec une voix grave, calme et ferme.

▪ Si cette première stratégie ne fonctionne pas, analysez les circonstances : vous mord-il plus souvent au début, au milieu, à la fin de la tétée ? Est-ce à un sein plus qu'à l'autre ? Vous mord-il plus souvent à un moment précis de la journée ? Est-ce à un moment de tension particulier ? A-t-il faim lorsque vous l'allaitez ?

• Si votre bébé vous mord au début de la tétée, c'est peut-être pour signifier que le lait n'arrive pas assez vite à son goût. Si d'ordinaire vous avez un bon réflexe d'éjection, il se peut qu'un bébé habitué à un débit rapide s'impatiente.

• S'il mord toujours le même sein, essayez de le faire d'abord téter l'autre (voir p. 77).

• Si votre bébé mord au milieu ou à la fin de la tétée, il est peut-être temps de passer à l'autre sein ou de cesser. Avez-vous insisté pour qu'il continue à téter croyant qu'il n'avait pas assez bu ?

▪ Si vous venez d'avoir votre retour de règles ou si vous êtes à nouveau enceinte, votre production peut avoir diminué temporairement ou votre lait, avoir changé de goût. Il n'est pas rare, d'ailleurs, que ce soient les bébés qui annoncent à leur mère une nouvelle grossesse !

▪ S'il y avait beaucoup d'activité autour de vous, votre bébé voulait peut-être signifier que les circonstances n'étaient pas propices à l'allaitement. Peut-être préfère-t-il continuer à jouer ? Certains bébés sont imperturbables, d'autres plus facilement stimulés. Respectez sa nature et allaitez dans le calme ; installez-vous dans un endroit sombre, allongez-vous avec lui. Peut-être, après tout, est-il fatigué ? Si cela ne fonctionne pas, reportez la tétée à plus tard. Déposez-le par terre : s'il veut vraiment le sein, il vous l'exprimera et comprendra bien vite qu'il ne peut mordre pour obtenir ce qu'il désire.

▪ Lui donniez-vous votre entière attention pendant la tétée ? Un bébé est aussi un petit enfant en devenir. Il recherche votre attention. Peut-être faut-il, du moins pendant un certain temps, vous consacrer entièrement à lui pendant la tétée. De plus, le regarder pendant la tétée vous permet d'observer les signes précurseurs d'une morsure.

▪ S'il a le nez bouché, débouchez-le-lui ou allaitez-le de façon à ce qu'il ait la tête relevée.

▪ Si vous soupçonnez une poussée dentaire, ayez près de vous un objet qu'il peut mordre pour se soulager.

▪ Il arrive parfois qu'un bébé mal positionné perde le mamelon et tente de le rattraper en mordant. Corrigez cette situation en le tenant plus fermement. Collé contre vous, il aura le mamelon bien en bouche et moins de risques de le perdre.

Dans tous les cas, votre meilleure stratégie sera de profiter du bref instant pendant lequel votre bébé devra rompre la succion pour mordre. Soyez attentive et préparez-vous : vous verrez sa bouche changer de forme, la succion se relâcher. Au moindre de ces signes, retirez votre mamelon ou insérez votre doigt entre ses gencives. De cette façon, au moins, vous protégerez vos seins.

Si votre bébé vous a blessée en mordant, il faut rapidement traiter. Nettoyez la plaie avec un savon doux à l'eau claire et chaude ou encore employez une solution physiologique (3 ml de sel pour 250 ml d'eau chaude). Comme pour une gerçure, une goutte de lait sur la plaie ou un peu de crème à la lanoline aide la guérison. Vous pouvez porter un pansement entre les tétées, mais ne le gardez pas pendant. Si votre bébé doit modifier sa prise au sein parce que le pansement le gêne, il risque de vous causer d'autres blessures. De plus, un bébé qui tète en ayant la bouche sur un pansement pourrait l'arracher et s'étouffer. Au lieu du pansement, il est plus utile de varier la position d'allaitement pour que le bébé cesse de solliciter cette région de votre sein.

Il est normal que la discipline touche l'allaitement et que vous délimitiez un cadre qui vous convienne à l'un et à l'autre. Pour bien des mères, c'est la façon de poursuivre l'allaitement au-delà d'un an.

• Exigez qu'il demande poliment sa tétée, sans se plaindre, sans crier, et en disant « s'il te plaît » ;

• Adoptez un horaire flexible qui respecte vos besoins et les siens. Au lieu d'établir des tétées fixes, acceptez que celles-ci puissent varier un peu. En retour, votre enfant consentira plus facilement à ce que certaines tétées ne soient pas possibles ;

• Les bambins peuvent devenir de vrais petits acrobates de l'allaitement : ils prennent des positions farfelues juste parce qu'ils en sont capables. Si cela peut être drôle dans l'intimité de votre maison, cela peut devenir un problème en public. Essayez d'appliquer à la maison les mêmes règles qu'à l'extérieur... avec souplesse bien sûr !

• À partir d'un certain moment, vous pouvez décider de ne plus allaiter à l'extérieur de la maison. Si c'est le cas, prévoyez le coup : offrez le sein avant de sortir en rappelant à votre enfant qu'il ne pourra avoir de tétée avant votre retour ;

• Avant la tétée, énoncez vos attentes : le comportement que vous attendez de votre enfant et les conséquences s'il ne s'y conforme pas (soit l'arrêt de la tétée) ;

• Pour faciliter vos échanges, vous pouvez donner un nom codé ou un mot de passe pour désigner l'allaitement.

Allaiter « dans le garde-robe »

Si on croit que l'allaitement prolongé n'est pas fréquent, c'est aussi parce que les femmes qui allaitent des bambins le font « dans le garde-robe ». Le *closet nursing* est l'allaitement en privé, à la maison et parfois en secret. Les femmes choisissent d'allaiter en cachette parce qu'elles craignent d'être jugées par leur entourage, leur médecin et même leur conjoint.

Il n'y a rien de mal à allaiter en secret. Au fond, il s'agit d'une relation intime qui vous concerne. Toutefois, le *closet nursing* favorise l'ignorance sur la durée réelle de l'allaitement et cette ignorance a une influence sur les autres mères et sur les médecins. S'ensuit un maintien des préjugés à l'égard de l'allaitement prolongé.

Si vous n'êtes pas à l'aise de parler de votre allaitement prolongé, vous avez le droit de ne pas le faire. Mais si les commentaires d'autrui ne vous font ni chaud ni froid, pourquoi ne pas allaiter devant d'autres gens votre petite fille de trois ans ? Si certaines personnes ne sont pas prêtes à le voir, d'autres seront agréablement surprises de constater qu'elles trouvent ce geste naturel.

Chapitre 23

Allaiter les enfants qui suivent

Lorsque l'on attend un deuxième enfant, on n'aborde plus l'allaitement de la même façon. Pour de nombreuses femmes, la première expérience a été si enrichissante qu'elles entrevoient ce deuxième allaitement avec hâte et bonheur. Certaines ont parfois même des lunettes couleur rose bonbon : puisque j'ai l'expérience, rien ne peut mal se passer !

À l'opposé, d'autres femmes ont eu des débuts d'allaitement si pénibles et douloureux qu'elles craignent que cette deuxième expérience s'amorce dans les mêmes conditions. Enfin, il arrive que des mères soient sorties blessées d'un premier allaitement et décident que, cette fois-ci, rien ni personne ne pourra gâcher cette nouvelle tentative. Elles s'entourent et s'informent et leurs objectifs d'allaitement ont tendance à être mieux définis que pour un premier bébé.

Parfois, c'est pour le mieux, puisque l'on est outillée et plus expérimentée, mais, dans d'autres cas, il arrive que la première expérience occupe tant de place qu'il est presque impossible de partir sur de nouvelles bases. En effet, certaines femmes ont tant détesté allaiter

Un deuxième allaitement est nécessairement teinté par une première expérience.

leur aîné qu'elles n'essaieront pas avec le deuxième ou encore la pression de réussite se montre si forte qu'il ne reste aucune place pour la vie et l'amour.

Pourtant, chaque allaitement est différent. D'abord parce que vous n'êtes pas la même d'une fois à l'autre, mais aussi parce que vous allaitez une petite personne unique et différente. Il faut vous laisser la chance de vivre cette expérience à votre façon.

Lorsque l'allaitement précédent s'est mal passé

Certains allaitements débutent – et se terminent – dans la douleur, la tristesse, la déception. Ces expériences laissent leurs traces, mais ne présagent en rien l'avenir. Pourtant, les femmes qui ont vécu un premier allaitement pénible sont moins portées à vouloir allaiter leurs autres enfants. **Ce n'est pas parce qu'un allaitement s'est mal passé que ce sera le cas du suivant.**

Mettez toutes les chances de votre côté

Il est utile de revenir sur un premier allaitement et de chercher à comprendre ce qui s'est passé. Laissez de côté une fois pour toutes la culpabilité, la peine ou la colère. Examinez les faits avec un regard neuf, compréhensif plutôt qu'accusateur. Souvent, on constate qu'on a fait du mieux qu'on pouvait avec les outils que l'on avait. Soyez indulgente envers vous-même tout en cherchant l'information juste. N'hésitez pas à raconter votre his-

toire : Qu'est-ce qui n'a pas fonctionné la première fois ? Qu'est-ce qui aurait pu être fait d'une autre façon ? Comment vous sentiez-vous à ce moment-là ? Qui vous soutenait dans cette expérience ?

Planifiez

Lorsque vous aurez mieux compris pourquoi votre premier allaitement s'est mal passé, vous pourrez penser au prochain et déjà prendre les choses en main. Informez-vous. Réfléchissez à la façon dont vous souhaitez que les choses se déroulent cette fois-ci. Vous pouvez avoir des craintes face à l'allaitement : être confinée à la maison, que votre partenaire ne s'implique pas assez, ne pas avoir assez de lait et que votre bébé perde du poids, etc. Il est important de nommer vos peurs afin de pouvoir les contourner.

Prenez la responsabilité de cet allaitement en préparant le terrain. Quel type d'aide peut être mis à votre disposition ? Votre mère peut-elle venir vous donner quelques heures de répit ? Est-ce que son père peut changer le bébé pendant la nuit ou encore l'endormir après la tétée ? Avez-vous besoin d'une marraine ? Prévoyez cette aide qui vous a fait défaut la première fois.

Objectifs réalistes

Au lieu de vous projeter loin dans l'avenir, tendez vers des objectifs simples. Prenez les choses comme elles viennent, évaluez la situation à la fin d'une journée, d'une semaine, d'un mois. Lors des moments de grand découragement, repensez à ce premier allaitement. Comment vous situez-vous maintenant par rapport à ce que vous avez vécu alors ? La situation est-elle exactement la même ? Qu'y a-t-il de différent chez vous, chez le bébé, chez vos proches ? Avez-vous autant de tristesse, de colère, de déception ? En ayant des objectifs réalistes, vous pourrez voir le chemin parcouru et franchir les étapes une à la fois.

Accepter la différence

Il est important d'accepter que l'aventure sera différente. Bien sûr, une première expérience nourrit la deuxième, mais celle-ci ne se vivra pas de la même façon. Allaiter un deuxième bébé, c'est accepter de repartir à neuf. Permettez-vous de vous adapter au nouveau duo que vous formez avec ce bébé tout neuf.

Aurez-vous assez de lait ?

Des études comparatives ont été faites sur la quantité de lait produite par les primipares et les multipares. Il en a été déduit qu'une femme produit plus de lait lors de son deuxième allaitement que la première fois.

Une étude menée auprès de 22 femmes, au cours de laquelle la quantité de lait qu'elles produisaient a été mesurée à 1 et 4 semaines après la naissance de leur premier et de leur deuxième enfant, a montré qu'une semaine après leur deuxième accouchement les femmes produisaient en moyenne 31 % de lait de plus. Mieux encore, celles qui avaient le moins de lait lors du premier allaitement voyaient leur production augmenter de 90 % la deuxième fois !

Parfois, une femme qui n'a pas allaité son premier bébé peut être surprise de constater que l'allaitement modifie sa façon de materner. Le maternage associé à l'allaitement ne saurait être ni meilleur ni pire que celui associé au biberon, mais il est différent. Accepter les différences permet de s'ouvrir à une nouvelle expérience.

Parfois, ces différences sont si marquantes qu'elles occasionnent des sentiments de culpabilité ou de remise en question chez la mère, voire des tensions dans le couple. Concentrez-vous sur ce que vous faites en ce moment et maintenez le cap sur vos motivations.

« Après une naissance difficile, François-Xavier a été hospitalisé pendant une semaine. À l'hôpital, on ne pouvait pas me garder même si j'allaitais. Le soutien a été déficient. Trois jours après l'accouchement, je retournais chez moi, sans mon bébé. Tous les matins, j'arrivais très tôt à l'hôpital et je partais assez tard afin qu'il ne reçoive qu'un biberon. La fatigue grandissante, la déprime post-partum et le soutien inadéquat de mon entourage ont contribué au sevrage à trois semaines de vie. J'ai vécu cet allaitement comme un échec. J'éprouvais de la colère et de la tristesse. Avec Laurent, mon deuxième bébé, j'ai senti que l'allaitement devenait une expérience des plus enrichissantes. Je l'avoue, j'ai allaité d'abord pour moi.

« Plus cet allaitement avançait, plus je voyais des différences dans ma façon de materner mes bébés. Parce que j'allaitais Laurent, j'avais tendance à le prendre plus souvent, à le mettre contre ma peau. Nous dormions ensemble quelques heures toutes les nuits et sa couchette était toujours dans notre chambre, collée contre notre lit. Les réveils nocturnes ne me dérangeaient plus. Laurent ne faisait pas ses nuits à cinq mois et je m'en fichais. Pour François-Xavier, ça m'importait beaucoup.

« Ça ne veut pas dire que j'ai aimé davantage Laurent ! Simplement, je me suis fiée davantage à mon intuition.

« Toutes ces différences m'ont amenée à me réconcilier avec mon premier allaitement. J'ai fait du mieux que j'ai pu avec les ressources que j'avais alors. Parfois, pendant les périodes difficiles où je veux sevrer Laurent, je pense à comment je me sentais après le sevrage de François-Xavier. À tous les bons moments que je manquerais en n'allaitant plus. Ça me donne la force de continuer. »

Isabelle

Allaiter enceinte

Il n'existe pas de réponse facile à la question : « Devrais-je poursuivre l'allaitement pendant la grossesse ? » L'allaitement durant la grossesse est tout à fait possible d'un point de vue physiologique, mais il y a plusieurs facteurs à considérer.

Si la grossesse survient alors que votre aîné a plus de deux ou trois ans, l'allaitement est déjà bien différent et peut-être choisirez-vous de faire coïncider le sevrage avec cette nouvelle grossesse. Votre enfant tète probablement moins qu'avant et son alimentation est déjà riche et variée.

Par contre, si vous êtes enceinte alors que votre bébé n'a que quelques mois, il dépend encore beaucoup de votre lait. Vous pouvez à ce moment décider de continuer à l'allaiter exclusivement jusqu'à six mois et conserver ensuite quelques tétées pendant toute la durée de votre grossesse.

À l'inverse, il se peut aussi que ces grossesses rapprochées causent beaucoup de fatigue et que l'allaitement ne s'inscrive plus dans vos priorités. Il peut arriver également qu'un bambin de deux ans trouve beaucoup de réconfort dans ses trois ou quatre tétées par jour et que celles-ci se conjuguent très bien avec votre grossesse. (suite p. 236)

Plusieurs espèces de primates allaitent pendant la gestation. La femelle continue d'allaiter son petit de temps en temps pendant sa grossesse, jusqu'à l'accouchement.

S'occuper de l'aîné, allaiter le nouveau-né

Mot d'enfant. Éloi, 23 mois, n'en peut plus de voir son nouveau frère au sein de sa mère.
— Maman, donne Ulysse à papa. Prends-moi !
— Ulysse boit son lait, il a souvent faim. Qu'est-ce qu'il va faire si je le donne à papa maintenant ?
Éloi réfléchit et répond avec un sourire en coin :
— … Bien, il va boire le lait de papa !

Lorsqu'une femme choisit d'allaiter, elle peut se demander comment elle arrivera à organiser son temps afin de pouvoir nourrir son nouveau-né tout en s'occupant de son bambin. Après tout, quoi qu'elle fasse, une mère n'aura toujours que deux bras et deux jambes ! Voici quelques repères qui vous aideront à trouver un équilibre :

■ **« Moi aussi j'ai été allaité. » :** Avant la venue du bébé, parlez d'allaitement à votre aîné. Montrez-lui ses photos d'allaitement. Vous pouvez en afficher près de son lit ou encore lui faire son petit album personnalisé. Lorsque le bébé est là, rappelez à votre aîné que lui aussi a été allaité : « Maman allaite Paul. Regarde, il fait comme toi quand tu étais petit ! »

■ **En fusion avec papa :** Consacrez les premiers jours à votre nouveau-né. Vous avez besoin de temps, de calme et de repos pour apprivoiser cette nouvelle vie. Elle doit être votre priorité. Votre aîné a eu droit au privilège d'être seul avec vous et c'est une bonne idée d'offrir ce même cadeau aux enfants qui suivent. En contrepartie, c'est un moment tout indiqué pour que votre bambin se rapproche de son père. Différentes activités peuvent être prévues en « tête à tête ». Laissez votre partenaire prendre les choses en charge à sa façon. Pendant que votre compagnon cajole son nouveau-né, réservez-vous un petit moment seule avec votre aîné : une histoire du soir, un massage, un bain, une collation. Ne manquez pas d'insister sur le fait que vous faites une activité sans bébé.

■ **Allaitez à sa hauteur :** Si l'enfant joue par terre, pourquoi ne pas vous y installer aussi pour allaiter le nouveau-né? Avec quelques coussins ou couchée sur un matelas posé au sol, il y a toujours moyen d'être bien. Allaitez près de votre grand, peu importe s'il fait un casse-tête à table, regarde un film ou joue dans un bac à sable. Il risque moins de chercher votre attention s'il vous a tout près de lui. Il a aussi plus de chances d'être calme si vous n'interrompez pas ses activités sous le seul prétexte que sa petite sœur doit téter… De la même façon, un des grands avantages de l'allaitement, c'est qu'il vous laisse une main libre. Vous pouvez proposer à votre bambin une foule d'activités près de vous pendant la tétée : lire un livre, regarder un film ou écouter un disque, dessiner, s'allonger la tête sur vos genoux pour des petites douceurs.

■ **Une tétée = une collation :** Puisque bébé se nourrit, pourquoi ne pas prévoir en même temps une petite collation spéciale pour l'aîné? Un truc gagnant chez les petits gourmands ! Yogourt, muffin, morceaux de fromage, fruit, compote, biscuits, gobelet de lait parfumé au miel et à la vanille ou au chocolat, il y a une infinité d'aliments qui plaisent à un bambin. Profitez-en pour vous restaurer vous aussi. Tant pis si les premiers jours vous avez l'impression que votre plus grand a englouti six ou sept collations. Ses habitudes alimentaires reviendront à la normale bientôt.

▪ Préparez le terrain, n'interrompez pas la tétée: Lors d'un deuxième allaitement, le «piège» dans lequel on tombe le plus facilement est d'interrompre la tétée à tout moment parce que votre plus grand fait les «400 coups». Rappelez-vous que votre nouveau-né a un besoin vital de boire à sa faim. Un bambin de deux ou trois ans est en mesure de comprendre qu'il doit attendre, pas un nouveau-né.

Ne croyez pas que vous «négligez» votre enfant plus âgé en allaitant si souvent un nouveau-né. Un enfant dont tous les besoins affectifs ont été remplis quand il était bébé s'ajuste bien aux nouvelles situations. Bien sûr, il arrive des moments où vous n'avez d'autre choix que de déposer le bébé quelques instants pour répondre à une ou deux urgences. Donnez-vous quand même comme règle générale de dire à votre aîné que vous êtes occupée et que vous serez avec lui aussitôt que vos bras seront libres. Remerciez-le lorsqu'il attend comme un grand. Votre bébé a drôlement de la chance d'avoir un grand frère comme lui!

De la même façon, si vous êtes occupée à jouer avec votre grande fille pendant que votre petit dort dans sa coquille, ne manquez surtout pas d'«expliquer» à votre bébé que: «Maman est avec Eugénie maintenant. Chacun son tour. Sois patient, Hubert.» Eh oui! une mère rusée en vaut deux: ça remplace bien la paire de bras supplémentaire qui lui fait si cruellement défaut.

▪ Acceptez le chaos: Gardez le sens de l'humour. Pendant quelque temps, *tout* sera sens dessus dessous. Votre charmante grande fille *va* faire n'importe quelle pitrerie pour attirer votre attention pendant la tétée et votre bambin nouvellement propre *va* choisir le moment de la tétée pour exprimer son envie pressante d'aller aux toilettes... mais, trop tard! C'est écrit dans le ciel et ce n'est pas un complot des forces occultes contre votre santé mentale. Acceptez-le sans résister. Il est normal qu'un enfant ait une réaction à la venue d'un nouveau bébé. Les premiers jours, vous mangerez à n'importe quelle heure. Vous vous laverez sporadiquement. Vous aurez l'impression de ne plus voir votre aîné ou votre partenaire. Vous serez convaincue de négliger votre nouveau-né et, lorsque vous serez tout à lui, vous serez certaine d'être inattentive aux besoins de votre aîné. Vous aurez l'impression que votre vie se situe dans l'œil d'un ouragan de catégorie cinq. Cela se passera mieux si vous acceptez le chaos en respirant par le nez un bon coup. Allez, inspirez... Expirez... L'équilibre reviendra bien assez vite, le temps que votre famille s'ajuste à la vie, tout simplement. En attendant, faites-vous une petite camomille, en prenant garde où vous mettez les pieds...

Il veut goûter, il veut toucher...

Il est probable que votre aîné démontre beaucoup de curiosité envers l'allaitement et les seins (les siens comme les vôtres). C'est un comportement normal qui ne signifie pas une régression alarmante ou pire... un voyeur en devenir! Comment aborder cette curiosité? Le mieux est probablement d'y aller selon votre propre zone de confort et de répondre à ses questions le plus simplement possible.

Pour les enfants qui veulent goûter, vous pouvez tirer un peu de lait sur le bout d'un doigt ou encore dans un verre pour qu'ils y trempent la langue. Parfois, l'enfant qui affirme vouloir goûter directement à la source ne saura pas trop quoi faire une fois le nez dessus. Par contre, le jeune bambin sevré depuis quelques mois peut se remettre à demander le sein et à téter. C'est pourquoi, avant d'offrir le sein à votre aîné, vous devriez vous demander si vous êtes prête à ce qu'il le reprenne vraiment et si vous êtes ouverte à l'idée d'un allaitement en tandem (voir p. 238). Certaines mères sortent le biberon, le gobelet ou la suce et l'offrent à l'aîné qui peut ainsi «jouer» à être un bébé, lui aussi.

Votre enfant plus âgé va vite s'habituer à vous voir allaiter et ce geste fera partie de son bagage de vie. Bien vite, vous risquez de le voir allaiter poupées et toutous!

Autrement dit, le facteur le plus important à considérer reste certainement vos propres sentiments. Vous sentez-vous encore bien dans cet allaitement ou, au contraire, avez-vous l'impression d'être « envahie » par la tétée ? Est-ce que l'allaitement devient douloureux ? Qu'en pense votre conjoint ?

Lorsque l'allaitement devient pénible et source de ressentiments, il est peut-être temps de penser au sevrage, peu importe l'âge du bébé et le nombre de tétées par jour. À l'inverse, si l'allaitement et la grossesse se déroulent bien, pourquoi sevrer maintenant ? Il est important de rester bien centrée sur vos motivations au lieu de prendre une décision dogmatique ou précipitée. Allez-y une tétée à la fois et voyez où cela vous mène. En restant attentive à vos sentiments et en ayant l'information juste, vous aurez plus de facilité à prendre les décisions qui vous conviennent.

Quelques repères...

Si vous ressentez des contractions pendant une tétée, vous pouvez l'arrêter et observer si elles cessent. Parfois, l'allaitement provoque des contractions semblables à celles de Braxton-Hicks, c'est-à-dire des « fausses contractions » qui ne signifient pas du tout le début du travail. Si après la fin de l'allaitement les contractions sont toujours présentes et reviennent plus de deux ou trois fois par heure, soyez vigilante. Vous pouvez :

- **vider votre vessie ;**
- **boire un verre d'eau (pour éviter la déshydratation qui donne parfois des contractions) ;**
- **vous étendre sur le côté gauche et vous relaxer ;**
- **minuter les contractions.**

Le sevrage serait recommandé aux femmes qui ont déjà accouché avant terme ou encore qui ont un historique de fausses couches. Un médecin peut également conseiller le sevrage à celles qui ne prennent pas suffisamment de poids, ont des saignements ou vivent une grossesse à risque.

Du côté du fœtus

La stimulation du mamelon enclenche la production d'ocytocine, l'hormone qui permet aux tissus mammaires de se contracter afin de faire sortir le lait des seins et aussi de contracter les muscles de l'utérus lors de l'accouchement. L'allaitement pendant la grossesse augmenterait-il les risques de fausses couches ou de travail prématuré ?

Il y a somme toute peu d'études qui se penchent en détail sur cette question. Cependant, celles-ci tendent à démontrer que l'allaitement pendant la grossesse est compatible avec un bébé né à terme et en bonne santé. Il existe en outre une multitude de témoignages de femmes qui ont allaité sans problème alors qu'elles étaient enceintes.

Des experts en fausses couches, dont le Dr Lesley Ragan, qui dirige le Miscarriage Clinic au St. Mary's Hospital de Londres, ne croient pas que la crainte d'un avortement spontané soit une raison pour sevrer un bébé. Il n'existe aucune donnée qui suggère un lien entre l'allaitement pendant la grossesse et la fausse couche, ni aucune raison qui ferait en sorte que ce lien soit plausible.

L'utérus n'a pas comme seule et unique fonction de contracter. Pendant toute la grossesse, il est le protecteur du fœtus. Lors d'une grossesse, moins d'ocytocine est produite par la stimulation des seins que lorsqu'une femme n'est pas enceinte. Ensuite, avant 38 semaines de gestation, l'utérus ne réagit pas à la présence d'ocytocine en provoquant le travail. En fait, même une large dose d'ocytocine synthétique ne déclenche pas le travail d'une femme qui n'est pas à terme.

Autrement dit, l'utérus n'est pas un organe figé. Il change et s'adapte au fil de la vie des femmes et particulièrement pendant leurs grossesses.

Risque pour la croissance du fœtus ?

Il est vrai qu'être enceinte ou allaiter demande un travail supplémentaire de l'organisme. Dans certaines cultures, on croit qu'allaiter un enfant alors qu'on est enceinte « vole l'esprit » du fœtus et on le sèvre aussitôt que la grossesse est confirmée.

Cependant, c'est le statut nutritionnel de la mère qui influence la croissance du fœtus. Une femme en bonne santé dont la grossesse est normale, qui mange

Le risque d'une nouvelle grossesse pour l'enfant allaité dépend de son âge, de la qualité et de la quantité des autres aliments qu'il consomme, et de la quantité de lait maternel dont il dispose. Au Québec, si votre grossesse se déroule normalement et que vous vous sentez bien, vous pouvez poursuivre l'allaitement sans craindre de nuire à votre enfant.

à sa faim une diversité d'aliments nutritifs et qui boit suffisamment ne prive pas son fœtus de nutriments parce qu'elle allaite son enfant, pas plus qu'elle n'hypothèque sa propre santé. La grossesse et l'allaitement sont des conditions normales de la vie d'une femme. Toutefois, si vous êtes végétarienne, anémique ou si vous ne prenez pas de poids malgré la grossesse, des ajustements à votre alimentation devront être faits.

L'enfant allaité

Est-ce que le lait d'une femme enceinte est encore bon ? La grossesse peut modifier le goût du lait et la quantité produite. Parfois, l'enfant n'apprécie pas ces changements et amorce le sevrage. Ceci dit, le lait produit par une femme enceinte garde ses propriétés immunologiques.

Des recherches menées en Inde auprès de femmes sous-alimentées qui allaitaient pendant la grossesse montrent un retard de croissance chez l'enfant encore au sein. Par contre, il a aussi été démontré que dans des régions sous-développées, le sevrage abrupt d'un enfant qui ne peut compter sur une alimentation saine et suffisante comporte aussi sa part de risques, comme la diarrhée et des troubles de croissance.

Vers le deuxième trimestre, une majorité de femmes constatent que leur production de lait diminue. Cela se produit parfois dès le premier mois. Il est fréquent que l'enfant profite de cette diminution de lait pour se détacher du sein et le sevrage se fait alors facilement.

Lors d'une étude réalisée auprès de 503 femmes qui avaient allaité pendant la grossesse, 69 % des bébés s'étaient détachés du sein alors que leur mère était

Seins sensibles

Souffrir des seins semble être l'effet secondaire le plus commun de l'allaitement pendant la grossesse. Il est souvent la principale raison du sevrage. Parfois, cette sensibilité pendant la tétée est le premier signe qui indique à une femme qu'elle est à nouveau enceinte. Chez certaines, la sensibilité ne durera que les premiers mois, tandis que d'autres seront aux prises avec cet inconfort pendant toute la grossesse. Un bon soutien-gorge d'allaitement, une position confortable et une prise du sein adéquate peuvent rendre la tétée plus agréable. Pour un bambin en mesure de comprendre, n'hésitez pas à lui demander de téter plus doucement.

Mal au cœur

Il arrive qu'une femme enceinte ait plus de nausées pendant l'allaitement, particulièrement lors de son réflexe d'éjection. Le jeu hormonal en est la cause. À l'inverse, certaines femmes trouvent qu'elles ont moins mal au cœur. Il est difficile de prévoir comment vous allez vous sentir. Parfois, changer de position ou encore allaiter couchée rend l'allaitement plus facile. D'autres fois, rien n'y fait : certaines femmes passent au travers et d'autres choisissent de sevrer leur enfant, car la situation n'est plus supportable.

enceinte. La diminution de lait est généralement irréversible bien que 30 % des femmes ne remarquent pas qu'elles en produisent moins. Par contre, le lait semble revenir à la fin de la grossesse, alors que la production de colostrum commence.

À ce sujet, ne soyez pas inquiète que votre aîné vienne « vider vos réserves » de colostrum alors que vous êtes enceinte. Vous en produirez jusqu'à la fin de la grossesse et à la naissance puisque votre production sera complètement relancée après l'accouchement.

Allaitement en tandem

Allaiter en tandem signifie allaiter deux enfants d'âges différents. Un peu comme pour l'allaitement pendant la grossesse, c'est une situation toute particulière où il n'existe pas vraiment de règles préétablies.

Certaines femmes y trouvent beaucoup de satisfaction, tandis que d'autres réalisent que ce type d'allaitement ne leur convient pas. En vous centrant sur ce qui se passe ici et maintenant dans votre famille, vous arriverez à prendre les décisions qui respectent le mieux

Figure 1: Allaitement en tandem

les besoins de tous. Sachez cependant qu'une femme qui choisit de nourrir au sein deux enfants d'âges différents ne nuit ni à la santé de son nouveau-né ni à la sienne. Il suffit d'être bien entourée, de manger à sa faim et de se reposer suffisamment.

De son côté, l'enfant plus grand continue de bénéficier du lait maternel et de contacts privilégiés avec sa mère, sans compter ceux avec son nouveau frère ou sa nouvelle sœur. Si l'aventure vous intéresse, n'hésitez pas à vous informer auprès des femmes qui ont vécu l'allaitement en tandem, elles seront d'un précieux conseil.

« Lorsque j'ai appris que j'étais enceinte une deuxième fois, je n'ai pas songé une seconde à arrêter d'allaiter mon fils de deux ans. La grossesse se déroulait bien, avec des tétées de plus en plus espacées, mon fils grandissait aussi. Il parlait à "son" bébé dans mon ventre et avait bien hâte de le voir et de partager ses jouets avec lui.

« Les dernières semaines de ma grossesse étaient très chaudes et je me sentais déshydratée. J'ai alors diminué l'allaitement à la demande pour ne garder que la tétée du soir. Outre cette sensation de soif constante, je n'ai pas éprouvé d'autres difficultés.

« J'avais pleine conscience de mon corps et de mes capacités, je repoussais les commentaires désobligeants. Ma fille est née en maison de naissance deux semaines "en retard" avec tous ses morceaux et en pleine santé.

« La transition vers l'allaitement en tandem s'est faite en douceur et j'ai recommencé à allaiter à la demande le nouveau-né et le bambin. Cette histoire d'amour s'est poursuivie pendant deux ans. Mon garçon qui grandissait de plus en plus délaissait peu à peu le sein pour se consacrer à l'exploration du monde. De trois à cinq ans, il ne demandait le sein que lorsqu'il était fiévreux. De son côté, ma fille s'est décidée plus rapidement : vers deux ans, elle a diminué rapidement les tétées et à son troisième anniversaire, l'allaitement était terminé.

« Je crois que l'allaitement en tandem a beaucoup aidé mes enfants. Je ne sentais pas que mon fils était prêt à arrêter. De plus, le fait de partager aussi fréquemment leur maman a été salutaire pour leur bonne entente. Âgés de quatre et sept ans, ils sont très proches et pleins de tendresse mutuelle. Poursuivre l'allaitement de mon fils a eu un effet bénéfique sur sa santé et sa croissance. Ma fille est épanouie et sensible aux besoins de son frère.

Chez les kangourous femelles, une mamelle produit du lait mature pour le bébé plus vieux et l'autre du lait parfaitement adapté à son nouveau-né. Malheureusement, la nature n'a pas doté les femmes des mêmes attributs.

« L'allaitement en tandem m'a apporté beaucoup tant du côté matériel que du côté personnel. Je remarque aussi que j'ai consacré plus de temps à mon grand et que la transition vers une famille de deux enfants s'est bien passée.

« C'est un long voyage de six ans qui a été merveilleux. »

France

Post-partum immédiat

Peu importe que vous ayez allaité pendant toute la durée de votre grossesse, le lait produit après l'accouchement reste du colostrum. Ainsi, **jusqu'à l'arrivée de votre lait mature, il est sage de donner la priorité au sein à votre nouveau-né.** Comme le colostrum n'est présent que quelques jours et en petite quantité, vous devez vous assurer que votre nouveau-né en bénéficie pleinement.

Par la suite, il n'est pas essentiel que votre nourrisson soit toujours le premier à téter. Il suffit de rester attentive aux signes de faim qu'il vous envoie et vous arriverez facilement à coordonner les tétées.

Au début, il est normal de ne pas trop savoir quelle position choisir lorsqu'on allaite deux enfants en même temps. C'est à vous d'expérimenter avec coussins, oreillers et différentes chaises. Ne soyez pas découragée si vous ne trouvez pas tout de suite la façon qui vous convient. Les premières semaines d'un allaitement en tandem sont souvent les plus difficiles. Cela devient plus facile lorsque le bébé est un peu plus âgé et qu'il est familier avec l'allaitement. C'est pourquoi, les premières semaines, des femmes choisissent d'allaiter chaque enfant séparément. Avec le temps, l'expérience devient plus harmonieuse.

Partie 6
La fin de l'allaitement

Un jour, nécessairement, l'aventure se termine. Que la fin de l'allaitement soit décidée par la mère ou par le bébé, c'est une période où les questions sont souvent nombreuses.

Cette partie contient toutes les informations sur la façon de vivre le sevrage le mieux possible, peu importe comment il se passe.

Chapitre 24

Le **sevrage**

Dans son sens le plus strict, « sevrer » signifie : « Cesser progressivement d'allaiter, d'alimenter au lait, pour donner une nourriture plus solide. » Ainsi, même si l'allaitement se poursuit à la demande, le sevrage débute naturellement avec le début de la diversification alimentaire et se termine avec la dernière tétée. Les petits des mammifères sont sevrés lorsque les aliments solides ont complètement remplacé le lait de leur mère.

Dans nos sociétés, le sevrage consiste à introduire une nouvelle méthode pour nourrir un enfant. Ainsi, on peut dire qu'un enfant est sevré quand il ne tète plus le sein, même si son alimentation est constituée uniquement de préparation pour nourrissons, donné au biberon. D'ailleurs, en anglais, *weaning* vient du mot anglo-saxon *wenian* qui veut dire « s'habituer à quelque chose de différent ».

D'un point de vue strictement physiologique, le sevrage est un processus complexe qui demande plusieurs ajustements au niveau de la nutrition, de la microbiologie et de l'immunologie. Dans la vie d'une mère et de son bébé, le sevrage demande aussi une grande adaptation psychologique.

La particularité du sevrage réside sans doute dans le fait qu'il est l'une des plus marquantes séparations avec

En français, le mot « sevrer » vient du latin *separare* qui signifie « séparer ». Comme l'accouchement, le sevrage est une séparation. Votre relation avec votre bébé change de façon permanente. C'est la fin d'une étape.

votre enfant que vous connaîtrez – la deuxième après l'accouchement. Il donne lieu tout autant à une séparation physique qu'à une séparation psychologique : le sevrage est une deuxième naissance.

Le lien physique nécessaire à l'allaitement est tantôt un miracle, tantôt une contrainte mal (suite p. 247)

L'âge du sevrage

Vous vous êtes peut-être demandé s'il y avait un âge préférable pour sevrer un enfant. Vous avez peut-être entendu dire qu'il était préférable de le sevrer plus tôt que plus tard, parce que c'est plus facile. Ou encore qu'il vaut mieux laisser l'enfant se sevrer de lui-même. Ou bien qu'il vaut mieux le sevrer dès ses premières dents, ou ses premiers pas, ou ses premiers mots. En fait, il y a autant de raisons et d'opinions sur l'âge du sevrage qu'il y a de duos d'allaitement mère et enfant.

L'âge du sevrage selon la biologie

L'anthropologue Katherine Dettwyler a tenté d'établir l'âge biologique du sevrage. En d'autres mots, elle s'est demandé à quel âge l'humain sèvrerait ses bébés s'il n'était pas influencé par les croyances, les coutumes et la culture. Pour cela, elle a tenté d'établir l'âge du sevrage à la préhistoire. Il est impossible de savoir avec certitude de quelle façon vivaient nos plus vieux ancêtres, mais nous pouvons extrapoler à partir de certains indices. Dettwyler a cherché à savoir quels facteurs ou variables déterminent l'âge du sevrage chez les grands primates, les plus proches parents des humains. On sait par exemple que les bébés des grands mammifères sont sevrés lorsqu'ils quadruplent leur poids de naissance, ce qui survient vers 27 mois chez les garçons et 30 mois chez les filles, dans les pays occidentaux. Certaines espèces de primates sèvrent leurs petits lorsque ceux-ci percent leurs molaires permanentes. En âge humain, cela correspond à cinq ans et demi, six ans. D'autres variables ont été étudiées, comme le poids à la naissance, la durée de la gestation ou le poids à l'âge adulte. Dettwyler conclut qu'en vertu de ces diverses variables, l'âge biologique du sevrage chez l'humain se situe entre deux ans et demi au minimum et sept ans au maximum.

Depuis que l'*Homo erectus* a domestiqué le feu il y a environ 500 000 ans, et qu'il s'en est servi pour cuire la viande, l'allaitement biologique a été modifié. La viande cuite était plus digestible et, par conséquent, il fut sans doute possible de la donner à manger aux enfants sans attendre que ceux-ci aient leurs molaires permanentes. Le lait maternel devenait déjà un peu moins indispensable.

De la même façon, lorsque l'humain s'est mis à cultiver la terre et à produire des céréales, et plus particulièrement lorsqu'il a créé des outils pour broyer les grains, on peut supposer qu'il est devenu encore plus facile de nourrir les enfants. Et que, pour cette raison, l'allaitement a connu encore une fois un certain « recul ».

Pour tous les phénomènes naturels de l'humain, comme accoucher, manger ou déféquer, la culture joue un rôle. L'allaitement est même le phénomène bio-culturel par excellence.

L'âge du sevrage à travers l'histoire occidentale

Plusieurs facteurs entrent en ligne de compte et modifient la relation d'allaitement et sa durée d'un enfant à l'autre, à l'intérieur d'une même famille, dans toutes les cultures et à travers le temps. On peut citer le sexe de l'enfant, son état de santé, la saison de l'année, l'état de santé de la mère, une nouvelle grossesse, ou encore les croyances, les activités de la mère dans ou à l'extérieur de la maison, et ses idées au sujet de l'autonomie et de la liberté. Autant de raisons qui justifient le sevrage. C'est ainsi qu'au fil du temps et dans toutes les cultures, occidentales ou traditionnelles, le sevrage a connu diverses réalités.

Vers 3000 avant Jésus-Christ, chez les Hébreux anciens, on recommandait le sevrage vers l'âge de trois ans. C'était à cet âge que les bébés devenaient des enfants et étaient admis dans le Temple. Vers 1500 avant Jésus-Christ, dans des textes médicaux

Bien qu'il soit intéressant de considérer le sevrage et l'allaitement d'un point de vue strictement biologique, l'allaitement n'est pas seulement un phénomène biologique. C'est une pratique culturelle, et ce, depuis la nuit des temps !

indiens, on recommandait l'allaitement exclusif jusqu'à un an, l'allaitement accompagné d'aliments jusqu'à deux ans et le sevrage graduel par la suite. À Byzance, entre le IVe et le VIIe siècle avant Jésus-Christ, on recommandait le sevrage entre 20 mois et 2 ans. Le Coran, pour sa part, privilégie des allaitements d'une durée de 2 ans et le Talmud, le livre des rabbins, des allaitements de 18 mois à 2 ans.

Pendant le Moyen Âge, en Europe, le sevrage survenait entre un et deux ans; pendant la Renaissance, vers deux ans, même si les substituts à l'allaitement commençaient déjà à connaître un certain essor, sans compter que, si l'allaitement existait, c'était en partie grâce aux nourrices. Vers le milieu du XVIIIe siècle, les femmes aisées occidentales ont recommencé à allaiter leurs petits, sous l'influence de philosophes tels que William Locke et Jean-Jacques Rousseau. Ce dernier croyait que l'éruption des dents devait servir de point de repère pour le sevrage.

C'est au XXe siècle que l'on a connu la chute la plus forte et la plus généralisée de l'âge du sevrage en Occident et ailleurs.

Le sevrage dans les sociétés traditionnelles

On se tourne souvent vers les sociétés traditionnelles pour tenter d'établir à quoi devraient ressembler l'allaitement et le sevrage naturel. Mais, là comme ailleurs, l'allaitement est un phénomène culturel.

Il est vrai qu'encore aujourd'hui la durée de l'allaitement est beaucoup plus longue et, par conséquent, le sevrage plus tardif, dans les sociétés traditionnelles que dans les sociétés industrialisées. Selon les observations des ethnologues, le sevrage dans ces sociétés se situerait entre deux et quatre ans. Mais on remarque tout de même une grande variation.

Chez les Samoans, par exemple, les enfants étaient sevrés avant un an, alors que, chez les Inuits, ils l'étaient vers l'âge de sept ans. Encore une fois, une myriade de facteurs culturels et environnementaux influencent la durée de l'allaitement.

Chez les Mendés, un peuple ouest-africain, par exemple, on croit que le sperme contamine le lait de la mère et rend les enfants malades. On croit que, si les femmes reprennent les relations sexuelles trop rapidement après avoir enfanté, les

La psychanalyse nous permet de comprendre que le sevrage est motivé par de multiples facteurs psychologiques, qui sont tissés de façon unique dans l'inconscient de chaque individu. Ainsi, les motivations de l'une ou de l'autre de sevrer plus tôt ou plus tard, ou même de ne jamais allaiter, ne nous sont pas complètement accessibles.

enfants souffriront d'un mal mystérieux. Le lait serait particulièrement contaminé si la femme a des relations sexuelles avec un autre homme que son mari. Ainsi, pour éviter de se faire accuser d'avoir repris trop rapidement les relations sexuelles ou, pis encore, de se faire accuser d'adultère, les mères sèvrent leurs bébés tôt et leur donnent des préparations. Cela leur permet par le fait même de sécuriser leur relation matrimoniale (par la reprise des rapports sexuels) et d'assurer leur sécurité financière (puisqu'elles sont dépendantes de leur mari).

Par opposition, chez les !Kungs, également en Afrique de l'Ouest, les femmes allaitent leurs enfants jusqu'à ce qu'ils se désintéressent eux-mêmes du sein (soit vers quatre, cinq ou six ans) ou qu'elles deviennent de nouveau enceintes. On dit que le mode d'allaitement des !Kungs est le mode d'allaitement fondamental de l'être humain, parce que leur mode de vie est en plusieurs points semblable à celui de nos plus vieux ancêtres. Pourtant, selon certains anthropologues, l'allaitement chez les !Kungs s'est lui aussi adapté à une culture et à des besoins physiologiques : le nomadisme, le manque de nourriture et le climat dans lequel ils vivent sont autant d'impératifs qui viennent influencer l'allaitement.

Le sevrage selon la psychanalyse

Dans cette réflexion sur le sevrage, la psychanalyse nous offre une tout autre perspective. C'est de l'angle de l'individu, d'une psychologie propre et unique à soi que nous sommes invités à considérer le sevrage. Selon Bernard Golse, psychanalyste français, «[...] il n'y a pas que la biologie qui ait le droit de régir nos motivations [...], personne mieux que la mère ne sait, en matière d'allaitement, ce qui est bon pour elle et son enfant ».

La psychanalyse suggère que le sevrage est une séparation nécessaire : il marque la fin de la fusion entre la mère et son enfant et la fin du prolongement de l'état de grossesse. Si ce corps à corps est absolument essentiel et sain pour l'enfant et la mère au cours des premiers mois, il doit prendre fin pour que l'enfant puisse construire son individualité. Dans cette séparation, le père joue un rôle crucial et c'est une occasion pour lui de prendre la place qui lui revient.

Le sevrage et la distance qu'il crée entre la mère et son enfant rendent possible le langage. En faisant l'expérience du manque, l'enfant fait l'expérience du désir et, conséquemment, de l'expression de ce désir. Ainsi, au moment du sevrage, la mère doit parler abondamment à son enfant, imiter ses vocalises, nommer les objets qui l'entourent pour que la communication s'établisse sur un autre plan. Donc, le sevrage doit se passer relativement tôt (avant un an) pour que l'enfant ne connaisse pas de retard de langage.

La psychanalyse met en relief les motivations d'une mère qui choisit de sevrer ou non son enfant. Elles sont intimement liées à sa psychologie propre, à son passé. Ainsi, une mère peut être motivée par ses propres expériences en tant qu'enfant, par la façon dont elle a été elle-même maternée, par d'autres événements marquants, comme des deuils ou des ruptures, etc.

Le sevrage aujourd'hui

Dans les sociétés occidentales, l'allaitement se compte plutôt en mois, voire en jours et en semaines, malgré les recommandations officielles. Au Québec, en 2005, 38 % des bébés étaient sevrés à 3 mois et 51 % à 6 mois. Aux États-Unis, les taux d'allaitement sont légèrement inférieurs. Par opposition, en Suède, en 2000, seuls 8 % des bébés étaient sevrés à 2 mois et moins de 30 % à 6 mois.

Bien qu'il y ait mille et une raisons de sevrer un enfant, quelques-unes sont plus souvent évoquées dans les diverses enquêtes. Ainsi, les femmes sèvrent leur enfant principalement parce qu'elles ont l'impression de manquer de lait, parce qu'elles croient que leur lait est inadéquat ou « pauvre »,

> **« Nous, les humains, nous avons naturellement besoin de culture. Les échéances et les rites servent à baliser notre vie et à donner du sens – direction et signification – à ce que nous vivons. Chaque famille peut se donner des rites signifiants pour elle. Qu'est-ce qui "fait sens" pour vous ? »**
> **– Ingrid Bayot**

parce que leur enfant refuse le sein, parce que leur enfant ou elles-mêmes ont un problème médical, parce qu'elles doivent retourner au travail ou à cause d'un conflit d'horaire, ou parce qu'elles croient que leur enfant est en âge de prendre le biberon ou en âge d'être sevré. Certaines mères, pour leur part, choisissent de ne pas intervenir dans le processus de sevrage et de laisser leur enfant se sevrer lui-même.

Quand choisirez-vous de sevrer votre bébé ?

Pour nous aider à déterminer le moment approprié du sevrage, Ingrid Bayot nous invite à nous tourner vers nous-mêmes. Selon elle, « chercher dans la nature une justification à une pratique culturelle est un débat stérile ». Au sujet de l'idée que la psychanalyse se fait du sevrage et de l'acquisition de la parole, Ingrid Bayot mentionne que, si cela était vrai, bien des enfants, partout dans le monde, n'auraient jamais appris à parler !

Voici quelques questions à vous poser pour vous aider à bien choisir et à bien vivre le sevrage de votre enfant : est-ce que je choisis ou je subis ce sevrage ? Si mon allaitement se passait bien, est-ce que je choisirais de le sevrer maintenant ? Qu'est-ce que je pourrais changer dans ma façon d'allaiter pour éviter de sevrer mon enfant si je n'en ai pas vraiment envie ? Qu'est-ce que je pourrais changer pour mieux vivre le sevrage ? Qu'est-ce que j'ai l'impression de perdre en le sevrant ? Qu'est-ce que j'ai l'impression de gagner ? Est-ce que je le sèvre parce que je crois qu'il le faut ou parce que cela « a un sens » ? Est-ce que l'allaitement et son arrêt se vivent harmonieusement dans ma famille ? Quand et comment ai-je moi-même été sevrée ?

vécue. C'est peut-être la meilleure explication de la difficulté à vivre l'étape du sevrage. Pour certaines femmes, la distance physique du sevrage est une libération qui leur permet de mieux vivre leur maternité. Alors que pour d'autres, cette séparation entraîne un deuil.

Il est intéressant de noter qu'en hébreu, sevrer se dit *gamal* qui signifie « mûrir ». C'est encore une autre façon de considérer le sevrage. Mûrir, c'est être prêt. Avoir atteint la maturité. Ainsi, lorsque la mère et le bébé sont tous deux prêts et lorsque les choses se passent progressivement et dans le respect du rythme de chacun, le sevrage peut devenir une étape épanouissante.

Comment s'y prendre

Il n'y a pas de « techniques » de sevrage. Cependant, l'âge de neuf mois peut servir de repère pour envisager deux stratégies.

Avant neuf mois

Jusqu'à l'âge de neuf mois, il est conseillé de remplacer votre lait par des préparations pour nourrissons. Pour connaître la quantité de lait que votre bébé doit consommer et les règles à suivre pour la préparation des biberons, vous pouvez vous référer à votre médecin et au guide *Mieux vivre avec notre enfant de la naissance à deux ans*, produit par le gouvernement du Québec.

Idéalement, prévoyez au moins quatre semaines pour achever le sevrage. Plus vous vous donnez du temps, plus l'expérience sera facile pour votre bébé… et pour vos seins! N'oubliez pas la règle d'or : moins vos seins sont stimulés, moins ils produisent du lait.

Idéalement, coupez une seule tétée à la fois, tous les trois à sept jours.

Commencez par les tétées les moins appréciées : souvent les bébés sont très attachés à celle du matin ou du soir ; commencez par celles de jour.

Après neuf mois

Après neuf mois, le sevrage se passe souvent différemment. Il peut être plus facile ou plus difficile, selon le caractère de l'enfant et votre propre attitude. Sevrer son enfant, ça n'est pas une activité à laquelle on s'attelle avec un plan et des objectifs précis. Vous pouvez prendre plusieurs mois pour sevrer doucement votre enfant

La « technique » principale du sevrage, c'est de prendre son temps et d'accepter que rien ne se passe jamais comme prévu. Comme pour d'autres facettes de l'éducation de votre enfant, le sevrage est une valse hésitation : deux pas en avant, un pas en arrière. Parfois, c'est l'inverse : le bébé qu'on voulait sevrer doucement refuse subitement le sein!

À tout moment, vous avez le droit de choisir de sevrer votre bébé. Ce n'est pas parce que vous dépassez tel stade de son développement que votre enfant n'est plus « sevrable ». Pas davantage s'il n'a jamais reçu de biberon ni de préparation pour nourrissons depuis sa naissance.

Tous les âges comportent des avantages et des désavantages. On peut toujours tirer profit des étapes de développement d'un bébé ou d'un enfant pour le sevrer. Autrement dit, il suffit d'inventer un sevrage adapté à son bébé, à ce moment-là.

Au lieu de vous fixer une date précise pour commencer le sevrage, profitez d'une ouverture : une étape de développement propice chez votre enfant ou un changement dans votre vie, comme votre retour au travail ou une fin de semaine en amoureux. Bien sûr, vous pouvez en tout temps décider de repousser votre date butoir. Sevrez votre enfant seulement si vous croyez que c'est la chose à faire.

Le sevrage est une étape transitoire dans laquelle deux personnes sont impliquées. Tout comme vous avez mis du temps à apprivoiser l'allaitement, votre bébé a besoin de temps pour apprendre à vivre sans.

Suppression du lait
après la mort d'un enfant

La suppression du lait après la mort d'un nourrisson est l'un des aspects négligés du deuil périnatal. La présence de lait est un triste rappel de l'enfant perdu. Sans compter que les variations d'hormones suivant l'accouchement, et qui seraient normalisées par l'allaitement, peuvent amplifier le sentiment de détresse ressenti par la mère.

Si la montée laiteuse est prononcée, elle peut extraire un peu de lait pour être plus à l'aise. Si elle a utilisé un tire-lait, elle doit diminuer graduellement les séances. Il faut réduire au minimum la stimulation des mamelons. Une petite quantité de lait peut rester pendant des semaines ou même des mois. Il va sans dire que cette femme aura besoin de soutien émotif et de compréhension pour tous les aspects de son deuil.

Attachment parenting

L'*attachment parenting* est un style de « parentage » fondé sur la théorie de l'attachement de John Bowlby et Mary Ainsworth. Le terme aurait été utilisé pour la première fois il y a environ 20 ans par le pédiatre américain William Sears et fait référence à une façon d'éduquer les enfants en étant réceptif et sensible à leurs besoins.

Le groupe Attachment Parenting International donne des formations en éducation des parents, offre des groupes de soutien et fait la promotion de certaines pratiques, comme la préparation à l'accouchement, l'allaitement – notamment l'allaitement prolongé et le sevrage guidé par l'enfant –, le portage, le « parentage » de nuit, la discipline positive et la vie de famille.

et l'inciter à se désintéresser du sein. Tout ce que vous faites pour limiter les tétées est un pas vers le sevrage.

• Ne pas offrir et ne pas refuser : Ne proposez pas la tétée à votre enfant, mais ne la refusez pas s'il la demande. S'il est occupé, il se peut qu'il la repousse de lui-même ou l'oublie. Évidemment, cette technique n'est pas efficace si vous êtes pressée, mais avec le temps il a de bonnes chances de se désintéresser tout seul du sein.

• Faire diversion : Lorsque l'heure habituelle de la tétée approche, offrez une collation que votre enfant aime ou une activité qu'il apprécie : une promenade en poussette, une visite au parc, un jeu qu'il aime.

• Modifier les routines : Établissez un horaire de tétées, si vous n'en avez pas, ou modifiez-le, si vous en avez un. Évitez les endroits où vous allaitez habituellement (un fauteuil favori, par exemple). Évitez toutes les activités qui risquent de lui rappeler les tétées. Pendant le sevrage, certaines mères évitent même de s'asseoir devant leur enfant et se maintiennent très occupées.

• Repousser les tétées : S'il demande à téter, dites-lui d'attendre un peu. Réduisez la durée des tétées.

• Sevrer la nuit : Essayez de ne pas sevrer la nuit et le jour en même temps. Si votre petit enfant tète toujours la nuit, commencez par ces tétées-là. Il se peut fort bien qu'il se détache le jour aussi.

• Donner beaucoup d'affection : Pendant tout le processus (et après, bien sûr), donnez des câlins, prenez-le dans vos bras, dites-lui que vous l'aimez.

• Créer un rituel : Les enfants plus grands, et qui sont en mesure de comprendre, apprécieront un rituel de sevrage. Un bricolage, un collier, une fête peuvent servir à souligner cette étape et aider votre enfant à passer à autre chose.

• Le sevrage par contrat : Pour les enfants plus âgés, il est possible de sevrer par contrat. On négocie avec l'enfant une date à laquelle l'allaitement prendra fin : un anniversaire prochain, un événement marquant ou un délai plus ou moins long.

Sevrage brusque

Un tel sevrage peut entraîner des problèmes physiologiques, notamment des canaux lactifères bloqués, des mastites, des engorgements ou des abcès. Il peut également entraîner des problèmes psychologiques : il est d'ailleurs déconseillé aux femmes qui ont déjà vécu une dépression.

Le sevrage n'est pas en opposition avec l'allaitement. Il n'est pas une négation de tout ce que l'allaitement représente. Il en fait partie. C'est l'un des deux pôles de l'allaitement.

Le sevrage brusque est aussi beaucoup plus difficile pour l'enfant. Il peut se sentir rejeté par sa mère et vivre une détresse s'exprimant de toutes sortes de façons, notamment par une augmentation de l'agressivité ou d'un sentiment d'insécurité. Avant de sevrer votre enfant brusquement, examinez les raisons qui le justifient. Il vaut toujours mieux se donner quelques semaines, surtout dans le cas d'un tout petit bébé.

Rester à l'aise

Pendant le sevrage, il importe de rester à l'aise. Certains conseils que nous donnons pour traiter un engorgement s'appliquent au sevrage (voir p. 189). Vous pouvez ajouter ceux-ci :

• Ne pas bander les seins : Le bandage des seins est une ancienne pratique qui n'aide pas à réduire la quantité de lait produite et qui peut causer des mastites, des canaux bloqués et des abcès.

• Réduire le sel : Puisque le sel retient les liquides dans le corps, il semble que le fait de réduire le sel puisse aider à supprimer le lait.

• Les suppresseurs : Certaines herbes ont la réputation de réduire la production de lait.

▪ Les femmes qui sont en processus de sevrage peuvent ajouter de la sauge à des boissons ou à des mets, ou s'en faire une infusion. Pour que cela soit efficace, elles doivent prendre 1 ml de sauge séchée, 3 fois par jour. Pour l'infusion, elles mettront 15 ml de sauge dans une tasse d'eau bouillante et pourront en boire de 2 à 6 tasses par jour.

▪ Les fleurs de jasmin sont aussi très efficaces. Il suffit d'écraser des fleurs de jasmin et de les appliquer directement sur les seins, dans le soutien-gorge.

▪ D'autres herbes ont aussi démontré leur efficacité : la menthe poivrée, la menthe verte, le persil, le noyer noir, la mélisse citronnelle, l'origan en sont quelques-unes, qui, prises selon des quantités précises – et non simplement saupoudrées sur les aliments – peuvent diminuer la production de lait. La sauge, la menthe poivrée, la mélisse citronnelle et l'origan peuvent, par exemple, être ajoutés à de l'huile, utilisée pour masser les seins. L'huile essentielle de menthe poivrée est utilisée traditionnellement pour supprimer le lait.

▪ Les contraceptifs oraux à œstrogène sont aussi des suppresseurs efficaces. Si c'est le contraceptif choisi, c'est un bon moment pour commencer son utilisation.

Sevrage guidé par l'enfant

Pour sevrer leur bébé, certaines femmes attendent qu'il se désintéresse lui-même du sein. Cela arrive inévitablement un jour. Cette façon de sevrer est privilégiée par la Ligue La Leche qui en a fait un principe de base de sa philosophie. On appelle cela le sevrage guidé par l'enfant.

Cette forme de sevrage ne survient pas avant 12 à 18 mois (et même 24 mois selon certains) et se passe de façon très graduelle. Le petit enfant commence par refuser les tétées auxquelles il tient le moins, puis

Que l'on choisisse ou non le sevrage guidé par l'enfant, on peut très bien décider de s'en inspirer. Au lieu de fixer un moment clair pour le sevrer, pourquoi ne pas tout simplement décider de ne pas se donner de limites préétablies? On pourrait dès lors parler d'un allaitement a-limité, c'est-à-dire auquel on ne donne pas de limite fixe, car elle se place tout simplement au gré des circonstances de notre vie, de notre psychologie personnelle unique et de nos expériences. Un allaitement que l'on se permet de reconsidérer, de prolonger au-delà de nos idées initiales, de sans cesse renégocier avec notre bébé, notre conjoint et notre famille. Un allaitement et un sevrage qui s'inscrivent tout simplement dans notre vie et dans notre histoire.

laisse graduellement tomber les autres. La mère, pour sa part, ne fait rien pour encourager son enfant à se sevrer.

S'il est difficile de parler de sevrage guidé par l'enfant sans parler d'allaitement prolongé, il ne faut pas confondre les deux : l'un n'est pas l'autre. C'est-à-dire que si le sevrage guidé par l'enfant suppose toujours l'allaitement prolongé, l'inverse n'est pas vrai : ce n'est pas parce qu'on choisit d'allaiter longtemps – même très longtemps – qu'on choisit d'emblée le sevrage guidé par l'enfant. Ce type de sevrage s'inscrit dans la logique de l'*attachment parenting.* Plusieurs femmes l'adoptent parce qu'elles s'y reconnaissent ou, pour reprendre les mots d'Ingrid Bayot, parce que cela « a un sens ». Si ce sevrage revêt tant d'importance pour certaines mères, c'est qu'il assure que l'enfant est prêt à passer à autre chose et que son besoin d'être allaité est maintenant comblé. Cela permet de répondre aux besoins individuels de chaque enfant, au lieu d'imposer la même méthode à tous. Cette méthode s'inscrit dans la foulée de cette philosophie parentale où les besoins de l'enfant, tant physiques que psychologiques, restent les plus grands guides.

Comment s'y prendre ?

Même au cœur de la Ligue La Leche, on ne s'entend pas sur ce que signifie le sevrage guidé par l'enfant. Selon certaines, c'est un processus interactif dans lequel la mère et l'enfant sont impliqués. Alors que, pour d'autres, toute action ou influence de la mère vient briser le processus et inciter le sevrage.

D'après Katie Alison Granju, écrivaine et journaliste américaine spécialiste de la théorie de l'attachement, le sevrage guidé par l'enfant est un idéal difficile à atteindre. Pour y arriver, les parents ne doivent pas influencer leur enfant, en aucune façon, et le laisser

Le sevrage dit «naturel»

Le sevrage guidé par l'enfant est souvent appelé sevrage « naturel ». Nous avons tenté de comprendre d'où vient exactement ce terme et sur quoi il se fonde. Nous avons été étonnées de constater qu'il y a bien peu de renseignements à ce sujet. Pourquoi ce sevrage serait-il plus naturel que les autres ? Dans la nature elle-même, le sevrage guidé par le petit n'est pas une norme, loin de là ! Chez la plupart des espèces animales, c'est la mère qui détermine le moment du sevrage. Parfois, cela se fait même plutôt abruptement. Par exemple, au moment du sevrage, la mère panda laisse son petit au milieu de la jungle pour aller s'accoupler. En fait, dans toutes nos lectures, nous n'avons trouvé nulle part d'exemple concret de mammifères qui laissent leur petit se sevrer lui-même.

Même dans les sociétés au mode de vie traditionnel, lesquelles sont souvent citées comme référence, allaitement prolongé ne rime pas nécessairement avec sevrage naturel. On choisit là aussi de sevrer les enfants pour toutes sortes de raisons et on utilise différentes méthodes pour y parvenir. Les mères zoulous, par exemple, sèvrent traditionnellement leur enfant en arrosant leurs seins de jus d'aloès, ce qui entraîne un sevrage brusque. Les bébés sont pourtant allaités en moyenne 19 mois. Au Bali, l'Américaine Jean Liedloff a observé une méthode de sevrage similaire : lorsque l'enfant a deux ou trois ans et que la mère est à nouveau enceinte, elle arrose ses seins avec du jus dont le goût est déplaisant. L'enfant rejette donc le sein. Si le sevrage naturel existe aussi, chez les !Kungs par exemple, il est loin d'être généralisé.

Il n'est donc pas clair que le sevrage guidé par l'enfant soit plus naturel qu'un autre type de sevrage, au sens où ce serait ce que la Nature nous commanderait de faire.

complètement guider l'allaitement. Ce qui signifie qu'il doit être allaité à la demande, peu importe son âge et le moment de la journée ou de la nuit. Toute restriction quant à l'allaitement, aussi douce soit-elle, serait une incitation au sevrage. Le « véritable » sevrage guidé par l'enfant survient en général vers l'âge de quatre ou cinq ans, ou plus tard.

Dans la plupart des familles, même celles qui adoptent la philosophie de l'*attachment parenting*, certaines restrictions sont données au petit enfant à l'égard de l'allaitement : quant au lieu (seulement à la maison, par exemple), ou quant au nombre de tétées ou au moment des tétées (aucune tétée la nuit, par exemple). Selon Granju, dans ces cas, on peut parler d'un sevrage respectueux de l'enfant (*child respectful weaning*). Ces enfants sont sevrés très graduellement et leurs sentiments et besoins sont grandement pris en compte par les parents.

Quand consulter

Le sevrage, surtout s'il est brusque, peut entraîner quelques problèmes. Voyez un médecin si vous avez de la fièvre, des courbatures ou la sensation d'être malade. Cela peut être signe de mastite.

Si vous n'avez pas encore eu votre retour de règles, celles-ci devraient réapparaître au plus deux mois après le sevrage complet. Si ce n'est pas le cas, consultez un médecin. Faites de même si vous produisez encore une quantité significative de lait six mois après le sevrage, si vous avez des écoulements spontanés qui ne sont pas dus à une nouvelle grossesse, si vos écoulements ne ressemblent pas à du lait (verts, purulents, sanguinolents, rosés…), associés ou non à une bosse dans un sein.

Involution de la glande mammaire

Le sevrage est la dernière phase de la lactation. Bien que vos seins soient probablement différents, la glande mammaire reprendra graduellement l'état qu'elle avait avant la grossesse et plusieurs cellules et tissus seront réduits.

La composition du lait change pendant le sevrage graduel. Il devient plus riche en protéines et en sodium tandis que le lactose et le calcium sont moins présents.

Du lait pendant combien de temps ?

De petites quantités de lait ou de liquide séreux (qui a l'apparence du sérum) peuvent être extraites pendant des semaines, des mois ou des années, des seins des femmes qui ont été enceintes ou ont allaité. La quantité est généralement minime. Toutefois, les écoulements spontanés s'arrêtent généralement au bout de deux ou trois semaines.

De nouveaux écoulements de lait après avoir cessé d'en produire peuvent signifier une grossesse (ou une fausse couche récente).

Toute stimulation du sein, même si c'est « simplement pour vérifier si le lait est encore là » peut entretenir une production de lait.

Chapitre 25

Le deuil
de l'allaitement

Lorsque le sevrage est fait, ou en train de se faire, il est normal de se sentir déboussolée pendant quelque temps. L'allaitement crée un lien tout particulier entre une mère et son bébé et, même lorsque le sevrage est souhaité, il arrive qu'une femme ait besoin de temps pour clarifier ses émotions.

Il se peut aussi que certaines femmes n'aient ni choisi, ni prévu de sevrer leur enfant et que la fin de l'allaitement crée beaucoup de tristesse, de ressentiment, de colère et de culpabilité. Notre société a du mal à concevoir la souffrance infligée par ce type de sevrage. Ainsi, une mère qui vit difficilement la fin de son allaitement peut vite se sentir isolée.

Vivre le deuil

La fin de l'allaitement peut laisser un vide, même lorsqu'une femme choisit de sevrer son enfant. Les contacts lors de la tétée créent des moments uniques d'intimité complice entre une mère et son bébé. Une fois le sevrage abouti, il est normal de traverser une période où vous avez l'impression d'avoir perdu le « comment être » avec votre bébé.

Ce sentiment survient surtout lors des moments où vous aviez l'habitude de lui donner le sein : après la sieste, avant le dodo ou au petit matin, par exemple. Un peu comme si vous ne saviez plus quoi faire avec lui ! Avec un peu de temps, vous trouverez d'autres gestes, d'autres façons de faire, pour vous sentir tout aussi proche de votre enfant.

Cette sensation de vide peut se manifester par un sentiment plus ou moins présent d'inutilité. Vous étiez pleine de lait pour ce bébé. Que vous le (suite p. 256)

Malheureusement, il y a encore trop peu de place pour le deuil de l'allaitement. Très peu d'écrits existent sur le sujet. Notre expérience nous montre pourtant que c'est un passage pendant lequel bien des femmes souffrent en silence...

Culpabilité

La culpabilité est un sentiment souvent associé à l'allaitement. Une femme se sent coupable de ne pas avoir allaité assez longtemps, d'avoir donné le biberon ou d'avoir sevré son bébé à un moment précis. Certaines mères racontent que des professionnels de la santé, ou encore des bénévoles qui soutiennent l'allaitement, les ont fait se sentir coupables parce qu'elles n'allaitaient pas selon le modèle prescrit. D'autres encore craignent de parler d'allaitement parce que ça risque de susciter la culpabilité de celles qui n'allaitent pas.

Que faire quand on est prise avec un sentiment de culpabilité? Y a-t-il moyen de vivre un allaitement, ou la fin de celui-ci, dans de meilleures dispositions?

Qu'est-ce que la culpabilité?

La culpabilité n'est pas qu'un sentiment négatif. Elle se définit par un état désagréable certes, qui apparaît lorsque l'on juge que l'on aurait pu agir, penser ou se sentir autrement devant une situation donnée. C'est un reproche qu'une personne émet face à ses propres agissements.

La culpabilité est un sentiment bien humain mais qui n'est pas présent chez le petit enfant. Il semble aussi assez douteux que les animaux la ressentent puisqu'ils n'ont pas cette conscience de soi et cette capacité de réfléchir sur leurs actions puis de juger ensuite leurs propres agissements comme étant « bien » ou « mal ».

Ressentir la culpabilité implique d'avoir la maturité nécessaire pour comprendre que nos gestes peuvent causer une détresse chez les autres. Le sentiment de culpabilité apparaît donc quand on est capable d'empathie, de sympathie, et elle existe parce qu'il y a désir de bien faire pour une autre personne. Elle est en quelque sorte l'antichambre de la conscience morale.

Se défaire de la culpabilité

Bien sûr, la culpabilité peut faire mal. D'où l'importance de s'en défaire, particulièrement lorsqu'elle est source d'angoisses ou encore de désir inconscient de punition, puisqu'une faute aurait été commise. Elle est également douloureuse lorsqu'on cherche à la réprimer ou à y renoncer à tout prix puisqu'elle nourrit alors l'hostilité. Une mère peut être très réfractaire à l'allaitement parce que sa propre histoire d'allaitement (ou de non-allaitement) comporte son lot de tristesse et de déceptions.

La femme qui se sent coupable par rapport à son (non) allaitement nous dit aussi qu'elle est sensible au bien-être de son bébé. La culpabilité, une preuve d'amour et de protection?

Il est toutefois difficile de se débarrasser entièrement de toute culpabilité. Il ne faut pas nécessairement s'en défaire, mais simplement la reconnaître puisqu'elle est aussi une réponse saine aux événements de la vie et doit suivre sa propre évolution.

En effet, se défaire totalement de la culpabilité n'est pas possible puisque la flèche du temps ne permet jamais le retour à l'état d'avant le « dommage ». Lorsqu'un premier allaitement se vit mal, on peut certainement trouver réparateur le fait que le deuxième se passe bien. En même temps, il est normal de continuer à éprouver de la tristesse devant l'allaitement de ce premier enfant, sans pour autant que cela devienne source d'angoisse.

Réfléchir sur la responsabilité

Il arrive souvent qu'une personne ne soit pas la seule responsable ou coupable de ce qui arrive. Un allaitement peut mal se passer parce qu'une femme n'a pas été bien entourée, parce que le soutien auquel elle avait droit a fait défaut, parce qu'elle a été mal informée, parce que son bébé ne coopérait pas ou tout simplement à cause de circonstances de la vie. Il ne s'agit pas de jouer aux victimes. Vous êtes bien sûr responsable de ce que vous avez fait (ou n'avez pas fait), et il est sain d'être capable de reconnaître ce que vous auriez pu faire autrement, mais vous n'avez pas à vous sentir coupable des agissements des autres. De la même façon, vous êtes responsable de la peine ou de la colère que vous avez puisque vous êtes celle qui la ressent, mais les événements qui ont provoqué ces sentiments ne sont pas de votre faute. Prenez ce qui vous appartient et laissez aller le reste.

Réfléchir sur vos intentions

Même si les choses ne se sont pas passées comme vous l'aviez souhaité, avez-vous agi de bonne foi ? Vous jugez aujourd'hui que vous auriez pu ou dû faire les choses autrement, mais vous n'avez pas nécessairement tout mal fait. Un biberon donné parce qu'un nouveau-né hurle depuis deux heures ou le tire-lait mis de côté parce que vous n'en pouviez plus ne sont pas des gestes que vous avez posés dans le but de faire du mal, mais bien dans le but de régler un problème qui était criant au moment où vous le viviez. Sachez reconnaître votre bonne foi.

À quoi sert cette culpabilité ?

Y a-t-il moyen que quelque chose de constructif sorte de toute cette épreuve ? Au lieu de se mortifier en ressassant le passé, il faut arriver à utiliser ce remords dans le présent, en épaulant d'autres femmes qui vivent la même chose que vous, par exemple, en partageant votre histoire, en écoutant celle des autres ou en inventant une nouvelle façon d'être avec votre bébé.

Se pardonner

Vous jugez que vous avez commis une faute ou n'avez pas répondu à certains critères, mais l'erreur est humaine. Non seulement vous avez le droit d'être « imparfaite », vous en avez le devoir ! Savoir se pardonner, c'est s'aimer et c'est aussi être capable de pardonner aux autres.

L'allaitement influence certainement le maternage, mais le maternage ne se résume pas qu'à l'allaitement. Si le portage faisait partie de votre vie, par exemple, il n'y a pas de raison pour que ça cesse maintenant que votre petit est sevré.

vouliez ou non, pendant toutes ces journées où vous avez mis votre bébé au sein, votre maternité tournait autour du rôle nourricier et affectif de l'allaitement, ne serait-ce que par le temps passé, vos apprentissages et les événements, heureux ou douloureux, que vous avez vécus. L'investissement personnel de l'allaitement témoigne d'une implication : vous étiez utile, indispensable, pour votre enfant à cause du lait que vous ne faisiez que pour lui. En ayant besoin de votre lait, votre bébé avait besoin de vous. Une fois le lait parti, quelle place est désormais la vôtre ?

Une nouvelle façon de faire

Il est vrai que l'allaitement prend une importance particulière dans la vie d'une mère et qu'il définit le type de maternité qu'elle adopte. L'allaitement derrière vous, il faut vous donner de la place pour définir une nouvelle façon d'être avec votre bébé. Une façon riche de ce que vous avez vécu pendant l'allaitement, mais nouvelle et ouverte sur les besoins de votre enfant qui grandit. Vous pouvez créer de nouveaux rituels qui favorisent le contact avec lui. Que ce soit par un massage, un bain pris ensemble, une histoire lue collés dans la chaise berçante, il y a mille et une façons d'être proche de son enfant.

Trouver une nouvelle façon d'être ne veut cependant pas dire que vous allez vous retrouver coupée de celle que vous aviez. Même si votre bébé n'est plus allaité, il continue d'avoir des besoins propres à son âge et à sa condition de bébé et votre rôle est de continuer d'y répondre **selon les valeurs qui vous sont chères.** Pourquoi est-ce que ces valeurs changeraient du simple fait que vous n'allaitez plus ?

Dans le cas de jeunes bébés, vous pouvez choisir de donner le biberon d'une façon qui se rapproche le plus possible des gestes de l'allaitement. Si vous avez envie de donner le biberon en portant votre bébé contre

votre sein, pourquoi ne pas le faire ? Certaines femmes racontent avoir continué de mettre leur bébé sevré au sein parce que ce contact leur faisait du bien, même si elles n'avaient plus de lait et ne cherchaient pas à en produire de nouveau. Vous ne donnez plus de votre lait à votre bébé, mais tout le reste est encore là, à vous d'y puiser ce qui vous tente pour créer une façon de faire qui vous convient.

Célébrez !

Une fois le sevrage achevé, pourquoi ne pas célébrer votre allaitement ? Même s'il n'a pas été idéal ou si vous n'avez pas atteint tous les objectifs que vous aviez en tête, attardez-vous au chemin parcouru, aux bons moments que vous avez eus. La tristesse de perdre quelque chose doit laisser la place à la fierté de ce que vous avez accompli.

Dans l'histoire, bien des cultures ont souligné la fin de l'allaitement par une fête. C'était un moment important, un rite de passage, qui marquait la vie. Dans l'Ancien Testament, par exemple, lorsque Isaac est sevré, c'est son père, Abraham, qui fête la fin de l'allaitement.

Lors d'une conférence donnée en 2005, le psychanalyste Jean-Pierre Winter remarque qu'il n'y a plus d'endroit dans le monde, à sa connaissance, où on célèbre socialement la fin «d'un certain rapport au corps de la mère». Pourquoi ne pas rétablir quelque chose du genre ? Après tout, les rites de passage existent dans toutes les cultures. Ils sont une façon pour les humains d'accompagner le mouvement d'un monde vers un autre. Ils offrent des repères pour que l'individu fasse aisément les transitions entre les différentes étapes de sa vie.

Lors de la fin de l'allaitement, le changement de statut ne touche pas seulement l'enfant sevré mais aussi sa mère. Par extension, il touche également le père de cet enfant. Le sevrage lui confère une place toute spéciale : il est fort à propos de rétablir des rituels alors que les pères d'aujourd'hui tiennent à s'impliquer activement dans la vie de leur enfant. Pensez à votre conjoint. La fin de l'allaitement est un bon moment pour symboliser l'importance qu'il occupe dans la vie de cet enfant.

Ne manquez pas d'inscrire votre histoire d'allaitement dans l'album de votre bébé. C'est aussi le moment tout indiqué pour faire encadrer cette photo d'allaitement si craquante ou pour vous offrir ce soutien-gorge délicat que vous pensiez ne posséder qu'en rêve. Et si le monde de l'allaitement continue de vous intéresser, pourquoi ne pas profiter de l'occasion pour offrir vos services comme bénévole en allaitement ? Une belle façon de redonner ce que vous avez reçu.

Souligner la fin de l'allaitement d'une façon ou d'une autre signifie que cet événement a eu un sens dans la vie de votre enfant et dans la vôtre. Le deuil vient marquer l'importance que ce geste a eue pour votre famille. Cet allaitement vous appartient maintenant pour toujours puisqu'il a aidé à construire la mère que vous êtes.

Au bout du rouleau
Quand rien ne va plus, quelques trucs pour garder le cap

▪ **Faites-vous aider.** Si vous éprouvez des douleurs ou avez des blessures dues à l'allaitement, il est impératif de les faire disparaître. Impliquez votre conjoint, qui sera peut-être prompt à vous offrir d'aller acheter préparations et biberons. S'occuper de la maison pendant que vous êtes au lit avec votre bébé, porter le petit contre lui pendant que vous faites une sieste, s'occuper de l'aîné sont autant de moyens de vous offrir un répit. N'hésitez pas à téléphoner à un parent ou à une amie proche. Parfois, les gens hésitent à offrir spontanément leur aide, mais ils sont heureux lorsqu'on leur fait des demandes précises : préparer un repas, faire la vaisselle ou le lavage, vous permettre de faire une sieste ou de prendre un bain ou simplement venir changer l'énergie de la maison en apportant thé et pâtisseries.

▪ **Parlez à des alliées.** Confiez-vous à des femmes qui ont allaité leurs enfants avec bonheur. Si vous n'avez personne, visitez des forums de discussion sur l'allaitement. Vous avez le droit de trouver ça difficile et ces femmes sauront vous épauler. C'est le moment de téléphoner à un groupe d'entraide à l'allaitement, même si vous n'avez pas de question précise. Le rôle des bénévoles est aussi d'écouter (voir p. 20).

▪ **Reposez-vous.** Il y a toute sortes de façons de se reposer avec un bébé sans nécessairement faire une sieste : prendre un bain avec ou sans lui, lire un livre pendant la tétée, vous installer sur un fauteuil en regardant un bon film, pratiquer le cododo et allaiter couchée même si vous ne voulez pas dormir avec votre bébé (voir p. 57).

▪ **Mangez.** Avez-vous mangé un vrai bon repas aujourd'hui ? Pour prendre soin des autres, il faut prendre soin de soi. Choisissez des aliments qui vous tentent. Des plats réconfortants, riches en fer et en protéines, combattent la fatigue. Surtout, ne vous privez pas. Dans des moments difficiles, si vous avez envie de chocolat ou d'un verre de vin, allez-y ! N'oubliez pas de boire suffisamment.

▪ **Une tétée à la fois.** Prenez les choses une à la fois et n'essayez pas de voir trop loin. Évaluez la situation au jour le jour.

▪ **Donnez-vous le temps de guérir.** Si vous souffrez de blessures, il est normal d'être à bout. Cependant, résoudre un problème d'allaitement, ce n'est pas de l'entêtement, encore moins de l'égoïsme, c'est vous donner la chance de continuer à poser un geste qui vous tient à cœur.

▪ **Offrez un biberon.** Eh oui ! Si vous êtes au bout du rouleau, offrez-vous une nuit à l'hôtel, dans votre propre maison. Après la dernière tétée de la soirée, allez dormir au sous-sol, dans la chambre d'amis ou faites-vous un lit douillet dans le salon. Laissez le bébé et un biberon de votre lait à son père qui s'occupera de la prochaine tétée : cela vous fera de quatre à six heures de sommeil de suite. Assez pour remettre les choses en perspective et voir la vie sous un nouveau jour. Offrez-vous ce luxe une fois par semaine si nécessaire.

▪ Vivez au rythme des étapes du bébé. Dans la vie d'un bébé, il y a des périodes qui sont plus exigeantes que d'autres. Informez-vous sur les rythmes des bébés. Les poussées de croissance, les tétées groupées, l'intensité des quatre mois et demi, les dents, les petites maladies : voilà autant de périodes qui exigent plus et qui vous forcent constamment à vous adapter aux besoins de votre enfant. Parfois, on dirait que juste comme on arrive à trouver un équilibre, une autre tuile nous tombe sur la tête. Chaque chose finit pourtant par passer…

▪ Sortez ! Juste le fait de prendre l'air peut aider à changer l'énergie. Une marche rapide revigore la mère et détend le bébé. Plusieurs CLSC ou groupes d'entraide offrent des ateliers d'allaitement ou des activités postnatales. C'est une occasion de briser l'isolement. N'ayez pas peur de sortir avec votre bébé, vous pouvez l'emmener partout avec vous ou presque. Cependant, n'hésitez pas non plus à sortir sans lui pour une soirée si vous en avez envie, peu importe son âge. Un souper au restaurant, un film ou une bière avec un ami sont d'excellents remontants pour le moral.

Lorsque l'allaitement se passe mal

Pendant la grossesse, vous aviez en tête une idée bien précise, et peut-être idyllique, de ce à quoi ressemblerait votre allaitement. Voilà que la réalité vient fracasser vos attentes. Comment aimer allaiter lorsque cela se résume à craindre la prochaine tétée à cause des gerçures, à peser son bébé encore une fois pour voir s'il a enfin pris du poids ou à tirer du lait de peine et de misère coincée dans une unité de néonatalogie ? Il est pourtant possible de sortir de cette noirceur et d'avancer à petits pas sur le chemin de l'allaitement.

Fixez-vous des objectifs à court terme

Si vous désespérez d'arriver au bout de votre journée, donnez-vous plusieurs objectifs précis. Changez votre routine, voyez comment améliorer votre confort ou votre moral. Demandez-vous si ça va, si vous pensez pouvoir tenir encore un peu. Évaluez la situation toutes les 24 heures. Lorsque vous atteignez l'un de vos objectifs, faites-vous plaisir, offrez-vous une récompense. La route est plus facile lorsqu'elle est éclairée ici et là et lorsque la destination est précise. (suite p. 261)

Une femme peut atteindre beaucoup d'objectifs en quelques semaines d'allaitement et en sortir grandie. La durée n'est pas l'unique critère à considérer lorsque vient le temps d'évaluer si un allaitement est réussi ou non.

Vivre avec une insuffisance de lait

Vous n'avez pas choisi que votre corps ne produise pas assez de lait.

En tant que mammifère, l'allaitement est ce qui définit notre espèce. Le geste d'allaiter son enfant est, depuis la nuit des temps, présenté comme l'image suprême de la maternité. Sans compter que la Santé publique insiste beaucoup sur les vertus de l'allaitement. Dans ce contexte, il peut être difficile pour une femme d'admettre qu'elle ne produit pas assez de lait. Certaines le perçoivent comme un réel handicap ou à tout le moins comme une blessure qui prend du temps à guérir et qui est rarement comprise dans notre société.

Si votre nourrisson prend difficilement du poids, vous pouvez vivre une forte culpabilité de voir que votre choix d'allaiter a mis sa santé en péril. En même temps que la souffrance, vous pouvez aussi être en colère contre ce système de santé si prompt à vanter l'allaitement, mais plutôt insensible à votre détresse maintenant que l'allaitement ne fonctionne pas.

« Je me suis doutée que je n'avais pas assez de lait au quatrième jour de Rosalie. Avec l'aide de l'infirmière du CLSC, nous avons essayé de trouver des solutions. Elle m'a montré comment donner des compléments avec un dispositif d'aide à l'allaitement (DAL), elle a vérifié et corrigé la mise au sein et m'a fourni un tire-lait manuel, puis électrique.

« J'étais démolie, je me sentais honteuse et coupable. J'avais honte de ne pas être une "vraie femme". Moi qui détestais déjà mes seins, voilà qu'ils ne pouvaient même pas remplir leur fonction première ! Je ne croyais pas être une mauvaise mère, mais plutôt une mauvaise femme – dans le sens de femelle. Comme j'ai le syndrome des ovaires polykystiques (SOPK) et que j'ai des problèmes de fertilité, j'ai pensé avec ironie que la "sélection naturelle" essayait de m'envoyer un message.

« Les dix premiers jours passés à la maison, j'ai refusé toute visite. Je me suis repliée sur moi-même. J'avais honte d'acheter des préparations lactées à l'épicerie, j'avais peur d'être jugée. J'enviais ces femmes pour qui c'était facile d'allaiter et je trouvais injuste de manquer de lait alors que tant de femmes ne veulent pas allaiter mais auraient une production suffisante.

« Ç'a été moins difficile avec ma fille Anne-Sophie. Je me doutais que j'aurais les mêmes difficultés. J'étais même prête à prendre des médicaments. Je me suis concentrée sur le fait qu'on profiterait toutes les deux du contact physique et cela a été plus facile à accepter.

« Malgré tout, il m'arrive encore de repenser à tout ça et d'être triste. Je ne sais pas si je vais un jour arriver à faire la paix avec les allaitements dont j'avais rêvé. Je me suis accrochée au fait que j'ai deux enfants en bonne santé et que c'est ce qui importe le plus. Mais je n'accepte toujours pas de ne pas avoir pu allaiter comme je l'aurais souhaité. »

Manon

Nous ne sommes pas seulement le produit de notre espèce et l'allaitement ne fait pas la mère. C'est l'amour pour votre enfant qui vous a poussée à vouloir allaiter et c'est aussi par amour que vous tentez tout ce qui est possible pour le faire, selon vos connaissances.

Chaque relation d'allaitement entre une mère et son bébé est différente. Mettre le bébé au sein, même si vous avez peu de lait, ou encore ajouter quelques millilitres de votre lait à son biberon peuvent représenter de belles victoires. Allaiter, c'est aussi donner de l'amour. C'est à vous de construire votre propre modèle en fonction de vos moyens.

Soyez indulgente envers vous-même

Comme toutes les autres mères du monde, vous êtes humaine et avez le droit d'avoir vos propres limites et besoins. Vous traversez une période d'adaptation et devez apprendre une nouvelle façon de faire les choses. Donnez-vous, ainsi qu'à votre bébé, le temps nécessaire pour faire la transition vers une nouvelle étape.

Votre histoire est unique et vous appartient

Il existe autant d'expériences d'allaitement qu'il y a de femmes et de bébés. Votre expérience et les défis que vous avez à surmonter sont des choses qui vous sont propres. Personne n'a le droit de vous dicter ce que vous avez à faire ou ce que vous êtes censée ressentir. Ainsi, vous pouvez être prise entre deux « mondes » : celui de l'allaitement et celui du biberon. D'un côté, les commentaires de femmes qui allaitent, persuadées que si vous y aviez mis juste « un peu plus de bonne volonté » vous auriez certainement « réussi » à allaiter votre bébé. Et de l'autre, celles qui ne comprennent pas votre déception puisque les préparations pour nourrissons vont vous rendre la vie si facile. Cette impression d'être jugée, de ne jamais être « dans le bon camp », accentue la peine, la colère et la confusion. Acceptez ces sentiments, ils ne sont ni bons ni mauvais, ils font partie de la vie, voilà tout.

Votre expérience unique peut aussi être génératrice de sagesse, d'humour et de confiance. Après tout, aussi difficile soit-elle, votre histoire d'allaitement a aidé à former la mère que vous êtes.

... Unique, mais pas seule au monde

On se sent rapidement isolée lorsque son histoire d'allaitement ne ressemble à rien de ce que ses proches ont connu. Pourtant, en acceptant de mettre des mots sur ce que l'on vit, on s'aperçoit que l'on est un peu moins seule, que d'autres ont vécu des situations semblables. Le partage d'histoires qui remuent toutes sortes de sentiments demande un certain courage, mais il peut aussi être libérateur et générateur de pouvoir.

L'allaitement n'est pas tout ou rien

Dans un monde idéal, tous les bébés seraient allaités dans le bonheur par des mères épanouies et débordantes de lait. Ce monde n'existe pas. Nous sommes des êtres humains placés devant diverses situations, agréables ou non, qui nous poussent à nous adapter et, parfois, à nous dépasser. C'est ce qui fait la richesse de l'humanité. Permettez-vous de tourner le dos à des idéaux irréalistes et de vous concentrer sur ce qui correspond à la situation unique que vous vivez.

Revoyez vos motivations d'allaiter et centrez-vous sur ce qui est porteur de sens. Au fond, nulle n'est tenue à chaque instant d'aimer follement allaiter et de sentir que c'est une perpétuelle source d'épanouissement. Pour certaines femmes, allaiter sera toujours plus ou moins facile et plus ou moins agréable. Elles poursuivent parce que cet allaitement répond à des motivations qui leur sont propres et qui ont un sens pour elles et leur bébé. Le jour où la motivation n'est plus, l'allaitement cesse, simplement.

Vous avez le choix

Vous n'êtes enfermée dans aucune prison et êtes celle qui est le plus en mesure de choisir ce qui est bon pour vous et votre bébé. Donnez-vous la liberté d'essayer différentes options et de comprendre les choix que vous avez entre les mains. Ne laissez personne vous dicter une marche à suivre. Lorsque vous êtes envahie de conseils et d'informations, rappelez-vous que vous êtes la seule à pouvoir décider.

Vous êtes libre.

Augmenter sa production de lait

Il existe deux façons d'augmenter la production de lait :
1. En revoyant la façon de faire sortir le lait des seins ;
2. En prenant des suppléments galactogènes, qu'ils soient naturels ou pharmacologiques. Un galactogène est une substance qui favorise la sécrétion de lait.

Optimiser la production de lait

La vitesse de la production du lait dépend du degré de plénitude du sein : un sein plein équivaut à un ralentissement de la production du lait tandis qu'un sein « vide » signifie l'augmentation du rythme de production (voir p. 70).

On atteint cet objectif de deux façons :
1. En vidant les seins plus souvent (augmenter le nombre de tétées ou tirer son lait en plus des boires réguliers) ;
2. En vidant les seins le plus possible chaque fois (rendre la tétée efficace afin que les seins soient bien mous après).

Plusieurs suggestions peuvent vous aider :
- **Retournez aux notions de base.** Assurez-vous que le lait arrive bien là où il doit se rendre, c'est-à-dire dans l'estomac de votre petit. Il faut avoir une bonne position d'allaitement et une bonne prise du sein par le bébé (voir p. 59).
- **Utilisez la compression et le massage du sein.** Masser vos seins avant ou pendant la tétée favorise le réflexe d'éjection et aide à les vider. La compression du sein pour sa part permet à plus de lait de s'écouler et facilite la succion du bébé (voir p. 294).
- **Allaitez des deux ou des *trois* seins !** Il s'agit simplement d'offrir les deux seins et de revenir ensuite au premier lors de la même tétée.
- **Ne réduisez pas les occasions de mettre votre bébé au sein.** Le biberon de préparation pour nourrissons ou une suce utilisée trop souvent empêchent votre corps de produire du lait. Si votre bébé a moins de six mois, ne lui donnez que votre lait : évitez la nourriture solide, l'eau, le jus et le lait non humain.
- **Tirez votre lait** après la tétée si le bébé semble en avoir laissé. Si les seins sont bien mous après la tétée, il sera plus utile de tirer du lait entre les tétées afin de garder les seins les plus vides possibles.
- **Augmentez les contacts peau contre peau.** Vous pouvez prendre votre bain avec bébé ou encore le porter dans une écharpe. Dormir avec lui donne un meilleur accès au sein et vous permet de vous reposer.
- **Partez en « lune de miel ».** Très utile dans le cas d'une grande fatigue ou après un stress important. Il s'agit de prendre le bébé avec vous au lit pendant deux ou trois jours et de ne rien faire d'autre que d'allaiter et vous reposer. Ce contact corps à cœur favorise l'abondance de lait.

Est-ce que votre production est réellement insuffisante ?

Si votre bébé allaité exclusivement grandit normalement, vous pouvez être sûre de ne pas souffrir d'une insuffisance de lait.

Les pleurs de votre bébé, la fréquence des tétées, la quantité de lait tiré, le fait que vos seins vous semblent « vides » ou que vous ne sentiez pas votre réflexe d'éjection **ne sont pas** les bons moyens de déterminer si vous avez assez de lait.

Pour savoir si votre allaitement se déroule bien, référez-vous à la page 62.

L'objectif principal à atteindre lorsque l'on désire augmenter sa production de lait est de garder les seins « vides » tout au long de la journée.

- **Soyez confiante et détendue.** Cela aide la production de lait. Assurez-vous de pouvoir déléguer certaines tâches à vos proches pendant que vous vous concentrez sur votre allaitement. Appelez des amies qui allaitent leurs enfants avec bonheur afin de partager vos préoccupations.

- **Mangez et buvez bien.** Une alimentation saine et riche en protéines est importante pour maintenir votre niveau d'énergie.

- **Évitez les produits qui réduisent la production de lait.** Notamment, l'alcool et la cigarette en grande quantité, la pilule contraceptive (particulièrement celle avec œstrogène). Si vous prenez des médicaments ou suppléments, vérifiez leurs effets sur la lactation.

- **Utilisez un dispositif d'aide à l'allaitement** (DAL). Dans certaines situations, il est nécessaire puisqu'il permet de nourrir le bébé tout en continuant de stimuler les seins (voir p. 274).

- **Donnez-vous du temps.** Au bout de 24 à 48 heures, vous pouvez évaluer la situation en pesant votre bébé, en vous attardant à ses couches souillées et à son état général. Soyez aussi attentive aux signes de votre corps. Avez-vous l'impression d'avoir plus de lait ? Si cela va mieux, vous avez gagné la partie et votre allaitement est à nouveau sur la bonne voie. Cependant, si vous ne voyez vraiment aucune amélioration, envisagez rapidement de prendre des suppléments galactogènes. Consultez un professionnel si l'état de votre bébé vous inquiète.

Suppléments galactogènes

Lorsque les changements dans la façon d'allaiter n'apportent aucun ou pas assez de résultats, la prise d'un supplément, sous forme de plantes ou de médicaments, doit être envisagée. La prise de médicaments devrait se faire de pair avec un suivi par une consultante en lactation.

Plantes

Deux plantes semblent favoriser la lactation : le fenugrec et le chardon bénit. Ces plantes fonctionnent mieux si on les prend ensemble et dès les premières semaines après l'accouchement. Elles sont censées agir rapidement. Si après trois ou quatre jours vous ne remarquez pas d'effets, c'est qu'elles ne fonctionnent probablement pas sur vous.

Examinez toujours votre façon d'allaiter avant d'envisager la prise d'un galactogène. Un supplément ne peut rien si votre façon d'allaiter n'est pas efficace.

Attention ! Chaque culture possède sa propre liste de plantes censées favoriser ou augmenter la production de lait. Ce n'est pas parce qu'elles sont naturelles que ces plantes sont toujours sans danger. Assurez-vous de vérifier auprès d'une source compétente leur compatibilité avec l'allaitement et avec d'autres médicaments que vous pourriez prendre.

Fenugrec

En Égypte pharaonique, 1500 ans avant J.-C., on l'utilisait déjà pendant l'accouchement et pour stimuler la lactation. Aujourd'hui, l'industrie alimentaire se sert du fenugrec pour parfumer les produits qui imitent le sirop d'érable. D'ailleurs, certaines femmes qui l'utilisent remarquent que leurs urines prennent l'odeur du sirop d'érable. À ce sujet, il est possible que si vous ne sentez pas l'odeur caractéristique du fenugrec sur votre peau, ce soit parce que la dose est insuffisante. Des essais cliniques sur les humains et des essais toxicologiques

Un sein n'est pas une bouteille remplie de liquide dont il faut attendre qu'elle soit pleine avant de la vider puis la remplir à nouveau. En réalité, le lait est produit en continu et un sein ne peut jamais être complètement vide. Ce serait comme essayer de vider une rivière, l'eau ôtée est toujours renouvelée par celle qui arrive.

La tétée, ou le fait de tirer son lait, n'équivaut pas à verser du lait d'un contenant. Voyez-le plutôt comme une valve qui ouvre les vannes de la production.

sur des animaux ont montré que les graines de fenugrec n'étaient pas toxiques et que leur consommation était sans danger, même à long terme.

Posologie : 3 capsules, 3 fois par jour.

Chardon bénit

Le chardon bénit est utilisé depuis des siècles tant en Inde qu'en Europe, où on le cultivait surtout dans les monastères. Aujourd'hui, la liqueur Bénédictine contient cette herbe. À très haute dose (plus de cinq grammes par tasse) la plante peut causer une irritation gastrique. Les personnes allergiques au pissenlit, au chrysanthème, à la marguerite et au tournesol, sont susceptibles de l'être au chardon bénit. Prudence si vous êtes enceinte puisque la plante a déjà été utilisée comme abortif ou pour déclencher les menstruations.

Le contenant de teinture mère indique qu'elle est déconseillée aux femmes qui allaitent. Il n'en est rien.

Bien sûr la teinture contient un peu d'alcool, mais elle est tout à fait sécuritaire étant donné qu'il n'y a qu'un infime transfert dans le lait maternel.

Posologie : 3 capsules, 3 fois par jour ou 20 gouttes de teinture mère 3 fois par jour.

Sevrage

Si vous souhaitez arrêter de prendre ces plantes, vous pouvez le faire de façon unilatérale ou encore vous sevrer en une période de plus ou moins une semaine.

Tisanes

On trouve sur le marché des tisanes censées favoriser la lactation, comme la tisane Allaithé de la Clé des champs ou encore différentes versions du Mother's Milk Tea. Ces produits contiennent souvent du fenugrec, du chardon bénit et des feuilles de framboisier. Si l'efficacité d'aucune de ces préparations n'a été prouvée, rien

Des aliments qui font du lait ?

Flocons d'avoine

Le gruau pourrait être une aide toute simple pour augmenter votre production de lait. Même s'il n'existe pas de preuves scientifiques à ce sujet, les flocons d'avoine semblent bien fonctionner pour certaines femmes. Ils sont une bonne source de fer. De plus, le gruau peut être une nourriture réconfortante. Tout ce qui permet à la mère de se détendre influence la production de lait. Inutile d'en consommer d'immenses quantités, un bol de gruau chaque matin suffit. Au mieux, vous aurez plus de lait et, dans le « pire » des cas, votre déjeuner sera sain.

Ovaltine

Cette poudre à base de malt est mélangée à du lait. Certains lui prêtent la vertu d'aider la production de lait. Nous n'avons pas trouvé de base scientifique à cette affirmation, mais quoi qu'il en soit, comme le gruau, l'Ovaltine est une source de fer.

Fenouil, orge, abricots, haricots verts, carottes, patates sucrées, dattes, lentilles cuites, etc.

Chaque culture, ou presque, a sa liste d'aliments qui favorisent la lactation, mais peu ou pas d'études scientifiques ont été faites sur chacun d'entre eux. Retenez quand même que si un aliment vous fait du bien, vous avez intérêt à le consommer. Avoir du plaisir à manger favorise certainement un allaitement heureux.

Lait

Boire plus de lait ne fait pas en sorte que vous en produirez plus. Après tout, les vaches ne boivent pas de lait et pourtant elles en produisent à la tonne ! De la même façon, parce que vous allaitez, vous n'avez pas à vous forcer à boire du lait de vache si cela ne fait pas partie de vos habitudes.

Bière

Contrairement à une croyance populaire, il n'y a aucune preuve scientifique que la bière augmente la production de lait. En fait, aucun alcool n'augmente la production de lait. Au contraire, le bébé dont la mère a bu de l'alcool a tendance à téter plus souvent pendant les trois ou quatre heures suivant la consommation, mais il prend une moins grande quantité de lait. Une étude montre même une diminution de 23 % de la quantité de lait produite après avoir ingurgité un verre d'alcool. Si un verre d'alcool de temps à autre n'est pas une contre-indication à l'allaitement, il vaut mieux cependant s'abstenir si l'on souhaite augmenter sa production de lait.

ne démontre non plus qu'elles n'aident pas. À tout le moins, une tisane peut favoriser la détente et créer un climat propice à la lactation. Si le fait de prendre ces produits vous fait du bien, n'hésitez pas.

Il existe sur le marché de la tisane de fenugrec et de chardon bénit. Les tisanes sont moins efficaces que les capsules. Elles contiennent moins d'herbes et il faut en consommer suffisamment, jour et nuit.

Levure de bière

Elle est fréquemment citée comme étant une substance qui augmente la production de lait. Cependant, de plus en plus d'experts croient qu'il n'en est rien. La levure de bière est riche en vitamines du complexe B, en protéines et en acides aminés essentiels. Il semble que l'alimentation des Américaines soit plutôt pauvre en vitamines du complexe B. La composition du lait humain n'est généralement pas affectée par l'alimentation de la mère, mais il semble que les vitamines B6 et B12 soient moins présentes dans le lait si la mère a une carence. Rien ne vous empêche donc de l'essayer. La levure de bière peut causer des gaz au bébé et ses selles peuvent dégager une odeur de levure.

Posologie : 23 à 38 ml, 3 fois par jour ou 3 à 5 capsules, 3 fois par jour.

Médicaments

Dompéridone (Motillium™)

Ce médicament est utilisé pour traiter les symptômes de troubles gastro-intestinaux chez les adultes et les enfants. Il a cependant comme effet secondaire d'augmenter la production de prolactine.

Au Canada, la dompéridone n'est pas mise en marché dans le but de stimuler la production de lait puisque le fabricant n'approuve pas l'utilisation de ce médicament à cette fin. Plusieurs études démontrent pourtant que ce médicament a cet effet et que son utilisation est sécuritaire. En septembre 2004, un article dans le *Journal de l'Association médicale canadienne* affirmait que la dompéridone pouvait être prescrite à des femmes qui doivent augmenter leur production de lait lorsque la modification de la façon d'allaiter ne suffit pas. En conséquence, au Canada, contrairement aux États-Unis, un médecin peut prescrire la dompéridone dans le cas d'une carence de lait.

Quand l'utiliser

La prise de dompéridone n'est cependant pas miraculeuse et ne crée parfois aucun effet. Elle fonctionnerait particulièrement bien dans deux situations :
• pour les mères de bébés prématurés ou malades qui tirent leur lait et qui remarquent une diminution de la quantité tirée quatre ou cinq semaines après la naissance du bébé ;
• lorsque la mère voit sa production de lait chuter à la suite de la prise d'une pilule contraceptive ou lorsque son bébé a trois ou quatre mois.

Le médicament fonctionne parfois bien dans différentes situations :
• lorsque la mère d'un bébé prématuré ou malade n'a pas réussi à établir une pleine production de lait ;
• pour la femme qui tente une lactation complète pour un bébé adopté ;
• pour la mère qui donne de fréquents compléments à son bébé et qui souhaite revenir à un allaitement exclusif.
• pour la mère qui a subi une chirurgie mammaire. Son effet compense les nerfs endommagés par la chirurgie.

Comme tout médicament, celui-ci comporte certains effets secondaires, le principal étant qu'il augmente la production de lait, rappelez-vous ! La dompéridone peut aussi provoquer des maux de tête, qui disparaissent en général quand on diminue la dose. Par ailleurs, certaines femmes ont la bouche sèche et des crampes abdominales.

Posologie de départ : 90 mg (3 comprimés de 10 mg, 3 fois par jour), parfois 160 mg (4 comprimés de 10 mg, 4 fois par jour). Dans la mesure où ce médicament n'est pas utilisé pour un problème gastrique, il est inutile de le prendre avant les repas, comme il est parfois conseillé sur les feuillets d'information remis par le pharmacien.

Vous pouvez combiner la dompéridone avec le fenugrec et le chardon bénit. Si vous le faites, il sera probablement plus simple de la prendre en même temps que les plantes.

Il faut attendre jusqu'à trois ou quatre jours avant de noter un effet, bien que certaines femmes remarquent une différence en 24 heures. Vous ressentirez le plein effet de la dompéridone après deux ou trois semaines, et jusqu'à quatre semaines et plus dans certains cas.

La dompéridone n'est pas un remède miracle. Elle fonctionne mieux si la gestion de l'allaitement est optimale.

Il faut l'essayer pendant environ six semaines avant de conclure qu'elle n'a aucun effet.

Il semble que la dompéridone fonctionne mieux quelques semaines après l'accouchement, bien que cette hypothèse n'ait pas encore été prouvée scientifiquement. Cela dit, il peut en aller autrement. Certains vont par exemple fixer le dixième jour de vie comme date butoir et commencer la médication si la production ne semble pas lancée.

Et ensuite?

Une évaluation devrait être faite toutes les deux semaines avec une professionnelle de l'allaitement. Si tout se passe bien, le médicament fonctionne et la mère produit assez de lait pour allaiter exclusivement son bébé.

Parfois, la mère ressent une augmentation de la quantité de lait qu'elle produit, mais elle doit toujours fournir des compléments à son bébé. Dans certaines situations bien précises, comme lors d'une chirurgie mammaire ou de l'allaitement d'un bébé adopté, l'allaitement exclusif ne sera peut-être jamais possible.

Lorsque la dompéridone atteint son effet maximal, on conseille de diminuer tranquillement la dose que vous prenez. Dans bien des cas, l'effet galactogène se poursuit malgré l'arrêt de la médication. Mais certaines femmes doivent rester sous médication pendant toute la durée de leur allaitement. Celles qui en ont pris pendant 18 mois n'ont noté aucun effet négatif à long terme.

Sevrage

Il faut cesser la dompéridone graduellement. Commencez par enlever un comprimé par jour. Ainsi, selon votre posologie de départ, au lieu de huit ou neuf comprimés par jour, vous en prenez sept ou huit. Attendez quatre ou cinq jours et observez s'il y a une différence dans la production de lait. Si vous n'en constatez pas, laissez tomber un autre comprimé, et ainsi de suite jusqu'à ce que vous n'en preniez plus. Si votre production se maintient toujours, c'est que vous avez gagné la partie.

Il se peut que vous sentiez une légère diminution dans votre production de lait, toutefois, si elle n'affecte pas votre allaitement et la croissance de votre bébé, il ne faut pas s'en inquiéter.

Par contre, si votre production de lait diminue de façon significative, retournez à la dose qui était efficace pendant encore quelques semaines. Certaines femmes réussissent le sevrage après deux ou trois tentatives.

Lorsque la prise de dompéridone est nécessaire pendant toute la durée de l'allaitement, vous pouvez quand même utiliser la technique de sevrage pour vous assurer que vous prenez la plus petite dose possible.

Relactation

« Si vous hésitez, en tout cas commencez par allaiter, car vous pourrez toujours passer du sein au biberon, mais dans l'autre sens, cela ne sera plus possible. »

— Laurence Pernoud

Laurence Pernoud, auteure de livres sur l'enfance, encourage peut-être les mères ambivalentes à tenter l'allaitement avec cette phrase devenue un cliché, il n'en reste pas moins que cette affirmation est fausse. Il est possible de « revenir dans l'autre sens » et de remettre l'allaitement en route après l'avoir arrêté. Ce processus s'appelle la relactation.

Pourquoi?

Il y a différentes raisons qui font que les femmes envisagent une relactation. Parfois, le bébé est allergique aux préparations lactées. D'autres fois, la mère ou le bébé ont été malades ou séparés et cela a empêché l'allaitement. Des femmes vont aussi faire une relactation dans des situations extrêmes, lors de guerres ou de catastrophes naturelles qui rendent impossible l'approvisionnement en préparations pour nourrissons.

Est-ce pour moi?

À la fin d'un l'allaitement, il est normal de se sentir nostalgique, et même triste. Cependant, le sevrage devrait être une étape qui se vit sereinement et qui ne laisse pas d'amertume, de colère ou de culpabilité. Si vous sentez que vous avez été flouée par les conseils que vous avez reçus, si vous n'étiez pas prête à sevrer votre enfant mais que vous avez dû le faire quand même ou si vous sentez votre bébé vraiment malheureux de son nouveau mode d'alimentation, vous pouvez envisager une relactation.

Il y a quelques années encore, c'était un processus peu étudié. Aujourd'hui, il existe suffisamment de recherches pour affirmer que la plupart des femmes peuvent remettre en route leur production de lait, à condition d'être motivées et d'avoir le soutien adéquat. Une relactation est possible, mais elle représente un défi. Avant de l'envisager, portez une réelle attention à vos motivations profondes et sachez à quoi vous attendre.

Avant d'envisager une relactation

- Quelle est la principale raison pour laquelle je veux tenter une relactation? Pourquoi ai-je arrêté d'allaiter?

- Quel est l'âge de mon bébé? Est-ce que c'est raisonnable de croire qu'il pourra être allaité de nouveau?

- Depuis combien de temps ai-je cessé d'allaiter?

- Quels sont mes objectifs d'allaitement? Si la relactation ne fonctionne pas, comment me sentirai-je?

- Ai-je le soutien inconditionnel de mon conjoint? De mes proches? Comprennent-ils ce qu'implique une relactation, particulièrement les premières semaines?

- Comment est-ce que je me sens à l'idée d'utiliser un dispositif d'aide à l'allaitement? Un tire-lait?

La principale raison invoquée par les femmes qui tentent une relactation semble être de vouloir maintenir la relation privilégiée de l'allaitement. Elles ont été mal conseillées pour le sevrage ou alors elles ne désiraient pas sevrer leur enfant au moment où elles ont dû le faire.

Une étude publiée en 1997 rapporte que 74 % des enfants complètement sevrés ont refusé de téter le sein dans un premier temps, et éprouvaient certaines difficultés à bien le prendre. Grâce à un soutien adéquat, tous, sauf un, ont été capables de recommencer à téter.

Conditions gagnantes

Il existe deux grands préalables qui contribuent au succès de la relactation : la motivation de la mère et la stimulation des mamelons. Viennent ensuite jouer différents facteurs, tant pour la mère que pour le bébé, qui peuvent augmenter les chances de succès de la relactation.

Un bébé de 15 jours a de plus grandes chances de mieux reprendre le sein qu'un bébé de sept mois, habitué à boire au biberon. Des études ont montré que les enfants âgés de moins de trois mois reprennent mieux le sein que les plus âgés. La durée de l'intervalle sans allaitement compte aussi. Plus l'arrêt de l'allaitement est court, plus la relactation sera facile. Cependant, il existe des cas bien documentés de grands-mères qui ont pu allaiter leurs petits-enfants plus de quinze, voire vingt ans après avoir arrêté d'allaiter ! L'état des seins de la mère peut jouer parce que, parfois, cet état est la cause de l'arrêt de l'allaitement : crevasses, mastites à répétition, chirurgie mammaire, etc. Si vous avez souffert de ces différents problèmes, il est important de trouver le soutien adéquat pour arriver à une bonne mise au sein.

Comment faire?

Si vous désirez tenter une relactation, il faut vous attendre à ce que l'allaitement occupe le plus clair de votre énergie pendant environ deux semaines. Vous avez quatre objectifs à atteindre.

1. (Re)Montrez au bébé à bien prendre le sein. Il suffit de mettre le bébé au sein et de voir sa réaction. Un bébé qui boit depuis longtemps au biberon aura besoin de plus d'attention qu'un bébé qui n'est plus allaité depuis quel-

ques jours seulement. Si vous avez encore du lait et que votre bébé prend le sein comme s'il n'avait jamais arrêté, il suffit de l'allaiter en suivant sa demande. Si votre production ne semble pas suivre, tentez de l'augmenter en tirant du lait afin de garder vos seins « vides » le plus souvent possible (voir p. 70). Vous pourrez ensuite graduellement revenir à un allaitement exclusif.

Si votre bébé éprouve des difficultés à reprendre le sein malgré vos tentatives répétées, ne vous découragez pas. La plupart des bébés dont la mère a entrepris une relactation ont eu besoin d'un petit coup de pouce.

Les contacts peau contre peau sont à privilégier pendant la relactation. Gardez votre bébé près de vous jour et nuit.

2. Stimulez votre production de lait. Utilisez un tire-lait, de préférence un tire-lait électrique ou d'hôpital puisque les tire-lait manuels ne sont pas assez puissants. Prévoyez tirer votre lait plusieurs fois par jour et par nuit, comme si votre bébé était au sein (voir p. 272). Une fois votre production remise en route, votre bébé pourra mieux téter, car davantage de lait arrivera dans sa bouche quand il commencera à téter. Vous pouvez aussi envisager d'utiliser un dispositif d'aide à l'allaitement (voir p. 274).

3. Assurez-vous que votre bébé boit suffisamment pendant que vous rebâtissez votre production. Tout signe de déshydratation ou de perte de poids est un indice que la relactation ne se passe pas comme elle le devrait et que votre bébé doit recevoir plus de compléments.

4. Planifiez de l'aide et du soutien de la part de vos proches, même de spécialistes en allaitement. L'appui de votre conjoint sera particulièrement important. Incluez-le dans vos réflexions. Pensez aussi à manger sainement des aliments variés et à boire à votre soif.

Médication

Bien que la majorité des femmes qui tentent une relactation réussissent sans médication, il arrive qu'elle soit nécessaire pour augmenter une production lactée. Un médecin prescrira alors de la dompéridone (voir p. 265). Toutefois, ce médicament ne fait pas de miracle si l'allaitement a été totalement interrompu. Dans ce cas ou dans celui d'une adoption, il existe un protocole avec pilule anticonceptionnelle qui vise à recréer les conditions hormonales les plus proches de celles de la grossesse. Une surveillance par une consultante en lactation est alors nécessaire.

Un journal de bord

Peu importe si vous entreprenez cette aventure de façon autonome ou si vous êtes encadrée par une professionnelle de l'allaitement, un journal est un outil qui vous permet de suivre à la trace vos progrès. Votre journal peut contenir les éléments suivants :

▪ **Le nombre de tétées par 24 heures et la durée des tétées.** La plupart des bébés tètent de 8 à 12 fois par 24 heures.

▪ **La quantité de complément que votre bébé a reçu et la façon dont celui-ci a été donné.** En notant ces informations, vous serez en mesure de diminuer progressivement les suppléments puisqu'ils seront remplacés par votre lait.

▪ **La réaction du bébé à la tétée.** A-t-il tété rapidement, efficacement ? Semble-t-il heureux de prendre le sein ?

▪ **Le nombre de couches souillées par jour.** Un bébé mouille en général six couches par jour et peut faire deux selles ou plus (un bébé plus âgé en fera moins). Plus vous aurez de lait, plus l'apparence des selles changera.

▪ **Le poids du bébé.** Inutile de le mettre sur la balance après chaque tétée ! Une fois par semaine suffit (voir p. 87).

Est-ce que ça fonctionne ?

Des études démontrent que la relactation est un processus qui fonctionne. Une enquête menée auprès de 366 femmes qui ont tenté une relactation confirme que la majorité d'entre elles sont parvenues à réallaiter leur bébé. Plus de la moitié ont rétabli leur pleine production de lait après un mois, et un quart d'entre elles en plus d'un mois. Toutefois, les femmes qui ont entrepris une relactation moins de deux mois après la naissance de leur enfant ont obtenu plus de succès que celles dont le bébé était plus grand.

Des chercheurs se sont aussi penchés sur le cas de femmes qui ont tenté d'allaiter après qu'elles ou leur bébé de moins de quatre mois avaient été hospitalisés. Sur cinquante mères, toutes sauf une sont parvenues à relacter.

« Matthieu avait deux semaines quand j'ai fait un début d'abcès au sein. Très mal conseillée, j'ai été mise sous antibiotiques, on a bandé mes seins et j'ai arrêté l'allaitement en prenant du Parlodel pendant 12 jours. J'étais déprimée. Je n'étais pas prête à arrêter si vite ! Un soir, après le bain, alors que Matthieu avait un mois, il hurlait de faim. En terminant de l'habiller, j'ai regardé mon pull et vu une tache de lait. J'ai dit à mon mari : "D'accord ou pas, je le remets au sein."

« Je me suis beaucoup renseignée et j'ai tout fait : tire-lait électrique à double pompage toutes les deux heures, fenugrec, Galactogil (disponible en France), bière blonde,

Après coup, 75 % des femmes interrogées ont affirmé que la relactation avait été une expérience positive même pour celles qui n'avaient pas pu allaiter exclusivement leur bébé. Pour elles, l'allaitement représentait plus que de donner de la nourriture, c'était aussi une façon de donner de l'amour.

boire deux litres par jour et offrir le sein à Matthieu avant chaque biberon. J'ai commencé par tirer 5 ml, puis 10, puis 30. J'ai alors remis Matthieu au sein et je complétais avec le biberon, en diminuant petit à petit les quantités. Tout ça n'a pas été facile. Ça m'a pris un bon mois avant de pouvoir crier victoire. Je suis passée par des moments de grand découragement, mais j'ai trouvé beaucoup de soutien. J'avais confiance en moi et en mon bébé et j'étais très déterminée. Matthieu avait deux mois quand il a été réallaité exclusivement. Quelle fierté ! Quelle victoire pour nous deux ! Je n'ai jamais ressenti autant d'admiration pour moi-même après ça. J'étais si heureuse. Mon fils a été allaité pendant un an. »

Sandie

Il peut aussi arriver, malgré toute votre bonne volonté et vos efforts, que la relactation ne fonctionne pas ou que vous vous rendiez compte en cours de route que ce n'est pas pour vous. Il est important de reconnaître vos limites et de garder en tête que vous avez le mérite d'avoir essayé.

« Lors de la naissance de ma fille en 2003, j'ai connu toutes sortes de problèmes au début de mon allaitement. Maëva a été allaitée exclusivement pendant trois semaines. Au fil des mois, je sentais que je ne pouvais plus produire suffisamment de lait pour elle et je lui donnais de plus en plus de biberons. Je l'ai sevrée à contrecœur. À huit mois, elle ne tétait plus.

« Plus les semaines passaient, plus je m'ennuyais de l'allaitement. Lorsqu'elle a eu un an, j'ai tenté une relactation. Ça me faisait trop mal au cœur d'en finir comme ça. J'ai commencé à me tirer du lait toutes les deux heures, je me suis acheté de la tisane et du fenugrec. Mais Maëva ne tétait plus. J'ai bien essayé de la mettre au sein, en vain ! Elle ne savait pas du tout quoi faire. Je tirais à peine 10 ml par jour. Mais je continuais... Puis, au fil des jours, j'oubliais de tirer ou je n'en avais pas envie. Ça s'est terminé comme ça.

« J'aurais peut-être pu réussir avec plus de persévérance. Je retiens tout de même que ce sont les débuts de l'allaitement qui sont les plus importants. »

Sandra

Utiliser un tire-lait électrique

Pour démarrer une production, tenter une relactaction ou entretenir la production pendant une séparation prolongée, le tire-lait électrique est indiqué. Il s'agit toutefois d'un outil particulier qu'il faut apprendre à utiliser.

Conseils de base

▪ **Préférez un tire-lait silencieux.** Cela est pratique pour tirer du lait près de votre bébé ou en même temps qu'il tète.

▪ **Prévoyez au moins une demi-heure** chaque fois que vous utiliserez le tire-lait, pour installer l'appareil, tirer, identifier les contenants.

▪ **Ne commencez pas par la succion la plus forte.** Allez-y le plus doucement possible et augmentez tranquillement. Plus vous serez habituée, plus vous pourrez augmenter la force de succion.

▪ **Faites preuve d'une hygiène impeccable.** Il faut considérer le tire-lait comme un article de soin personnel. Par contre, inutile de vous laver les seins avant chaque séance de tire-lait.

▪ **Créez de bonnes conditions.** Vous pouvez tirer votre lait tout près de votre enfant. Si c'est possible, portez-le contre votre peau en tirant votre lait.

▪ **« Videz » bien vos seins.** Plus le sein est vide, plus il produit du lait.

▪ **Soyez détendue et motivée.**

Entretenir une production de lait

▪ **Tirez votre lait au moins 5 fois par période de 24 heures.** Cinq fois représentent un nombre minimal.

Démarrer une production de lait

▪ **Tirez votre lait le plus tôt possible après la naissance.**

▪ **Tirez votre lait souvent et aussi longtemps qu'un nouveau-né téterait.** C'est-à-dire de 15 à 30 minutes 6 à 12 fois par jour.

▪ **Les quantités de lait tiré augmentent tranquillement.** Il peut y avoir un « plateau » ou même une diminution de la quantité de lait tiré vers le dixième jour. Cela est normal et ne doit pas vous décourager.

Ne vous fixez pas d'objectif à long terme. Certaines journées sont moins bonnes, d'autres plus propices à une bonne « récolte de lait ». Il faut prendre les séances de tire-lait une à la fois.

Quantité de lait qu'une mère d'un bébé à terme peut s'attendre à tirer

Jour	Quantité	Capacité de l'estomac du bébé à terme
1	Moyenne de 37 ml (entre 7 et 122 ml)	7 ml
3	Moyenne de 408 ml (entre 98 et 775 ml)	27 ml
5	Moyenne de 705 ml (entre 425 et 876 ml)	57 ml

Quantité moyenne de lait qu'une mère d'un bébé prématuré peut s'attendre à tirer les 14 premiers jours

Jour 1	Quelques gouttes
Jour 2	Un fond de bouteille
Jour 3	25-50 ml
Jour 5	50-100 ml
Jour 6	100-150 ml
Jour 8	200-250 ml
Jour 10	300-250 ml
Jour 12	400-450 ml
Jour 14	500 ml

- **Établissez un horaire.** Bien des femmes se sentent à l'aise de tirer leur lait selon l'horaire suivant: 6 h, 9 h, midi, 15 h, 18 h, minuit, 3 h. Après les deux ou trois premières semaines, la nuit, vous pouvez laisser un intervalle de cinq ou six heures entre les séances sans que cela affecte la quantité de lait tiré.
- **Tenez un journal.** Il est utile et encourageant de tenir un « journal de bord » avec les quantités de lait tiré et les heures. Cela permet de suivre l'évolution d'une production.

Les mères de bébés nés prématurément doivent s'attendre à extraire moins de lait les premiers jours. Leurs glandes mammaires n'ayant pas profité de tout le temps de la grossesse pour se préparer à la lactation, il leur faudra un peu plus de temps avant d'arriver à une pleine production. Cependant, à la fin de la sixième semaine, elles devraient être en mesure d'extraire entre 80 ml et 1 l de lait par jour (moyenne de 541 ml).

Demandez que l'on vous aide à augmenter votre production si vous êtes en deçà de ces chiffres.

Un engagement

Tirer son lait plusieurs fois par jour demande un engagement tout particulier et peut vite devenir épuisant. Vous avez parfois l'impression de ne rien faire d'autre et pensez que vous avez plus en commun avec une vache laitière qu'avec le reste de l'humanité! Ces sentiments sont légitimes. Dites-vous en même temps que chaque goutte obtenue est précieuse. Vous faites un geste concret pour le prompt rétablissement de votre petit, mais pensez aussi à votre moral. Il n'y a rien de mal à prendre une pause de tire-lait pour renouveler son énergie.

Lorsque le bébé est malade ou prématuré: En tirant son lait, la mère participe directement aux soins de son nouveau-né et améliore sa santé. Ce lait est une partie importante du rétablissement du bébé et son rôle est tout aussi vital, sinon plus, que n'importe quel appareil, soluté ou personnel soignant qui veille sur son enfant. C'est un attachement précieux qui se crée. Difficile au jour le jour, cet engagement devient gratifiant par la suite.

Offrir un complément

Situations où un complément peut être essentiel

Maladie grave chez la mère ou le bébé: Il arrive qu'une mère soit tellement mal en point qu'elle ne puisse allaiter son bébé immédiatement après la naissance. Certains bébés doivent également être placés aux soins intensifs et l'allaitement devient impossible pour un temps.

Bébé ne prend pas assez de poids: Si, après un soigneux examen de toute la technique d'allaitement, un bébé continue à ne pas gagner de poids, un complément est nécessaire.

Fissure labiopalatine ou autres malformations faciales: Un bébé qui a un handicap qui nuit à sa succion peut avoir besoin d'un complément jusqu'à ce que le problème soit corrigé.

Adoption ou relactation: Il est possible d'allaiter un bébé adopté, mais il est plus difficile de le faire exclusivement. Il est aussi possible de remettre un bébé au sein après l'avoir sevré, mais il faut se donner du temps avant de retrouver un allaitement exclusif (voir p. 267).

Chirurgie mammaire, traumatismes graves ou malformations du sein: Toute opération ou blessure au sein peut affecter la capacité d'une femme à allaiter exclusivement son bébé. Avec l'aide d'un complément, elle peut par contre arriver à allaiter selon ses capacités.

Séparation de la mère et du bébé: Évidemment, il faut penser à nourrir votre bébé lorsque vous n'êtes pas avec lui. Que ce soit lors de sorties sans votre bébé ou pour un court retour au travail ou aux études, il faudra donner des compléments à votre bébé pendant votre absence.

Une mère est au bout du rouleau: Parfois, s'ajuster à la vie avec un bébé devient à ce point difficile que le complément ponctuel devient la seule solution pour une femme qui veut poursuivre son allaitement. Il lui permet d'éviter un sevrage qu'elle ne souhaite pas, de revoir ses priorités et de récupérer son énergie.

Quel complément?

L'aliment doit contenir le même nombre de calories que le lait maternel. L'eau, l'eau sucrée ou le jus ne conviennent pas. Il arrive qu'un proche ou même un professionnel de la santé suggère la nourriture solide, comme les céréales. Attention, elle n'est pas toujours adéquate pour les bébés de moins de quatre mois et peut fort bien ne pas répondre à tous les besoins nutritionnels du nourrisson.

Le meilleur complément pour votre bébé reste votre propre lait. Si c'est votre choix, vous devrez donc tirer votre lait (voir p. 218).

Donner son propre lait en complément comporte deux grands avantages. D'abord, il ne soumet pas le

Donner un complément alors que vous n'êtes pas d'accord

Un médecin vous pousse à donner un complément alors que vous sentez que cela n'est pas nécessaire? C'est une situation délicate. Prenez en compte les arguments du médecin avec ouverture. Informez-le cependant que vous tenez à allaiter et que vous souhaitez sa collaboration afin d'avoir des conseils pour améliorer votre production de lait.

Vous pouvez lui soumettre une proposition dans laquelle vous énumérez une liste de mesures visant à améliorer votre technique d'allaitement. Suggérez-lui d'attendre 24 à 48 heures avant de réévaluer la situation. Cela permet de mettre les choses en place. Si c'est le cas, précisez-lui que vous avez un groupe d'entraide à l'allaitement ou que vous avez l'intention de voir une consultante en lactation. Peut-être pourriez-vous les mettre en contact?

Tout comme vous, le médecin a à cœur le bien-être de votre bébé. Il doit être sensible à vos arguments. S'il semble malgré tout fermé à votre désir d'allaiter et à vos demandes de soutien, vous avez le droit de consulter quelqu'un d'autre. Il s'agit après tout de votre bébé et non de celui du médecin.

système plus fragile de votre bébé à une nourriture étrangère. Ensuite, ce moyen permet de maintenir et d'augmenter votre production de lait.

Si vous choisissez de donner à votre bébé un complément de préparation pour nourrissons, il est important de suivre les recommandations appropriées. Une préparation qui serait trop ou pas assez diluée risque de nuire à la santé d'un bébé.

Comment donner un complément

La façon de donner un complément à un bébé est dictée par la raison qui exige le complément. Si la mère sort sans son bébé, par exemple, le complément peut être donné par le père et « remplace » en quelque sorte la tétée. Lorsque le complément est donné pour une raison médicale, la façon de le faire est discutée avec un médecin. Généralement, il doit être offert après la tétée ; s'il est donné avant, le bébé risque d'être « trop plein » pour téter de façon efficace, ce qui nuit à la production de lait. Par contre, certains bébés répondent mieux s'ils ont pris un peu de calories avant la tétée. Soyez attentive et essayez diverses façons.

Méthodes pour donner un complément

Le biberon est souvent la méthode proposée pour offrir un complément. Il en existe d'autres qui offrent peu de risques de compromettre l'allaitement.

La tasse (ou le verre), la cuillère, le compte-goutte ou la seringue

Ces méthodes sont employées avec succès dans bien des régions du monde. En Inde et dans certains pays d'Afrique, par exemple, la tasse est la méthode privilégiée pour nourrir les bébés prématurés. Utilisés lentement et de façon appropriée, ces ustensiles sont simples, économiques, sécuritaires et efficaces. Ils sont rapidement faciles à maîtriser en sachant comment s'y prendre. Voici les règles de base de leur utilisation :

- Assurez-vous que le bébé est alerte et éveillé.
- Emmaillotez le bébé afin que ses mains ou ses bras ne viennent pas gêner l'utilisation du récipient.
- Maintenez le bébé sur vos cuisses en position verticale.

- Remplissez la tasse au moins à la moitié et la cuillère d'une « bonne quantité ». Remplissez la seringue selon la quantité requise.
- Maintenez le récipient contre les lèvres du bébé de façon à ce que, lorsqu'il ouvre la bouche, ses bords reposent légèrement sur la lèvre inférieure et que le lait ne fasse qu'effleurer ses lèvres.
- Inclinez le récipient jusqu'à ce que le lait atteigne les lèvres de l'enfant.
- Laissez la tasse ou le verre dans cette position. C'est le bébé qui détermine son propre rythme et il est important de le respecter. Certains « petits dégâts » sont à prévoir, il est normal que le bébé renverse un peu de lait. Avec la cuillère, donnez le temps au bébé d'avaler, puis remplissez la cuillère de nouveau. Quant à la seringue, il faut la maintenir contre les lèvres du bébé en laissant tranquillement tomber le complément dans sa bouche et lui laisser suffisamment de temps pour avaler avant de lui en donner plus.

Dispositif d'aide à l'allaitement (DAL)

Le DAL se présente comme un petit récipient qui contient le liquide à donner au bébé, auquel est rattaché un tube qui est fixé au sein de la mère. Lorsque le bébé tète le sein, il reçoit le complément dont il a besoin.

Cette méthode donne les meilleurs résultats lorsqu'un complément doit être utilisé à long terme puisqu'il permet de garder le bébé au sein tout en stimulant la production de lait de la mère (relactation, adoption, réduction mammaire ou faible succion). Il existe deux façons d'utiliser un dispositif d'aide à l'allaitement :

- Le bébé est d'abord mis au sein. Il commence à téter, puis on glisse le tube dans sa bouche.

  OU

- Le tube est fixé au sein de la mère et, dès le départ, le bébé prend à la fois le mamelon et le tube.

Dans les deux cas, le tube doit être placé dans un coin de la bouche du bébé et dirigé vers le palais. Une fois dans la bouche du bébé, le tube ne doit pas dépasser le bout du mamelon, mais il doit cependant franchir la ligne de ses gencives.

Le DAL ne devrait pas être la méthode privilégiée lorsqu'un complément est nécessaire pour une courte période de temps. Il est lourd à utiliser et rend l'allaitement plus complexe. Il existe aussi des petits futés capables de boire uniquement le complément, sans téter le sein. Certains deviennent aussi dépendants du DAL et ont du mal à s'en passer.

Jusqu'à quand donner un complément?

Avec l'utilisation correcte d'un complément, vous devriez être en mesure de voir votre bébé prendre du poids presque immédiatement. Vous pouvez faire votre propre suivi de l'alimentation de votre bébé, en plus de celui que fera son médecin. Gardez un journal de bord avec le nombre de tétées par jour, leur durée, le nombre de fois qu'un complément a été donné et sa quantité.

Comptabilisez le nombre de couches souillées et l'apparence des selles, en plus de la prise de poids. Toutes ces informations sont utiles pour la suite.

Une fois que la croissance de votre bébé est assurée, vous pouvez penser à réduire le nombre et la quantité de complément offert. Dans bien des cas, il faut procéder de façon graduelle. Cette méthode permet d'ajuster le tir rapidement et d'éviter ainsi que le bébé ne manque de lait.

Certaines situations, comme les réductions mammaires ou l'adoption, demandent un complément pendant une longue période, voire pendant toute la durée de l'allaitement. Des objectifs réalistes et un bon soutien sont essentiels.

Comment arrêter les compléments
Un processus nécessairement graduel

Préparation	• Discutez l'arrêt des compléments avec un professionnel de l'allaitement. • Préparez un journal de bord. • Tirez votre lait et ajoutez ce lait à de la préparation lactée. Par exemple, si vous tirez 40 ml de lait et que votre bébé doit recevoir 120 ml de complément, préparez 80 ml de lait non humain auquel vous ajoutez le lait tiré. • Notez avec précision la quantité de complément que votre bébé reçoit par jour (quantité A).
Jours 1 à 3	• Soustrayez 30 ml de la quantité A, vous obtenez la quantité B : c'est cette quantité de complément que vous offrez à votre bébé. • Vérifiez s'il mouille bien ses couches et s'il fait des selles. • Si tout va bien, ne lui offrez pas plus de complément, mais mettez le bébé plus souvent au sein s'il a faim.
Jours 4 à 6	• Soustrayez 30 ml de la quantité B, vous obtenez une quantité C, que vous offrez à votre bébé. • Surveillez les couches. Si tout va bien, ne lui offrez pas plus de complément et mettez-le au sein s'il a faim.
Jours 7 à 9	• Soustrayez 30 à 60 ml de la quantité C, vous obtenez une quantité D, que vous offrez à votre bébé. • Surveillez ses couches. Si tout va bien, ne lui offrez pas plus de complément et mettez-le au sein s'il a faim.

Continuez à réduire la quantité de complément selon cette méthode encore deux ou trois jours tout en surveillant le nombre de couches souillées. Le jour où vous lui donnez autant de complément que de ml de lait tiré, vous n'avez plus besoin d'ajouter de complément : vous produisez assez de lait pour répondre à la demande de votre enfant.

Surveillez le poids de votre bébé. Pesez-le une fois par semaine afin de vous assurer que son poids augmente. Une semaine après l'arrêt du complément, vérifiez son poids. Restez en contact avec une professionnelle de l'allaitement pendant toute la durée du sevrage du complément.

Si vous constatez une réduction du nombre de couches souillées ou que le poids de votre bébé n'augmente pas assez, revenez à la quantité de complément précédente et réduisez-la de façon encore plus graduelle.

Hospitalisation du bébé

Il est tout à fait possible d'allaiter un bébé hospitalisé si vous le souhaitez. Bien sûr, certaines circonstances peuvent faire que cela demande plus d'investissement, comme lorsqu'un bébé ne peut pas être nourri par voie digestive, par exemple. Mais si vous désirez allaiter, ou si vous aviez commencé à le faire avant l'hospitalisation de votre enfant, cela vaut la peine de poursuivre.

Un bébé fragile profite grandement de votre lait. Le fait que le lait humain soit très facilement digestible est un grand avantage pour lui. Son système digestif peut être perturbé ou irrité par l'ingestion de doses importantes de médicaments ou d'antibiotiques. Votre lait contient des anticorps qui aident le bébé à se protéger des infections et à les combattre. Enfin, le geste même d'allaiter, de le porter contre sa peau pour le nourrir, est extrêmement réconfortant et sécurisant pour un petit être qui, après tout, reste le premier déboussolé lors d'une hospitalisation.

Être partie prenante de la guérison

En tant que parents, vous restez ceux qui prennent les décisions ultimes pour votre enfant hospitalisé, mais vos demandes peuvent ne pas toujours être respectées. Vous êtes tributaires d'une équipe médicale et d'une organisation des lieux qui peuvent être à l'origine de frustrations, voire de conflits.

D'un autre côté, vous pouvez vous sentir « inutile » ou encore dépendante vis-à-vis de ceux qui soignent votre enfant. Vous êtes peut-être réticente à leur faire

> **Lors d'une hospitalisation, l'allaitement devrait être considéré au même titre que les autres traitements que reçoit le bébé. Le lait de la mère est un élément important de sa guérison.**

> **Lors d'une hospitalisation, il faut informer le personnel médical que votre bébé est allaité et que c'est important pour vous. Attendez-vous à devoir le rappeler souvent. Il existe des petites cartes que vous pouvez placer dans le lit de votre bébé.**

des suggestions. Il est toutefois primordial d'établir un dialogue franc avec le personnel médical. Vous formez une équipe avec ces gens et, quoi qu'il arrive, vous restez la personne la plus importante pour votre bébé et celle qui le connaît le mieux, ne l'oubliez jamais.

Bébé qui peut téter

Même s'il peut prendre le sein, attendez-vous à ce que le comportement de votre enfant change. Certains sont plus irritables et ont de la difficulté à être consolés tandis que d'autres peuvent être somnolents et moins toniques qu'à l'habitude. Le bébé peut aussi chercher le réconfort en se mettant à téter plus qu'à l'habitude. Il arrive, par exemple, qu'un bébé qui mange de bonnes quantités de solides revienne à un allaitement exclusif lorsqu'il est malade.

Au fil de son hospitalisation, votre bébé peut éprouver quelques difficultés à bien prendre le sein. Un bébé congestionné, souffrant ou sous médication peine à téter. Parfois, toutes les manipulations et les stimulations auxquelles il est soumis viennent à ce point l'agresser qu'il semble perdre l'intérêt pour le sein ou être très irritable lorsque vous le prenez. Le plus souvent, la patience et la douceur règlent tout.

À vérifier
lors de
l'hospitalisation

La cohabitation est impossible? Pourquoi la mère qui allaite n'est-elle pas vue comme étant le « soluté » de son bébé hospitalisé?

▪ **Quels traitements et examens va recevoir votre bébé, comment vont-ils l'affecter et quels impacts auront-ils sur l'allaitement?** Combien de temps va-t-il passer à l'hôpital? Comment va se passer l'opération et l'hospitalisation? Avoir une idée, même imprécise, du déroulement des événements réconforte. Essayez d'éviter de rester dans l'inconnu, cela peut être très angoissant.

▪ **Le père ou la mère peuvent-ils rester en tout temps auprès du bébé?**
Si oui, dans quelles conditions? Que l'hospitalisation dure 1 ou 14 nuits, il est préférable que le parent puisse compter sur un minimum de confort afin de ne pas être épuisé: dormir dans un lit confortable, pouvoir téléphoner, manger des repas complets, etc.

▪ **Si le parent ne peut pas être 24 heures sur 24 avec son bébé, est-ce que les visites sont libres?**
Si la mère ne cohabite pas avec le bébé, quelle est l'organisation matérielle pour l'allaitement: un coin de corridor ou un fauteuil confortable dans la chambre? L'hôpital est-il équipé d'un tire-lait? Comment le lait est-il conservé? Comment est-il donné au bébé lorsque la mère n'est pas là? Est-ce que l'hôpital travaille en collaboration avec une consultante en lactation?

▪ **Qui est responsable?** Faites connaissance avec les personnes qui prennent soin de votre enfant. Beaucoup de spécialistes peuvent graviter autour de vous et votre bébé. De la pédiatre à l'infirmière-chef en passant par l'anesthésiste et la consultante en lactation, il est important de savoir qui fait quoi et comment se prennent les décisions. Dans le cas où vous êtes séparée de votre bébé, l'infirmière aimera peut-être savoir comment il s'endort le plus facilement et quelles caresses il aime recevoir. Pour une hospitalisation plus longue, pensez à un moyen de communication entre vous et le personnel soignant, comme un journal de bord ou un agenda.

▪ **Est-ce que le parent peut être présent, dans la mesure du possible, lors des soins ou des examens du bébé?** À la suite d'une anesthésie, est-ce que la mère peut être présente pour le réveil? Peut-elle être celle qui donne le bain au bébé, change sa couche? Lorsqu'on vous demande de quitter votre bébé, demandez qu'on vous explique pourquoi. Si ces explications ne vous semblent pas justifiées, dites-le. Le personnel médical doit être vu comme un allié, cependant rappelez-vous que vous avez le droit de refuser un traitement ou un examen si ces derniers ne vous semblent pas raisonnables.

▪ **Dans les cas qui ne sont pas urgents, est-ce que toutes les solutions ont été envisagées:** consultation externe, anesthésie locale plutôt que générale, chirurgie d'un jour, voire report de l'hospitalisation après le sevrage?

▪ **Finalement, pour les bambins, est-ce que l'enfant est préparé à ce qui va lui arriver?** Est-ce que le médecin, ou l'infirmière, prend le temps de lui faire visiter la salle d'opération, de lui montrer les différents instruments et sa chambre? Un bébé de 12 à 18 mois comprend beaucoup de choses. Lui a-t-on expliqué ce qu'on va lui faire?

Compléments

Les médecins qui suivent votre enfant sont souvent préoccupés par sa croissance et il peut arriver qu'un bébé hospitalisé ait besoin de compléments. L'alimentation d'un bébé gravement malade ou né avec un poids très faible doit être décidée au cas par cas, en tenant compte de ses besoins nutritionnels. Votre lait reste toujours adapté à votre bébé mais, parfois, il a besoin d'être fortifié pour répondre à des besoins bien précis comme dans le cas de malformations congénitales, de déshydratation aiguë ou de retards de croissance importants.

Sachez que le lait maternel peut être enrichi si la mère récolte à part le gras de son lait qui se sépare du reste lorsqu'on l'a tiré et entreposé pendant quelques heures.

Anesthésie

La Société canadienne des anesthésistes recommande une période de jeûne de six heures avant l'anesthésie pour l'enfant nourri au lait industriel et de quatre heures seulement pour le bébé allaité. La différence de temps entre les deux méthodes d'alimentation s'explique par le fait que le lait maternel quitte l'estomac beaucoup plus vite que les préparations pour nourrissons. L'allaitement est repris aussitôt que le bébé quitte la salle de réveil.

Il est important de parler au chirurgien et à l'anesthésiste avant l'opération afin d'avoir une bonne idée de la durée de la suspension de l'allaitement et de l'effet de l'anesthésie. Vous pouvez tirer juste assez de lait pour être à l'aise pendant cette période. S'il ne s'agit que de quelques heures, votre production n'en souffrira pas.

Bébé qui ne peut pas téter

Lorsque le bébé ne peut pas prendre le sein, l'objectif est de maintenir votre production, ou de l'établir si le bébé est naissant, en tirant votre lait jusqu'à ce qu'il puisse téter (voir p. 271).

Si votre bébé ne peut pas téter pour une longue période ou encore s'il s'agit d'un nouveau-né, l'idéal est de se munir d'un tire-lait électrique à double pompage de grade hospitalier, ce sont les plus efficaces (voir p. 271). Si toutefois vous avez l'habitude de tirer votre lait manuellement, vous n'avez pas à vous embarrasser d'une autre méthode.

Mise ou remise au sein

Lorsque votre bébé va mieux, il peut reprendre le sein. Bien des bébés le font comme si de rien n'était et d'autres ont besoin qu'on les guide un peu, surtout ceux qui ont été intubés. Ils peuvent devenir très irritables aussitôt que quelque chose touche leur bouche. Soyez patiente et ne forcez rien. Aussitôt que vous pouvez prendre votre bébé dans vos bras, mettez-le au sein. Peut-être qu'il ne tétera pas ou sera trop faible pour demeurer longtemps au sein, mais ce geste l'aidera à apprendre ou réapprendre à téter.

Soyez détendue la première fois que vous portez votre enfant au sein. Adoptez la stratégie qui vous rend le plus à l'aise. Si la présence d'une infirmière vous semble utile, choisissez celle avec qui vous avez un bon contact. Peut-être préférez-vous l'expérience d'une consultante en lactation ou encore la présence d'une bonne amie ? Toutefois, si vous avez envie de le faire seule ou avec votre compagnon, n'hésitez pas.

Peu importe si votre bébé tète ou non, pensez à le porter contre votre peau. Dans le cas d'un bébé hospitalisé depuis sa naissance, vous avez été privée de contacts privilégiés avec lui. Le porter enfin tout contre vous aidera à guérir vos cœurs. (suite p. 280)

Est-ce qu'un bébé malade et affaibli a assez de forces pour prendre le sein ? N'est-ce pas mieux de le nourrir au biberon ?

En fait, si un bébé a assez de force pour boire au biberon, il est capable de prendre le sein. Des études montrent que l'allaitement exige moins d'efforts que l'alimentation au biberon. Le rythme cardiaque, la respiration, l'oxygénation et la température corporelle du bébé sont plus stables pendant la tétée que lorsqu'il boit au biberon. La succion au biberon est moins exigeante, mais la régulation du débit du liquide, la déglutition et la digestion demandent une plus grande dépense d'énergie que l'allaitement.

Comment parler
à votre médecin

Comme dans toute relation interpersonnelle, il est utile d'user de bonnes techniques de communication dans la relation que vous entretenez avec les professionnels de la santé.

- **Soyez à l'écoute.**
- **Regardez votre interlocuteur dans les yeux.** Cela démontre votre sincérité et votre détermination.
- **Soyez ferme, diplomate et courtoise.** N'hésitez pas, ne vous mettez pas sur la défensive et ne cherchez pas inutilement l'affrontement.
- **Cherchez un terrain d'entente.** Dites « je », par exemple : « Je crois vraiment que... » ; « Mon bébé... ».
- **Restez calme.** Pour vous y aider, baissez le ton de votre voix et parlez lentement.
- **Pensez à l'avance à ce que vous direz.**
- **Énoncez clairement vos opinions et sentiments dès le départ.** Cela vous évitera d'être ensuite sur la défensive. Vous pourriez dire, par exemple : « Il y a beaucoup d'allergies dans ma famille et l'allaitement exclusif est très important pour moi. Y a-t-il d'autres options que de lui donner une préparation pour nourrissons ? »
- **Demandez des explications détaillées** sur le traitement, sur les différentes options possibles et sur les conséquences si vous ne suivez pas les recommandations.
- **Répétez dans vos mots ce que vous dit votre médecin.** Cela évite la confusion et montre à votre médecin l'impact de ses paroles sur vous.
- **Faites des énoncés positifs.** Dites, par exemple : « J'aimerais encourager mon bébé à prendre le sein plus souvent » au lieu de « Je ne veux pas donner de compléments ».
- **En cas de désaccord,** répétez calmement votre opinion, aussi souvent que nécessaire.
- **N'oubliez pas que,** même si votre médecin est un spécialiste médical, vous êtes responsable de la santé de votre enfant. Pour bien signifier cela, vous pouvez dire : « Si je comprends bien, vous voulez ma permission de... » ou « Donc, votre recommandation est... ».

Dans des situations complexes, il peut être utile de faire front commun avec votre conjoint. Si cela n'est pas possible, vous pourriez dire : « Mon conjoint et moi croyons que... ». Vous pourriez aussi aller à une consultation avec une amie, une sœur ou une mère en mesure de vous appuyer.

Votre relation avec votre médecin peut se limiter aux questions médicales et aux diagnostics. Tout ce qui relève de la discipline, du parentage et de la nutrition vous concerne et vous n'avez pas à discuter de vos choix personnels avec votre médecin. Les professionnels de la santé sont des gens qui cherchent à régler des problèmes : si vous ne voulez pas avoir leur opinion sur une question, ne la soulevez pas. Toutefois, comme l'honnêteté est à la base de toute bonne relation professionnelle, pour faire les bonnes recommandations, votre médecin a besoin d'avoir en main les renseignements pertinents. Ayez confiance en vos choix et en votre intuition. Bien des médecins pourraient profiter de votre savoir de mère.

L'importance du soutien

L'isolement dans lequel plonge l'hospitalisation d'un bébé est pénible à vivre. Un petit bébé n'est pas censé être à l'hôpital, sa place devrait être chez lui, dans les bras de sa famille comblée. Le bonheur des autres nouveaux parents ne fait que vous renvoyer à votre malheur.

En théorie, presque personne dans le milieu de la santé n'est censé être réticent devant l'allaitement, mais en pratique il peut être vu comme une nuisance. Les protocoles sont rigides et les membres du personnel médical souvent débordés. Parfois, ils ont peu d'expérience de l'allaitement. Dans ces conditions peu propices, il est difficile de se retrouver à allaiter seule dans son coin. Vous avez l'impression de vous « entêter » à allaiter votre bébé, de le faire plus pour vous que pour lui. Pour chasser ces nuages, il vous faut des alliés. Des « anges gardiens » de votre allaitement qui célébreront vos victoires et vous épauleront dans les moments difficiles.

Si votre bébé est atteint d'une maladie ou d'un handicap particulier, des groupes d'entraide à l'allaitement feront l'impossible pour vous mettre en contact avec une femme qui a vécu la même chose que vous. Pour vous libérer un peu, demandez à un de vos proches de faire les démarches à votre place.

Observez les autres mères autour de vous et créez des liens avec celles qui allaitent aussi leurs bébés hospitalisés. Ensemble, vous pourrez vous soutenir mieux que quiconque. Et pourquoi ne pas aborder en groupe certaines questions avec le personnel infirmier ? Est-ce qu'on ne pourrait pas mettre une chaise berçante ici, ou une table là ?

Sevrer

Peut-être prendrez-vous la décision d'arrêter l'allaitement. C'est un moment qui est rarement facile à vivre puisqu'on n'imagine jamais devoir sevrer son bébé parce qu'il est gravement malade. D'un côté, vous prenez la décision que vous croyez être la meilleure en ce moment, mais de l'autre, vous avez de la peine puisque, en plus de tout le stress que vous vivez, vous pouvez avoir le sentiment que ce sevrage vous est « imposé » par la vie. Donnez-vous du temps et de l'espace pour vivre ces émotions pénibles (voir p. 253).

Si vous avez besoin d'informations précises sur un sujet qui concerne l'allaitement de votre bébé, demandez à une amie curieuse de faire des recherches sur Internet et de vous apporter l'information. Si vous avez accès à un ordinateur portable, pourquoi ne pas l'inviter à venir faire ses recherches avec vous ?

Prenez soin de vous

Il est important de veiller à votre confort. Vous êtes sans doute si inquiète de l'état de votre petit et complètement centrée sur sa condition que vous en perdez l'appétit ou l'envie de vous reposer. Sans compter la vie à l'extérieur de l'hôpital qui gruge le peu d'énergie qu'il vous reste : votre travail, celui de votre conjoint, vos autres enfants, les comptes à payer, l'entretien de la maison, etc. Votre bébé a plus que jamais besoin d'une mère en forme. Pensez à manger, à boire et à vous reposer le mieux possible. (suite p. 283)

Parlez de ce qui vous arrive. Parfois, une hospitalisation ne se passe pas bien. Même si le pronostic médical est bon, votre séjour a pu mal se dérouler. Il est important de guérir cette blessure, comme on a guéri votre enfant. Abordez franchement vos insatisfactions à l'endroit du personnel soignant. Vous pouvez écrire une lettre à l'hôpital, trouver du soutien auprès d'autres parents et même parler à votre bébé de cette expérience traumatisante. Mais, de la même façon, si vous avez été impressionnée par l'humanité et la compétence du personnel médical, n'hésitez pas à le faire savoir. Un mot de remerciement fait toujours du bien à celui qui fait chaque jour son travail du mieux qu'il le peut.

La maladie d'un bébé est un événement insupportable à vivre. Elle nous change profondément et, de façon étonnante, souvent pour le mieux. Ne soyez pas surprise de vous sentir plus forte après cette épreuve.

La blessure du cœur

Avoir un bébé gravement malade ou hospitalisé pendant plusieurs jours suscite toutes sortes d'émotions qui peuvent remuer profondément les parents:

▪ **La culpabilité d'avoir un enfant malade:** «J'ai dû faire quelque chose de mal pour qu'il soit ainsi.» Par conséquent, vous êtes tentée de revoir chaque détail de votre grossesse, de votre accouchement: le verre de vin, la bouffée de cigarette un jour de stress, la malbouffe prise sur le pouce trop souvent. Dans le moment présent, vous vous sentez coupable de ne pas être aux côtés de votre bébé jour et nuit, vous avez l'impression de ne pas en faire assez pour qu'il se remette vite. Vous n'avez pas envie d'entendre le tire-lait encore une fois. Cela peut aller jusqu'à la culpabilité d'être heureuse de retourner chez vous vous reposer quelques jours, de vous sentir bien dans vos affaires, alors que votre enfant est à l'hôpital.

▪ **La colère, souvent contre vous,** de ne pas avoir eu un enfant «comme les autres», de ne pas avoir vu plus tôt qu'il n'allait pas bien. Votre colère peut se soulever contre le monde entier qui ne comprend rien, contre ceux qui ont des «bébés parfaits», qui se plaignent d'un allaitement auquel vous ne cessez de rêver. Vous pouvez être en colère contre votre bébé, dont la santé ne s'améliore pas et qui ne prend pas le sein comme un «pro», ou contre vous-même, encore, d'avoir pensé que l'allaitement

protégeait de toutes les maladies: après tout, ne répète-t-on pas partout que les bébés allaités sont moins malades que les autres?

▪ **La honte de ne pas oser dire** que votre bébé est malade, de ne pas le trouver beau avec tous ces fils, ces sacs et ces machines qui l'entourent. Et, par conséquent, votre réticence à demander de l'aide parce que vous ne souhaitez pas que les autres le voient comme ça, si «imparfait». La honte de ne pas vous sentir immédiatement amoureuse de ce nouveau-né qui semble si étranger, tellement loin de vous et qui vous donne envie d'être ailleurs plutôt qu'ici, à côté de lui, dans cette salle si froide et impersonnelle...

Il est important de savoir reconnaître ces sentiments, d'être capable d'en parler et de les prendre pour ce qu'ils sont: une manifestation normale chez tout être humain. Ils ne font pas de vous une «mauvaise mère». Refouler des sentiments que l'on ressent sous prétexte que «ce n'est pas bien de penser ainsi» n'aide pas à cicatriser le cœur. Personne ne naît mère, nous le devenons au fil des jours et le demeurons pour le reste de nos vies. Ressentir des émotions n'est ni bien ni mal, c'est comme ça, voilà tout.

Il faut donner le temps à l'amour de se développer, puis lui laisser toute la place. Voilà ce qui cicatrise le cœur.

Lorsque la mère est
hospitalisée

Si vous devez être hospitalisée, il est normal d'avoir des inquiétudes pour votre allaitement. Votre médecin vous a peut-être conseillé de sevrer votre bébé et peut-être y avez-vous songé aussi. Toutefois, si vous n'aviez pas à subir cette opération, est-ce que vous auriez sevré votre bébé à ce moment-là?

Il se peut que vous allaitiez un bambin et que vous choisissiez effectivement de faire concorder le moment de l'hospitalisation avec le sevrage de votre enfant. Vous pourrez alors prendre le temps d'organiser la fin de votre allaitement.

Si vous ne désirez pas sevrer votre bébé tout de suite, il est possible de poursuivre l'allaitement en dépit d'une hospitalisation. La situation la plus simple est certainement lorsque l'hospitalisation est prévue longtemps à l'avance. Vous disposez dans ce cas de temps pour vous organiser.

Les questions à poser

- **Parlez à votre médecin.** Sait-il que vous allaitez et que vous tenez à poursuivre? Quelle est sa réaction? Est-il possible de remettre cette hospitalisation à plus tard, une fois le bébé sevré? Est-il possible de penser à une chirurgie d'un jour?
- **Voyez avec votre médecin les mesures qu'il peut prendre pour faciliter l'allaitement de votre bébé.** Est-ce que l'hôpital dispose des services d'une consultante en lactation susceptible de vous épauler dans la planification de votre hospitalisation? Est-il possible que votre bébé partage votre chambre? Pourriez-vous, par exemple, être transférée à l'unité mère/enfant à la suite de votre hospitalisation? Ou encore retourner rapidement à la maison et recevoir des soins à domicile pendant votre convalescence?
- **Si votre bébé ne peut pas partager la chambre avec vous,** à quel moment peut-il venir pour téter? Si votre bébé ne peut vous visiter à aucun moment, est-il possible de louer un tire-lait électrique utilisé en milieu hospitalier pendant votre séjour de façon à ce que vous puissiez tirer votre lait?
- **Précisez à votre médecin que vous avez besoin de médicaments compatibles avec l'allaitement.** Demandez-lui au besoin de se référer

à une ressource compétente (voir p. 300). **Si vous devez être anesthésiée,** est-il possible d'opter pour une anesthésie locale plutôt que pour une anesthésie générale? Dans les deux cas, les médicaments utilisés sont compatibles avec l'allaitement; toutefois, vous serez plus rapidement alerte après une anesthésie locale.

- **Faites un plan d'hospitalisation.** Un peu sur les mêmes bases qu'un plan de naissance, vous en laissez une copie à votre médecin et une autre au personnel soignant dès votre arrivée à l'hôpital. Les écrits restent et permettent que tous travaillent dans la même direction.
- **Discutez aussi de votre convalescence.** Allez-vous devoir être immobilisée longtemps? Allez-vous être souffrante pendant un certain temps? Combien de temps vous faudra-t-il avant de pouvoir reprendre toutes vos activités?
- **Planifiez votre retour.** Les premiers jours à la maison, est-il possible d'avoir quelqu'un qui vous

Anesthésie générale et allaitement

L'anesthésie générale n'interfère pas avec l'allaitement. Vous pouvez faire téter votre bébé aussitôt que vous êtes éveillée. Si vous êtes assez alerte pour le tenir dans vos bras, c'est signe que le médicament a presque complètement quitté votre système.

Faites téter votre bébé juste avant l'anesthésie au cas où vous seriez chancelante et faible après. Cela évite aussi les engorgements, surtout dans les cas où vous devez être endormie pendant quelques heures.

aidera dans vos tâches quotidiennes ? Votre partenaire est-il disponible pour prendre soin du bébé, l'emmener à l'hôpital pour la tétée ou encore pour transporter le lait que vous tirez ? N'hésitez pas à demander de l'aide.

Hospitalisation d'urgence

Si vous avez été hospitalisée d'urgence, vous avez vécu beaucoup de stress et avez probablement été séparée de votre bébé pendant un certain temps, sans trop savoir ce qu'il en était. Prenez soin de vous. Vous avez maintenant du temps pour reprendre ces « moments volés ». Portez votre bébé contre vous, dormez avec lui si vous en avez envie.

Peut-être que votre allaitement a dû s'arrêter de façon abrupte sans que vous y puissiez rien. Cette blessure peut être très vive et prendre du temps à guérir. Donnez-vous le temps nécessaire pour reconnaître toutes ces émotions.

Dans le même ordre d'idées, si une femme qui

La plupart des bébés reprennent le sein après avoir été séparés de leur mère.

allaite parmi vos proches est hospitalisée d'urgence, pensez à en aviser rapidement l'équipe médicale. Les médecins peuvent ainsi faire attention dans le choix de ses médicaments. Réfléchissez avec l'équipe soignante aux moyens qui permettraient à la mère d'être rapidement avec son bébé – elle est sûrement très inquiète pour lui et a hâte de le prendre contre elle. Si elle ne peut être mise en présence de son bébé, pensez à demander de la glace, voire à lui apporter un tire-lait à l'hôpital, puisque ses seins risquent d'être engorgés à son réveil.

Il arrive qu'une mère soit hospitalisée d'urgence en même temps que son bébé, lors d'un accident de la route, par exemple. Si la condition des deux le permet, voyez s'il est possible qu'ils soient transférés dans la même chambre, dans l'unité mère/enfant. Ce sont des situations exceptionnelles qui exigent des moyens exceptionnels. Ces moments difficiles doivent se vivre avec humanité.

La convalescence

De retour à la maison, le bébé peut prendre quelques jours à retrouver son rythme. Certains ont reçu tellement de stimuli pendant leur hospitalisation qu'ils seront très irritables et n'arriveront plus à s'endormir dans le noir et le calme. Le nombre de tétées pourra aussi varier et être bien différent de ce qu'il était à l'hôpital. Donnez une chance à votre enfant de s'adapter. Évitez les nombreuses visites. Prenez le temps de vous retrouver en famille.

Une amie dont le bébé avait été hospitalisé dès la naissance nous a confié que ce n'est qu'une fois de retour à la maison qu'elle s'est vraiment sentie mère de cet enfant. À l'hôpital, toute une équipe est impliquée dans les soins à la personne malade et lorsqu'il s'agit d'un tout petit enfant, ses parents peuvent se sentir isolés. Une fois à la maison et seul avec lui, il faut apprivoiser à nouveau, ou pour la première fois, notre rôle de parent.

Avec patience et amour, le bébé retrouvera vite sa confiance. De votre côté, c'est peut-être à ce moment-là que toutes sortes d'émotions refoulées feront surface. Il est important de rester bien entourée.

Allaiter un bébé hospitalisé demande souvent de la volonté et de la détermination. Il faut compter sur ses propres ressources et être bien informée. Chaque situation est cependant unique et dépend de multiples facteurs. Par contre, lorsque l'allaitement n'a pas été possible ou que le sevrage a été la seule issue, la mère pourra y penser longtemps après la fin de la maladie de son bébé. Il ne faut pas hésiter à parler de ce que vous avez vécu. Nous abordons la question du deuil de l'allaitement à la page 253.

Prématurité

Toutes les études prouvent qu'une mère doit allaiter son bébé né avant terme si elle souhaite le faire. Donner du lait maternel à un bébé né avant terme et le faire téter au sein par la suite sont des gestes qui doivent être encouragés et soutenus. Les unités de néonatalogie devraient y accorder plus de ressources, de temps et de dévouement.

L'allaitement comme traitement

De grands spécialistes de la prématurité affirment que s'il ne doit y avoir qu'une seule intervention à laquelle les parents et le personnel soignant devraient travailler afin d'améliorer la santé d'un prématuré, c'est de lui fournir du lait maternel.

À la suite des recherches réalisées actuellement, le lait de la mère d'un prématuré sera probablement reconnu par le plus sceptique des néonatalogistes comme étant la référence par excellence pour prévenir la morbidité à court terme et augmenter la santé à long

Quelques chiffres

En 2006, 7,7 % des bébés naissaient prématurément, c'est-à-dire avant 37 semaines de gestation. Une hausse de plus de 3 % par rapport à 1979. La majorité des bébés prématurés proviennent de grossesses simples ; toutefois, plus de la moitié des naissances multiples ont lieu avant terme.

Les chances de survie d'un prématuré se sont grandement améliorées au fil des ans. Le seuil de viabilité d'un prématuré est aujourd'hui de 24 semaines avec un poids de 500 grammes et 78 % des enfants nés prématurément ne présentent pas de handicaps sérieux.

terme d'un prématuré. Le lait maternel est l'aliment le plus adapté au bébé prématuré. Ses avantages sont très nombreux tant sur les plans digestif, infectieux, cognitif et sur celui de la croissance.

D'ailleurs, dans la plupart des hôpitaux du Québec, une mère qui accouche prématurément est rapidement invitée à tirer son lait. Il est ensuite congelé et donné au bébé lorsqu'il est prêt à le recevoir.

Le lait avant terme

Le lait produit par les femmes qui accouchent avant terme est différent de celui de celles qui accouchent à terme. Il est plus riche en calcium et en phosphore, moins riche en lactose et globalement plus énergétique que le lait à terme. Le gras reste le même en quantité et en qualité, mais les nouveau-nés de moins de 1 500 grammes absorbent 90 % du gras du lait maternel mais seulement 68 % de celui contenu dans les préparations pour nourrissons à base de lait de vache.

Le lait avant terme contient aussi plus de zinc et de sodium que celui à terme. Ces différences seraient la conséquence d'un prolongement de la phase colostrale puisque la composition du lait avant terme devient à peu près identique à celle du lait à terme six à huit semaines après la naissance. Par contre, selon l'âge du prématuré, le lait maternel ne comporte pas assez de nutriments et vitamines essentiels à sa croissance. Le lait, même humain, ne se substitue pas au cordon ombilical et aux échanges placentaires. Il reste insuffisant en protéines et en sodium, et les concentrations en calcium et en phosphore sont trop faibles pour les immenses besoins de construction du prématuré. Un problème qu'on peut cependant contourner en l'enrichissant.

La capacité de téter

Un grand prématuré ne peut pas prendre le sein immédiatement. Le gras et les muscles faciaux sont peu développés. Il a très peu de contrôle sur sa tête, sa bouche reste ouverte et sa langue est très petite. Par conséquent, il est physiologiquement incapable de téter. Sans compter qu'il peut avoir du mal à respirer seul.

Par contre, une étude a montré que, dès 28 semaines, certains prématurés sans maladies graves et bénéficiant d'un environnement favorable sont capables de lécher du lait tiré sur le mamelon de leur mère et que, dès 32 à 34 semaines, ils font une tétée complète. À 35 semaines, la plupart des prématurés de l'étude étaient allaités exclusivement.

À la page 271, vous verrez comment démarrer une production de lait lorsqu'un bébé ne peut pas téter.

« Quand Victor est né à 29 semaines, ça a été tout un choc! Il a été hospitalisé pendant dix semaines. Je croyais alors que je n'aurais pas à allaiter. Cette perspective me réjouissait puisque je n'avais pas eu une très belle expérience avec ma fille aînée. Cependant, le lendemain de sa naissance, l'infirmière m'a apporté le tire-lait de l'hôpital.

« Je tirais mon lait à la maison ou à l'hôpital. Les deux premières semaines après mon accouchement, je devais le jeter parce que je prenais des antibiotiques qui n'étaient pas compatibles avec l'allaitement. La première mise au sein a eu lieu quand Victor a eu un mois. Avant, il avait de la difficulté à boire au biberon et il avait attrapé une grosse infection. La plupart du temps, il était gavé avec mon lait auquel on ajoutait des calories.

« C'était difficile de me lever la nuit juste pour tirer du lait. J'ai eu beaucoup de soutien de ma famille et de l'infirmière qui s'occupait de Victor. Elle me répétait souvent qu'il allait mieux parce qu'il buvait mon lait. Puis quand je l'allaitais, elle me disait à quel point il avait l'air bien. Mon chum n'arrêtait pas de me dire

que je donnais une belle chance à notre fiston. Encore aujourd'hui, il me dit souvent que le fait d'avoir allaité Victor 14 mois explique qu'il ait été peu malade. »

Sophie

Composer avec le personnel soignant

En pratique, aujourd'hui au Québec, toutes les unités de néonatalogie comprennent les immenses bienfaits de l'allaitement et plusieurs d'entre elles coopèrent avec une consultante en lactation. Par contre, sur le terrain, l'allaitement ne coule pas toujours de source.

Les équipes médicales sont formées d'êtres humains qui ont chacun leurs caractères et compétences. Bien souvent, malheureusement, le personnel infirmier est débordé. Une infirmière surchargée peut perdre sa flexibilité. Il arrive que des maladresses soient commises et que des phrases en apparence anodines aient un impact dévastateur sur une mère qui tire son lait de peine et de misère. De part et d'autre, il faut être capable d'écoute, d'empathie et de délicatesse.

Les recherches les plus récentes ne sont peut-être pas encore une réalité dans tous les milieux. Par exemple, il est possible d'enrichir le lait maternel ou de mettre un bébé de 28 semaines au sein, mais si l'unité de néonatalogie qui soigne un enfant prématuré ne le propose pas, la mère est à la merci de cet état de fait.

Parfois, l'état physique des lieux n'est pas favorable. Comment tirer son lait près de son bébé en toute intimité si l'espace est restreint et doit être partagé avec l'équipe soignante et les autres parents? Il faut savoir s'adapter. Le personnel soignant doit tendre vers une réponse individualisée aux besoins de la mère qui allaite. Peut-être une situation particulière n'a-t-elle pas été prévue par le protocole, mais alors est-il possible d'accommoder la femme et son bébé?

Faire équipe

Il arrive également que les parents ressentent un mélange de respect et de crainte pour les spécialistes qui s'occupent de leur bébé au point qu'ils n'osent pas parler d'allaitement. On ne veut pas créer de conflit et, après tout, « ils savent ce qu'ils ont à faire, qui suis-je pour suggérer quelque chose? »

Il ne faut pas hésiter à établir un dialogue franc avec le personnel soignant, les parents restent les personnes les plus importantes pour leur enfant. En cas d'incompréhension totale, les parents peuvent se faire accompagner dans l'établissement d'un dialogue avec le personnel par des groupes de soutien, comme Préma-Québec. En tout temps, le soutien entre les mères reste une aide précieuse.

L'environnement propice au bien-être

L'environnement dans lequel baigne un prématuré a une influence directe sur sa santé, autant que les soins qui lui sont prodigués. Dans les années 1980, la psychologue américaine Heidelise Als a proposé une série de changements à mettre en place dans les unités néonatales, portant le nom de NIDCAP® (Newborn Individualized Care and Assessment Program).

Aider nos proches

Trop souvent, les parents de bébés prématurés ne reçoivent ni visites à l'hôpital, ni cartes, ni cadeaux qui soulignent la naissance. Si l'une de vos proches donne naissance à un bébé avant terme, tentez de marquer l'événement d'une façon toute spéciale. Si vous avez allaité vos enfants, soyez l'oreille attentive de cette femme. Dites-lui que, tant qu'elle le souhaitera, vous serez l'ange gardien de cet allaitement.

Lorsqu'un proche vit quelque chose de difficile, on a souvent tendance à lui dire de téléphoner s'il a besoin d'aide. Souvent, il ne le fait pas. Offrez des actions concrètes. Voyez comment vous pouvez aider la mère à être le plus présente auprès de son bébé. Peut-être est-ce en gardant un enfant plus âgé? En installant une table pour qu'elle puisse manger correctement dans le salon des parents de l'hôpital? En fournissant une chaise berçante à l'unité néonatale? Tout doit être évalué afin de répondre aux besoins de chaque famille.

Cette approche favorise la relation des parents avec leur bébé prématuré. Celui-ci a aussi des compétences qui lui permettent d'assurer une partie de son bien-être et de gérer son stress. Il faut déchiffrer son langage non verbal afin de répondre de façon individualisée à ses besoins, et ses parents sont à la base du processus. Par exemple, on peut soigner un bébé prématuré en baissant l'intensité lumineuse, en limitant les bruits et les va-et-vient incessants. Tout comme on peut fort bien veiller à sa croissance en respectant son bien-être et ses rythmes de sommeil et d'éveil. Au Québec, des efforts sont faits pour faire connaître ce concept de « soins développementaux », mais la réalité des unités de néonatalogie ne s'y prête pas partout.

La méthode kangourou

L'allaitement et les contacts peau contre peau sont tout à fait dans la lignée d'humanisation des soins. En 1983, les néonatalogistes colombiens Edgar Rey et Hector Martinez ont introduit dans leur unité la méthode kangourou, qui consiste à placer le prématuré contre la peau de sa mère ou de son père pendant de longues périodes. Les deux médecins s'étaient tournés vers cette méthode par nécessité puisqu'ils étaient incapables de se procurer l'équipement moderne des grands centres hospitaliers occidentaux. À leur grande satisfaction, leur initiative a permis au taux de mortalité de passer de 70 % à 30 % !

La méthode kangourou est depuis utilisée un peu partout dans le monde. Au Québec, aucun néonatalogiste n'est censé l'ignorer. Les recherches ont démontré qu'elle stabilise la température de l'enfant, son rythme cardiaque, sa respiration et l'oxygénation de son sang. Elle permet une diminution des périodes d'apnée et de plus longues périodes de sommeil profond. Finalement, elle augmente l'attachement et améliore le gain de poids.

« Comme mère qui a pu utiliser la méthode kangourou deux heures par jour avec son bébé miracle de 750 grammes et demi, je peine à trouver les mots pour faire comprendre aux autres l'expérience que j'ai vécue. Cela ressemble un peu à un accouchement à terme, lorsque le bébé est placé immédiatement sur la poitrine de sa mère, qu'il se débat, qu'il crie, pour se calmer et regar-

Comment faire

Le bébé, vêtu seulement d'une couche, est placé le ventre contre la peau de sa mère ou de son père, sur le torse, entre les seins. Son oreille est tournée vers les battements du cœur de son parent. Les deux sont gardés bien au chaud. Le parent fait de doux massages dans la direction de la pousse des cheveux ou du poil cutané; de la tête aux pieds, du haut de la colonne vertébrale au bout des doigts. Cela favorise la croissance en plus d'être très confortable pour le bébé et agréable pour le parent. Évitez de «pétrir» la peau ou de faire des mouvements circulaires.

der avec fascination le visage de sa mère et de son père. Tenir ce petit corps contre le mien, sentir sa petite main s'agripper à mes clavicules, la sentir sombrer dans le sommeil, dans mes bras… vraiment l'expérience la plus incroyable de ma vie. »

Krisane

La méthode kangourou comporte plusieurs avantages pour les mères qui ont choisi d'allaiter. Celles qui la pratiquent sont plus nombreuses à poursuivre l'utilisation du tire-lait et à mettre leur bébé au sein. Après une séance kangourou, les mères peuvent tirer jusqu'à 50 % plus de lait! De plus, celles qui ont pratiqué la méthode kangourou allaitent plus longtemps que celles qui ne l'ont jamais fait.

Bébé au sein

Dans certains milieux, on croit que l'allaitement est plus exigeant pour les bébés que le biberon. Cette croyance a pour conséquence que, avant d'être mis au sein, un bébé prématuré doit d'abord démontrer qu'il est en mesure de prendre le biberon. Cela risque pourtant de nuire à l'allaitement.

Dans certains hôpitaux, lorsque la mère n'est pas là, aucun biberon n'est donné et le bébé est nourri par gavage. À d'autres endroits, des biberons sont donnés. Il faut savoir composer avec la réalité des hôpitaux et suggérer une autre façon de faire afin d'éviter que cela ne nuise à l'allaitement. Le biberon n'est pas la seule

Généralement, si un bébé est prêt à prendre le biberon, il est prêt à prendre le sein.

manière de nourrir un bébé, même prématuré. De plus, dites-vous que ce n'est pas parce que votre bébé a reçu des biberons qu'il ne pourra jamais prendre le sein. Avec un bon soutien, la plupart des bébés reprennent le sein.

Préparer à la tétée au sein

Pendant le gavage, on peut mettre un peu de lait sur la lèvre supérieure du bébé. Cela lui permet de sentir le lait de sa mère au moment où son estomac se remplit. Sa mère peut aussi porter son enfant contre sa peau, comme si elle l'allaitait. Cela facilite la transition vers l'allaitement.

L'utilisation d'une suce pendant le gavage associe la sensation d'un estomac plein à la succion.

Transition

La transition vers l'allaitement dépend de bien des facteurs et se fait de façon graduelle. Le bébé peut être acclimaté au sein de façon progressive, si l'on tient compte de son état général mais aussi de l'unité de néonatalogie qui le soigne. La mère peut ainsi le mettre au sein chaque fois qu'elle est à l'hôpital. (suite p. 289)

Bébé est prêt à prendre le sein s'il...

- est âgé d'environ 30 semaines;
- pèse autour de 1 200 grammes;
- porte les mains à sa bouche;
- respire sans aide;
- présente le réflexe de fouissement;
- tolère bien le lait pris par gavage;
- maintient sa température corporelle hors de la couveuse;
- tète le tube de gavage ou une suce;
- n'a plus besoin qu'on aspire ses sécrétions.

Banques
de lait maternel

S'il vous était possible de donner votre lait, le feriez-vous? Et si votre bébé était malade et que, pour une raison ou une autre, il vous était impossible de l'allaiter, accepteriez-vous qu'il boive le lait d'une autre?

Les banques de lait maternel tirent leur origine de l'une des plus anciennes pratiques humaines: celle des nourrices. Pratique courante jusqu'au XVIIIe siècle, la mise en nourrice s'est maintenue dans certains milieux jusqu'à ce que se généralise l'usage des préparations pour nourrissons et qu'apparaissent les craintes de transmission de maladies entre la femme allaitante et le nourrisson.

Les banques de lait ont commencé à voir le jour et à s'organiser au début du XXe siècle. La première a été fondée à Vienne, en Autriche et, dès 1919, deux autres ont été établies: l'une à Boston et l'autre, en Allemagne. Les avancées technologiques et les nouvelles connaissances en hygiène et en santé permettaient aux banques de lait maternel de récolter et de conserver le lait maternel. Celui-ci était donné par des mères qui avaient d'abondantes réserves pour être redistribué à des enfants malades ou prématurés. Au Québec, une seule banque de lait maternel a vu le jour. Il s'agit de la banque de lait de l'Hôpital Royal-Victoria, à Montréal, qui a été en fonction pendant les années 1950 et 1960 et qui a fermé ses portes au cours des années 1970.

L'avènement du sida a eu raison de la plupart des banques de lait maternel nord-américaines. Une quinzaine d'entre elles ont fermé leurs portes, certaines du jour au lendemain. Vers la fin des années 1980, il n'en restait que 8 ou 9 en Amérique du Nord.

Depuis le début des années 1990, les banques de lait maternel connaissent un nouvel essor partout dans le monde. Les bienfaits du lait humain sont mieux compris et on sait maintenant que la pasteurisation réduit les risques de transmission pratiquement à néant, sans compter que les donatrices sont désormais soumises à des tests de dépistage poussés avant d'être acceptées.

Au Canada, il existe, à l'heure actuelle, une seule banque de lait maternel: elle se situe à Vancouver. Aux États-Unis, il en existe neuf. Ces banques, membres de la Human Milk Bank Association of North America, distribuent leur lait dans plusieurs hôpitaux américains et quelques hôpitaux canadiens. Au Québec, en 2004, la coordonnatrice du programme d'allaitement de l'Hôpital général juif, Carol Dobrich, a proposé la mise sur pied d'une banque de lait à Montréal. Son projet se fait selon les normes de la Human Banking Association of North America.

Les banques de lait maternel soulèvent un certain nombre de questions d'ordre éthique: être nourri au lait maternel deviendrait-il un droit? Et, dès lors, reviendrait-il à l'État de s'assurer que tous les bébés, particulièrement ceux qui sont fragiles, aient accès à cette «ressource naturelle» irremplaçable? Et si cette ressource devenait accessible, comment devrait-elle être gérée? Si la demande venait à dépasser l'offre, qui aurait priorité?

On estime que 30 ml de lait maternel vaudrait environ 2 dollars. Ce précieux liquide serait-il donc marchandable? Serait-il possible, par exemple, pour des couples bien nantis de se procurer du lait maternel pour des raisons pratiques, même si la mère et le bébé sont en parfaite santé?

Il serait souhaitable qu'une banque de lait voie le jour au Québec, comme partout ailleurs. De nombreuses femmes se trouvent avec des réserves de lait dont elles n'ont que faire. Il arrive souvent, par exemple, que les mères de bébés prématurés tirent plus de lait que n'en consomment leurs bébés. Le précieux liquide inutilisé doit alors être jeté, à contrecœur. Ne serait-il pas valorisant pour ces femmes de savoir que leur lait a servi à nourrir d'autres bébés malades ou prématurés? On rapporte d'ailleurs qu'à Vancouver, la plus généreuse donatrice était la mère d'un enfant mort à la naissance. Elle a donné à la banque de lait du Women's Hospital of British Columbia pas moins de 210 litres de lait!

Les jumelles Dionne, les quintuplées nées prématurément dans les années 1930 dans le nord de l'Ontario, ont été les plus célèbres consommatrices nord-américaines de lait maternel «donné». Elles ont reçu plus de 240 litres de lait provenant de donatrices canadiennes et américaines!

La façon d'allaiter

Il semble que le prématuré prenne mieux le sein en position « madone inversée » ou « football » (voir p. 292). Sachez qu'il se fatigue vite, qu'il est irritable et que ses tétées risquent d'être courtes. S'il ne prend pas bien le sein, inutile d'insister trop longtemps, cela ira mieux un peu plus tard. Ce n'est pas un signe de rejet.

« Mia et Benjamin ont été hospitalisés neuf semaines et demie. Un cauchemar de deux longs mois. Les allers-retours tous les jours, on ne faisait rien d'autre. Je passais mes nuits à l'hôpital, mes avant-midi avec mon chum et notre fils Nathan, une sieste en après-midi, les devoirs des filles au retour de l'école et lorsque tout le monde dormait, j'essayais de faire un peu de ménage. Combien de fois j'ai voulu lâcher l'allaitement! Je me

Une fois à la maison, comment savoir que tout va bien?

- Le bébé prématuré mouille de cinq à six couches jetables par jour (six à huit couches de coton).
- Il fait de deux à cinq selles par jour.
- Il prend un minimum de 115 grammes par semaine.

Oubliez la pesée avant et après chaque tétée et ne comparez pas votre bébé prématuré à un nourrisson né à terme et en bonne santé. Un bébé prématuré est unique et il a son propre rythme.

sentais réduite à une machine. C'était très loin de la vision qu'enceinte j'avais d'allaiter mes jumeaux.

« À partir de 32 semaines, j'ai pu les allaiter chaque fois que j'allais à l'hôpital. J'avais un conjoint en or qui me remontait dans mes moments de désespoir. J'avais aussi une marraine d'allaitement qui savait me conseiller et m'écouter. Par contre, j'ai été déçue par le personnel hospitalier. J'ai dû me battre avec les infirmières. Tout le monde était pour l'allaitement en théorie : tous voulaient que je tire mon lait, mais pour ce qui est de la façon de le donner, c'était une autre histoire. Je ne me sentais pas écoutée. Je ne voulais pas que mes jumeaux aient des biberons lorsque je n'y étais pas. J'avais du mal à accepter qu'on pèse mes bébés avant et après la tétée. Je n'aimais pas devoir les gaver même s'ils étaient repus dans mes bras. Mon conjoint a dû parler au personnel de l'hôpital et ça s'est beaucoup mieux passé par la suite. J'ai aussi trouvé très difficile que nos familles et amis ne soient pas venus voir les petits à l'hôpital pendant tout ce temps.

« Même si parfois je repense à toute cette aventure avec un petit pincement, je crois que l'allaitement a fait une différence. Je leur ai donné ce qu'il y avait de meilleur et je suis fière d'avoir tenu le coup. Mes petits combattants n'ont pratiquement pas été malades durant les 18 premiers mois et je les ai allaités pendant 22 mois. Oui, j'ai eu peur et j'ai eu des moments de découragement, mais il n'y a rien qui empêche l'allaitement quand on est entourée. »

Nancy

Annexes

■ Positions et techniques d'allaitement spécialisées

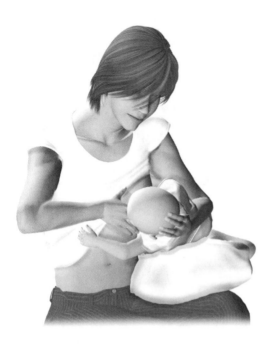

Football

Description :

Le corps du bébé est placé sous le bras de sa mère, comme si elle tenait un ballon de football ou encore un journal sous son bras. Le bébé a le visage en face du sein. Il faut bien soutenir sa nuque de façon à ne pas la fatiguer inutilement.

Utilité :

• Bébé somnolent ;
• Césarienne ;
• Prématurité ;
• Jumeaux.

Madone inversée

Description :

Comme pour la madone, la mère est assise et le bébé lui fait face ; la mère tient le bébé avec le bras opposé au sein offert. Par exemple, si la mère offre le sein gauche, c'est son bras droit qui soutient son bébé. La tête du bébé ne repose donc pas au creux de son bras, c'est plutôt sa main qui la soutient.

Utilité :

• Surtout utile lors des débuts d'allaitement, cette position permet à la mère de mieux contrôler la tête de l'enfant et d'avoir une main libre pour soutenir le sein offert :
  • Pour les bébés qui prennent mal le sein, comme les prématurés.
  • Pour les femmes dont la poitrine est volumineuse.
• La mère peut effectuer une compression du sein (voir p.294).

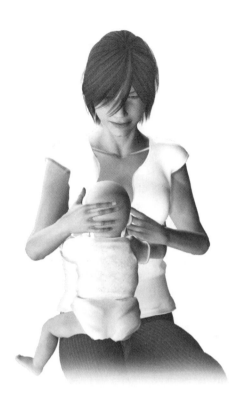

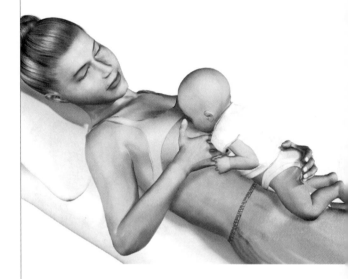

Califourchon

Description:

Confortablement installée, le dos droit bien soutenu, la mère assied le bébé à califourchon sur l'une de ses cuisses. Selon son âge, il peut être tenu fermement au niveau des reins et plus légèrement à la tête.

Utilité:

- Petit bébé;
- Fissure palatine et fente labiale;
- Reflux.

Australienne

Description:

La mère est allongée sur le dos, le haut du corps légèrement relevé. Le bébé est couché à plat ventre sur sa mère, la bouche sur le sein.

Utilité:

- Réflexe d'éjection puissant;
- Bébé qui a du mal à bien sortir la langue;
- Bébé hypotonique.

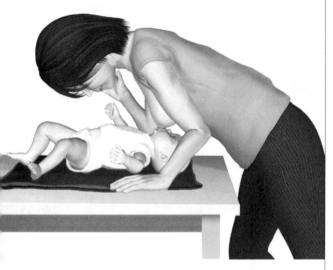

Louve (ou à quatre pattes)

Description :

Le bébé est couché sur le dos sur un lit ou une table et la mère se penche au-dessus de lui de façon à ce que le sein soit à la hauteur de sa bouche.

Utilité :

• Engorgement ;
• Canal lactifère bloqué.

La compression du sein

Utilité :

• Augmenter sa production ;
• Prise de poids lente ;
• Stimuler la succion (bébé somnolent, refus d'un sein).

1. Tenez le bébé d'un seul bras (madone inversée).
2. Tenez le sein avec la main libre, le pouce d'un côté du sein et les autres doigts de l'autre côté. Assurez-vous d'être assez loin du mamelon.
3. Quand le bébé cesse de téter efficacement, comprimez le sein entre le pouce et les doigts. Ne pressez pas trop fort pour ne pas vous blesser. Veillez à ce que l'aréole ne change pas de forme, ça complique la vie à votre bébé.
4. Gardez la pression avec les doigts tant que le bébé tète bien. Lorsqu'il arrête, relâchez la pression. Si votre bébé n'arrête pas de téter, attendez un peu avant de comprimer à nouveau.
5. Continuez jusqu'à ce que votre bébé arrête de téter, même avec la compression.
6. Si votre bébé a encore faim, offrez-lui l'autre sein et répétez le processus si nécessaire.

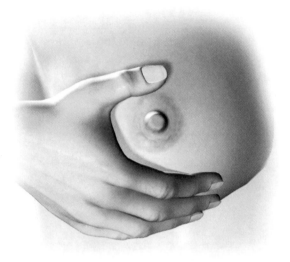 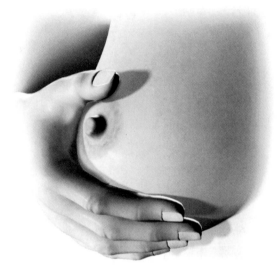

Soutenir le sein

1. Soutenez le sein en « C » avec le pouce d'un côté et les quatre doigts de l'autre.

2. Pressez doucement en appuyant le pouce et les doigts sur le sein. L'aréole du sein n'est plus ronde mais ovale et le sein devient moins large à saisir pour le bébé.

3. Poussez doucement la main vers l'intérieur de la poitrine, ce qui aide à faire saillir le mamelon.

4. Pointez légèrement le pouce vers le haut, ce qui fait pointer le mamelon vers le palais du bébé.

5. Présentez le sein au bébé en l'approchant avec le menton qui touche le sein en premier et non le nez.

■ Guides de conservation du lait maternel

Bébé né à terme et en bonne santé

	Température	Temps de conservation
Lait fraîchement tiré		
Pièce chaude	25°C	4 à 6 heures
Pièce à température ambiante	19 à 22°C	10 heures
Dans une glacière (*icepack*)	15°C	24 heures
Lait réfrigéré (conserver à l'arrière du réfrigérateur, loin de la porte)		
Réfrigérateur (lait frais)	0 à 4°C	8 jours
Réfrigérateur (lait décongelé)	0 à 4°C	24 heures
Lait congelé (ne pas recongeler ; conserver dans le réfrigérateur, à l'arrière, loin des portes et côtés)		
Compartiment congélateur à l'intérieur du réfrigérateur	Variable	2 semaines
Congélateur isolé du réfrigérateur (en bas ou en haut)	Variable	3 à 6 mois
Congélateur-coffre ou vertical	- 19°C	6 à 12 mois

Pour éviter les pertes et pour faciliter la décongélation et le réchauffement, conservez le lait en petites portions de 30 à 120 ml. Indiquez la date sur le sac. Vous pouvez congeler ensemble le lait provenant de différentes séances de tire-lait ou de différents jours. Choisissez la date de la première séance comme référence.

Pour décongeler le lait
Décongelez le lait lentement dans le réfrigérateur (cela peut prendre jusqu'à 12 heures). Évitez de laisser votre lait décongeler à la température ambiante. Pour accélérer le processus de décongélation, placez le contenant sous l'eau courante : commencez avec une eau froide et réchauffez-la graduellement.

Pour réchauffer le lait
Mettez de l'eau chaude dans un petit contenant, comme une tasse, et placez le sac de lait décongelé dans l'eau chaude ou utilisez un chauffe-biberon.

NE RÉCHAUFFEZ JAMAIS le lait humain au micro-ondes ni directement sur la cuisinière.
En refroidissant, la crème du lait monte à la surface. Agitez le lait délicatement pour le mélanger.

Si votre bébé ne boit pas tout le lait réchauffé, vous pouvez le remettre au réfrigérateur pour la prochaine fois, pendant 24 heures au maximum.

Bébés prématurés ou hospitalisés

(Sujet à variation selon les établissements. Reprendre la charte de gauche au retour à la maison)

	Temps de conservation
Lait fraîchement tiré (réfrigérer aussitôt s'il n'est pas utilisé dans les quatre heures)	
Température de la pièce	4 heures
Lait réfrigéré (placer au fond d'une tablette et non dans la porte du réfrigérateur)	
Réfrigérateur – lait frais	48 heures
Réfrigérateur – lait congelé	24 heures
Lait congelé	
Compartiment à congélation à l'intérieur d'un réfrigérateur	Non recommandé
Congélateur d'un réfrigérateur (porte séparée)	3 mois
Congélateur	6 mois
Transport du lait (frais, réfrigéré ou congelé)	
Dans une glacière avec de la glace ou de la «glace bleue»	24 heures

Conservation du lait

Identifiez le contenant avec le nom du bébé, la date et l'heure à laquelle le lait a été tiré. Les contenants en plastique rigide ou en verre sont les plus appropriés.

Vive le lait frais !

Lorsque c'est possible, tirez votre lait directement à l'hôpital afin qu'il soit frais pour la prochaine prise alimentaire du bébé. Quand vous tirez votre lait à la maison, réfrigérez-le s'il est donné au bébé dans les 48 heures. Si cela doit être plus tard, congelez-le. Le lait réfrigéré peut être congelé pendant 48 heures après avoir été tiré.

Conservez le lait par portion de 30 à 120 ml afin d'éviter les pertes et de faciliter la décongélation et le réchauffement. Le lait des deux seins peut être congelé dans un même contenant. Ne remplissez pas plus des deux tiers du contenant à cause de l'expansion de la congélation. Fermez le contenant avec un couvercle rigide et non pas avec une tétine de biberon.

Décongélation du lait

Laissez-le décongeler au réfrigérateur pendant la nuit ou placez le contenant de lait dans un bol d'eau chaude (sans couvrir le couvercle d'eau) jusqu'à décongélation.
Le lait congelé peut être gardé au réfrigérateur pendant les 24 heures qui suivent sa décongélation.
Ne pas recongeler.

Réchauffer le lait

Chauffez de l'eau dans un petit bol et placez dedans le contenant de lait. Ne réchauffez pas le lait dans l'eau bouillante. Ne réchauffez jamais du lait maternel dans le micro-ondes ou directement sur la cuisinière.

Préparation

La crème monte à la surface pendant la conservation. Mélangez délicatement le lait avant de vérifier sa température et de le donner au bébé.

Si le bébé ne finit pas le lait décongelé, il doit être jeté.

Odeur de savon dans le lait

Certaines femmes trouvent que leur lait a une drôle d'odeur ou de goût une fois réfrigéré ou décongelé. Si les directives de conservation ont été suivies à la lettre, il se peut que ce soit un problème de lipase.

La lipase est une enzyme que l'on trouve dans le lait maternel et qui a plusieurs fonctions : elle favorise l'émulsion du lait et rend le gras plus facile à digérer. Certaines femmes ont un excès de lipase dans leur lait. Ainsi, dès le lait tiré et refroidi, la lipase se met à décomposer le gras contenu dans le lait, lui donnant du même coup un goût savonneux, rance ou suri. Le lait ainsi modifié n'est pas dangereux pour le bébé et plusieurs ne se soucieront pas d'un petit changement de goût, mais d'autres refuseront de le boire.

Une fois le lait congelé, il n'y a rien à faire pour renverser le processus. Heureusement, il est possible de le prévenir en faisant simplement chauffer le lait fraîchement tiré avant de le refroidir ou de le congeler :

• Mettez le lait fraîchement tiré dans une petite casserole et portez-le à 82 °C (180 °F) ou chauffez-le jusqu'à ce que des petites bulles se forment sur le bord de la casserole. Ne laissez pas le lait bouillir à gros bouillons.

• Refroidissez-le immédiatement, puis congelez-le.

• Le lait ainsi chauffé perd un peu de ses propriétés antibactériennes et nutritives, mais il reste excellent.

Le problème de l'excès de lipase semble relativement rare (il touche environ 5 % des femmes). Il est fort possible que le nombre de femmes affectées soit plus élevé mais que le problème passe inaperçu parce que le bébé ne rejette pas le lait ou parce que la mère ne tire pas son lait.

Quoi qu'il en soit, si vous avez tiré des litres et des litres de ce précieux liquide, à la sueur de votre front, vous risquez d'être désemparée si cela vous arrive ! Si vous avez l'intention de tirer une grande quantité de lait, il est sage de faire un test : tirez votre lait, congelez-le, décongelez-le. En le sentant ou en le goûtant, vous saurez si vous avez un problème de lipase.

Courbes de croissance de l'Organisation mondiale de la santé (avril 2006)

Poids selon l'âge, de la naissance à deux ans (percentiles)

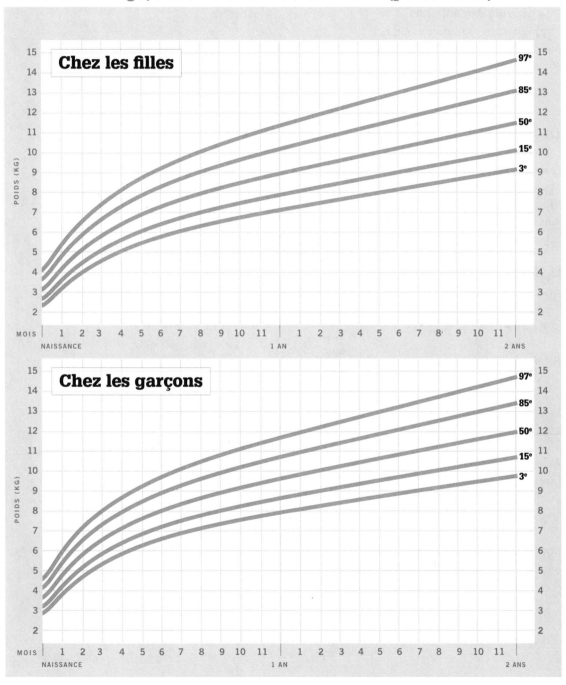

Ressources

Site Internet des auteures

http://www.bienvivrelallaitement.com
Mises à jour, informations complémentaires
et répertoire de ressources

Organismes

Nourri-Source

Mouvement d'entraide pour l'allaitement
514 948-9877
Sans frais : 1 866 948-5160
http://www.nourri-source.org/

Ligue La Leche

Ressource en allaitement et maternage
Sans frais : 1 866 ALLAITER (1 866 255-2483)
http://www.allaitement.ca

Allaitement Québec

Organisme d'entraide
418 623-0971
Sans frais : 1 877 623-0971
http://allaitementquebec.org/

Association québécoise des consultantes en lactation diplômées de l'IBLCE

514 990-0262
http://www.ibclc.qc.ca/

Comité canadien pour l'allaitement

Initiative hôpitaux amis des bébés au Canada
http://www.breastfeedingcanada.ca/

Motherisk

Centre d'information sur les médicaments
du Hospital for Sick Children de Toronto
Un service téléphonique est offert en anglais et parfois
en français de 9 h à 17 h, du lundi au vendredi.
416 813-6780

SERENA

Organisme sans but lucratif ayant pour mission
d'aider les femmes à gérer leur fertilité de façon
naturelle et efficace.
514 273-7531
Sans frais : 1 866 273-7362
http://www.serena.ca/

Préma-Québec

Association pour les enfants prématurés
450 651-4909
Sans frais : 1 888 651-4909
http://www.premaquebec.ca/

Bibliographie sélective

LAMBERT-LAGACÉ, Louise, *Comment nourrir son enfant*, Montréal, Les Éditions de l'Homme, 2007, 335 p.

PANTLEY, Elisabeth, *Un sommeil paisible et sans pleurs : Aider en douceur son bébé à dormir toute la nuit*, Varennes (Québec), Éditions AdA, 2006, 328 p.

SEARS, William, *Être parent le jour… et la nuit aussi*, Saint-Hubert, Ligue Internationale La Leche, 1992, 199 p.

Index

Bibliographie

Livres

BEAUDRY, Micheline, Sylvie CHIASSON et Julie LAU-ZIÈRE, *Biologie de l'allaitement : le sein, le lait, le geste*, Québec, Presses de l'Université du Québec, 2006, 570 p.

BLUM, Linda, *At the Breast : Ideologies of Breastfeeding and Motherhood in the Contemporary United States*, Boston, Beacon Press, 1999, 296 p.

CROOK, William G., MD, *Detecting Your Hidden Allergies*, Jackson, Tenn., Professional Books, 1987, 220 p.

FLOWER, Hilary, MA, *Adventures in Tandem Nursing : Breastfeeding During Pregnancy and Beyond*, Schaumburg, La Leche League International, 2003, 327 p.

GRUYTER, Aldine de, Patricia STUART-MACADAM et Katherine A. DETTWYLER dir., *Breastfeeding : Biocultural Perspectives*, New York, Patricia Stewart-Macadam et Katherine A. Dettwyler (éditeurs), 1995, 430 p.

GUIDETTI, Michèle, Suzanne LALLEMAND et Marie-France MOREL, *Enfances d'ailleurs, d'hier et d'aujourd'hui*, Paris, Armand Colin, 2000, 190 p.

HAMOSH, M., DEWEY, K., GARZA, C. et autres, *Nutrition During Lactation*, Institute of Medicine, Washington DC, National Academy Press, 1991, 309 p.

LAWRENCE, Ruth, A., MD, et Robert M. LAWRENCE, MD, *Breastfeeding, a guide for the medical profession*, Philadelphie, Mosby, 2005, 1184 p.

MARTENS, Patricia J., et Marsha WALKER, *The Core Curriculum for Lactation Consultant Practice*, Morrisville, International Lactation Consultant Association, 2007, 774 p.

MASTERS, W., et V. JOHNSON, *Human Sexual Response*, Boston, Little, Brown and Company, 1966, 366 p.

MOHRBACHER, Nancy, IBCLC, et Julie STOCK, MA, IBCLC, *The Breastfeeding Answer Book*, 3ᵉ édition, Schaumburg, La Leche League International, 2003, 720 p.

PENTLEY, Elizabeth, *The No-Cry Sleep Solution*, New York, Contemporary books, 2002, 208 p.

RIORDAN, Jan, *Breastfeeding and Human Lactation*, 3ᵉ edition, Boston, Jones and Bartlett Publishers, 2004, 819 p.

ROUSSEAU, Élisabeth, Dʳ, dir., *J'allaite mon enfant*, Québec, Éditions Opuscule, 1981, 245 p.

WEST, Diana, BA, IBCLC, et Lisa MARASCO, MA, IBCLC, *Making More Milk : A Nursing Mother's Guide To Milk Supply*, Whitby (Ontario), McGraw-Hill, 2009, 304 p.

WEST, Diana, BA, IBCLC, *Defining your Own Success : Breastfeeding After Breast Reduction Surgery*, Schaumburg La Leche League International, 2001, 328 p.

YALOM, Marylin, *A History of the Breast*, New York, New York, Ballantine Books, 1998, 352 p.

Revues scientifiques

ALBINO, R. C., et V. J. THOMPSON, « The Effects of Sudden Weaning on Zulu Children », *British Journal of Medical Psychology*, Leicester, vol. 29, 1956.

ALDER, E. M., « Sexual response in pregnancy, after childbirth and during breastfeeding », *Baillière's Clinical Obstetrics and Gynaecology*, Maryland Heights, décembre 1989.

ALDER, E. M., COOK A., DAVIDSON, D., C. WEST et J. BANCROFT, « Hormones, mood and sexuality in lactating women », *The British Journal of Psychiatry*, The Royal College of Psychiatrists, Londres, 1986.

AUERBACH, K. G., et J. L. AVERY, « Relactation : A study of 366 cases », *Pediatrics*, Elk Grove Village, 1980.

AUERBACH, K. G., et J. L. AVERY, « Induced Lactation : A Study of Adoptive Nursing by 240 Women », *American Journal of Diseases of Children*, American Medical Association, Chicago, 1981.

BALL, H., et autres, « Where will baby sleep ? Attitudes and practices of new and experienced parents regarding cosleeping with their newborns », *American Anthropologist*, Arlington, 1999.

BADDOCK, S. A., GALLAND, B. C., TAYLOR, B. J. et D. P. BOLTON, « Sleep arrangements and behavior of bed-sharing families in the home setting », *Pediatrics*, Elk Grove Village, janvier 2007.

BADDOCK, S. A., GALLAND, B. C., BOLTON, D. P., WILLIAMS, S. M. et B. J. TAYLOR, « Differences in infant and parent behaviors during routine bed sharing compared with cosleeping in the home setting », *Pediatrics*, Elk Grove Village, mai 2006.

BLAIR, P., SIDEBOTHAM, P., M. EVANS et P. FLEMING, « Major epidemiological changes in sudden infant death syndrome : a 20-year population-based study in the UK », *The Lancet Early Online Publication*, Londres, 18 janvier 2006.

BROMBERG BAR-YAM, Naomi, ICCE, LCSW, et Lori DARBY, BA, LC, « Fathers and breastfeeding : A review of the literature », *Journal of Human Lactation*, vol. 13, n° 1, Newbury Park, 1997.

BUTTE, N. F., GARZA, C., BURR, R., GLODMAN, A. S., K. KENNEDY et J. L. KITZMILLER, « Milk composition of insulin-dependent diabetic women », *Journal of Pediatric Gastroenterology and Nutrition*, Philadelphie, novembre-décembre 1987.

CALLAGHAN, A., KENDALL, G., LOCK, C., MAHONY, A., PAYNE, J., VERRIER, L., « Systematic review : The association between pacifier use and breastfeeding, SIDS, infection and dental Malocclusion », *International Journal of Evidence-Based Healthcare*, vol. 3, n° 6, Adelaide, 2005.

CAREY, G. B., et T. J. QUINN, « Exercise and lactation : are they compatible ? », *Canadian journal of applied physiology*, Ottawa, 2001.

CAREY, G. B., QUINN, T. J., R. L. GREGORY et J. P. WALLACE, « Effect of exercise on milk and nursing babies (letters) », *Medicine & Science in Sports & Exercise*, Philadelphie, 1998.

COBO, E., « Effect of different doses of ethanol on the milk-ejecting reflex in lactating women », *American Journal of Obstetrics & Gynecology*, New-York, 1973.

Comité de la pédiatrie communautaire, « Des recommandations pour créer des environnements de sommeil sécuritaires pour les nourrissons et les enfants », Société canadienne de pédiatrie, *Paediatrics & Child Health*, Ottawa, 2004.

Comité de la pédiatrie psychosociale, « La dépression de la mère et le développement de l'enfant », Société canadienne de pédiatrie, *Paediatrics & Child Health,* Ottawa, 2004.

CORDERA, L., et autres, « Management of Infants of Diabetic Mothers », Archives of Pediatrics & Adolescent Medicine, *American Medical Association*, Chicago, mars 1998.

CREGAN, M. D., et P. E. HARTMANN, « Computerize breast mesurement from conception to weaning : clinical implications », *Journal of human lactation*, Newbury Park, 1999.

DAVIDSSON, Lena, KASTENMAYER, Peter, SZAJEWSKA, Hanna, Richard F. HURELL et Denis BARCLAY, « Iron bioavailability in infants from an infant cereal fortified with ferric pyrophosphate or ferrous fumarate », *American Journal of Clinical Nutrition*, vol. 71, n° 6, Houston, juin 2000, p. 1597-1602.

DEWEY, Kathryn G., « Effects of maternal caloric restriction and exercice during lactation », *The Journal of Nutrition*, vol. 128, n° 2, Bethesda, février 1998.

DEWEY, Kathryn G., « Nutrition, growth, and complementary feeding of the breastfed infant », *Pediatric Clinics of North America*, Philadelphie, février 2001.

DEWEY, K., LOVELADY, C., NOMMSEN-RIVERS, L., M. McCRORY et B. LONNERDAL, « A randomised study of the effects of aerobic exercise by lactating women on breast-milk volume and composition », *New England Journal of Medicine*, Boston, 1994.

Dietitians of Canada, Canadian Paediatric Society, The College of Family Physicians of Canada, Community Health Nurses Association of Canada, « The use of growth charts for assessing and monitoring growth in Canadian infants and children », *Paediatrics & Child Health*, Ottawa, 2004.

DJULUS, Josephine, MD, Myla MORETTI, MSC, et Gideon KOREN, MD, FRCPC, « Marijuana use and breastfeeding », *Canadian Family Physician*, vol. 51, n° 3, Mississauga, 10 mars 2005, p. 349–350.

DOWLING, Donna A., et Warinee THANATTHERAKUL, « Nipple confusion, alternative feeding methods, and breast-feeding supplementation : State of the science », *Newborn and Infant Nursing Reviews*, vol. 1, n° 4, Maryland Heights, décembre 2001.

DURSUN, N., AKIN, S., DURSUN, E., I. SADE et F. KORKUSUZ, « Influence of duration of total breast-feeding on bone mineral density in a Turkish population : does the priority of risk factors differ from society to society ? », *Osteoporosis International*, vol. 17, n° 5, Londres, 2006, p. 651-655.

ERICKSON, P. R., et E. MAZHARI, « Investigation of the role of human breast milk in caries development », *Pediatric Dental Journal*, Japon, 1999.

FLY, A. D., K. L. UHLIN et J. P. WALLACE, « Major mineral concentrations in human milk do not change after maximal exercise testing », *American Journal of Clinical Nutrition*, Houston, 1998.

GAUTHIER, Lise, « L'allaitement maternel et les médicaments : notions générales », *Québec Pharmacie*, vol. 48, n° 7, Montréal, juillet-août 2001.

GILBERT, Paul, « Evolution, social roles, and the differences in shame and guilt », *Social Research*, vol. 70, n° 4, New York, hiver 2003.

GINISTY, Danielle, « Téter ou mordre, faut-il choisir ? », *Spirale (revue)*, n° 23, Marseille, 2002.

GLAZENER, C. M. A., « Sexual function after childbirth : women's experiences, persistent morbidity and lack of professional recognition », *British Journal of Obstetrics and Gynaecology*, Londres, 1997.

GREER, F. R., et S. MARSHALL, « Bone mineral content, serum vitamin D metabolite concentrations, and ultraviolet B light exposure in infants fed human milk with and without vitamin D2 supplements », *Journal of Pediatrics*, Cincinnati, février 1989.

GREGORY, R. L., WALLACE, J. P., GFELL, L. E., J. MARKS et B. A. KING, « Effect of exercise on milk immunoglobulin », *Medicine & Science in Sports & Exercise*, Philadelphie, 1997.

GREMMO-FEGER, Gisèle, Dr, « Allaitement maternel : l'insuffisance de lait est un mythe culturellement construit », *Spirale (revue)*, n° 27, Marseille, septembre 2003.

GREMMO-FEGER, Gisèle, Dr, « Lactation humaine : nouvelles données anatomophysiologiques et implications cliniques », *Médecine et Enfance*, Paris, novembre 2006.

GUNN, T. R., « The incidence of breastfeeding and the reasons for weaning », *New Zealand Medicine Journal*, Christchurch, 1984.

HATHCOCK, J. N., SHAO, A., R. VIETH et R. HEANEY, « Risk assessment for vitamin D », *American Journal of Clinical Nutrition*, Houston, 2007.

HOLICK, Michael F., « The vitamin D epidemic and its health consequences 1-4 », *The Journal of Nutrition*, Bethesda, 2005.

HOLLIS, Bruce W., et Carol L. WAGNER, « Assessment of dietary vitamin D requirements during pregnancy and lactation », *American Journal of Clinical Nutrition*, vol. 79, n° 5, Houston, mai 2004.

HATHERLY, Patricia A., BA, Dip.Ed., IBCLC, « The manipulation of material diet and its effect on the infant with particular reference to gastrointestinal disturbance... A series of case studies », *Journal of Australasian College of Nutritional & Environmental Medicine*, vol. 13, n° 2, Victoria, Australie, décembre 1994.

HORNELL, A., AARTS, C., KLYBERG, E., Y. HOFVANDER et M. GEBRE-MEDHIN, « Breastfeeding patterns in exclusively breastfed infants : a longitudinal prospective study in Uppsala, Sweden », *Acta Paediatrica*, Suède, 1999.

INGRAM, Jennifer, Michael WOOLDRIDGE et Rosemary GREENWOOD, « Breastfeeding : it is worth trying with the second baby », *The Lancet*, vol. 358, Londres, septembre 2001.

JONES, N. A., B. A. McFALL et M. A. DIEGO, « Patterns of brain electrical activity in infants of depressed mothers who breastfeed and bottle feed : The mediating role of infant temperament », *Biological Psychology*, Maryland Heights, 2004.

KALKWARF, HJ., SPECKER, JE., VIEIRA, NE., YERGEY, AL., « Intestinal calcium absorption of women during lactation and after weaning », *American Journal of Clinical Nutrition*, Vol 63, Bethesda, 1996, p. 526-531.

KARLSON EW, MANDL LA, HANKINSON SE, GRODSTEIN F., « Do breast-feeding and other reproductive factors influence future risk of rheumatoid arthritis ? Results from the Nurses' Health Study », *Arthritis Rheumatism.* Hoboken, novembre 2004.

KARP, Harvey, MD, « A framework and strategy for understanding and resolving colic », *Contemporary Pediatrics*, North Olmsted, février 2004.

KASSING, Dee, BS, MLS, IBCLC, « Bottle-Feeding as a tool to reinforce breastfeeding », *Journal of Human Lactation*, vol. 18, n° 1, Newbury Park, 2002.

KAYNER, C. E., et J. A. ZAGAR, « Breastfeeding and sexual response », *The Journal of Family Practice,* Montvale, juillet 1983.

KEANE, V., et autres, « Do solids help baby sleep through the night ? », *American Journal of Diseases of Children*, Chicago, 1988.

KENT, J. C., MITOULAS, L. R., CREGAN, M. D., RAMSAY, D. T., D. A. DOHERTY et P. E. HARTAMANN, « Volume and frequency of breastfeedings and fat content of breast milk throughout the day », *Pediatrics*, Elk Grove Village, 2006.

LATZ, S., WOLF, A., LOZOFF, B., « Cosleeping in context : sleep practices and problems in young children in Japan and the United States », *Archives of Pediatrics and Adolescent Medicine*, Chicago, 1999.

LAURENT, Claire, Dr, IBCLC, « Allaitement mixte, est-ce possible ? », *Les Cahiers de la puériculture*, n° 178, Paris, juin 2004.

LAURITZEN, L., JORGENSON, M. H., OLSEN, S. F., E. M. STRAAUP et K. F. MICHAELSEN, « Maternal fish oil supplementation in lactation : effect on developmental outcome in breast-fed infants », *Reproduction Nutrition. Development*, Les Ulis, septembre-octobre 2005.

LECANUET, Jean-Pierre, « Des rafales et des pauses : les succions prénatales », *Spirale (revue)*, n° 22, Marseille, 2002.

LÉVESQUE, Pierre, « Le système reproducteur féminin : nous serions-nous mépris ? Quel était le cycle d'Ève ? », *Le Médecin du Québec*, Montréal, février 1996.

LIGHEZZOLO, Joëlle, BOUBOU, Floriane, Céline SOUILLOT et Claude de TYCHEY, « Allaitement prolongé et ratés du sevrage : réflexions psychodynamiques », *Cliniques méditerranéennes*, Marseille, n° 72, 2005.

LITTLE, R. E., et autres, « Maternal alcohol use during breast-feeding and infant mental and motor development at one year », *New England Journal of Medicine*, Boston, 1989.

LOVELADY, C. A., NOMMSEN-RIVERS, L.A., M. A. McCRORY et K. G. DEWEY, « Effects of exercise on plasma lipids and metabolism of lactating women », *Medicine & Science in Sports & Exercise*, Philadelphie, 1995.

LOVELADY, C. A., GARNER, K., K. L. MORENO et J. P. WILLIAMS, « The effect of weight loss in overweight, lactating women on the growth of their infants », *New England Journal of Medicine*, Boston 2000.

MACKNIN, M., et autres, « Infant sleep and bedtime cereal », *American Journal of Diseases of Children*, American Medical Association, Chicago, 1989.

MARSHALL, Klaus, « Mother and infant : early emotional ties », *Pediatrics*, n° 102, Elk Grove Village, novembre 1998.

McCOY, R. C., HUNT, C. L., S. M. LESKO et autres, « Frequency of bed sharing and its relationship to breast feeding », *Developmental and Behavioral Pediatrics*, Elk Grove Village, 2004.

McKENNA, James, « Why babies should never sleep alone: A review of the cosleeping controversy in relation to SIDS, bedsharing and breastfeeding », *Pediatric Respiratory Reviews*, Maryland Heights, n° 6, 2005.

McKENNA, J., H. L. BALL et L. T. GETTLER, « Mother-infant cosleeping, breastfeeding and sudden infant death syndrome : what biological anthropology has discovered about normal infant sleep and pediatric sleep medicine », *American Journal of Physical Anthropology,* Hoboken, janvier 2007.

McNEILLY, Alan S., « Impact on fertility: Breastfeeding and the suppression of fertility », *Food and Nutrition Bulletin*, vol. 17, n° 4, United Nation University Press, Tokyo, décembre 1996.

MEIER, P., « Bottle and breast-feeding: effects on transcutaneous oxygen pressure and temperature in preterm infants », *Nursing Research*, Chapel Hill, janvier-février 1988.

MENNELLA, J. A., et G. K. BEAUCHAMP, « The transfer of alcohol to human milk; Effects on flavor and the infant's behavior », *The New England Journal of Medicine,* Boston, 1991.

MENNELLA, Julie A., et Carolyn J. GERRISH, « Effects of exposure to alcohol in mother's milk on infant sleep », *Pediatrics*, vol. 101, n° 5, Elk Grove Village, mai 1998.

MISSONNIER, Sylvain, « Sucette de vie, sucette de mort. Généalogie psychanalytique de la succion », *Spirale (revue)*, n° 23, 2002.

MISSONNIER, Sylvain, et Nathalie BOIGE, « Introduction à l'arbre à sucettes », *Spirale (revue)*, n° 22, Marseille, 2002.

MITOULAS, L. R., KENT, J. C., COX, D. B., OWENS, R. A., J. L. SHERRIFF et P. E. HARTAMANN, « A variation in fat, lactose and protein in human milk over 24 hours and throughout the first year of lactation », *British Journal of Nutrition*, Cambridge, 2002.

MORELLI, G. A., ROGOFF, B., D. OPPENHEIM et D. GOLDSMITH, « Cultural variation in infants sleeping arrangements : question of independence », *Developmental Psychology*, Washington, 1992.

MUÑOZ, L. M., LÖNNERDAL, B., C. L. KEEN et K. G. DEWEY, « Coffee consumption as a factor in iron deficiency anemia among pregnant women and their infants in Costa Rica », *American Journal of Clinical Nutrition*, Houston, 1988.

PÉREZ, A., et V. VALDÉS, « Santiago breastfeeding promotion program : preliminary results of an intervention study », *American Journal of Obstetrics & Gynecology,* vol. 165, part 2, New York, 1991.

PISACANE, A., et autres, « Iron status in breast-fed infants », *Journal of Pediatrics*, Cincinnati, 1995.

QUILLIN, S. I., et L. L. GLENN, « Interaction between feeding method and cosleeping on maternal-newborn sleep », *The Journal of Obstetric, Gynecologic, & Neonatal Nursing*, Hoboken, 2004.

RAMSEAY, D. T., KENT, J. C., R. A. HARTMANN et P. E. HARTMANN, « Anatomy of the lactating human breast redefined with ultrasound imaging », *Journal of Anatomy*, Londres, 2005.

RICHARD, C. A., et S. S. MOSKO, « Mother-infant bedsharing is associated with an increase in infant heart rate », *Sleep*, Westchester, 2004.

ROBSON, K. M., H. A. BRANT et R. KUMAR, « Maternal sexuality during first pregnancy and after childbirth », *British Journal of Obstetrics and Gynaecology*, Londres, septembre 1981.

SAVINO, F., E. PELLE et autres, « *Lactobacillus reuteri* (American Type Culture Collection Strain 55730) versus simethicone in the treatment of infantile colic : a prospective randomized study », *Pediatrics*, Elk Grove Village, janvier 2007.

SEEMA, PATWARI, A.K., et SATYANARAYANA, L., « Relactation : An effective Intervention to Promote Exclusive Breastfeeding », *Journal of Tropical Pediatrics,* Oxford, 1997.

SORVA, R., S. MÄKINEN-KILJUNEN et K. JUNTUNEN-BACKMAN, « -Lactoglobulin secretion in human milk varies widely after cow's milk ingestion in mothers of infants with cow's milk allergy », *Journal of Allergy and Clinical Immunology*, vol. 93, n° 4, Maryland Heights, 1994, p. 787-792.

STEPHENS, T., « Physical activity and mental health in the United States and Canada : evidence from four population surveys », *Preventive Medicine*, Maryland Heights, 1988.

THOUEILLE, Édith, « La tétine voyage : approche transculturelle », *Spirale*, n° 23, Marseille, 2002.

STRODE, M. A., K. G. DEWEY et B. LÖNNERDAL, « Effects of short-term caloric restriction on lactational performance of well-nourished women », *Acta. paediatrica Scandinavia,* Stockholm, 1986.

TRUITT, S. T., FRASER, A. B., GRIMES, D. A., M. F. GALLO et K. F. SCHULZ, « Combined hormonal versus nonhormonal versus progestin-only contraception in lactation », *Cochrane Database Systematic reviews*, Londres, 2003.

TUNNESSEN, W. W. J^r, et F. A. OSKI, « Consequences of starting whole cow milk at 6 months of age », *Journal of Pediatrics*, Cincinnati, 1987.

VENNEMANN, M. M., BAJANOWSKI, T., BRINKMANN B, JORCH, G., YÜCESAN, K., SAUERLAND, C., E. A. MITCHELL et The GeSID Study Group, « Does breastfeeding reduce the risk of sudden infant death syndrome ? », *Pediatrics*, Elk Grove Village, 2009.

VIRDEN, S., « The relationship between infant feeding method and maternal role adjustment », *Journal of Nurse Midwifery*, Maryland Heights,1989.

VOGEL, A. M., B. L. HUTCHISON et E. A. MITCHELL, « The impact of pacifier use on breastfeeding : A prospective cohort study », *Journal of Paediatrics and Child Health,* Richmond, Australie, 2001.

WALLACE, J. P., G. INBAR et K. ERNSTHAUSEN, « Infant acceptance of postexercise breast milk », *Pediatrics*, Elk Grove Village, 1992.

WEBB, J. A., H. S. THOMSEN et S. K. MORCOS, « The use of iodinated and gadolinium contrast media during pregnancy and lactation », *European Radiology*, Berlin, 2005.

WEBSTER, J. et A. McMULLAN, « Breastfeeding outcomes for women with insulin dependent diabetes », *Journal of Human Lactation,* Newbury Park, 1995.

YOUNG III, W. S., SHEPARD, E., AMICO, J., HENNIGHAUSEN, L., AGNER, K. U., LAMARCA, M. E., C. Mc KINNEY et E. I. GINNS, « Deficiency in mouse oxytocin prevents milk ejection, but not fertility or parturition », *Neuroendocrinology*, Hoboken, 1996.

YOUNG, T. K., MARTENS, P. J., TABACK, S. P., SELLERS, E. A., DEAN, H. J., M. CHEANG et B. FLETT, « Type 2 diabetes mellitus in children : prenatal and early infancy risk factors among native canadians », *Archives of Pediatric and Adolescent Medicine*, vol. 156, n° 7, Chicago, 2002, p. 651-655.

ZIEGLER, E. E., FOMON, S. J., S. E. NELSON et autres, « Cow milk feeding in infancy : further observations on blood loss from the gastrointestinal tract », *Journal of Pediatrics*, Cincinnati, 1990.

Médias écrits et électroniques

BERGER, François, « Hausse fulgurante de la consommation de drogue au Québec », *La Presse*, 30 décembre 2000.

HIGGINS, Francis, « Les bienfaits de l'acide lactique », *Le Soleil*, Québec, 6 juin 2006.

McDOWELL, Dimity, « Is nipple confusion a myth ? », *BabyTalk Magazine*, Stockholm, avril 2005.

McKENNA, James, « Breastfeeding and bedsharing : still useful after all these years », *Mothering*, Santa Fe, septembre-octobre 2002.

MITTELSTAEDT, Martin, « Vitamin D strategies », *Globe and Mail Update*, Toronto, avril 2007.

MOHRBACHER, Nancy, IBCLC, « Can there be breastfeeding after weaning ? », *BabyTalk Magazine*, Stockholm, 1994.

PISTACIO, Pascal, « Histoire : il était une fois le biberon », *Les Maternelles*, diffusé le 22 mars 2005 sur France 5.

RALOFF, Janet, « Vitamin D : What's enough ? Many people may need much more », *Science News*, vol. 166, n° 16, Williamsport, octobre 2004.

SAINT-JACQUES, Sylvie, « L'or blanc », *La Presse*, Montréal, 5 décembre 2004.

Communications et formations

BAYOT, Ingrid, « Allaitement et proximité : les clés de l'équilibre néonatal », Conférence Nourri-Source, 21 octobre 1998.

BAYOT, Ingrid, « Le point sur l'hypoglycémie néonatale », Conférence Nourri-Source, 18 avril 2001.

COULTER DANNER, Sarah, « Le langage des bébés », Symposium La ligue la Leche Internationale, 2002. Résumé de Renée SÉGUIN, infirmière en SPI, CLSC Montréal-Nord.

DESGRÉES DU LOÛ, Annabel et Hermann BROU, « La reprise des relations sexuelles après une naissance : normes, pratiques et négociations à Abidjan, Côte-d'Ivoire », Proposition de communication au séminaire de l'UIESP, Salvador de Bahia, août 2001.

GONTHIER, Monique, « L'allaitement : les premiers (*sic*) 48 heures », Institut Mère-Enfant, annexe pédiatrique, Hôpital Sud, Rennes.

HALE, Thomas W., R.Ph., Ph.D., *Using Antidepressants in Breastfeeding Mothers*, Bloomingdale, LLL of Illinois Area Conference, octobre 2002.

KENDALL-TACKETT, Kathleen, Ph.D., IBCLC, « Complementary and alternative treatments for depressed, breastfeeding mothers », Family Research Laboratory, University of New Hampshire, 2006.

KENNEDY, K. I., KAZI, A., RAMOS, R., C. M. VISNESS et T. KHAN, « Effectiveness of the lactational amenorrhea method in Pakistan and the Philippines », Communication au VIe Congrès mondial de la Fédération internationale d'action familiale, Lublin, Pologne, septembre 1994.

LAURENT, Claire, Dr, IBCLC, « Le lait maternel, aspects pratiques », d'après une conférence donnée auprès du personnel de PMI le 27 mai 2002, Institut Co-naître.

LE FRANÇOIS, C., « Adaptation du nouveau-né à la vie extra-utérine », Institut Mère-Enfant, annexe pédiatrique, Hôpital Sud, Rennes.

NAYLOR, A., et A. MORROW, « Developmental readiness of normal full term infants to progress from exclusive breastfeeding to the introduction of complementary foods : reviews of the relevant literature concerning infant immunologic, gastrointestinal, oral motor and maternal reproductive and lactational development », Washington DC, Linkages Project of the Academy of Educational Development, 2001.

NOBLE, Robyn, et Anne BOVEY, « Resolution of lactose intolerance and "colic" in breastfed babies », ALCA Vic, Melbourne, Conférence du 1er novembre 1997.

PARENTEAU, S., HOUDE, M., L. CANTIN-DURIVAGE et D. LAFLAMME, « Retour de la fertilité chez des Canadiennes qui ont allaité, selon leurs graphiques symptothermiques », Communication au VIe Congrès mondial de la Fédération internationale d'action familiale, Lublin, Pologne, septembre 1994.

SANDBERG, R., Barr., « The national center on shaken baby syndrome research on victim and perpetrator profiles », Presented to the 4th National Conference on Shaken Baby Syndrome, Salt Lake City, UT, 12 septembre 2002.

The Academy of Breastfeeding Medicine Protocol Committee, « ABM clinical protocol #18: use of antidepressants in nursing mothers », *Breastfeed Medicine,* n° 3, New Rochelle, 2008, p. 44-52.

The Academy of breastfeeding medecine, protocole n° 13, version, New Rochelle, 02-01-05.

VANDENBERG, Kathleen, MA, BROWNE, Joy V., Ph.D., Linda PEREZ, Ph.D., et Amanda NEWSTETTER, MSW, « Getting to know your baby ; The special start training program, training in developmentally supportive care for community professionals & caregivers », Mills College, Oakland, 2003.

VERGIE, Hughes, RN, MS, IBCLC, « Breastfeeding the premature infant », *Lactation Education Resources,* Churchton, 2004.

« New thoughts on using bottle nipples with breastfed babies », Lactation Education Resources, Churchton, 2004.

Sources gouvernementales

AGNEW, Theresa, Joanne GILMORE et Pattie SULLIVAN, « A multicultural perspective of breastfeeding in Canada », Santé Canada, 1997.

Centre de ressources Meilleur départ, « Allaitement : Guide pour les consultantes - table de référence », Health nexus santé, Toronto, mars 2009.

« Décès de deux nourrissons : mise en garde aux parents contre la pratique du *cosleeping* », Bureau du coroner du Québec, communiqué de presse, Québec, juin 2008.

DUCHESNE, Louis, *La situation démographique au Québec, Bilan 2005,* Institut de la statistique du Québec, Ste-Foy, 2005.

HAIEK, Laura N., GAUTHIER, Dany L., Dominique BROSSEAU et Lydia ROCHELEAU, « L'allaitement maternel ; étude sur la prévalence et les facteurs associés en Montérégie », Régie régionale de la santé et des services sociaux Montérégie, décembre 2003.

LEMIEUX, Denise, et Lucie MERCIER, *Les femmes au tournant du siècle ; 1880-1940. Âges de la vie, maternité et quotidien,* Institut québécois de recherche sur la culture, Québec, 1989.

Les indicateurs de la santé périnatale au Canada : Manuel de référence, Ottawa, Ministre des Travaux publics et des Services gouvernementaux Canada, Santé Canada, Ottawa, 2000.

L'enquête sur la santé dans les collectivités canadiennes (ESCC), cycle 2.1, Statistique Canada, Ottawa, 2009.

Le développement sain des enfants et des jeunes - Le rôle des déterminants de la santé: Rapport complet, Santé Canada, Ottawa, 1999.

NEILL, Ghyslaine, BEAUVAIS, Brigitte, Nathalie PLANTE et Laura N. HAIEK, *Recueil statistique sur l'allaitement maternel au Québec 2005-2006,* Québec, Institut de la statistique du Québec, 2006.

France :

« Allaitement maternel : Mise en œuvre et poursuite dans les six premiers mois de vie de l'enfant », ANAES, Service recommandations et références professionnelles, Saint-Denis La Plaine, mai 2002.

Publications des Nations Unies:

ROBYN, M. Lucas, Mike H. REPACHOLI et Anthony J. McMICHAEL, « Is the current public health message on UV exposure correct ? », *Bulletin of the World Health Organization*, vol. 84, n° 6, janvier 2006.

« Alimentation du nourrisson et du jeune enfant: étude multicentrique de l'OMS sur la référence de croissance », Conseil exécutif, Organisation mondiale de la santé, Genève, novembre 1999.

Le lait et les produits laitiers dans la nutrition humaine, coll. FAO: Alimentation et nutrition, n° 28, Rome, 1998.

« Mastite: causes et prise en charge », Département santé et développement de l'enfant et de l'adolescent, Organisation mondiale de la santé, Genève, 2004.

Partager un lit avec votre bébé, un guide pour les mères qui allaitent, UNICEF UK, Baby Friendly Initiative avec la Foundation for the Study of Infant Deaths, York, juin 2005.

« La Relactation, connaissances acquises et recommandations relatives à cette pratique », Département santé et développement de l'enfant et de l'adolescent, Genève, Organisation mondiale de la santé, 1998.

Une courbe de croissance pour le XXIe siècle, vidéo, Organisation mondiale de la santé, Genève, 2003.

Autres publications

AINSWORTH, M. A., dans B. M. CALDWELL et H. N. RICCIUTI (dir.): « The development of infant mother attachment », A Final Report of the Office of Child Development, 1973.

BARIL, Daniel, « Nous ne sommes pas une fabrique de handicapés ; La néonatologiste Francine Lefebvre fait le point sur la situation des enfants prématurés », *Forum*, vol. 39, n° 15, Université de Montréal, décembre 2004.

BAYOT, Ingrid, « Allaiter un enfant d'un an et plus », Institut Co-naître.

BAYOT, Ingrid, « Éveils, pleurs et besoins du tout-petit », Institut Co-Naître, mars 2002.

BAYOT, Ingrid, « Éveils et compétences du nouveau-né, les rythmes neurologiques et alimentaires du nouveau-né et leur évolution », Institut Co-Naître, janvier 2006.

COLSON, Suzanne, « Womb to world: A metabolic perspective », *Midwifery Today*, n° 61, Eugene, printemps 2002.

DETTWYLER, Katherine A., Ph.D., « Frequency of nursing in other species », Department of Anthropology, Texas A & M University, août 1995.

ESTERIK, Penny Van, « Vers un environnement sain pour nos enfants: Questions fréquentes sur l'allaitement maternel dans un environnement pollué », *Groupe de travail WABA sur l'allaitement et l'environnement*, Penang, Malaysia, 2005.

GREMMO-FEGER, Gisèle, Dr, « L'allaitement de l'enfant prématuré », *Allaiter aujourd'hui*, La Ligue La Leche, France, 2003.

HUOTARI, Carol, « Alcohol and motherhood », *Leaven*, vol. 33, n° 2, Schaumburg, avril-mai 1997.

JAHAAN, Martin, « Nipple pain: causes, treatments, and remedies », *Leaven*, Schaumburg, vol. 36, février-mars 2000.

LUNDER, S., R. SHARP et autres, *Study Finds Record High Levels of Toxic Fire Retardants in Breast Milk from American Mothers*, Environmental Working Group, 2003, cité dans Rachel MOSTELLER, « Human milk still the best choice », *New Beginnings*, vol. 21, n° 5, Schaumburg, septembre-octobre 2004.

MARASCO, Lisa, « Myth 23: The lying-down nursing position causes ear infections », *Common Breastfeeding Myths*, *Leaven*, vol. 34, n° 2, Schaumburg, avril-mai 1998.

NANCY, Dominique, « Les immigrantes abandonnent facilement l'allaitement maternel », *Forum*, vol. 33, n° 29, Montréal, mai 1998.

NEWMAN, Jack, MD, FRCPC, « Breastfeeding and jaundice », Toronto, 2005, révisé 2009.

NEWMAN, Jack, MD, FRCPC, « Colic in the breastfed baby », Toronto, 2005.

NEWMAN, Jack, MD, FRCPC, « More and more breastfeeding myths », *Toronto, 2005.*

NEWMAN, Jack, MD, FRCPC, « Miscellaneous treatments », Toronto, 2005.

NEWMAN, Jack, MD, FRCPC, « Candida protocol », Toronto, 2005, révisé 2009.

NEWMAN, Jack, MD, FRCPC, « Domperidone », Toronto, 2005.

NEWMAN, Jack, MD, FRCPC, « What to feed the baby when the mother is working outside the home », Toronto, 2005, révisé 2009.

NEWMAN, Jack, MD, FRCPC, « Sore nipples », Toronto, 2009.

PARKES, Kathy, IBCLC, « Nipple shields… friend or foe ? », *Leaven*, vol. 36, nᵒ 3, Schaumburg, juin-juillet 2000.

RAILHET, Françoise, *Allaiter Aujourd'hui*, nᵒ 57, LLL France, 2003.

ROBB PUGLIESE, Anne, « Breastfeeding in public », *New Beginnings*, vol. 17, nᵒ 6, Schaumburg, novembre-décembre 2000.

SECKER, Donna, MS, RD, « Gastroesophageal reflux disease », *In-Touch*, vol. 18, nᵒ 2, Pittsburg, 2001.

Société canadienne des anesthésiologistes, Guide d'excercice de l'anesthésie, Révisé en 2006, *Supplément au Journal canadien d'anesthésie*, Volume 53, numéro 12, Ottawa, décembre 2006.

YOUNG COLLETTO, Priscilla, « Beyond toddlerhood : The breastfeeding relationship continues », *Leaven,* vol. 34, nᵒ 1, Schaumburg, février-mars 1998.

ZERETZKE, Karen, « Massage for colic », *New Beginnings*, vol. 15, nᵒ 1, Schaumburg, janvier-février 1998.

Breastfeeding. Nature's Way (brochure), Word Alliance for Breastfeeding Action, Penang (Malaysie), 1997.

J'allaite mon bébé prématuré (brochure), Préma-Québec, mars 2006.

« Media releases. Sunlight deficiency, "Vitamin D" and breast-feeding », La Leche League International, Schaumburg, avril 2003.

« Le plaisir de l'allaitement », *Allaiter Aujourd'hui*, nᵒ 56, La Leche League International, France, 2003.

Pourquoi et comment devenir une « garderie bio » ?, Équiterre, Montréal, 2004.

« Refusing a bottle », *New Beginnings*, vol. 19, nᵒ 6, Schaumburg, novembre-décembre 2002.

Sites Internet

BEAUDOIN, Denise, « La dépression post-partum », *Ligue La Leche*. [www.allaitement.ca] (25 février 2010).

BONYATA, Kelly BS, IBCLC, « The Official FAQ, Nursing during pregnancy (short version) », *Kellymom* [PDF]. [www.kellymom.com] (25 février 2010).

BONYATA, Kelly, BS, IBCLC, « Alternative feeding methods », *Kellymom*. [wwww.kellymom.com] (25 février 2010).

BONYATA, Kelly, BS, IBCLC, « Breastfeeding and cigarette smoking », *Kellymom*. [wwww.kellymom.com] (25 février 2010).

BONYATA, Kelly, BS, IBCLC, « Breastfeeding when mom has surgery », *Kellymom*. [www. kellymom.com] (25 février 2010).

BONYATA, Kelly, BS, IBCLC, « Q&A : Preventing thrush », *Kellymom*. [www.kellymom.com] (25 février 2010).

BONYATA, Kelly, BS, IBCLC, « Spitting up & reflux in the breastfed baby », *Kellymom*. [www.kellymom.com] (25 février 2010).

BONYATA, Kelly, BS, IBCLC, « Is my exclusively breastfed baby gaining too much weight ? », *Kellymom*. [www.kellymom.com] (25 février 2010).

BONYATA, Kelly, BS, IBCLC, « Nutrition for nursing toddlers », *Kellymom*. [www.kellymom.com] (25 février 2010).

BONYATA, Kelly, BS, IBCLC, « Too much milk : Sage and other herbs for decreasing milk supply », *Kellymom*. [www.kellymom.com] (25 février 2010).

CAMERON, Candyce, « Back from Bali. A conversation with Jean Liedloff », *The Liedloff Continuum Network*. [http://www.continuum-concept.org/reading/backFromBali.html] (25 février 2010).

CHILDERS, Lisa, « Breastfeeding and PCOS ». [www.OBGYN.net] (25 février 2010).

DONOHOE, Martin, MD, FACP, « Women's health in context : Cosmetic surgery past, present, and future : scope, ethics, and policy », *Medscape Ob/Gyn & Women's Health*. [www.medscape.com/womenshealth] (25 février 2010).

DONOVAN, Debbi, IBCLC, « Brewer's yeast : Can it increased your milk supply ? », *ivillage*. [www.parenting.ivillage.com] (25 février 2010).

DONOVAN, Debbi, IBCLC, «Postpartum depression: Can nursing lessen its impact?», *ivillage*. [www.parentingivillage.com] (25 février 2010).

FISHER, Denise, MMP, BN, RN, RM, IBCLC, «Social drugs and breastfeeding: Handling an issue that isn't black and white», *Health e-learning*, [PDF]. [http://www.health-e-learning.com] (25 février 2010).

HALE, Thomas W., R.Ph., Ph.D., «Mechanisms of drug entry into human milk», *Texas Tech University*. [http://neonatal.ttuhsc.edu/lact/drugentrypage.html] (27 décembre 2008).

Human Milk Bank Association of North America. [www.hmbana.org] (25 février 2010).

La Leche League International. [www.llli.org] (25 février 2010).

LARIMER, Krisanne, «Kangaroo care benefits», *Premature Baby, Premature Child*. [www.prematurity.org/baby/kangaroo.htlm] (Août 2006).

LASALLE, Martin, «Produits naturels: le Canada a-t-il raison?», *Passeport santé*. [www.passeportsante.net] (25 février 2010).

MILLER MITCHELL, Cecilia, «Dealing with nipple confusion». [http://birthyourwayjax.com/confuse.htm] (25 février 2010).

SEARS, William, MD, «What's colic?». [www.askdrsears.com] (25 février 2010).

«What is the difference between foremilk and hindmilk? Is my baby's fussiness caused by lactose in my milk?», *La Leche League International*. [www.laleche.org] (25 février 2010).

«What foods should I avoid eating while breastfeeding?», *La Leche League International*. [www.laleche.org] (25 février 2010).

Organismes et personnes consultés

Institut de recherche du Liverpool John Moores University en Grande-Bretagne.

Anne-Marie Ménard, agente de planification et de programmation, Agence de développement de réseaux locaux de services de santé et de services sociaux, Direction de santé publique Outaouais.

Christiane Lavoie, psychologue.

Remerciements

Notre profonde reconnaissance va aux nombreuses femmes qui ont partagé leurs histoires d'allaitement.

Nous sommes à jamais redevables à Odile Lapointe, consultante IBCLC, qui avec rigueur et bonne humeur a commenté et corrigé notre manuscrit.

Un merci chaleureux à nos lectrices, France-André Lafrenière (propriétaire de Coccinelle Maternité à Terrebonne) et Laurence Letarte.

Merci à Anne-Marie Roy (nutritionniste), Nicole Pino et Suzanne Parenteau (SERENA), Anne-Marie Ménard (Santé publique Outaouais), Ginette Mantha (Préma-Québec), Christiane Lavoie (psychologue), Ghyslaine Neill (Institut de la statistique du Québec), Paul-André Perron (Bureau du coroner en chef du Québec), Caroline Di Cesare, Émilie Tremblay, Anne-Marie Desrosiers, Annik Beauclair, Élaine Larochelle, et aux infirmières qui nous ont expliqué le fonctionnement de leur travail.

Finalement, tout notre amour à Jocelyn et Vincent qui nous ont d'abord regardées d'un drôle d'œil quand nous avons eu l'idée folle de ce livre il y a cinq ans, puis qui nous ont soutenues à chaque étape de ce projet inimaginable.

Crédits photographiques

Image de couverture : Blend images (image provenant de First light). Chapitre 1 : Kevin Russ ; chapitre 2 : Arman Zhenikeyev ; chapitre 3 : Tomasz Resiak ; chapitre 4 : Mark Goddard ; chapitre 5 : Igor Stepovik ; chapitre 6 : Adam Borkowski ; chapitre 7 : Stanislav Fridkin ; chapitre 8 : Don Bayley ; chapitre 9 : Roberta Casaliggi ; chapitre 10 : Nikolay Suslov ; chapitre 11 : Floortje ; chapitre 12 : Damir Cudic ; chapitre 13 : Firina ; chapitre 14 : Annett Vauteck ; chapitre 15 : Jozsef Szasz-Fabian ; chapitre 16 : Webphotographeer ; chapitre 17 : Studio Zipper ; chapitre 18 : Knape ; chapitre 19 : Mark Pierce ; chapitre 20 : Anita Patterson ; chapitre 21 : Digitalskillet ; chapitre 22 : Gansovsky Vladislav ; chapitre 23 : Mary Gascho ; chapitre 24 : Quavondo ; chapitre 25 : Daniel Rodriguez (toutes ces images proviennent de iStockphoto). Partie 1 : Aldo Murillo ; partie 2 : Maxim Tupikov ; partie 3 : Kati Molin ; partie 4 : Zhang Bo ; partie 5 : Alexander Shalamov ; partie 6 : Paul Kline (toutes ces images proviennent de iStockphoto).